한글
2022 기초

이 책의 구성

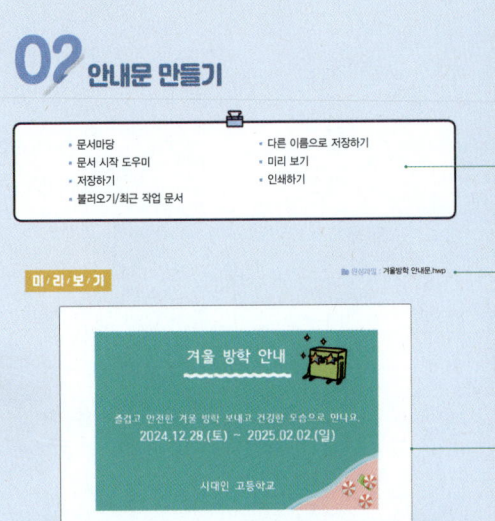

학습 포인트
이번 장에서 학습할 핵심 내용을 소개합니다.

준비파일 / 완성파일
본문에서 실습하는 파일명입니다. 시대인 게시판에서 다운로드받아 사용하세요.

미리보기
학습 결과물을 미리 살펴봅니다.

예제 따라 하기
실생활에서 활용할 수 있는 예제를 순서대로 따라 할 수 있도록 구성하여 누구나 쉽게 이해하고 기능을 습득할 수 있습니다.

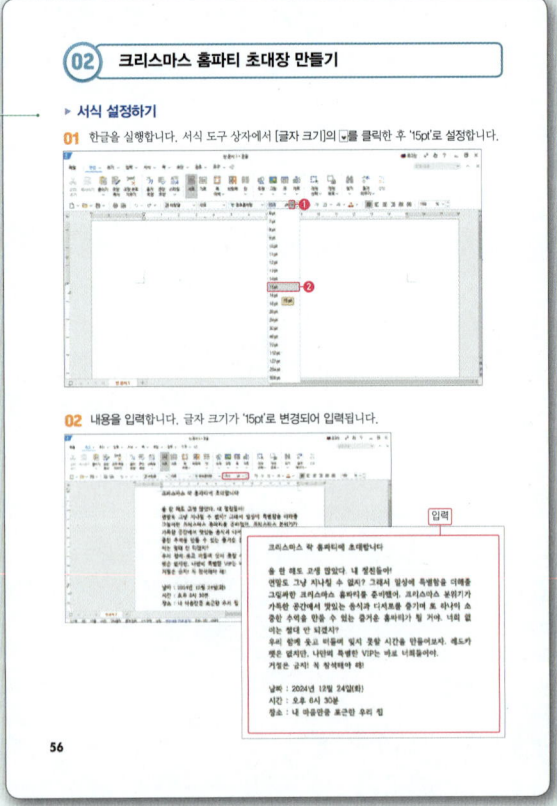

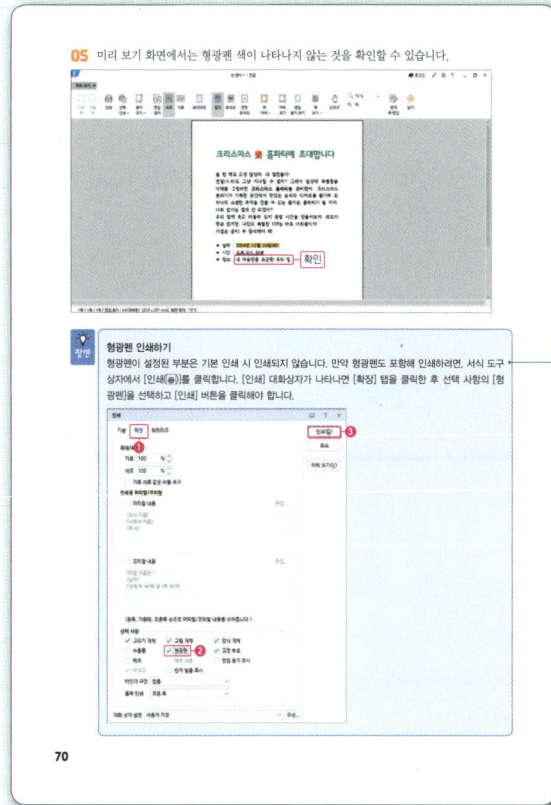

잠깐
본문에서 다루지 못한 내용이나 알아두면 유용한 내용을 설명합니다.

응용력 키우기
응용문제를 통해 본문에서 학습한 내용을 정리하고 복습합니다.

힌트
응용문제를 푸는데 필요한 정보 또는 방법을 안내합니다.

이 책의 목차

01 | 안녕! 한글과 친해지기　　8
- 01 한글 시작 전 준비하기　　9
- 02 키보드 구성 익히기　　16
- 03 (웹) 한컴 타자연습으로 키보드 익히기　　17
- 04 응용력 키우기　　26

02 | 안내문 만들기　　27
- 01 문서마당 실습 | 주간 일정표 만들기　　28
- 02 온라인 서식 문서 이용하기　　31
- 03 겨울방학 안내문 만들기　　33
- 04 응용력 키우기　　45

03 | 초대장 만들기　　47
- 01 글자 모양 실습 | 하루 한 줄 일기 쓰기　　48
- 02 크리스마스 홈파티 초대장 만들기　　56
- 03 응용력 키우기　　70

04 | 찐 감동! 영화 감상 일지 만들기　　72
- 01 문단 모양 실습 | 명대사 모음집 정리하기　　73
- 02 찐 감동! 영화 감상 일지 만들기　　76
- 03 응용력 키우기　　88

05 | 짧지만 긴 여운! 시 그림 액자 만들기　　90
- 01 편집 용지, 여백 설정 실습 | 마음을 여는 시 한 편 만들기　　91
- 02 짧지만 긴 여운! 시 그림 액자 만들기　　96
- 03 응용력 키우기　　110

06 | 특별한 날의 기록! 포토 앨범 만들기　　　　　　　　**111**

- **01** 그림과 글상자 실습 | 메뉴판 만들기　　　　　　　　112
- **02** 특별한 날의 기록! 포토 앨범 만들기　　　　　　　　120
- **03** 응용력 키우기　　　　　　　　129

07 | 나만의 스페셜 로고 만들기　　　　　　　　**131**

- **01** 도형 실습 | 칭찬스티커 만들기　　　　　　　　132
- **02** 글맵시 실습 | 나만의 스페셜 로고 만들기　　　　　　　　141
- **03** 응용력 키우기　　　　　　　　148

08 | 개성 뿜뿜! 달력 만들기　　　　　　　　**149**

- **01** 표 실습 | 알쏭달쏭 신조어 표 만들기　　　　　　　　150
- **02** 개성 뿜뿜! 달력 만들기　　　　　　　　155
- **03** 응용력 키우기　　　　　　　　172

09 | 아기자기 감성 뿜뿜! 네임택 만들기　　　　　　　　**173**

- **01** 라벨 문서 살펴보기　　　　　　　　174
- **02** 정리용 네임택 만들기　　　　　　　　174
- **03** 응용력 키우기　　　　　　　　181

10 | 나도 이제 문서 전문가　　　　　　　　**183**

- **01** 문서에 덧말과 머리말 추가하기　　　　　　　　184
- **02** 문단 장식과 각주 추가하기　　　　　　　　191
- **03** PDF 문서로 저장하기　　　　　　　　195
- **04** 응용력 키우기　　　　　　　　197

예제파일 다운로드

1. 시대인 홈페이지(www.sdedu.co.kr/book)에 접속한 후 로그인합니다.
※ '시대' 회원이 아닌 경우 [회원가입]을 클릭하여 가입한 후 로그인을 합니다.

2. 홈페이지 메뉴에서 [프로그램]을 선택합니다.
※ 홈페이지의 리뉴얼에 따라 위치나 텍스트 표현이 변경될 수도 있습니다.

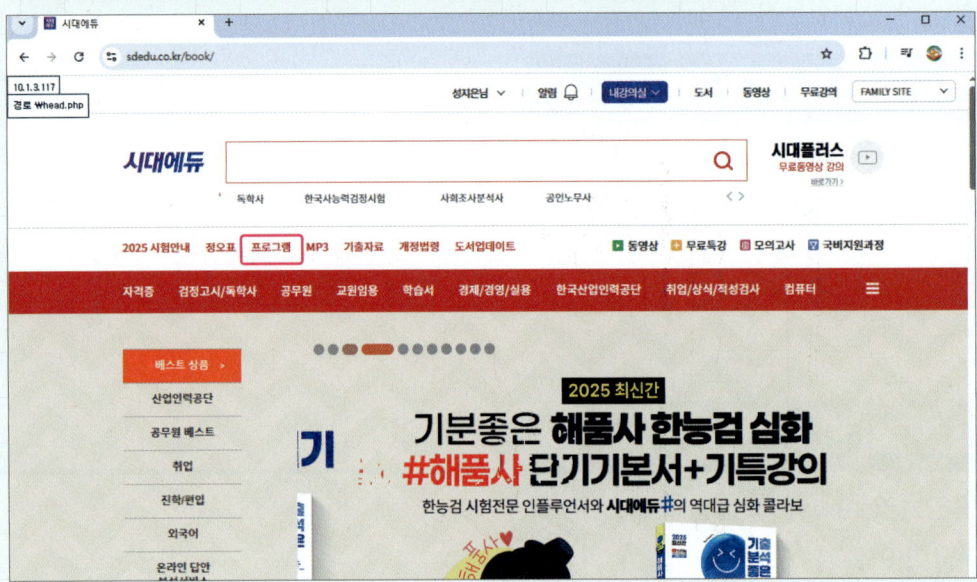

3. 프로그램 자료실 화면이 나타나면 책 제목을 검색합니다. 검색된 결과 목록에서 해당 도서를 찾아 제목을 클릭합니다.

 해당 페이지가 열리면 [다운로드] 버튼을 클릭합니다. 파일이 다운로드되면 파일을 저장한 폴더로 이동합니다.

 압축 해제 프로그램으로 '할수있다_한글 2022 기초_예제파일.zip' 파일을 해제하면 교재의 완성파일과 준비파일이 폴더별로 제공됩니다.

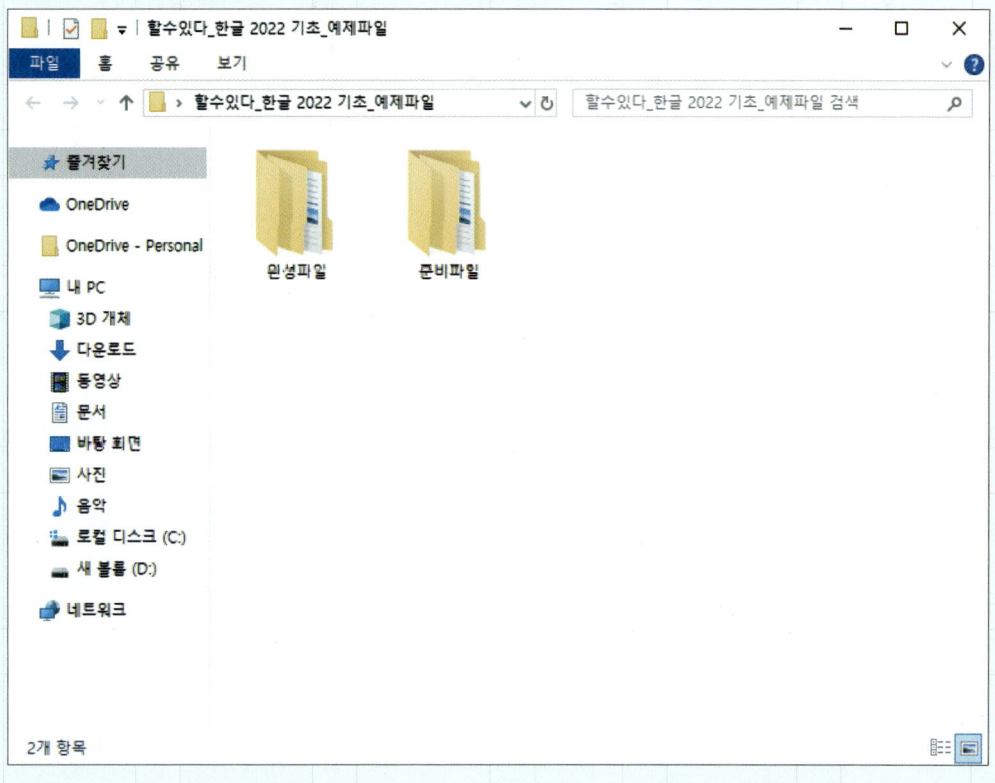

01 안녕! 한글과 친해지기

- 한글의 개념
- 한글 시작하고 종료하기
- 한글의 화면 구성
- 한글 메뉴/도구 상자
- 화면 확대/축소
- 쪽 윤곽 설정하기
- 키보드 익히기
- (웹) 한컴 타자연습

미/리/보/기

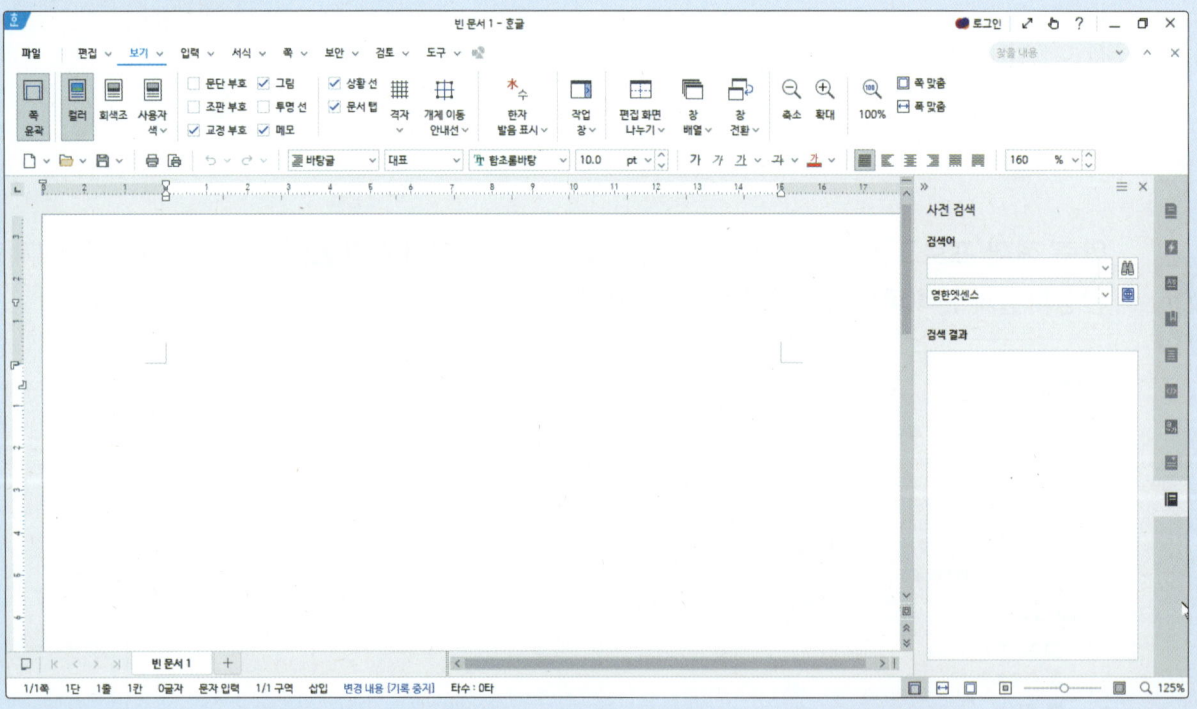

한글 2022는 문서를 작성하고 편집할 수 있는 워드프로세서 프로그램입니다. 이번 장에서는 한글 2022 화면 구성과 대화상자 등을 알아보고, (웹) 한컴 타자연습 프로그램을 통해 키보드를 익혀보겠습니다.

01 한글 시작 전 준비하기

▶ 워드프로세서 한글

한글은 우리나라에서 만든 문서 작성을 위한 대표적인 워드프로세서 프로그램입니다. 처음 출시 된 '아래아한글 1.0' 이후 30년 이상 꾸준히 사용자 인터페이스와 편리한 편집 기능이 업데이트 되고 있습니다. 한글은 다양한 서식 문서를 제공하고, 여러 파일 형식으로 문서를 저장할 수 있습니다. 또한, 보안 기능을 강화하여 안전한 문서 관리와 공유가 가능하며, 클라우드 기반의 협업 기능을 제공합니다.

한글 2018, 한글 2020, 한글 2022 등 한글 뒤의 숫자는 버전을 의미하는데 숫자가 높을수록 상위 버전입니다. 기본적인 사용 방법은 이전 버전을 기반으로 하므로 다른 버전의 사용자도 큰 불편 없이 사용할 수 있습니다. 이 책은 한글 2022를 기준으로 한글 기능과 작성 방법을 학습합니다.

▶ 한글 2022 시작하고 종료하기

01 [시작(⊞)]-[한글 2022]를 클릭합니다.

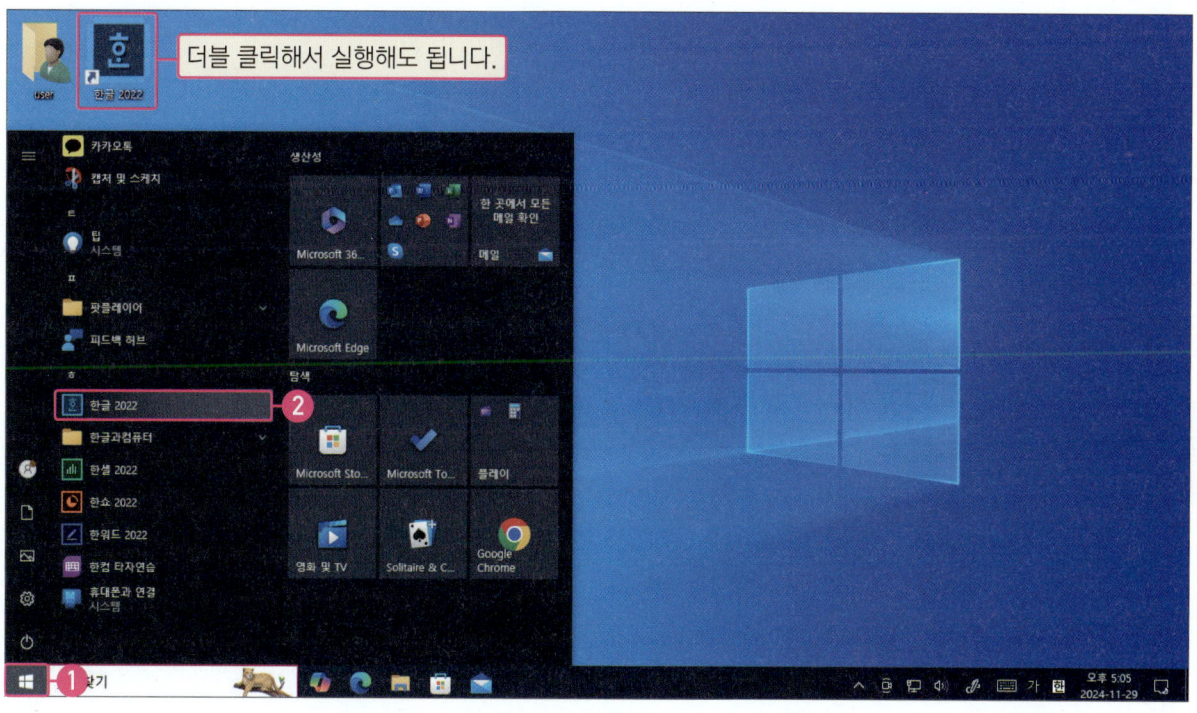

02 [새 문서]를 클릭합니다.

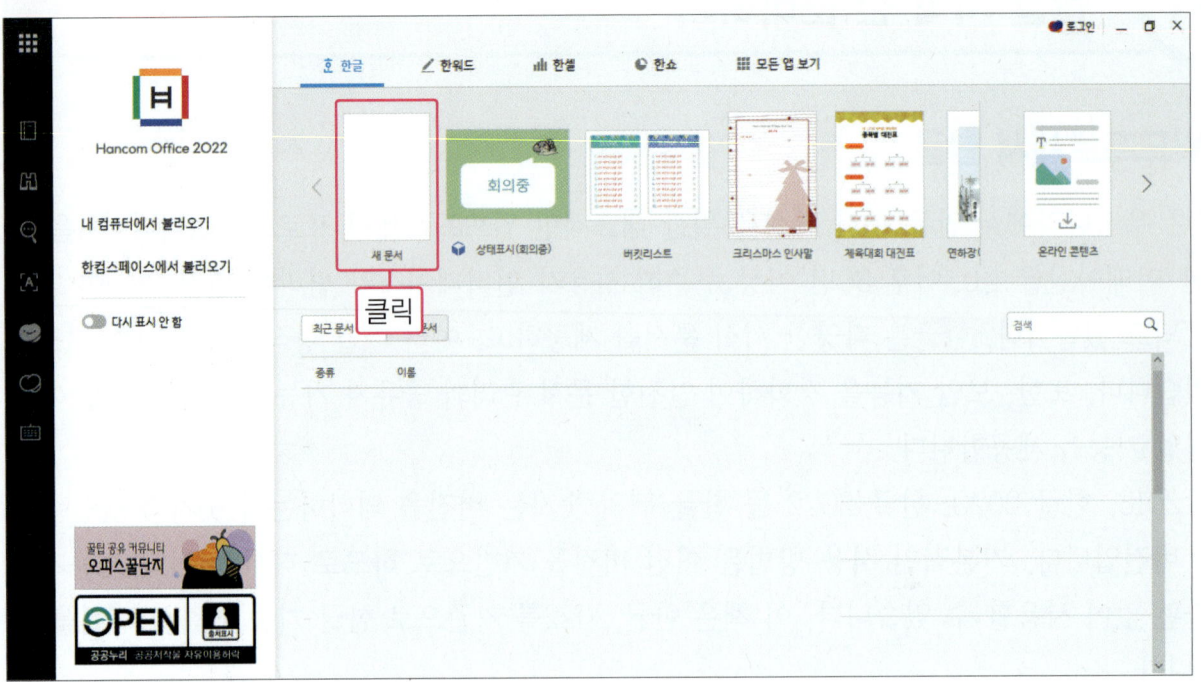

03 한글이 실행되었습니다. 한글을 종료하려면 [닫기(X)]를 클릭합니다.

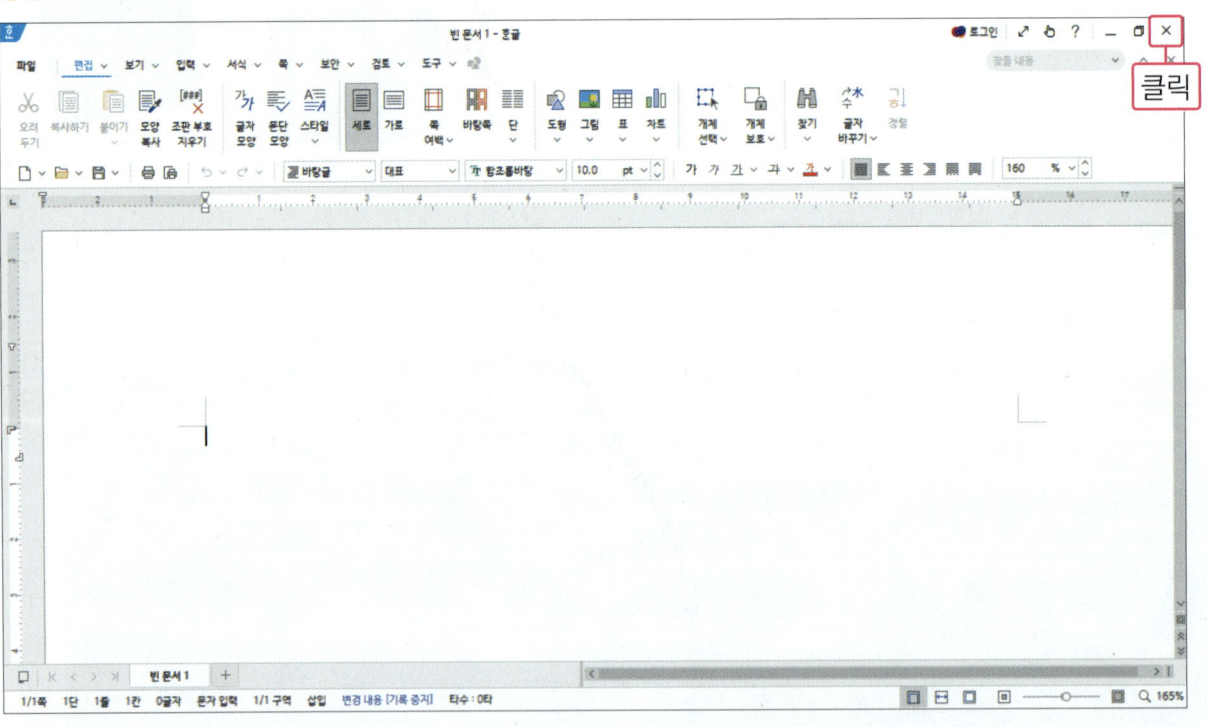

잠깐 두 가지 [닫기(X)] 버튼

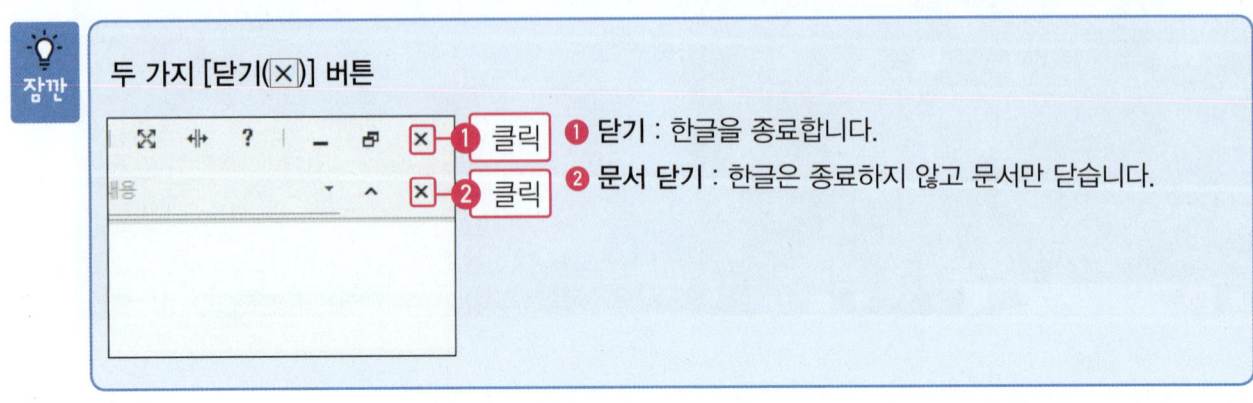

❶ 닫기 : 한글을 종료합니다.
❷ 문서 닫기 : 한글은 종료하지 않고 문서만 닫습니다.

▶ 한글 2022의 화면 구성 알아보기

한글 2022의 기본적인 화면 구성과 각 도구의 명칭과 기능을 알아봅니다.

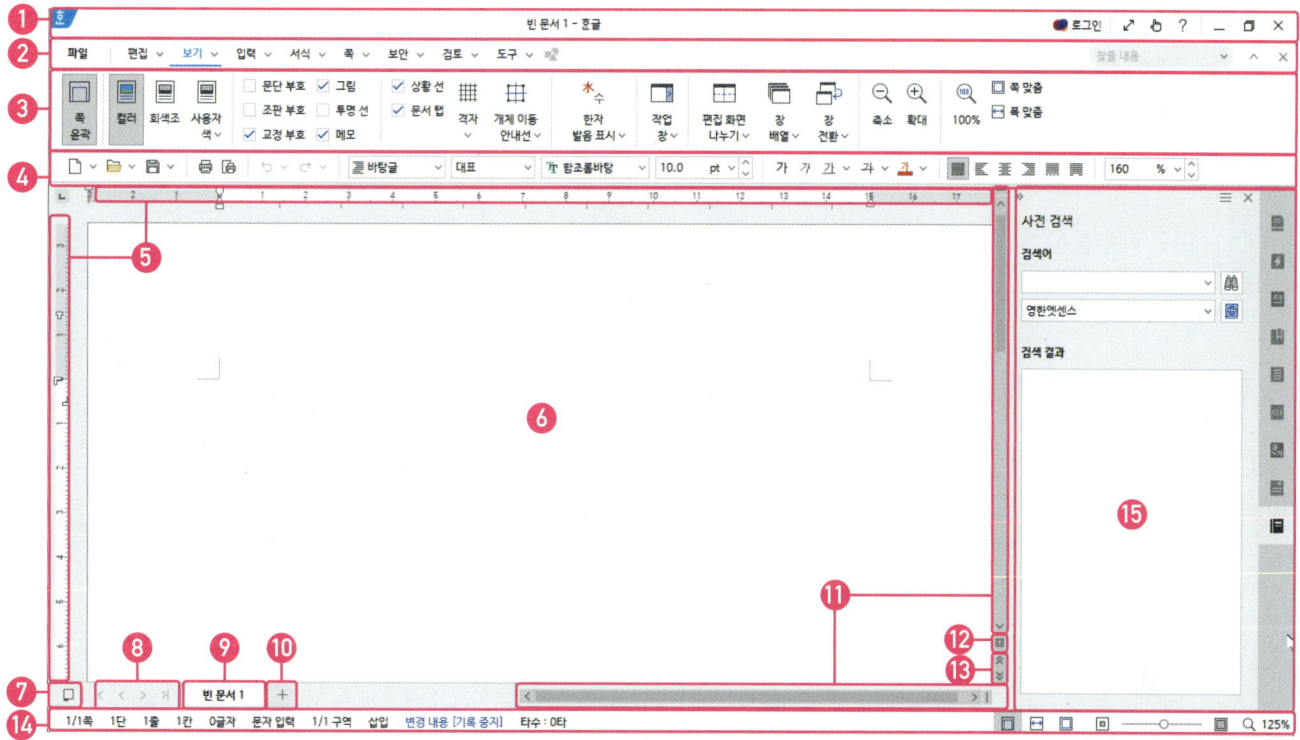

① **제목 표시줄** : 현재 작업 중인 문서의 파일 이름과 경로가 보이고, 제어 아이콘과 창 조절 버튼이 있습니다.

② **메뉴 표시줄** : 한글에서 사용하는 메뉴를 비슷한 기능별로 묶어 놓은 곳입니다.

③ **기본 도구 상자** : 각 메뉴에서 자주 사용하는 기능을 그룹별로 묶어 놓은 곳입니다.

④ **서식 도구 상자** : 문서 편집 시 자주 사용하는 도구를 아이콘으로 묶어 놓은 곳입니다.

⑤ **가로/세로 눈금자** : 눈금자는 가로/세로의 위치와 너비 및 높이를 파악하기 쉬워 세밀한 작업에 편리합니다.

⑥ **편집 창** : 텍스트나 이미지 등 내용을 넣고 꾸미는 작업 공간입니다.

⑦ **문서 탭 목록** : 사용 중인 문서 탭 목록을 보여줍니다.

⑧ **탭 이동 아이콘** : 여러 개의 탭이 열려 있을 때 이전 탭/다음 탭으로 이동합니다.

⑨ **문서 탭** : 작성 중인 문서의 파일명을 표시합니다. 저장하지 않은 문서는 파일 이름이 빨간색, 자동 저장된 문서는 파란색, 저장 완료된 문서는 검은색으로 표시됩니다.

⑩ **새 탭** : 문서에 새 탭을 추가합니다.

⑪ **가로/세로 이동 막대** : 문서 내용이 편집 화면보다 커서 가로 또는 세로의 내용이 숨겨져 보이지 않을 때, 이동 막대를 이용해 화면을 가로 또는 세로로 이동합니다.

⑫ **보기 선택 아이콘** : 쪽 윤곽, 문단 부호, 조판 부호, 투명 선, 격자 설정 등 보기 관련 기능을 선택할 수 있습니다.

11

⓭ **쪽 이동 아이콘** : 작성 중인 문서가 여러 장일 때 쪽 단위로 이동하기 위해 사용합니다.

⓮ **상황 선** : 문서의 쪽 수, 커서의 위치, 편집 상태, 타수 등의 정보를 보여줍니다.

⓯ **작업 창** : 작업 창을 활용하면 문서 편집 시간을 줄이고 작업 속도를 높이는 등 효율적인 문서 작업을 할 수 있습니다. [작업 창 닫기(X)]를 클릭해 열려 있는 작업 창을 닫을 수 있습니다. 작업 창은 [보기]-[작업 창(□)]에서 선택할 수 있습니다.

 도구 메뉴들은 창의 크기에 따라 다르게 보일 수 있습니다.

▶ 한글 2022의 메뉴 살펴보기

서로 관련 있는 기능을 그룹으로 모아 놓은 곳으로 9개의 주메뉴를 살펴보겠습니다.

❶ **파일** : 문서를 새로 만들거나 열기, 저장, 인쇄 등 파일 관리 작업을 수행하는 메뉴를 제공하며 별도의 도구 상자를 제공하지 않고 클릭하면 바로 하위 메뉴가 펼쳐집니다.

❷ **편집** : 되돌리기, 오려두기, 복사하기, 붙이기, 찾기, 글자 바꾸기 등 문서 편집 작업에 필요한 다양한 기능을 제공합니다.

❸ **보기** : 화면 크기를 확대/축소하거나 문단 부호, 조판 부호, 그림, 메모 등을 표시하거나 숨기고, 도구 상자, 작업 창, 문서 창, 창 배열 등의 표시 방식을 제공합니다.

❹ **입력** : 문서에 그림이나 도형, 표, 차트 등의 개체를 삽입하는 등 입력과 관련된 기능을 제공합니다.

❺ **서식** : 문서의 글자 모양, 문단 모양, 문단 첫 글자 장식, 문단 번호 모양 등의 기능을 이용해 글꼴, 글자 크기, 문단 정렬, 줄 간격을 조정하는 등의 서식 작업을 제공합니다.

❻ **쪽** : 편집 용지, 글자 방향, 쪽 테두리/배경, 쪽 번호 매기기 등 문서의 쪽 설정과 관련한 작업을 제공합니다.

❼ **보안** : 문서 암호 설정, 문서 암호화, 전자 서명, 문서 보안 설정 등 문서의 쪽 설정과 관련한 보안 기능을 제공합니다.

❽ **검토** : 교정 부호, 변경 내용 추적, 문서 이력 관리, 문서 비교 등의 문서 검토 작업을 수행하는 데 필요한 기능을 제공합니다.

❾ **도구** : 맞춤법, 사전, 번역, 빠른 교정, 한컴 애셋, 메일 머지, 차례/색인, 문서 찾기, 오피스 톡, 환경 설정 등의 다양한 기능을 제공합니다.

알아 두어야 할 아이콘

❶ **메뉴** : 각각의 메뉴를 클릭하면 선택한 메뉴의 도구 상자가 메뉴 아래쪽에 나타납니다.

❷ **펼침 버튼** : 선택한 메뉴의 하위 메뉴가 아래로 펼쳐집니다.

❸ **전체 화면** : 메뉴, 기본 도구 상자 등이 사라지고 편집 중인 페이지를 전체 화면으로 표시합니다. 다시 기본 화면으로 돌아가려면 화면 오른쪽 상단에 있는 [전체 화면 닫기(✕)]를 클릭합니다.

❹ **크게 보기** : 메뉴, 도구 상자, 상황 선 영역을 크게 배치합니다. 다시 클릭하면 [기본 보기(⓪)]로 전환됩니다.

❺ **도움말** : 도움말 메뉴가 나타납니다.

❻ **옆으로 이동** : 창이 축소되면 메뉴 일부가 숨겨지는데, 해당 버튼을 클릭하면 숨겨진 메뉴가 나타납니다.

❼ **확장 버튼** : 이 버튼을 클릭하면 서식 도구 상자에서 숨겨진 메뉴가 아래로 펼쳐지면서 나타납니다.

❽ **기본 도구 상자 접기/펴기** : ∧를 클릭하면 기본 도구 상자가 사라지고, 다시 한번 ∨를 클릭하면 기본 도구 상자가 펼쳐집니다.

▶ 상황 선에서 화면 확대/축소하기

문서 편집 중 화면을 보기 편하게 확대하거나 축소할 수 있습니다. 단, 문서의 실제 크기가 변하는 게 아니라 화면 배율만 조절하는 것이므로 문서를 출력하면 설정한 크기 그대로 인쇄됩니다.

01 하단의 상황 선에 있는 [돋보기(🔍)]를 클릭합니다.

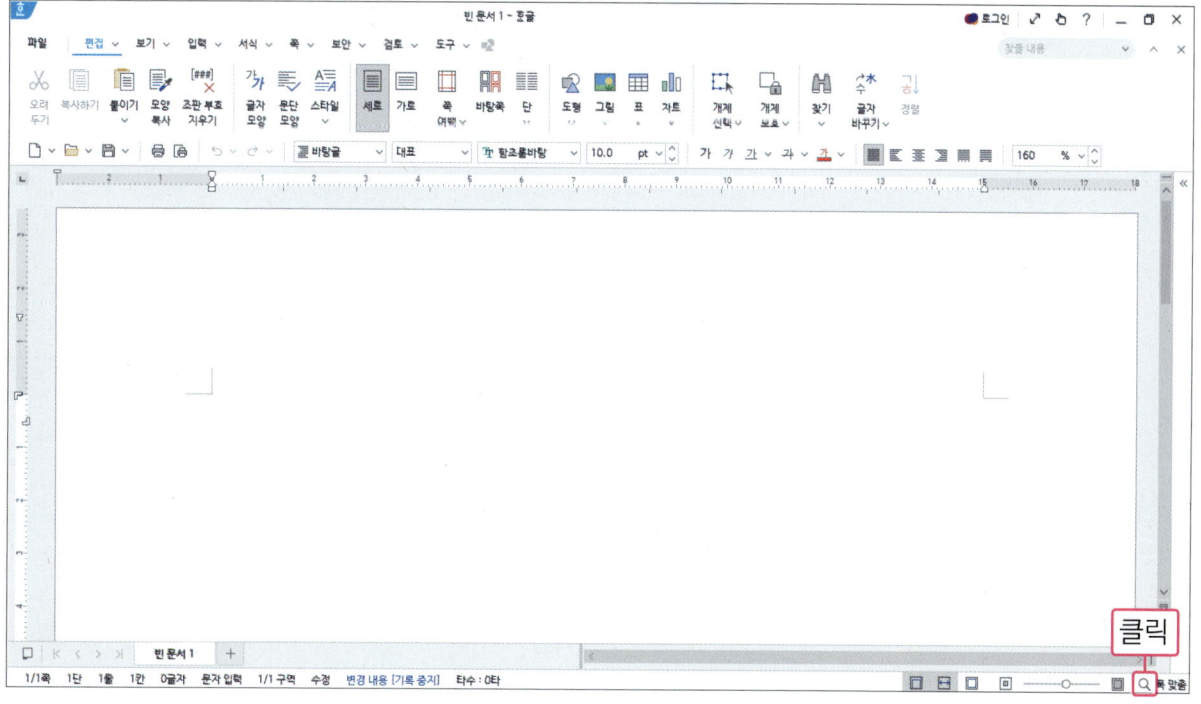

02 [확대/축소] 대화상자에서 배율의 [사용자 정의]를 클릭하고 '180'을 입력한 후 [설정] 버튼을 클릭합니다.

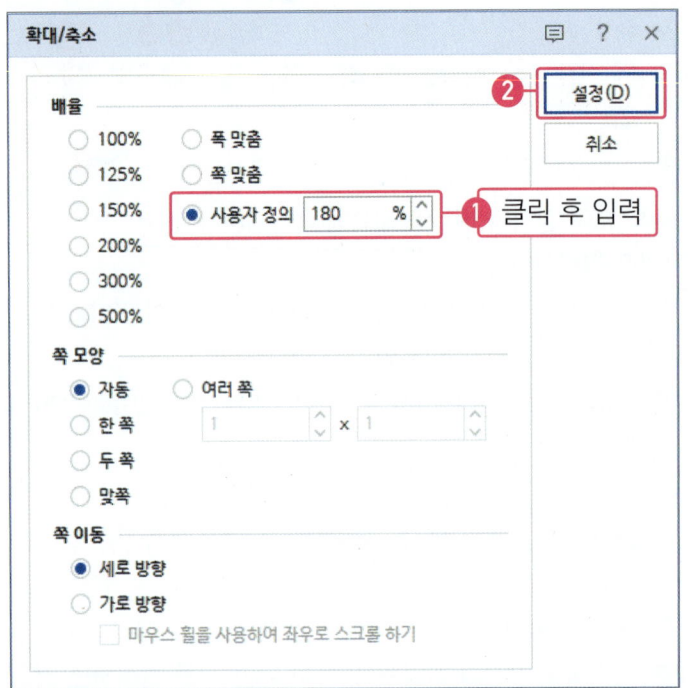

 **잠깐** 배율은 100%, 125%, 150%, 200%, 300%, 500%, 폭 맞춤, 쪽 맞춤 중에서 선택하거나 [사용자 정의]에서 수치를 직접 입력할 수 있습니다.
- **100%** : 편집 화면을 확대하거나 축소하지 않은 실제 크기입니다.
- **폭 맞춤** : 현재 용지의 너비가 문서 편집 창의 화면 너비에 맞춰집니다.
- **쪽 맞춤** : 현재 용지의 한쪽 분량이 한 화면에 모두 보입니다.

 [확대/축소]는 [보기] 탭-[확대/축소]를 이용하거나 키보드의 Ctrl + 마우스 휠을 위/아래로 돌려서 화면을 확대/축소할 수도 있습니다.

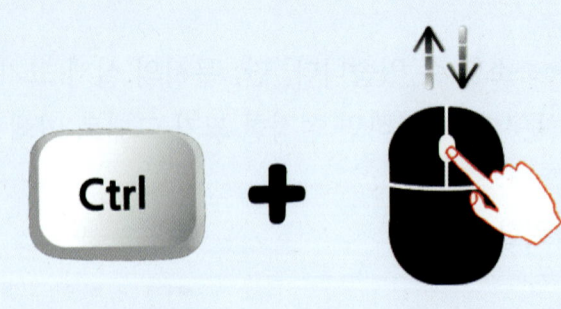

▶ 쪽 윤곽 설정하기

[보기] 탭-[쪽 윤곽(□)]에서는 인쇄하기 전 용지의 여백이나 머리말/꼬리말, 쪽 테두리, 페이지 번호 등이 모두 표시되어 인쇄할 모든 내용과 모양을 화면에서 직접 보며 편집할 수 있습니다. 만약 [쪽 윤곽]을 해제하면 여백, 쪽 테두리, 페이지 번호 등이 편집 화면에 표시되지 않습니다.

01 [보기] 탭-[쪽 윤곽(□)]을 클릭하면 쪽 윤곽이 해제되고 여백이 숨겨져 편집 창만 보이는 상태가 되며 여백 없이 커서의 위치가 맨 위에 위치합니다.

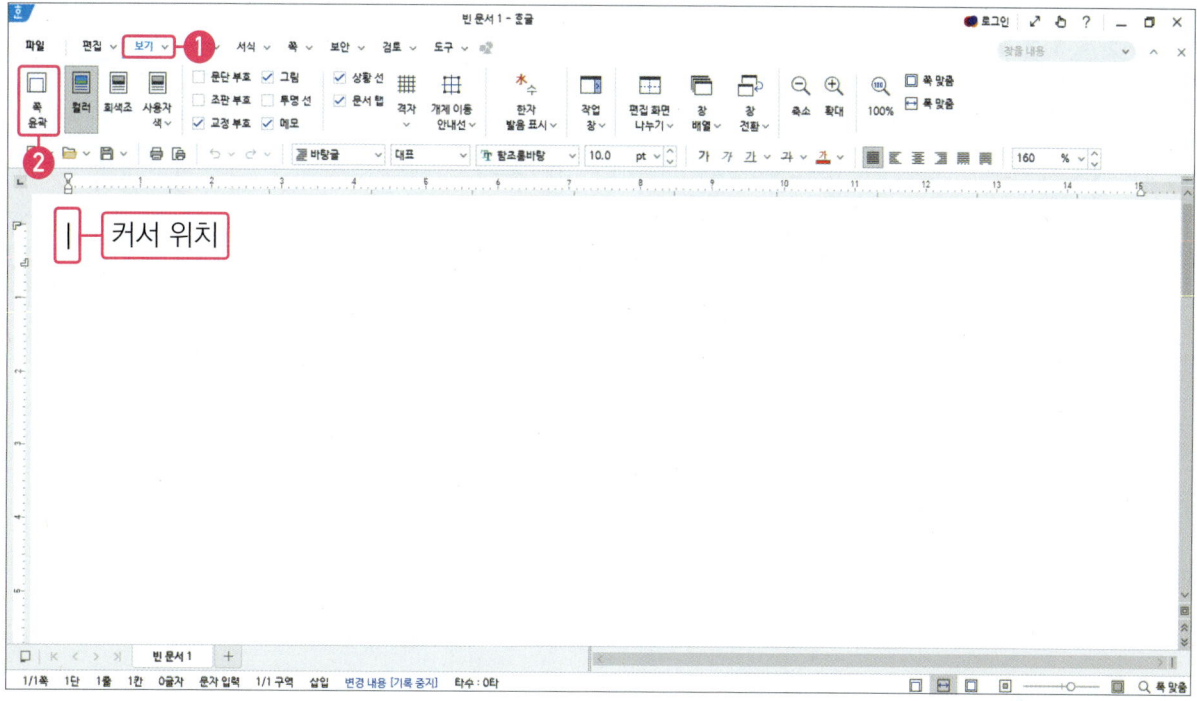

02 [보기] 탭-[쪽 윤곽(□)]을 다시 클릭합니다. 여백이 나타나고 쪽 윤곽 보기 상태가 되어 커서의 위치가 여백 아래쪽에 위치합니다.

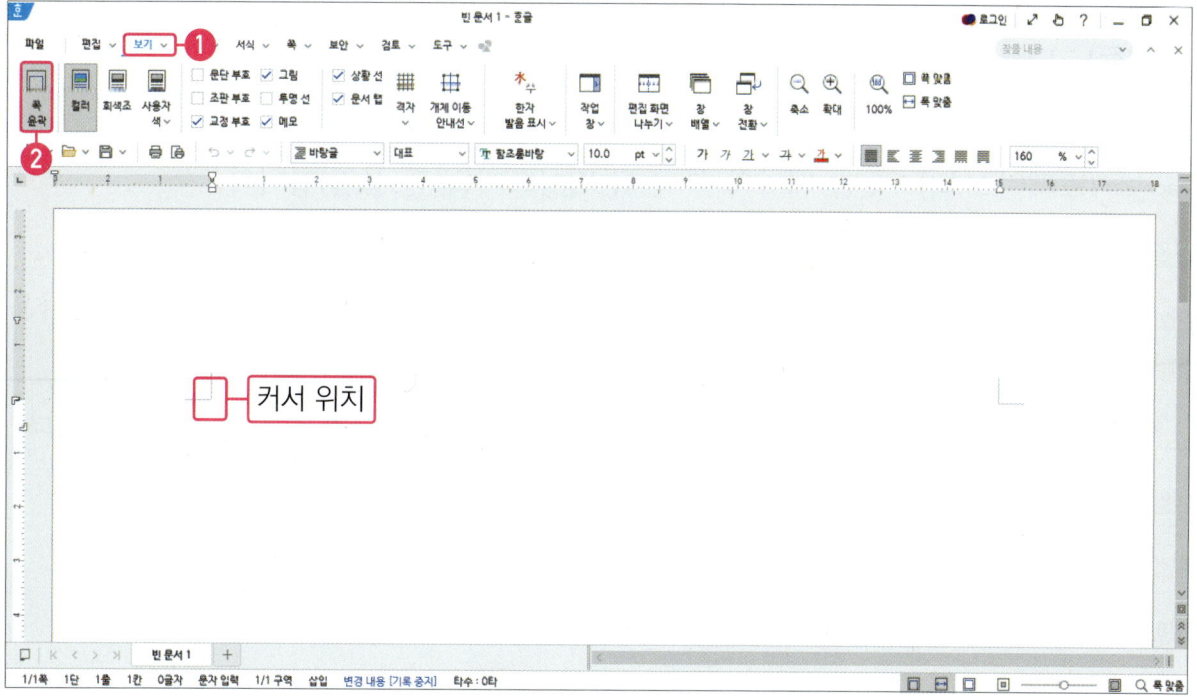

02 키보드 구성 익히기

키보드는 문자키, 숫자키, 기능키, 특수키, 방향키, 숫자키 패드, 상태표시등으로 구성되어 있습니다. 문서 작성을 위해서는 키보드의 위치와 기능을 알아두어야 합니다.

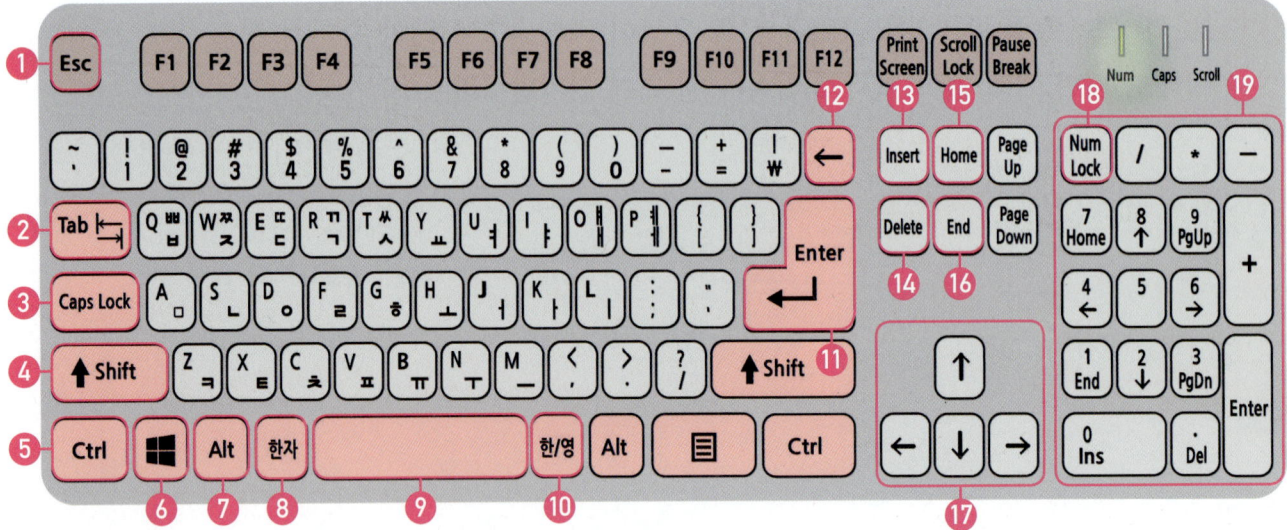

❶ Esc (이에스씨) : 작업이나 선택을 취소합니다.

❷ Tab (탭) : 일정한 간격으로 띄우거나 다음 칸으로 이동합니다.

❸ Caps Lock (캡스 락) : 영문 입력 상태에서 알파벳 대/소문자를 전환합니다(오른쪽 상단의 Caps Lock(캡스 락) 표시등에 불이 들어오면 대문자, 불이 꺼지면 소문자로 입력됩니다).

❹ Shift (시프트) : 키보드의 윗글쇠(예 : ㅃ, ㅉ, ㄸ, ㄲ, ㅆ, !, @, #, $, % 등)를 입력할 때 Shift 키를 누른 상태에서 입력합니다. 영문 입력 시 대/소문자가 반전되어 입력됩니다.

❺ Ctrl (컨트롤) : 다른 키와 조합해서 복사, 잘라내기, 붙여넣기 등을 할 때 함께 사용합니다.

❻ ■ : 윈도우 작업 표시줄의 시작 버튼을 누른 것과 같습니다.

❼ Alt (알트) : 다른 키와 조합해서 사용합니다.

❽ 한자 : 한글을 한자로 변환할 때 사용합니다.

❾ Space Bar (스페이스 바) : 누를 때마다 한 칸씩 띄어쓰기(빈칸 삽입)합니다.

❿ 한/영 : 누를 때마다 한글/영문 입력 상태를 전환합니다.

⓫ Enter (엔터) : 커서를 다음 줄로 이동해 줄 바꿈을 하거나, 선택한 명령을 실행할 때 사용합니다.

⓬ ← (Backspace : 백스페이스) : 누를 때마다 커서 왼쪽에 있는 글자를 한 글자씩 지웁니다.

⓭ Insert (인서트) : 누를 때마다 삽입/수정 상태로 전환합니다.

⓮ Delete (딜리트) : 누를 때마다 커서 오른쪽에 있는 글자를 한 글자씩 지웁니다.

⓯ Home (홈) : 커서를 현재 줄의 맨 앞으로 이동합니다.

⑯ End (엔드) : 커서를 현재 줄의 맨 뒤로 이동합니다.

⑰ ←, ↑, ↓, → (방향키) : 해당 방향으로 커서나 선택 대상을 이동합니다.

⑱ Num Lock (넘 락) : 키를 누를 때마다 오른쪽 상단의 Num Lock(넘 락) 표시등에 불이 꺼지거나 켜집니다.

⑲ 숫자 키패드 : 키보드 오른쪽에 있는 숫자와 기호가 조합된 부분으로 Num Lock(넘 락) 표시등에 불이 켜져 있으면 숫자가 입력되고 불이 꺼져 있으면 방향키로 사용됩니다.

03 (웹) 한컴 타자연습으로 키보드 익히기

한컴 타자연습은 웹에서 바로 사용 가능한 온라인 타자연습과 (구)한컴 타자연습 설치형 버전이 있습니다. 타자를 처음 하는 사용자를 비롯해 누구나 한컴 타자연습으로 쉽고 재미있게 자리 연습, 낱말 연습, 단문 연습, 장문 연습을 해 타자 실력을 향상할 수 있습니다. 본문에서는 온라인 웹 타자연습에 대해 다루겠습니다.

▶ **온라인 한컴 타자연습 실행하기**

01 작업 표시줄의 검색 상자에 '한컴타자연습'이라고 입력합니다. 검색된 목록 중 [한컴타자연습 검색 결과 더 보기]를 클릭합니다.

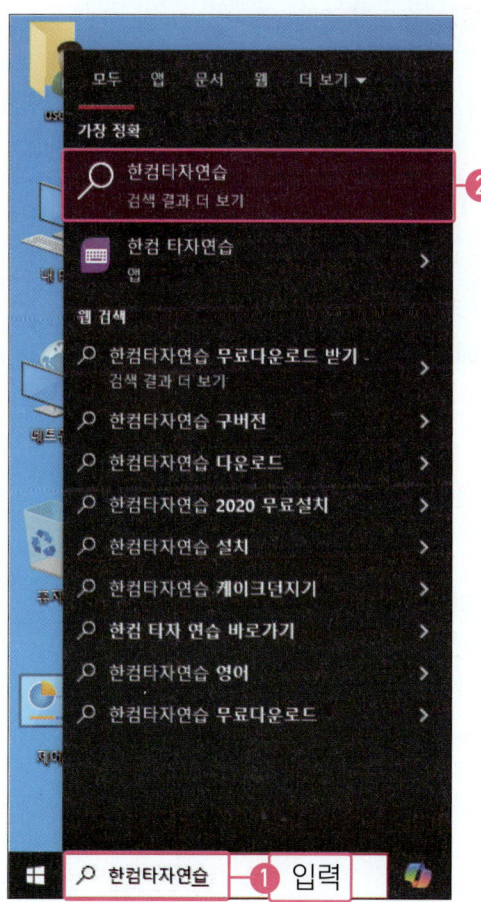

잠깐

바탕화면에서 [한글 2022]를 실행하면 나타나는 첫 화면 [문서 시작 도우미]의 [한컴 타자연습()]을 클릭해 실행해도 됩니다.

02 검색된 웹 사이트 중에서 '한컴타자'를 클릭합니다.

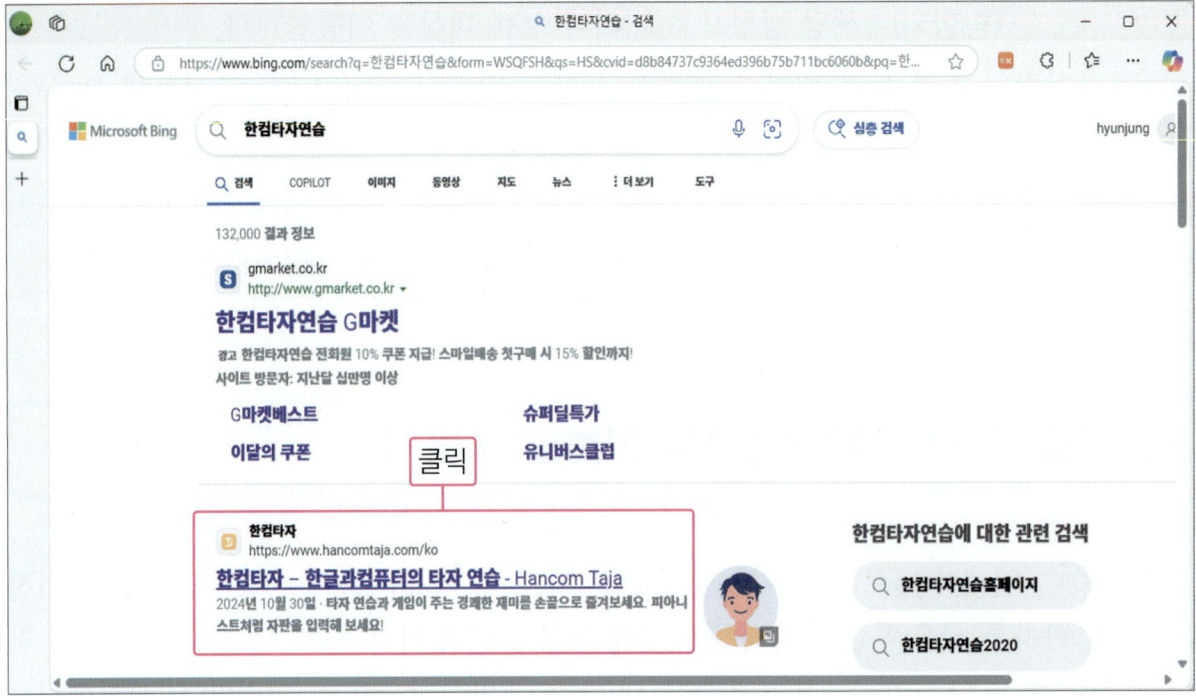

03 홈 화면이 나타나면 [타자 연습]을 클릭합니다.

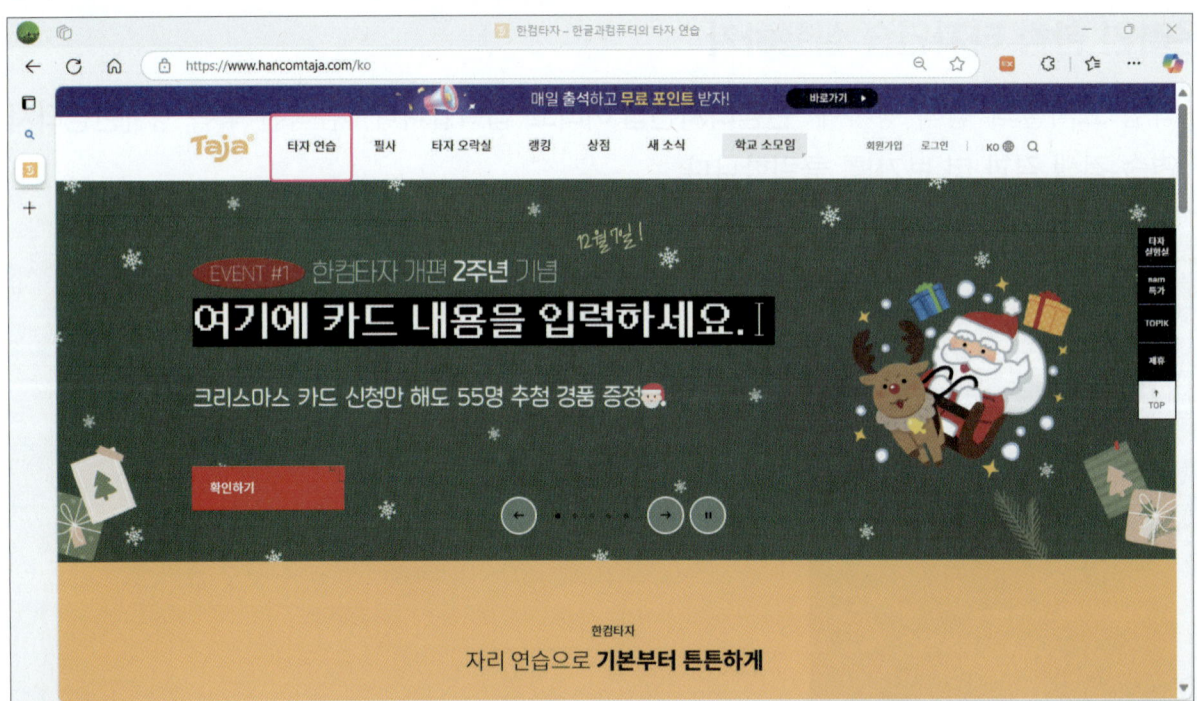

한컴 타자연습 웹 사이트의 홈 화면은 이벤트 페이지에 따라 달라질 수 있습니다.

04 다음과 같은 로딩 화면이 나오면 잠시 기다립니다.

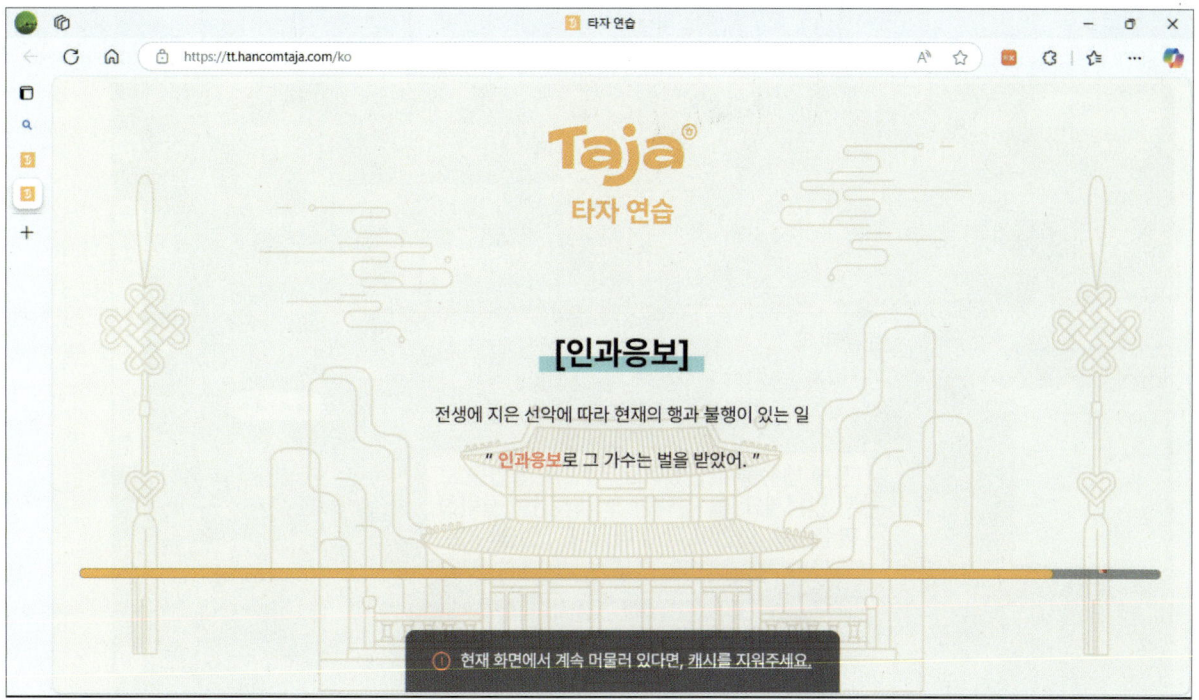

▶ 자리 연습하기

01 글자판에 익숙하지 않은 사용자가 글자판의 위치를 익히기 위해 제일 먼저 해야 하는 과정입니다. [자리연습] 버튼을 클릭한 후 8개의 자리 중 [기본자리]를 선택합니다.

 한글 자리 연습은 기본자리, 왼손윗자리, 왼손아랫자리 등 8단계가 있으며 원하는 자리를 클릭해 단계별 연습으로 각각 다른 자리의 글쇠를 익힐 수 있습니다.

02 타자 연습 매뉴얼 화면이 나타나면 [닫기] 버튼을 클릭합니다.

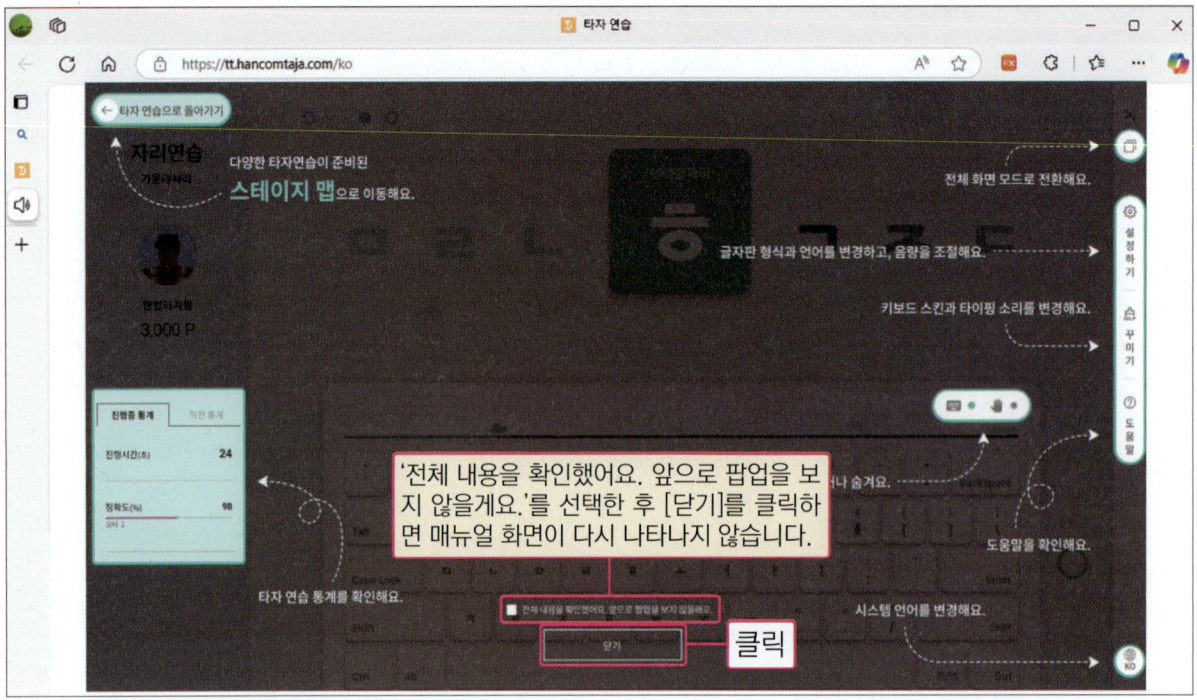

03 자리 연습 화면에 제시되는 글쇠 'ㅁ' 손가락 자리를 빨간색으로 표시해 주고 화면의 키보드에 손가락 가이드가 나타나면 사용자도 화면과 똑같이 **키보드 자리에 손가락을 올려놓고 'ㅁ' 키를 누릅니다.** 정확하게 해당 글쇠를 눌러야 다음 글쇠로 넘어갑니다.

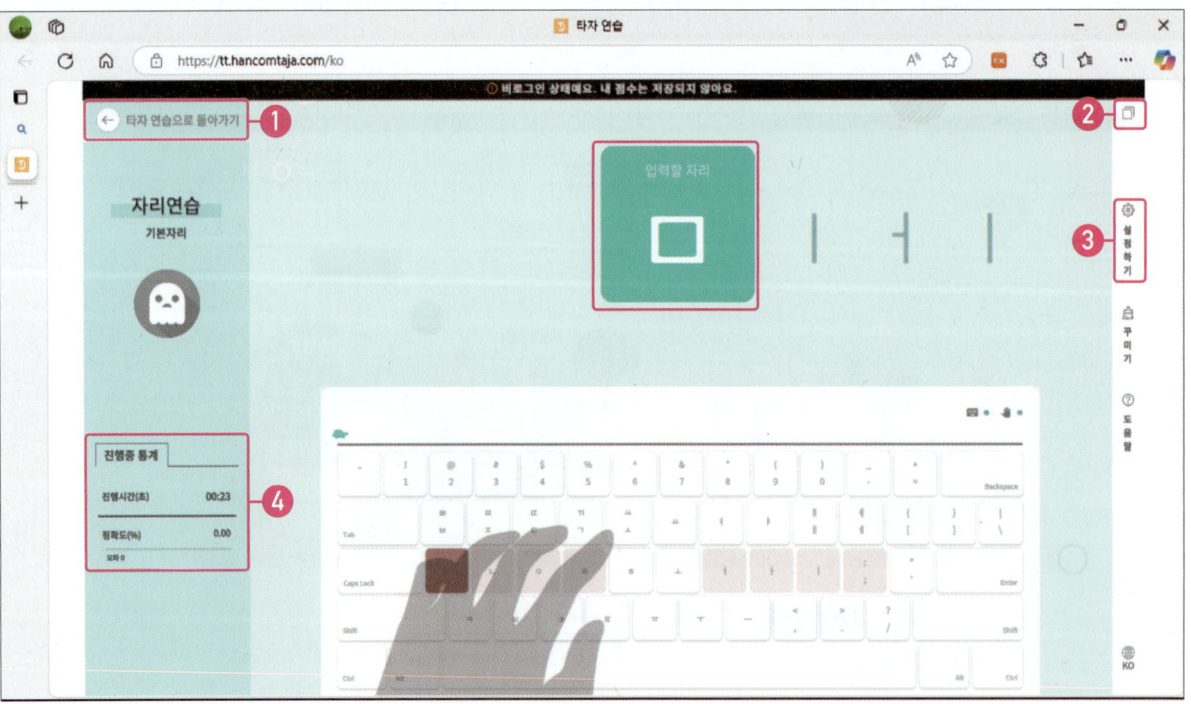

> ❶ **타자 연습으로 돌아가기** : 자리 연습 외에 낱말 연습, 단문 연습, 장문 연습 등 다양한 타자 연습을 선택할 수 있습니다.
> ❷ ▢ : 전체 화면 모드로 전환합니다.
> ❸ **설정하기** : 음량 설정에서 배경음과 효과음을 설정할 수 있고, 글자판에서 한글과 영어 자판을 선택할 수 있습니다. 표준 자판은 한글은 '두벌식', 영어는 '쿼티' 자판입니다.
> ❹ **진행중 통계** : 진행 시간(초), 정확도(%)가 표시됩니다.

04 제시된 자리 연습을 모두 완료하면 연습 결과 창이 나타납니다. 정확도와 소요 시간을 확인한 후 연습을 중단하려면 [그만하기] 버튼을 클릭하고 연습을 계속하려면 [다시 하기] 버튼을 클릭합니다.

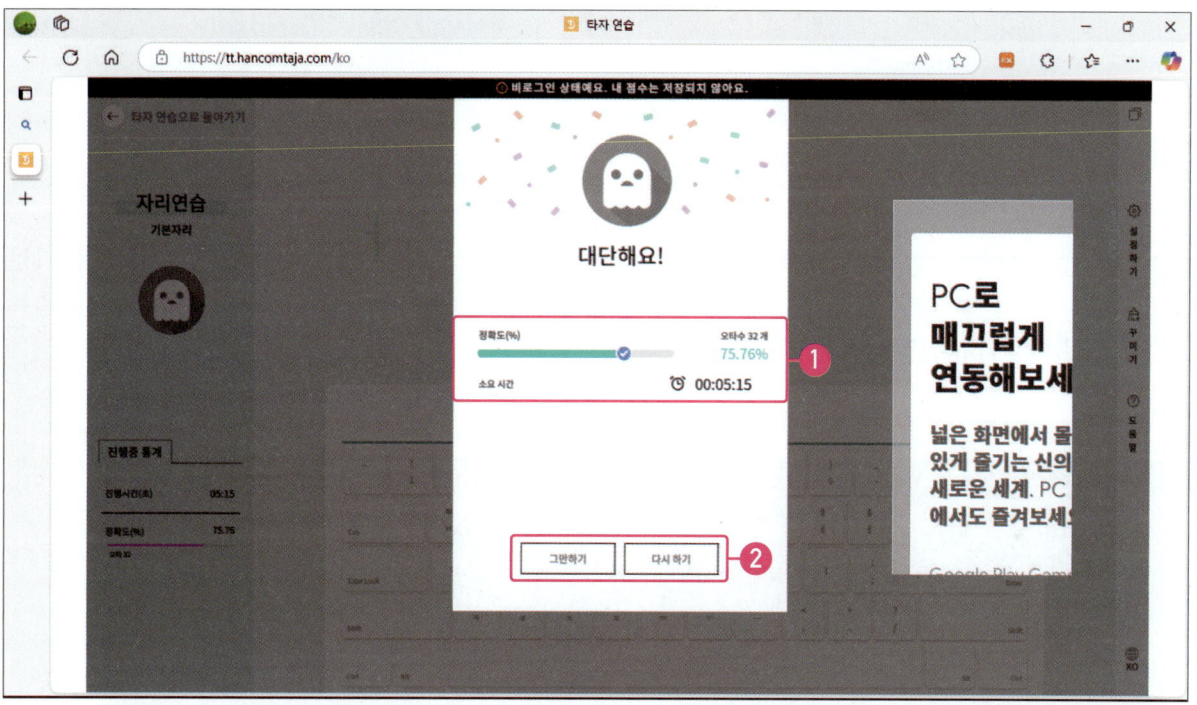

▶ 낱말 연습하기

01 [자리연습]으로 글자판의 위치가 어느 정도 익숙해지면 [낱말연습] 버튼을 클릭합니다.

02 로딩 화면이 나타나면 잠시 기다립니다.

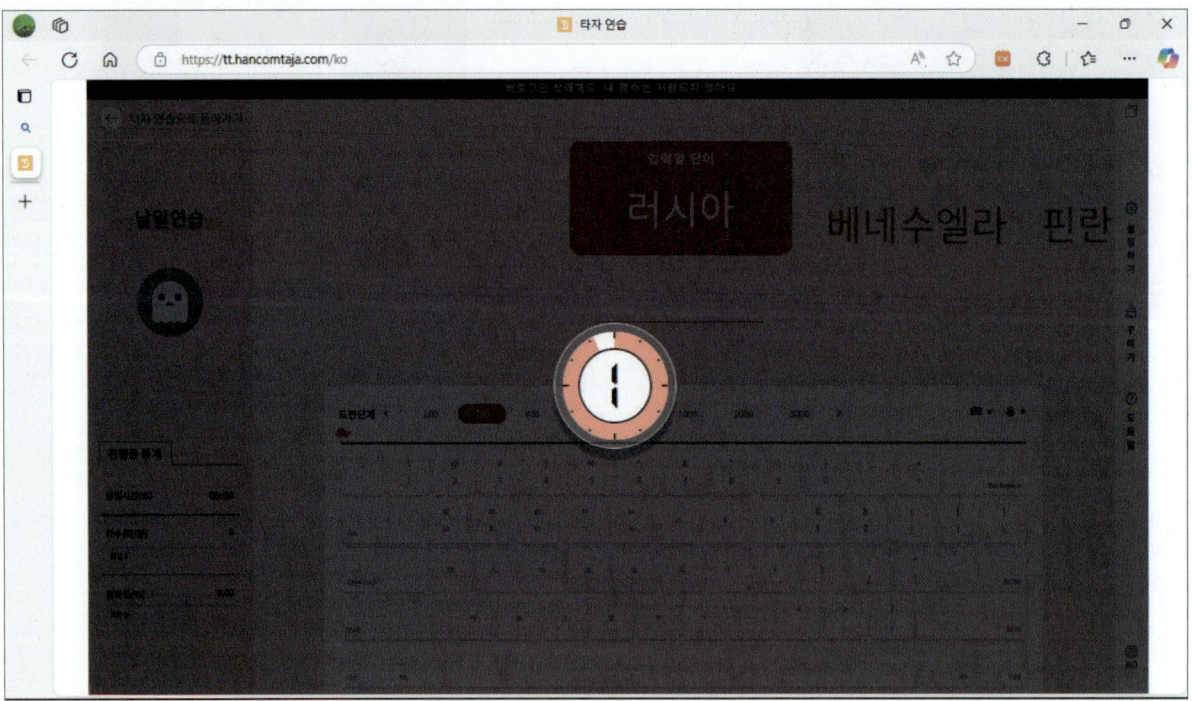

03 키보드의 정확한 위치에 손을 올려놓고 제시된 단어를 입력합니다. 입력이 끝나면 `Space Bar` 또는 `Enter` 키를 누르고 다음 단어를 입력합니다.

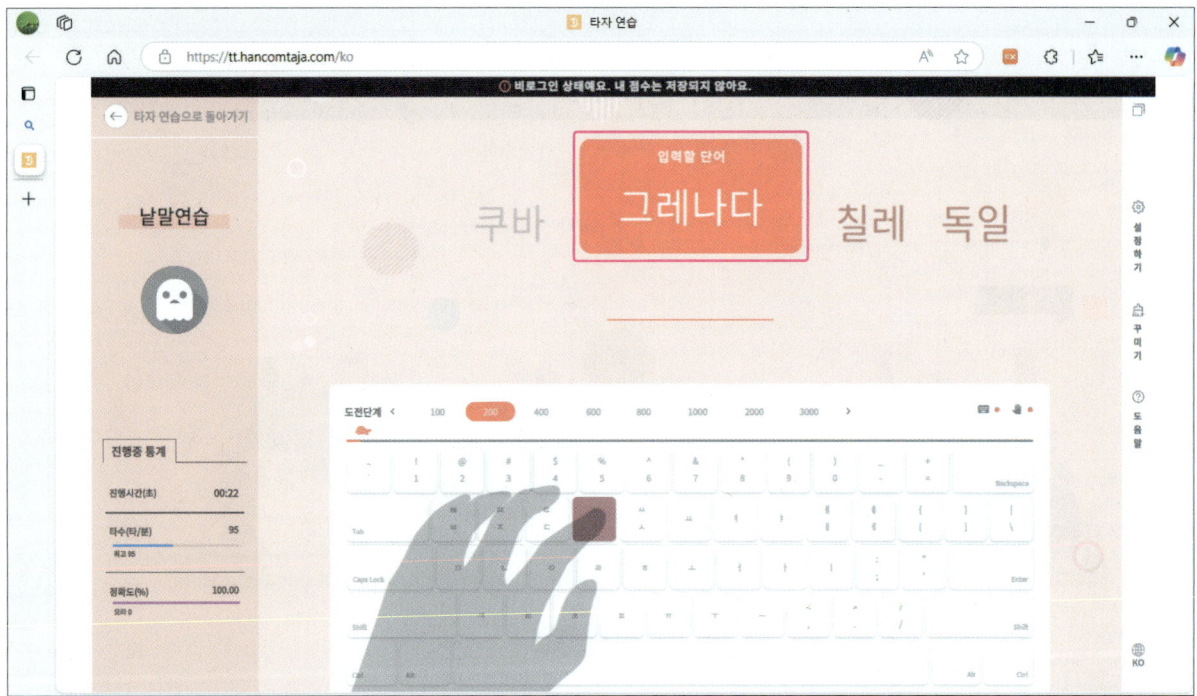

 제시된 단어를 입력하는 중 오타가 발생하면 글자가 빨간색으로 표시되는데, 이때 ←(Backspace) 키를 누르면 잘못 입력한 글자를 지운 후 다시 입력할 수 있습니다.

04 제시된 단어를 모두 완료하면 자리 연습과 마찬가지로 낱말 연습 결과 화면이 나타납니다. 타수와 정확도, 소요 시간을 확인한 후 **연습을 중단하려면 [그만하기] 버튼을 클릭하고, 연습을 계속하려면 [다시 하기] 버튼을 클릭합니다.**

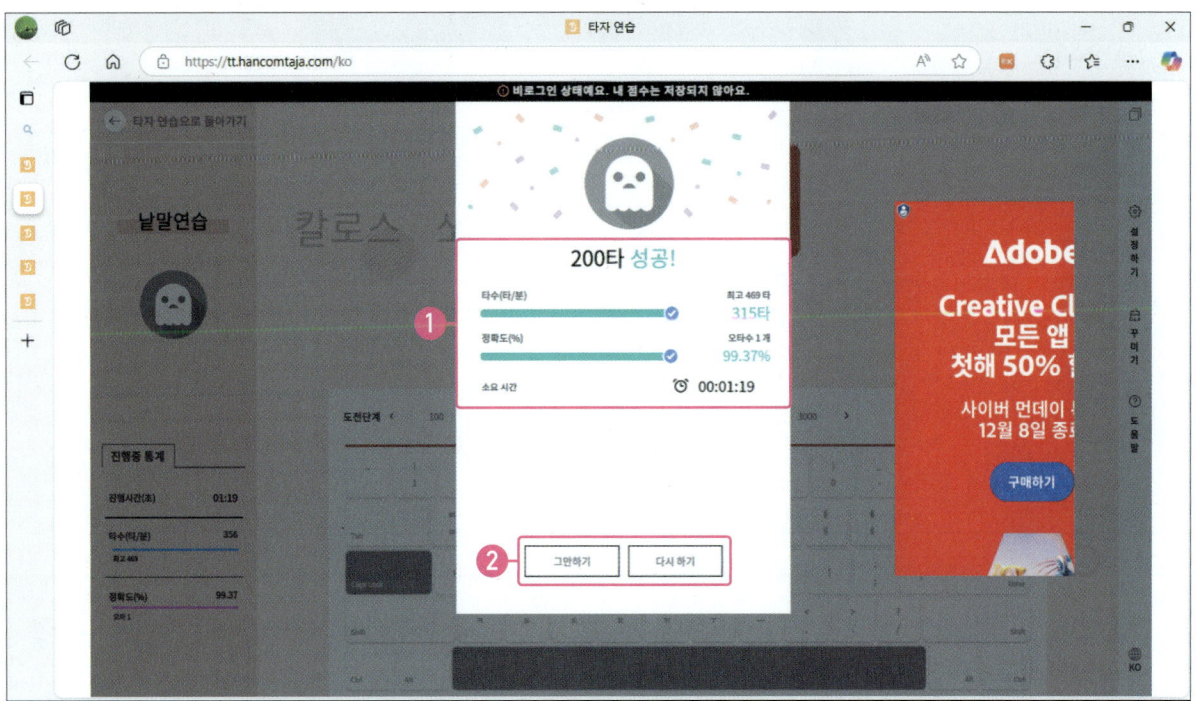

▶ 단문 연습하기

01 [단문연습] 버튼을 클릭합니다.

02 파란색 상자 안의 **제시된 문장을 입력합니다.** 입력 도중에 오타가 발생하면 ←키를 눌러 수정합니다. 문장을 입력한 후 Space Bar 키를 누르면 입력 완료한 문장은 위로 올라가고 다음 문장을 입력할 수 있습니다.

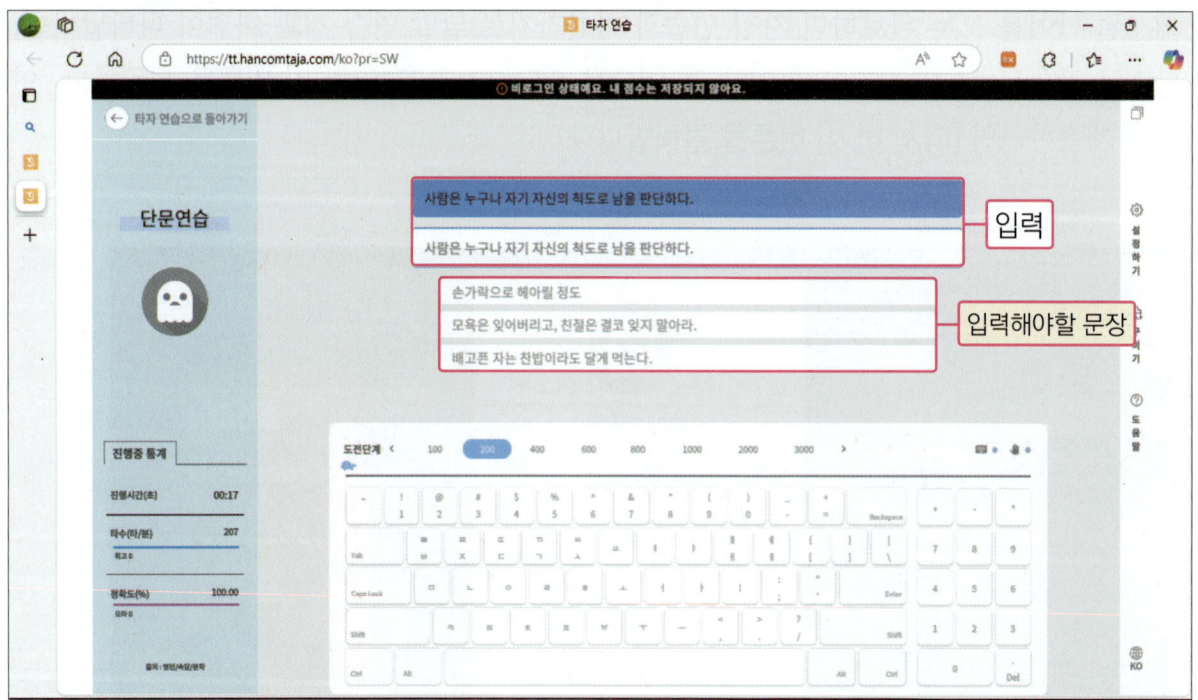

 단문 연습 중 화면을 크게 하고 싶다면 오른쪽 위에 있는 □를 클릭해 전체 화면 모드로 전환합니다. 전체 화면을 종료하려면 Esc 키를 누릅니다.

▶ 장문 연습하기

01 [장문연습] 버튼을 클릭합니다.

02 주황색 상자 안의 **제시된 문장을 입력**합니다. 오타는 입력 중인 행에서만 수정할 수 있고 여러 행으로 이루어진 문장 입력이 완료되면 타수, 정확도, 소요 시간을 확인할 수 있습니다.

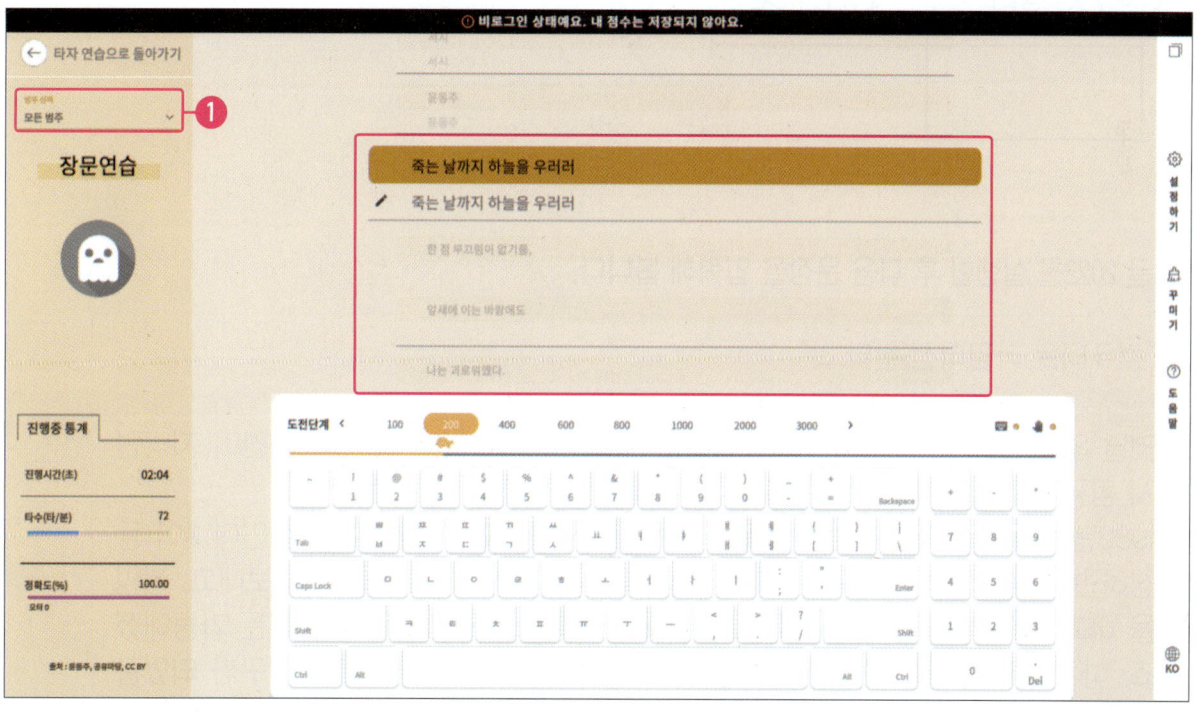

❶의 [모든 범주]를 클릭하면 연습할 글을 선택할 수 있습니다. 처음에는 느리고 힘들지만 올바른 손가락 사용으로 꾸준하게 타자 연습을 하면 속도가 빨라지고 오타를 줄일 수 있습니다. 꾸준한 연습이 실력을 향상시키는 비법입니다.

응용력 키우기

01 한컴 타자연습 온라인 사이트에서 [낱말연습]을 실행해 연습한 후 정확도와 오타수를 적어 봅니다.

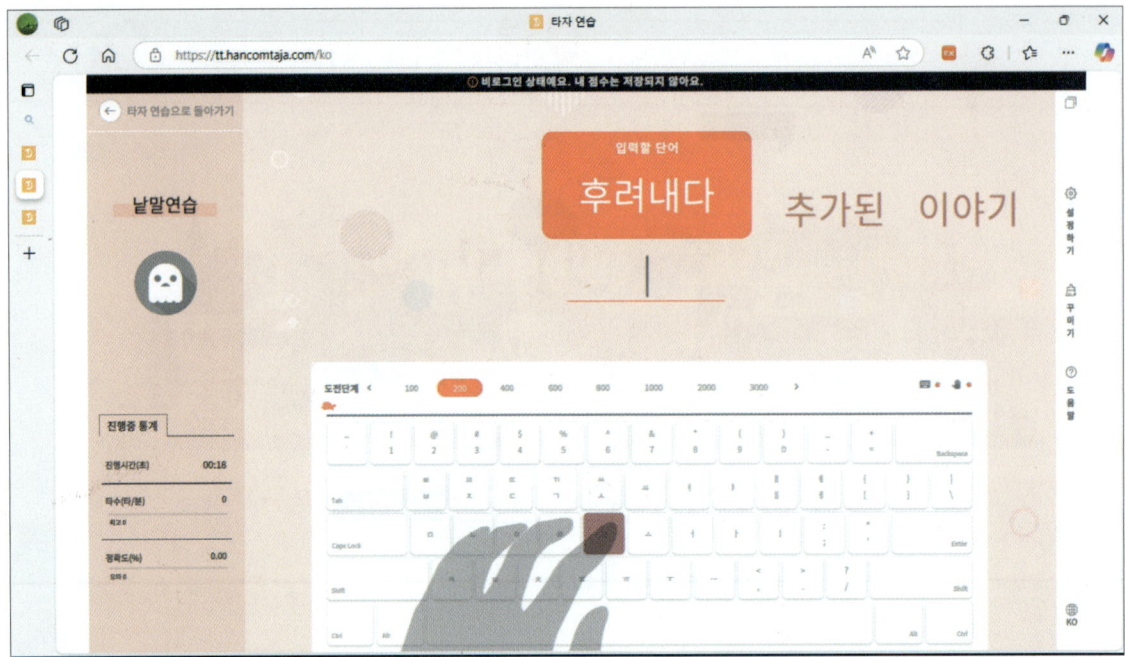

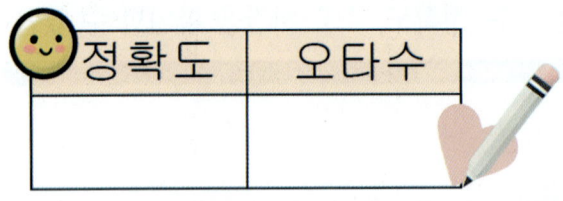

02 한글 2022를 실행한 후 다음 문장을 입력해 봅니다.

> "컴퓨터는 타임머신을 타고!"
>
> 옛날 옛적, 컴퓨터는 마치 커다란 방처럼 크고 무거웠어요. 그런데 시간이 지나면서 컴퓨터가 작아지고 더 똑똑해지기 시작했어요.
> 1980년대에는 사람들이 컴퓨터를 집에 두기 시작했고, 1990년대에는 인터넷이 등장하면서 정보의 바닷속으로 세계 여행을 떠나게 되었어요. 이메일을 보내고, 게임을 하고, 친구와 채팅하고, 이제는 컴퓨터와 스마트폰만 있으면 무엇이든 가능해졌죠. 마치 마법의 상자처럼 신통방통하게 어디서든 우리와 함께하는 친구가 되었답니다.

 [시작(⊞)]-[한글 2022]를 클릭한 후 [새 문서]를 클릭합니다.

02 안내문 만들기

- 문서마당
- 문서 시작 도우미
- 저장하기
- 불러오기/최근 작업 문서
- 다른 이름으로 저장하기
- 미리 보기
- 인쇄하기

미 / 리 / 보 / 기

 완성파일 : 겨울방학 안내문.hwp

문서마당에서는 미리 만들어 놓은 다양한 서식 파일(*.hwt)을 제공합니다. 문서마당의 서식 파일을 불러와 내용을 입력하기만 하면 문서 작성에 들어가는 시간과 노력을 절약해 빠르게 문서를 만들 수 있습니다. 이번 장에서는 문서마당을 이용하는 방법에 대해 알아본 후 서식 파일을 이용하여 그럴싸한 문서를 빠르고 간편하게 작성해 보겠습니다.

 # 문서마당 실습 | 주간 일정표 만들기

문서마당에서 제공하는 다양한 서식 파일을 이용하면 초보자도 쉽고 빠르게 문서 작업을 할 수 있습니다. 문서마당에서 '주간 간식표'를 불러와 주간 일정표를 작성해 보겠습니다.

▶ 문서마당 서식 파일 불러오기

01 한글을 실행합니다. 메뉴에서 [파일] 탭-[문서마당]을 클릭합니다.

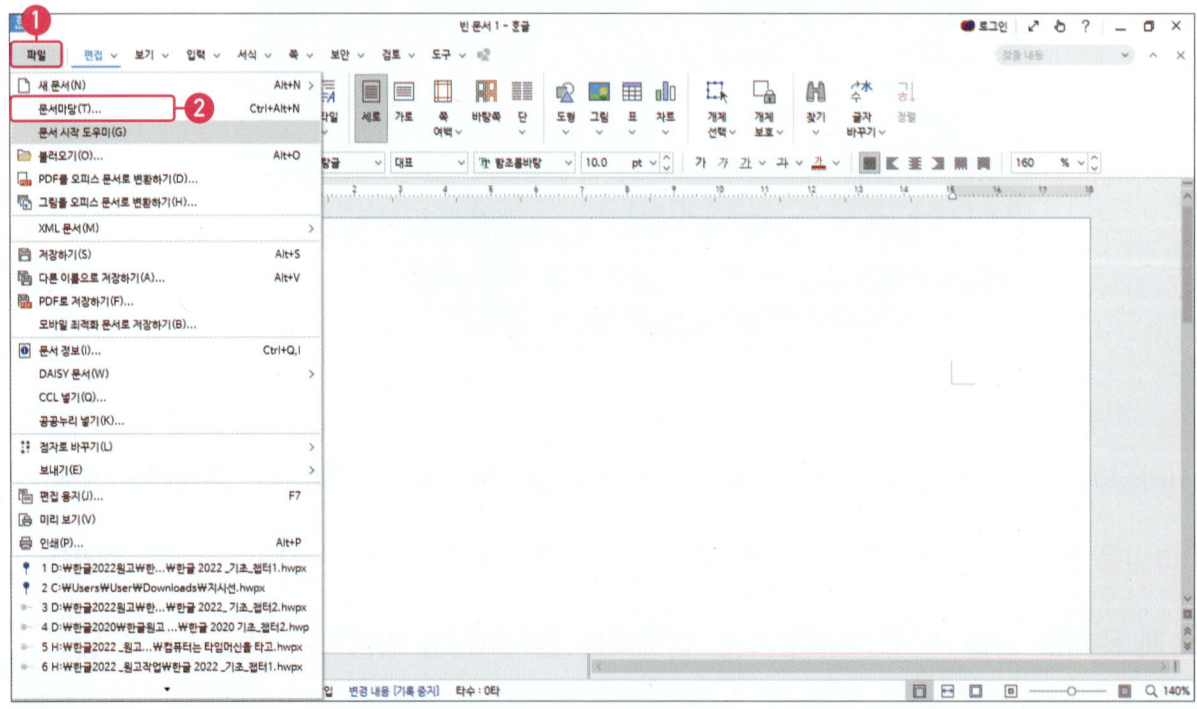

 [문서마당]의 바로 가기 키는 Ctrl + Alt + N 입니다.

02 [문서마당] 대화상자가 나타나면 [문서마당 꾸러미] 탭을 클릭하고 왼쪽 목록에서 [가정 문서]를 클릭하면 다양한 서식 파일들이 나타납니다. 여러 서식 중 '주간 간식표'를 선택하고 [열기] 버튼을 클릭합니다.

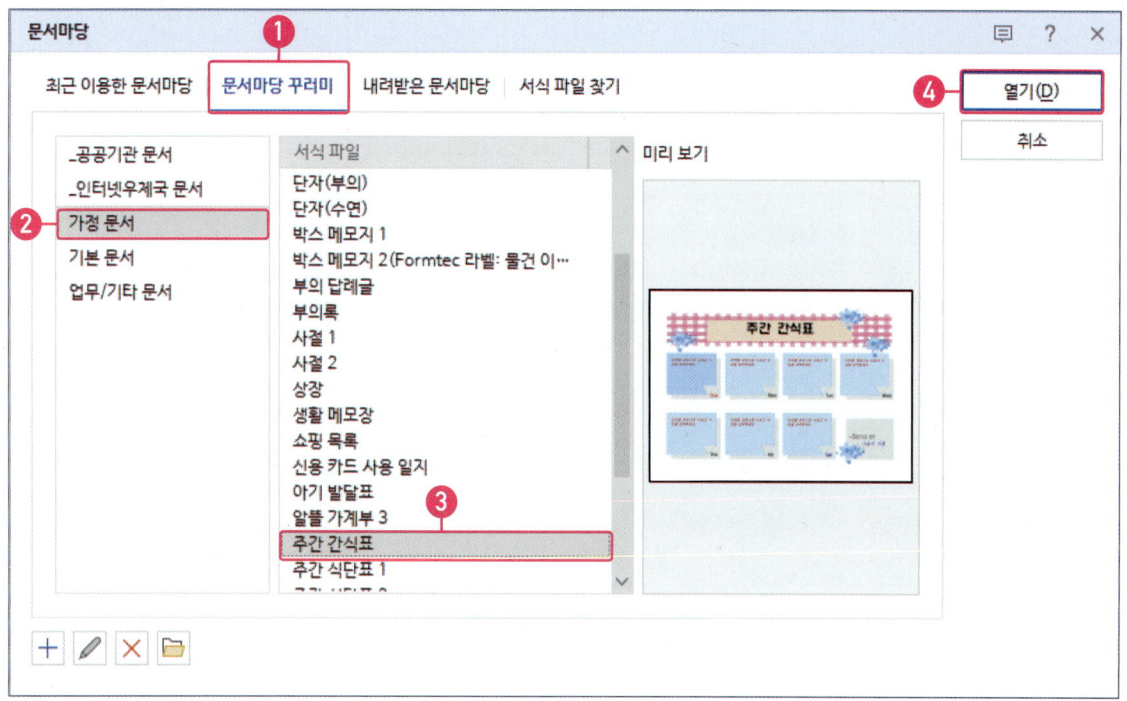

03 제목을 수정하기 위해 '간식'을 드래그해 블록으로 설정한 후 '일정'을 입력합니다.

04 이어서 내용을 입력하기 위해 '이곳을 마우스로 누르고 식단을 입력하세요.'를 클릭합니다.

05 글자가 사라지고 「 안에 커서가 깜빡거리면 다음과 같이 요일별 내용을 각각 입력합니다.

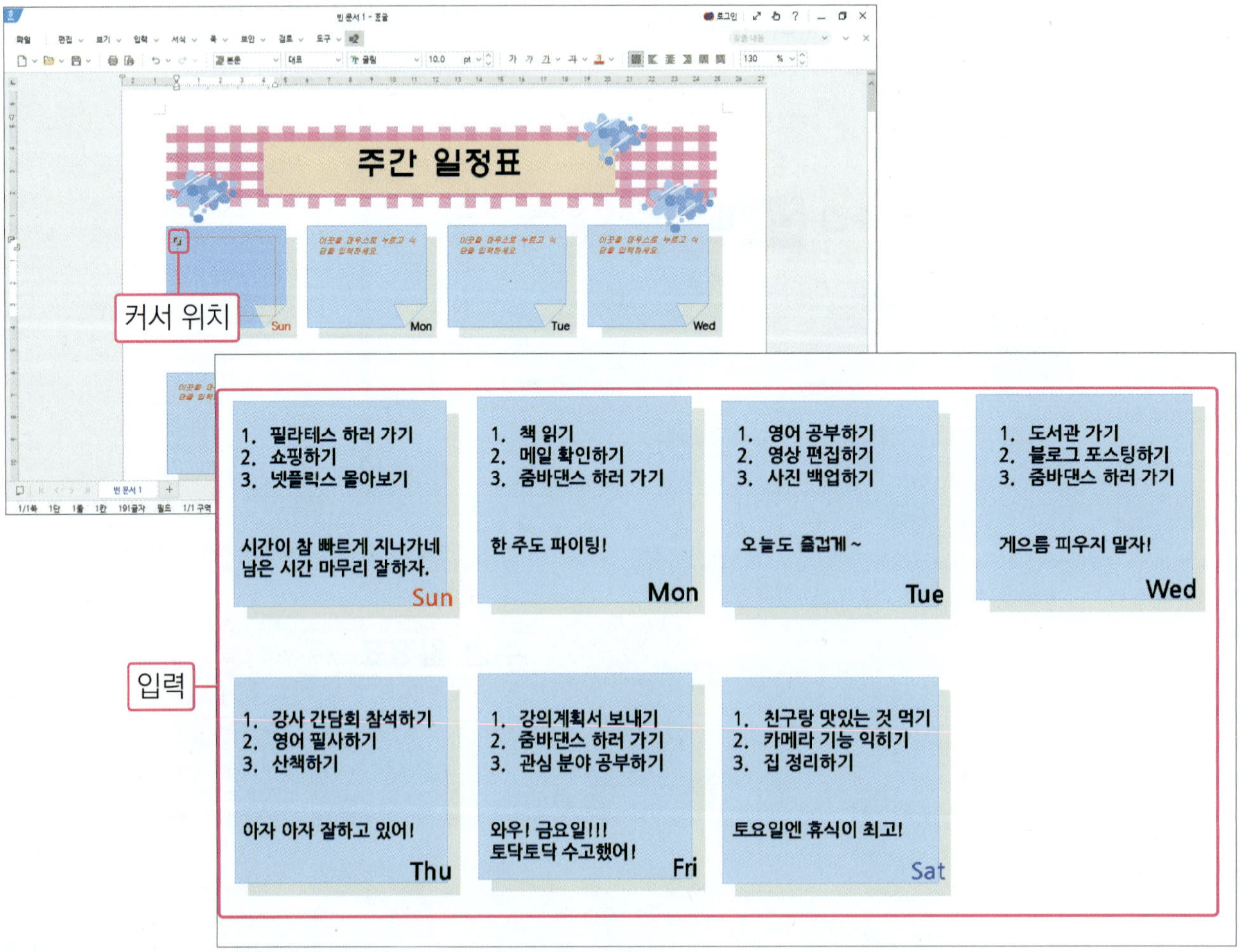

06 다음과 같이 간단하게 문서가 완성되었습니다.

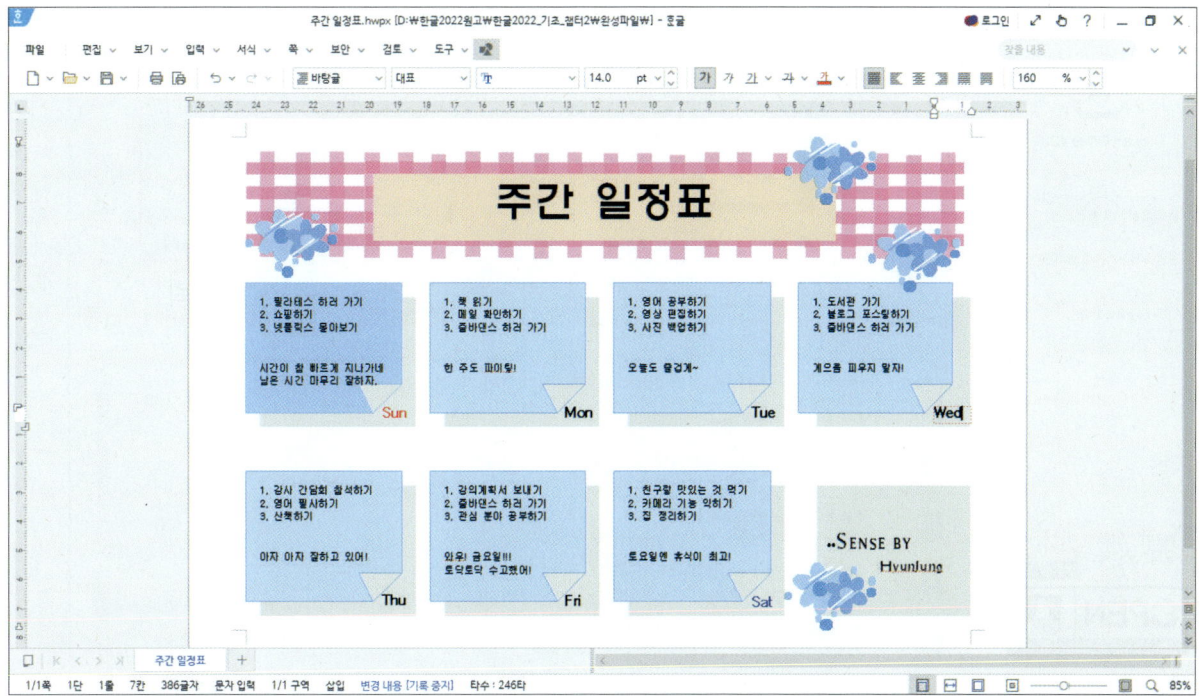

02 온라인 서식 문서 이용하기

[문서 시작 도우미]를 이용하면 몇 번의 클릭만으로 빠르게 문서를 만들 수 있습니다. 또한, 불러오기와 최근 작업 중인 문서 목록에서 필요한 문서를 선택해 편집할 수 있고 [온라인 콘텐츠]에서는 문서의 썸네일을 클릭해 사용자에게 맞는 문서를 만들 수 있습니다.

01 온라인 서식 문서를 사용하기 위해 메뉴에서 [파일] 탭-[문서 시작 도우미]를 클릭합니다.

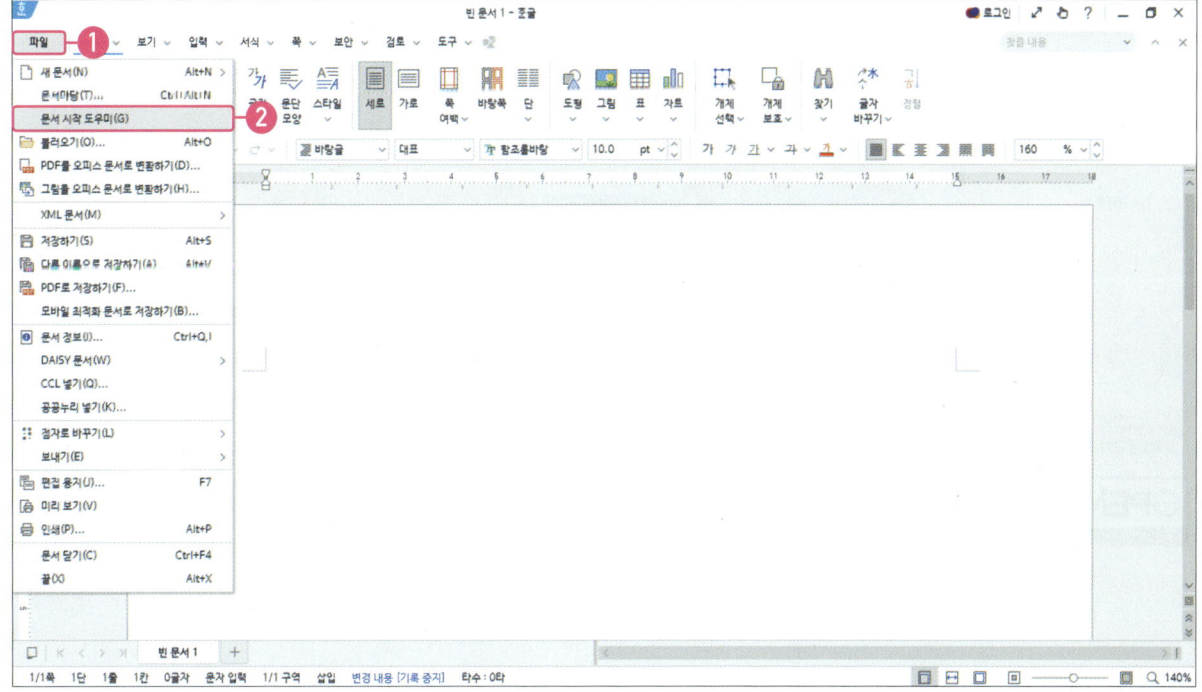

02 [온라인 콘텐츠]를 클릭합니다.

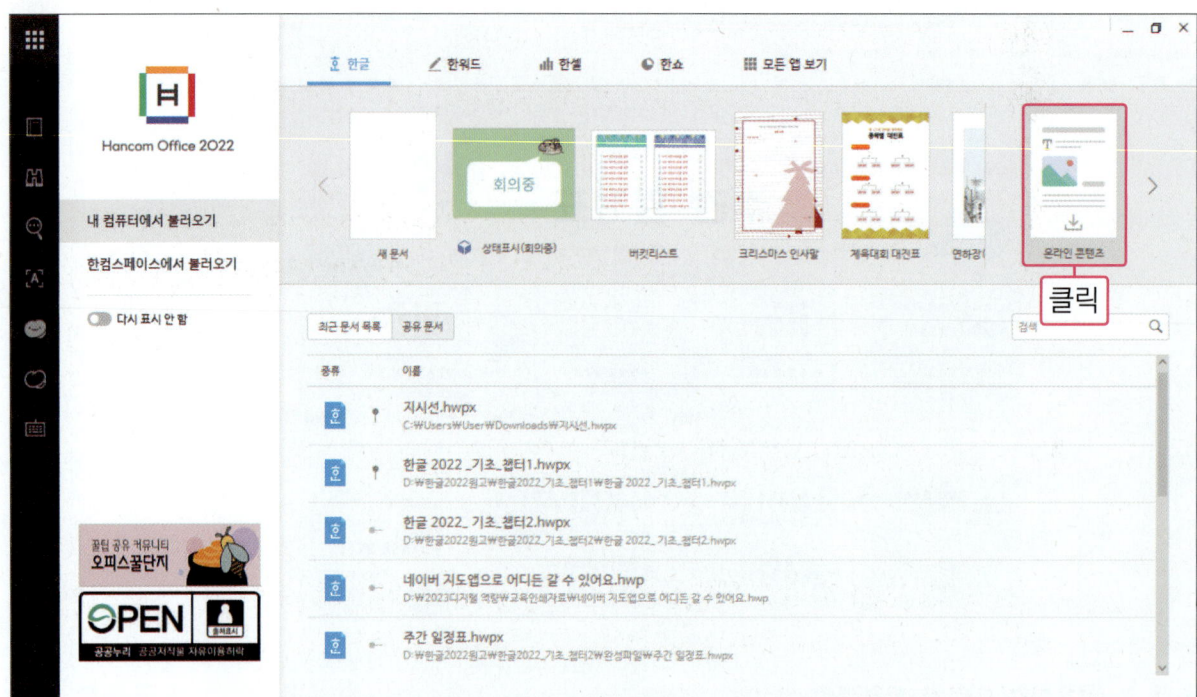

 온라인 콘텐츠는 다양한 문서 서식, 클립아트 및 글꼴 등을 제공하는 한컴 애셋을 불러옵니다. 초보자도 한컴 애셋을 이용하면 세련되고 완성도 높은 문서를 쉽게 만들 수 있습니다.

03 다운로드할 서식에 마우스를 가져가면 [미리 보기(◉)]와 [내려받기(⬇)] 아이콘이 나타납니다. 썸네일을 클릭하면 큰 화면에서 서식 정보와 사용권을 확인할 수 있고 [내려받기] 버튼을 클릭하면 서식이 다운로드됩니다.

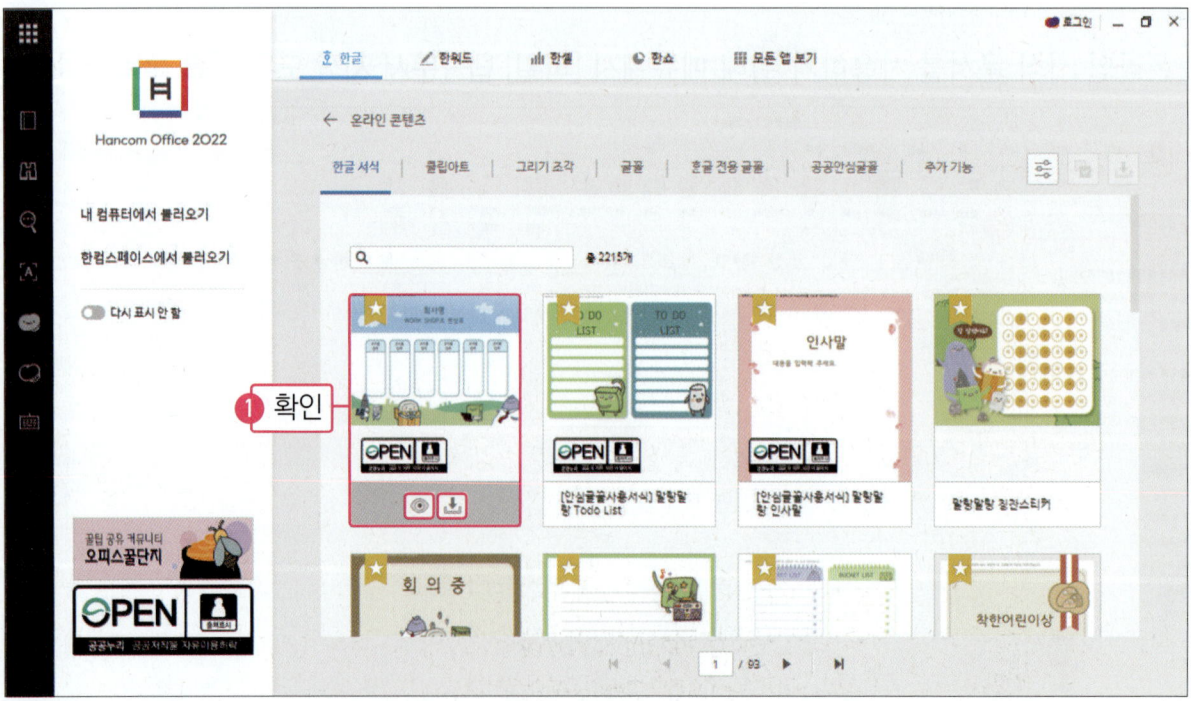

 내려받은 서식 파일은 [파일] 탭-[문서마당]-[내려받은 문서마당]에서 불러와 사용할 수 있습니다.

03 겨울방학 안내문 만들기

▶ **온라인 서식으로 안내문 만들기**

01 한글을 실행합니다. 메뉴에서 [파일] 탭-[문서 시작 도우미]를 클릭합니다.

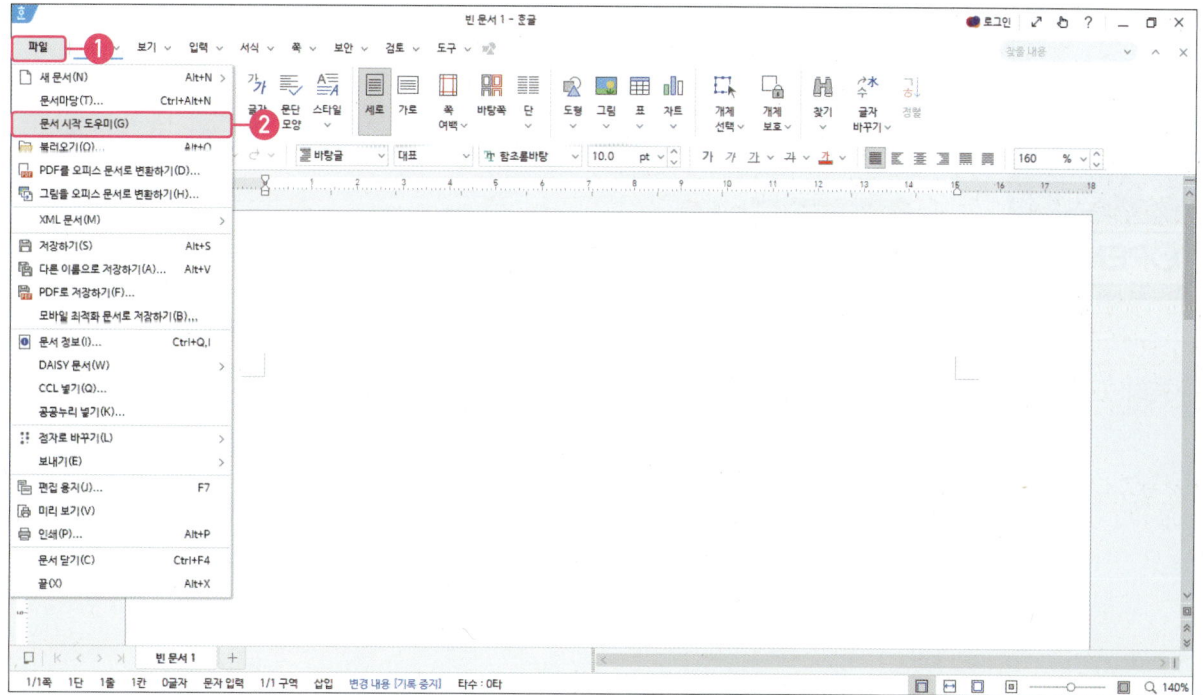

02 [온라인 콘텐츠]를 클릭합니다.

03 [한글 서식] 탭을 클릭한 후 검색란에 '안내문'을 입력하고 Enter 키를 누릅니다.

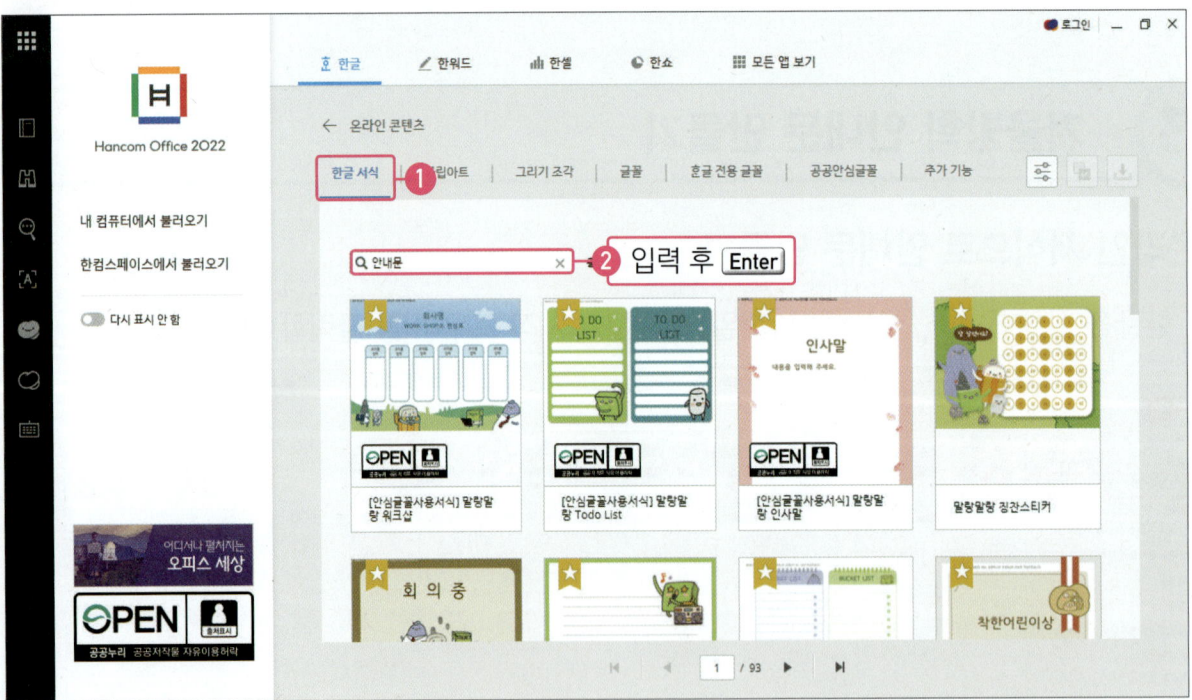

04 검색 목록에서 '여름방학안내문' 썸네일에 마우스 커서를 두면 아이콘이 나타납니다. [내려받기(⬇)]를 클릭합니다.

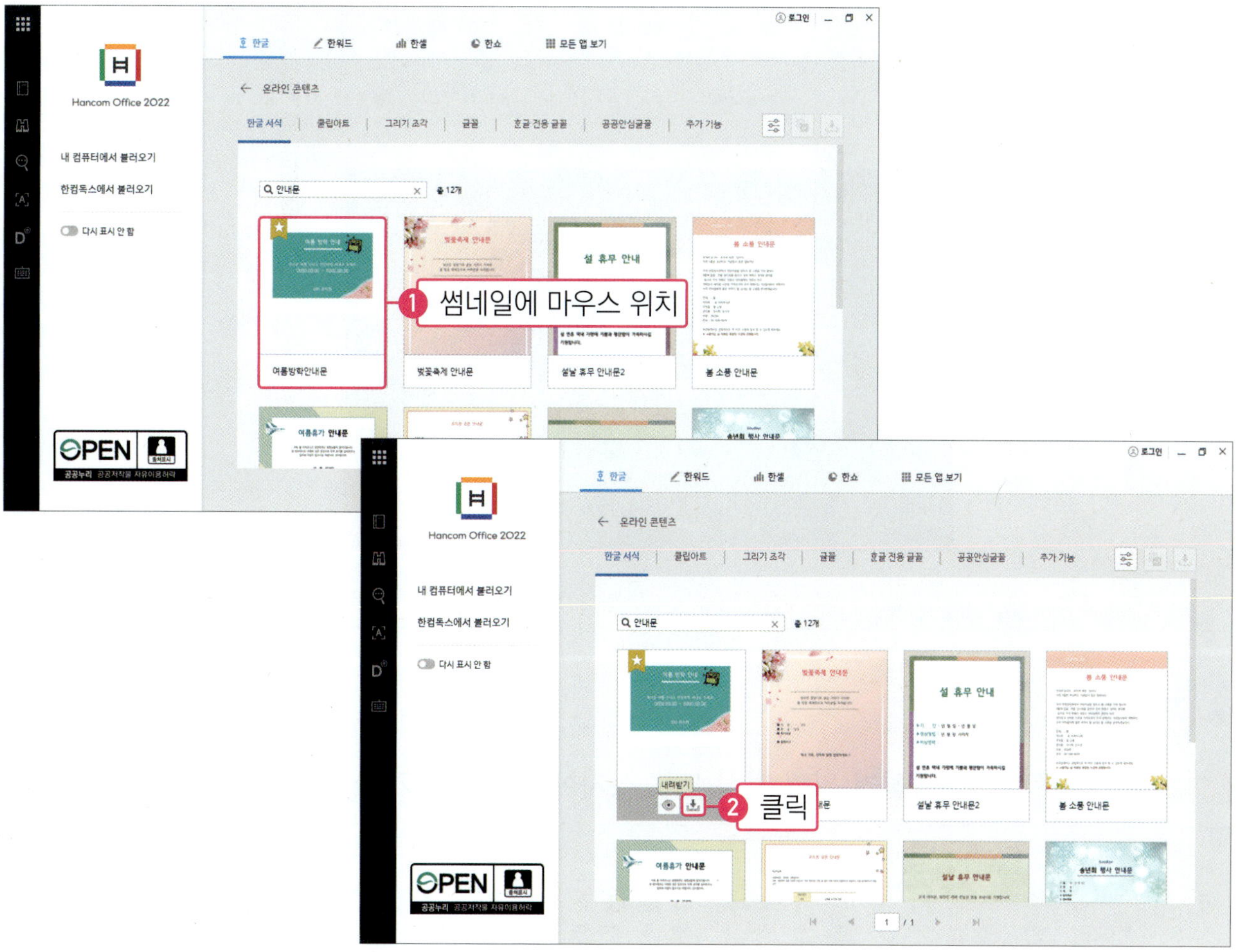

05 '여름방학안내문' 서식 파일이 나타나면 수정할 부분을 드래그한 후 '겨울'을 입력합니다.

06 05와 같은 방법으로 나머지 부분도 다음과 같이 내용을 수정합니다.

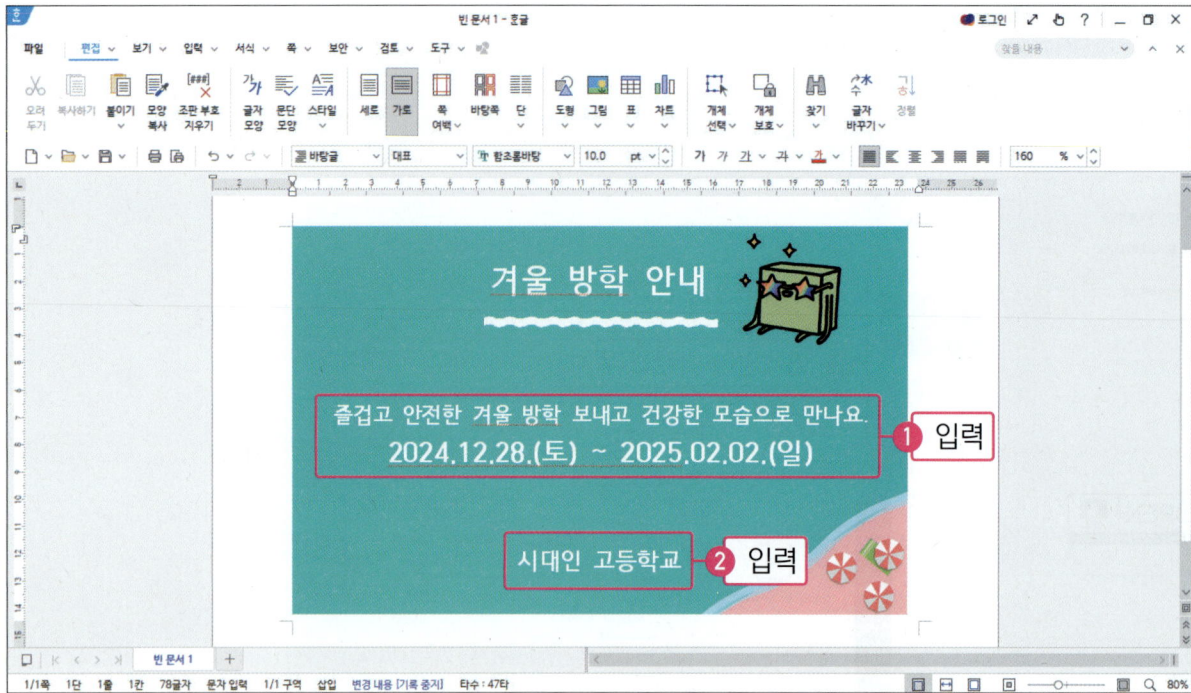

▶ 저장하기

01 작성한 문서를 저장하기 위해 서식 도구 상자에서 [저장하기(📄)]를 클릭합니다.

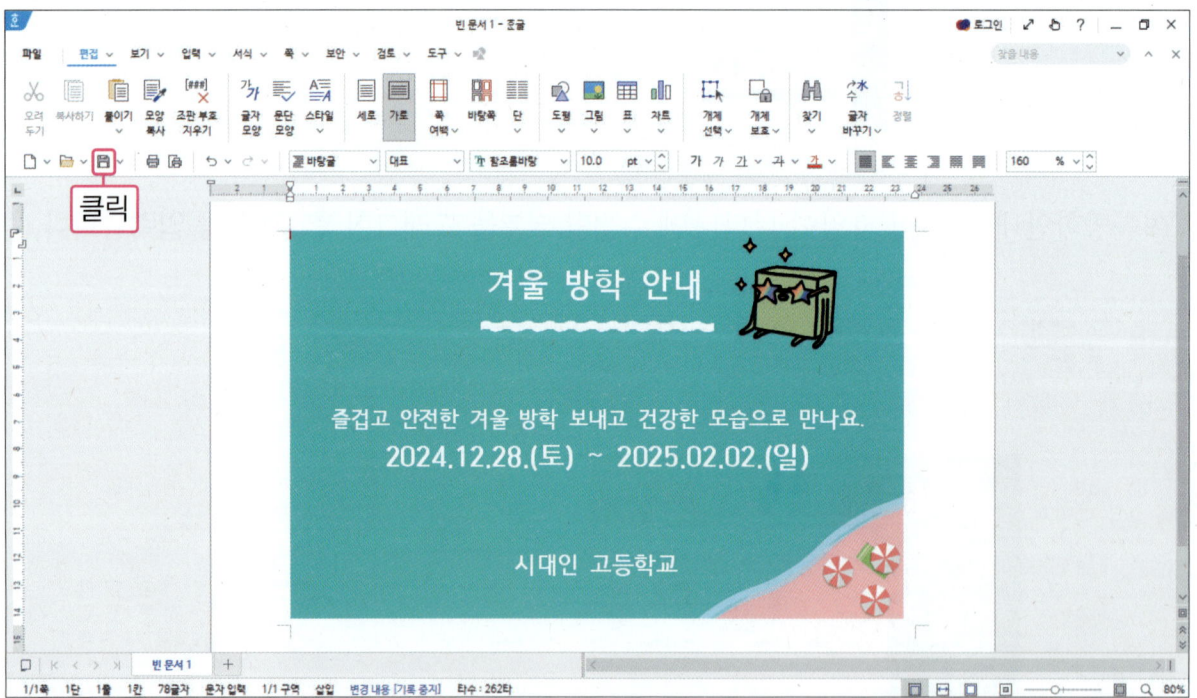

 [저장하기]의 바로 가기 키는 Alt + S 또는 Ctrl + S 입니다.

02 [다른 이름으로 저장하기] 대화상자가 나타나면 저장할 폴더의 위치를 설정한 후 파일 이름을 입력하고 [저장] 버튼을 클릭합니다.

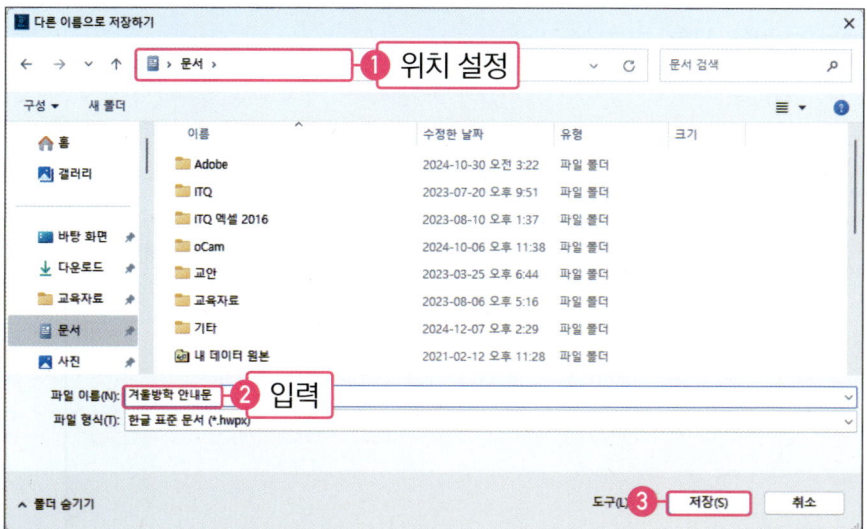

- 문서를 처음 저장하면 문서 첫 줄의 내용이 파일 이름으로 자동 설정되는데 이름을 변경하려면 다시 입력합니다.
- 한글 2022 문서의 파일 형식은 한글 표준 문서(*.hwpx)입니다. 한글 표준 문서 hwpx는 XML 기반 문서 파일 형식으로 기존 hwp보다 호환성과 확장성이 높아 공공기관과 기업에서 문서 표준화 및 데이터 활용성을 고려해 점차 사용이 증가하고 있는 파일 형식입니다.
- 기존 형식으로 저장하려면 파일 형식에서 한글 문서(*.hwp)를 선택합니다.

03 저장이 완료되면 화면 상단의 제목표시줄과 화면 하단의 문서 탭에 저장된 파일 이름이 표시됩니다. 우측 상단의 [닫기(×)]를 클릭해 한글을 종료합니다.

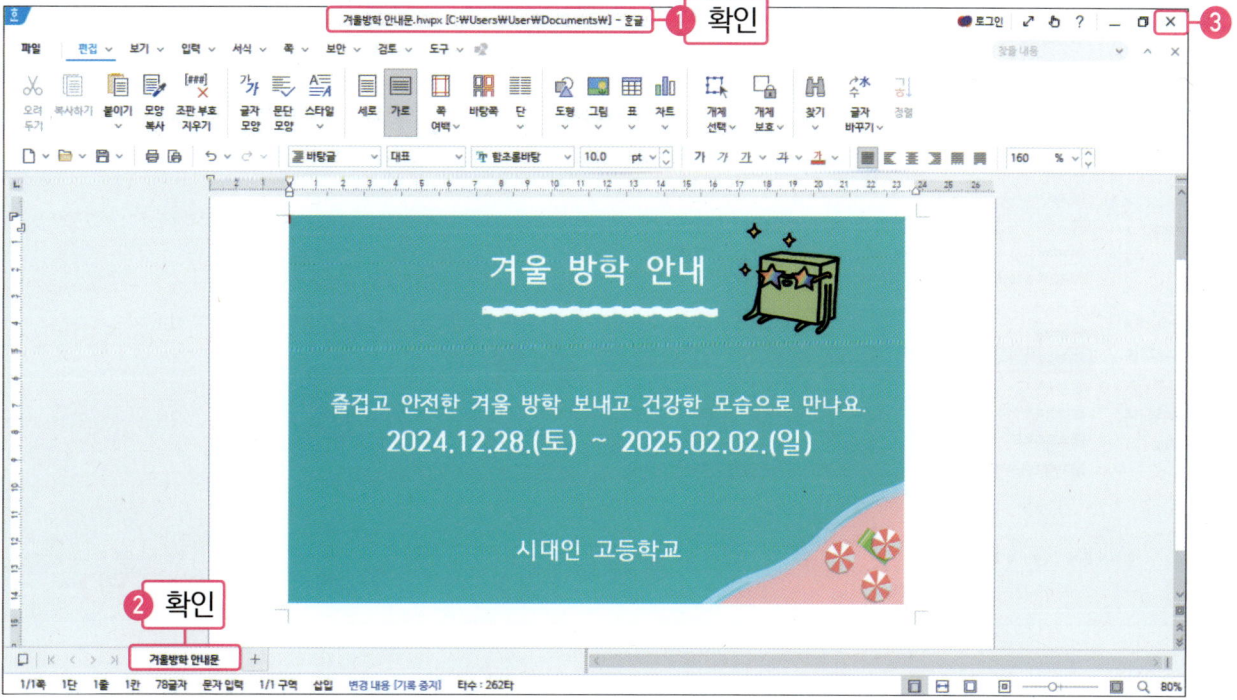

▶ 문서 불러와 다른 이름으로 저장하기

01 이미 저장된 문서를 불러와 내용 확인, 편집 인쇄 등을 해보겠습니다. 한글을 다시 실행한 후 서식 도구 상자에서 [불러오기(📁)]를 클릭합니다.

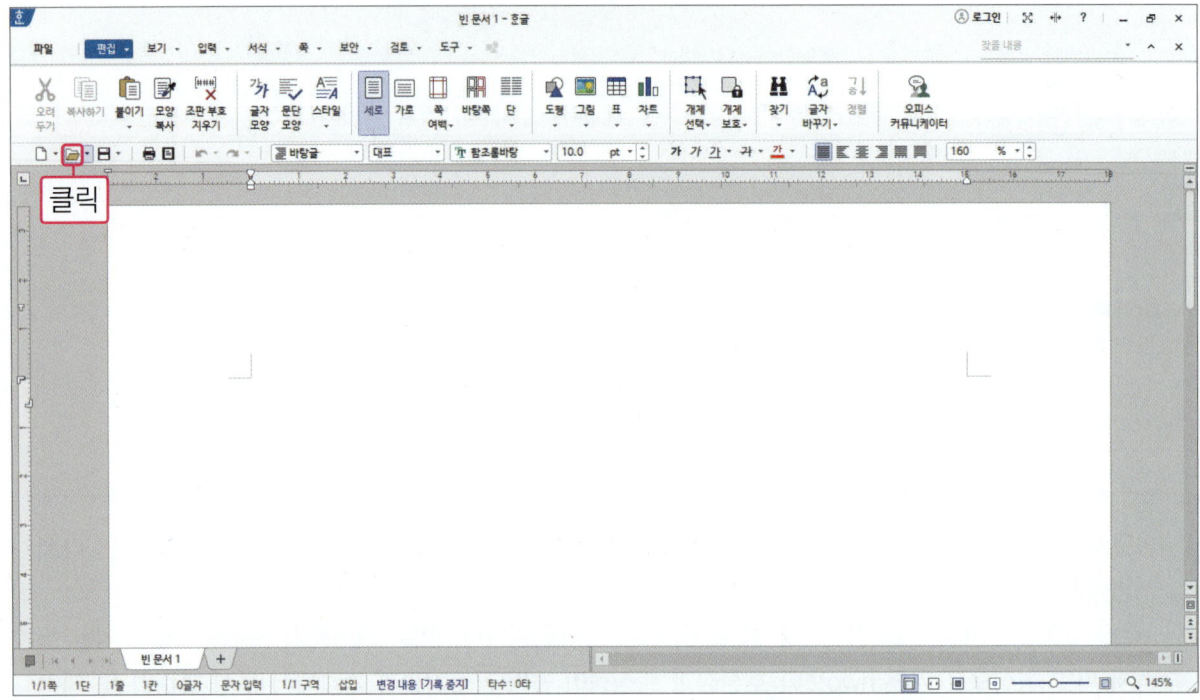

02 [불러오기] 대화상자가 나타나면 '겨울방학 안내문.hwpx' 파일을 저장한 폴더의 위치를 설정한 후 해당 파일을 선택하고 [열기] 버튼을 클릭합니다.

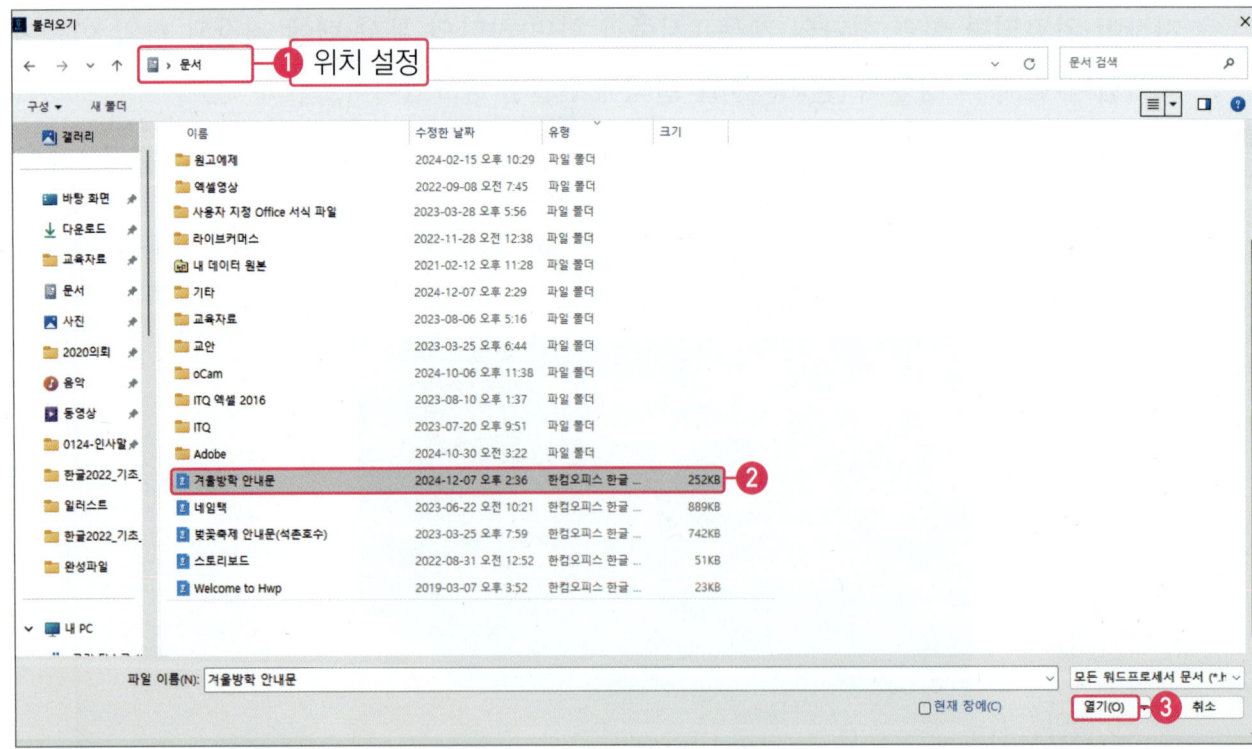

03 문서가 실행되면 내용을 수정합니다. 다른 이름으로 저장하기 위해 서식 도구 상자에서 [저장하기(圖)]의 ⌄-[다른 이름으로 저장하기]를 클릭합니다.

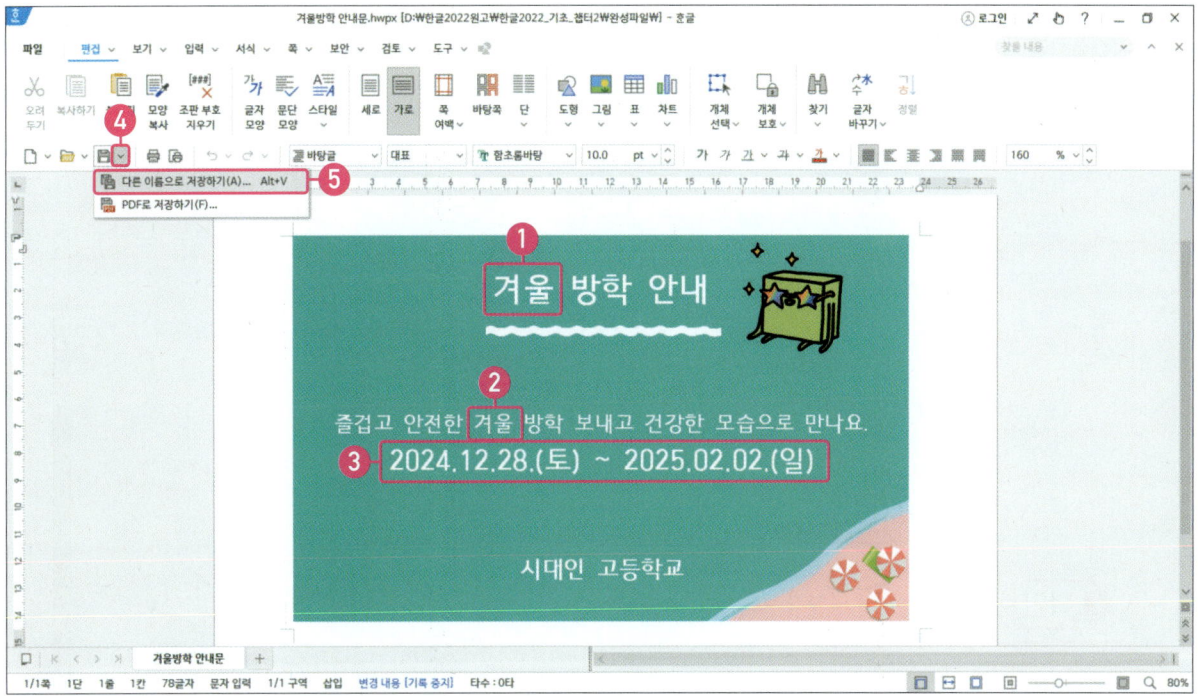

 [파일] 탭-[다른 이름으로 저장하기]를 클릭하거나 바로 가기 키 Alt + V 를 눌러도 됩니다.

04 [다른 이름으로 저장하기] 대화상자가 나타나면 저장할 위치를 설정하고 파일 이름을 '겨울방학 안내문(학기말)'으로 변경한 후 [저장] 버튼을 클릭합니다.

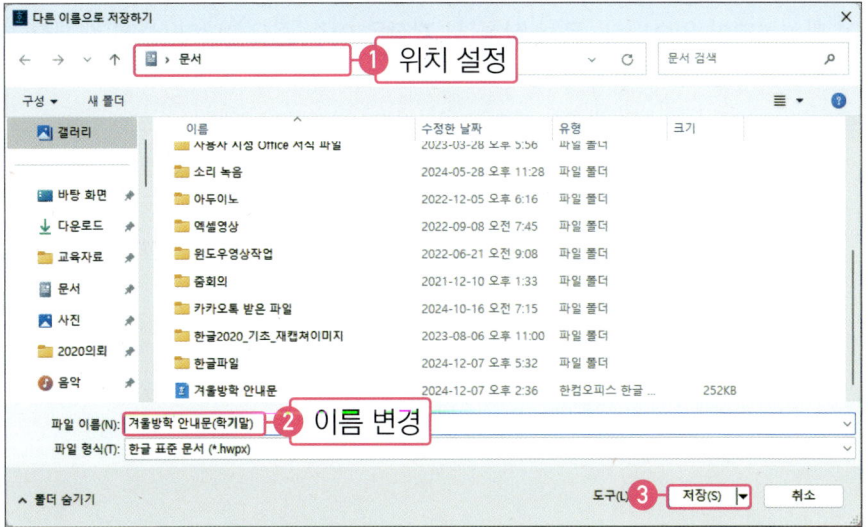

05 저장이 완료되면 화면 상단의 제목표시줄과 화면 하단의 문서 탭에 **변경된 파일 이름**이 표시됩니다. 우측 상단의 [닫기(☒)]를 클릭해 한글을 종료합니다.

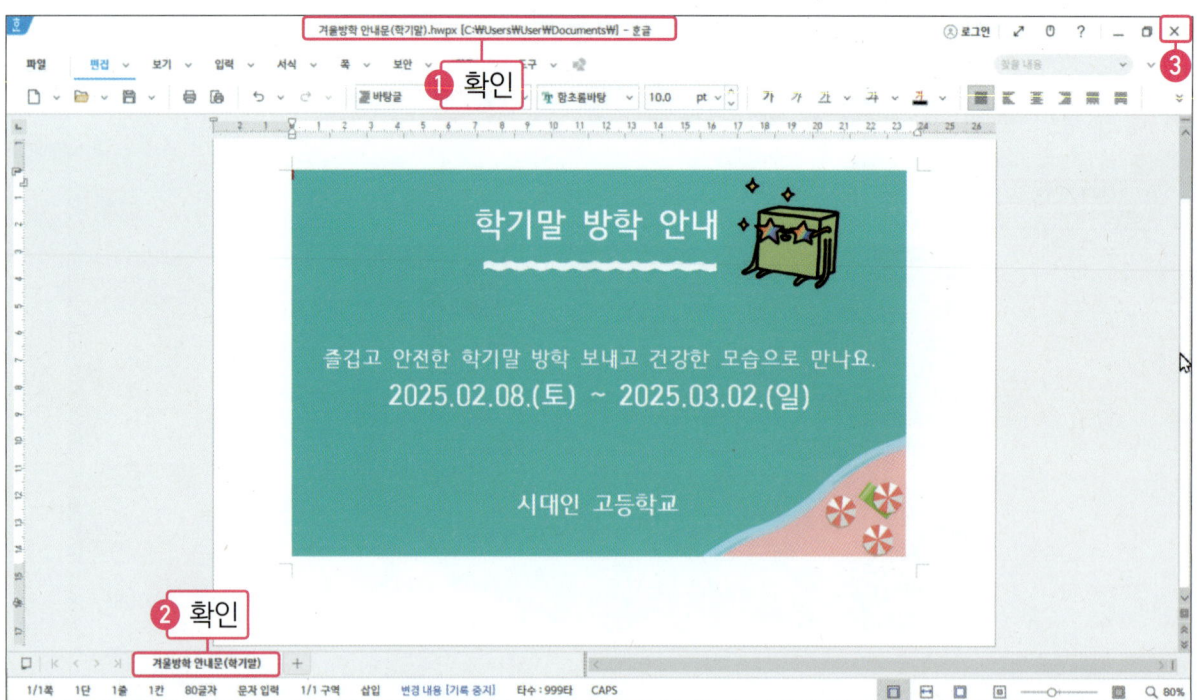

- 이미 저장된 문서를 불러와 수정한 후 다시 저장하는 경우 [저장하기]와 [다른 이름으로 저장하기]는 상당히 차이가 있습니다. 저장한 문서를 편집한 후 저장하기를 하면 이전에 작업한 내용은 없어지고 수정한 내용이 덮어쓰기가 됩니다. 만약 처음 저장한 문서와 수정한 문서를 모두 보관할 때는 [다른 이름으로 저장하기]를 선택해야 합니다.
- [다른 이름으로 저장하기]는 파일 이름뿐만 아니라 파일 형식도 변경할 수 있습니다.
- 갑작스러운 오류에 대비해 [도구] 탭-[환경 설정]-[파일] 탭에는 일정한 시간 간격으로 복구용 임시파일을 자동 저장하는 기능이 활성화되어 있습니다. 문서 작성 시 저장은 아주 중요합니다. 수시로 저장해서 시간과 노력을 낭비하는 일이 없도록 합니다.

▶ 최근 작업 문서

최근 문서 목록에서 사용하고자 하는 파일을 찾아 실행하면 저장한 폴더의 위치를 모르더라도 빠르게 문서를 불러올 수 있습니다. 메뉴에서 [파일]을 클릭하거나 서식 도구 상자에서 [불러오기(📂)]의 ⌄를 클릭하면 최근 작업 문서 파일이 나타납니다.

01 한글을 실행한 후 서식 도구 상자에서 [불러오기(📂)]의 ⌄를 클릭한 후 앞에서 저장한 '겨울방학 안내문(학기말).hwpx' 파일을 선택합니다.

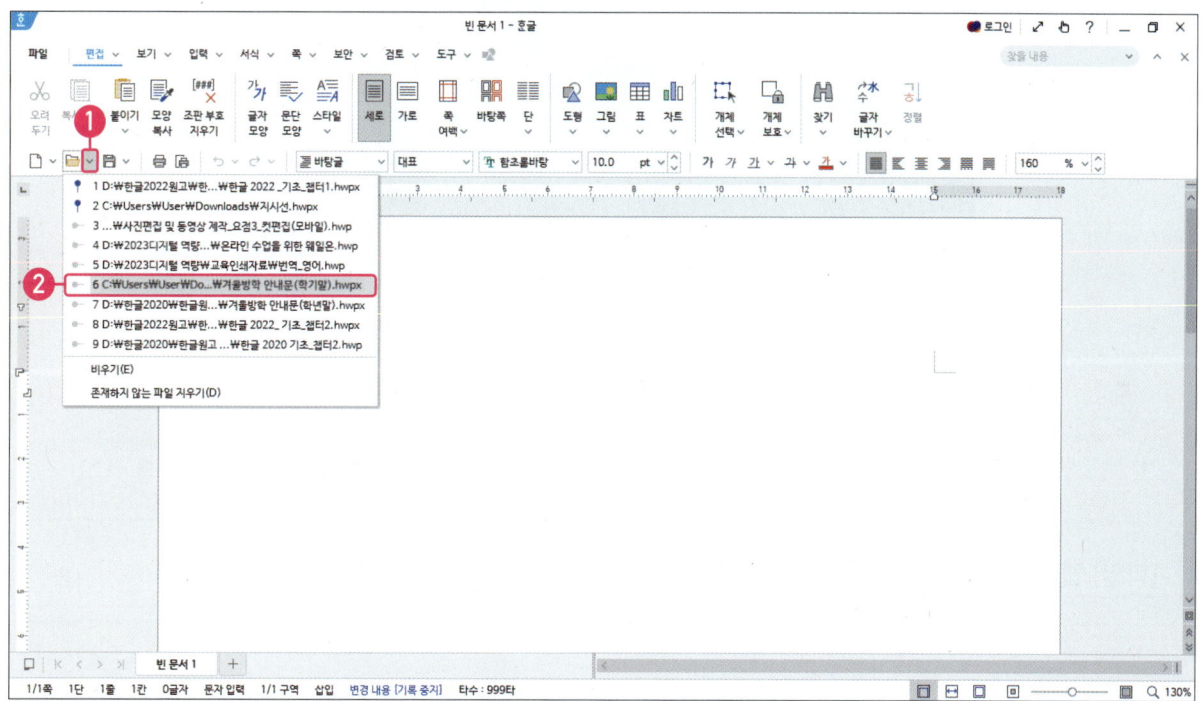

 최근 문서 목록의 개수는 기본적으로 9개까지 보이도록 설정되어 있습니다. 목록의 개수를 변경하려면 상단 메뉴에서 [도구] 탭-[환경 설정]을 클릭한 후 [편집] 탭의 [파일 메뉴에 최근 문서 보이기]에서 숫자를 변경합니다. 선택을 해제하면 최근 작업 문서가 나타나지 않습니다.

[불러오기(📂⌄)]의 상세 메뉴

비우기	최근 문서 목록이 사라집니다.
존재하지 않는 파일 지우기	현재 경로가 바뀌었거나 존재하지 않는 파일을 목록에서 지웁니다.
최근 작업 문서 목록 고정	[목록 고정 해제(·)]를 클릭하면 [목록 고정(📍)]으로 바뀌면서 목록이 상단에 고정됩니다.

▶ 인쇄 미리 보기

01 문서를 프린터로 인쇄하기 전에 미리 보기로 확인해 보겠습니다. 서식 도구 상자에서 [미리 보기(　)]를 클릭합니다.

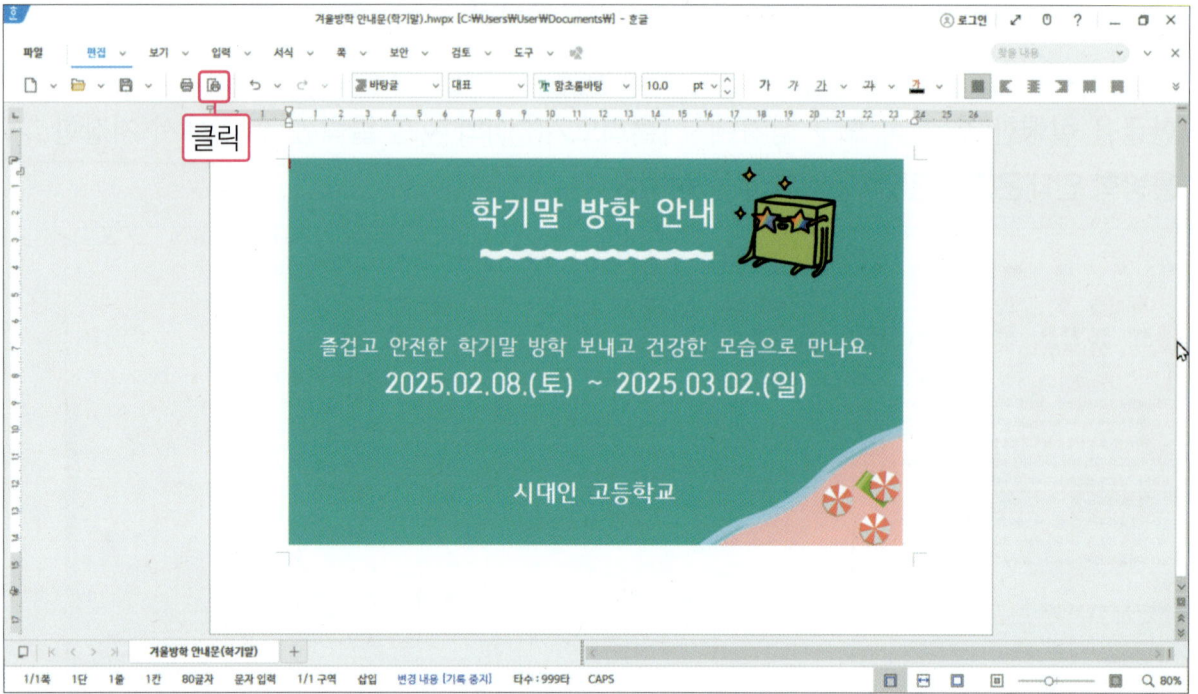

 [파일] 탭-[미리 보기]를 클릭해도 됩니다.

02 현재 커서가 있던 쪽의 인쇄될 레이아웃을 화면으로 보여 줍니다. 미리 보기를 끝내고 편집 창으로 돌아가려면 [닫기(　)]를 클릭하거나 Esc 키를 누릅니다.

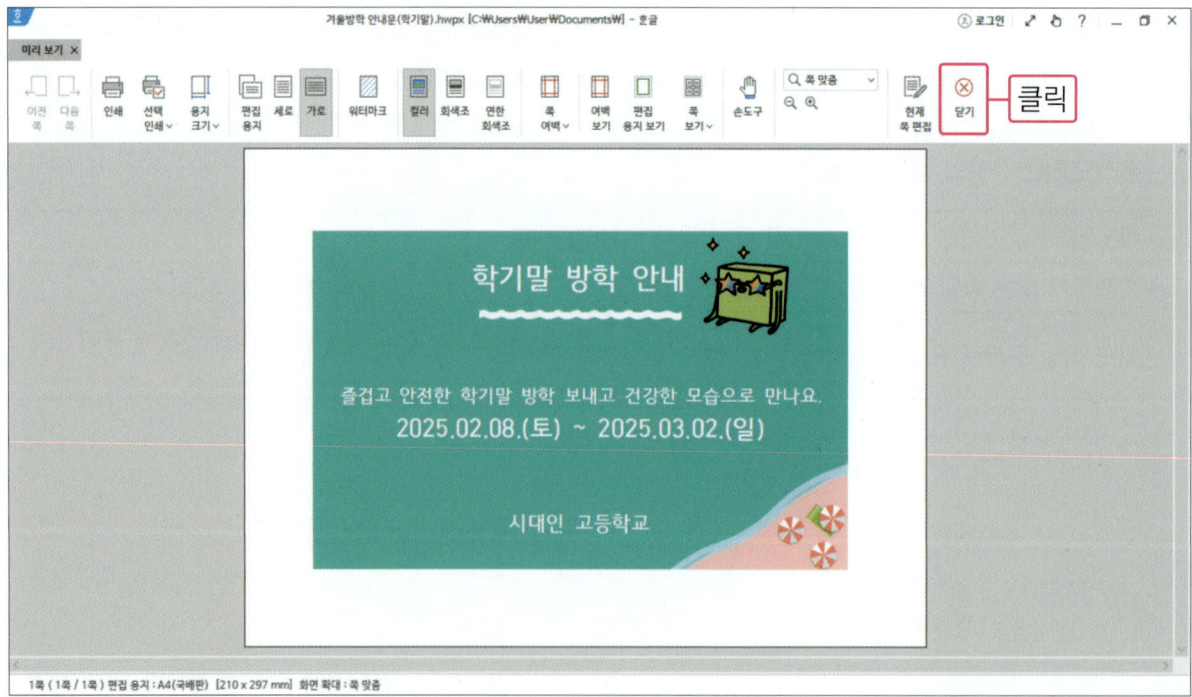

▶ 문서 인쇄하기

01 현재 문서를 인쇄하기 위해 서식 도구 상자에서 [인쇄(🖨)]를 클릭합니다.

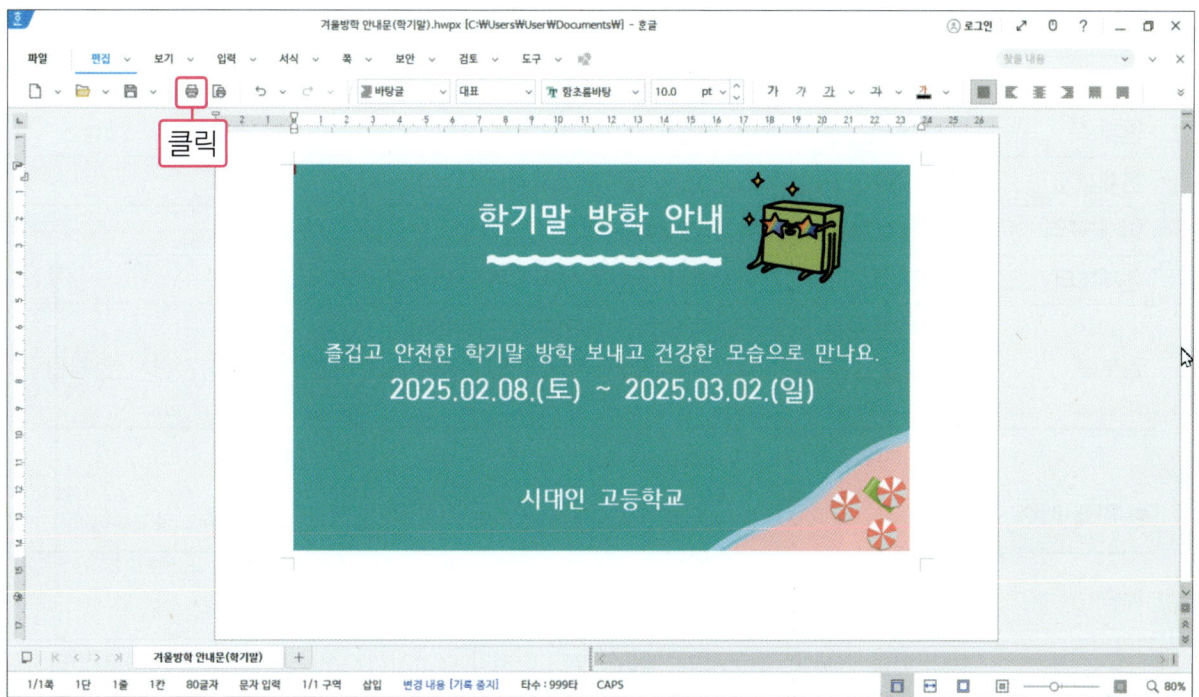

02 [인쇄] 대화상자가 나타나면 [기본] 탭의 프린터 선택에서 컴퓨터와 연결된 **프린터를 확인**한 후 인쇄 범위에서 [모두]를 선택합니다. 인쇄 매수에서 필요한 **인쇄 매수를 설정**하고 [인쇄] 버튼을 클릭합니다.

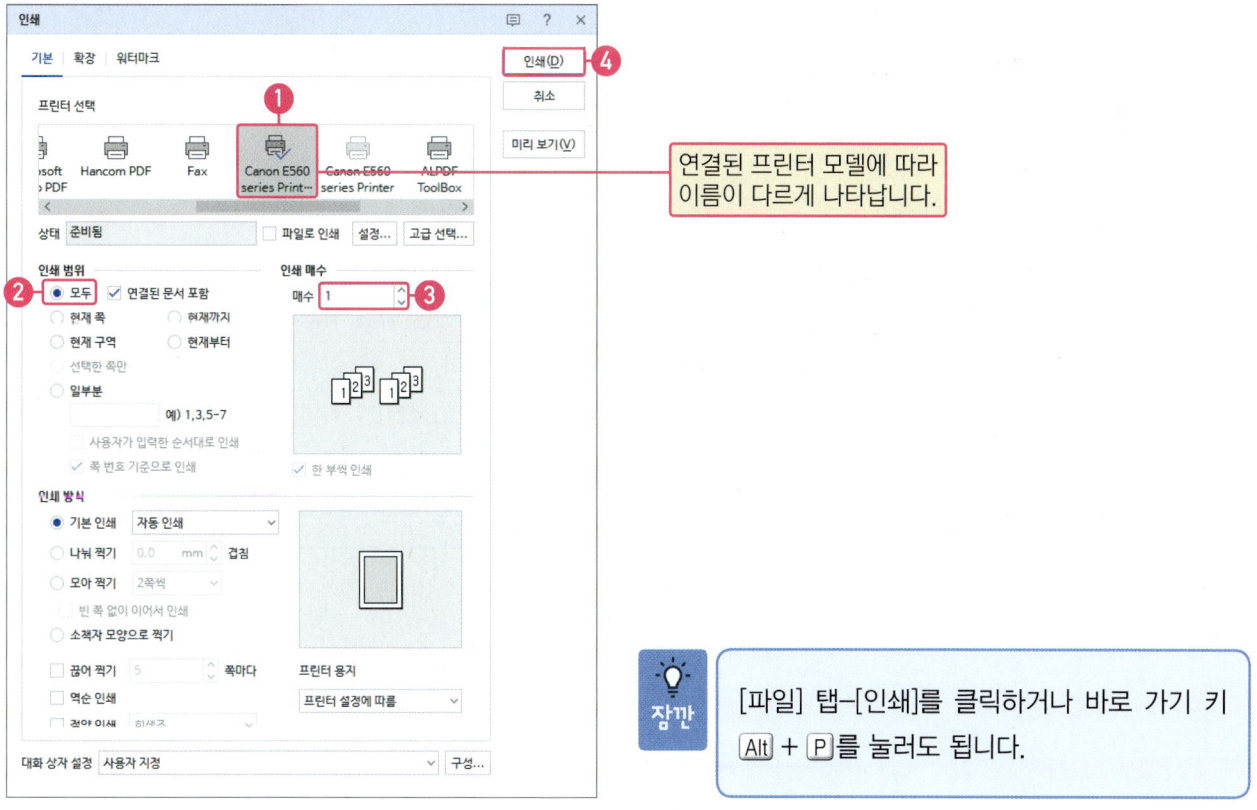

> 잠깐
> [파일] 탭-[인쇄]를 클릭하거나 바로 가기 키 Alt + P 를 눌러도 됩니다.

 **[인쇄] 대화상자의 상세 메뉴**

■ 인쇄 범위

모두	현재 문서의 모든 페이지를 인쇄합니다.
현재 쪽	커서가 있는 현재 페이지만 인쇄합니다.
현재까지	1페이지부터 커서가 있는 현재 페이지까지 인쇄합니다.
현재 구역	커서가 있는 현재 구역을 인쇄합니다.
현재부터	커서가 있는 현재 페이지부터 마지막 페이지까지 인쇄합니다.
일부분	페이지 번호를 직접 입력해 원하는 페이지만 인쇄합니다. [예] 1,3을 입력하면 1과 3페이지만 인쇄되고, 2-4를 입력하면 2~4페이지까지 인쇄됩니다.

■ 인쇄 매수

매수	인쇄 매수를 설정합니다. 매수 범위는 1~1000에서 설정합니다.
한 부씩 인쇄	여러 매를 인쇄할 때 문서의 1페이지부터 마지막 페이지까지 인쇄한 후 다시 처음부터 마지막 페이지까지 인쇄하는 방식으로 인쇄물을 다시 정리하지 않아도 되어 편리합니다. [예] 1-2-3, 1-2-3, 1-2-3페이지 순서로 인쇄합니다.

■ 인쇄 방식

기본 인쇄	[자동 인쇄]와 [공급 용지에 맞추어] 중 선택 가능하며, [자동 인쇄]가 기본값으로 설정되어 있습니다.
나눠 찍기	큰 종이에 맞추어 편집된 문서를 여러 쪽의 작은 종이에 나누어 인쇄합니다.
모아 찍기	설정한 수만큼 공급 용지의 한 면에 축소되어 인쇄합니다.
소책자 모양으로 찍기	여러 쪽으로 구성된 문서를 책처럼 용지 한 면에 두 쪽을 인쇄합니다.
끊어 찍기	일정한 페이지 수만큼 인쇄한 후 인쇄 여부를 확인하고 잠시 멈추었다가 사용자가 [Enter] 키를 누르면 다시 인쇄가 진행됩니다(필요한 분량만큼 나눠 묶을 때 편리합니다.).
역순 인쇄	문서를 맨 마지막 페이지부터 역순으로 인쇄합니다.
절약 인쇄	[회색조]와 [연한 회색조] 중 선택할 수 있으며, [회색조]가 기본값으로 설정되어 있습니다(잉크를 절약할 수 있습니다.).

응용력 키우기

01 문서마당에서 '가훈2'를 불러와 다음처럼 완성해 봅니다.

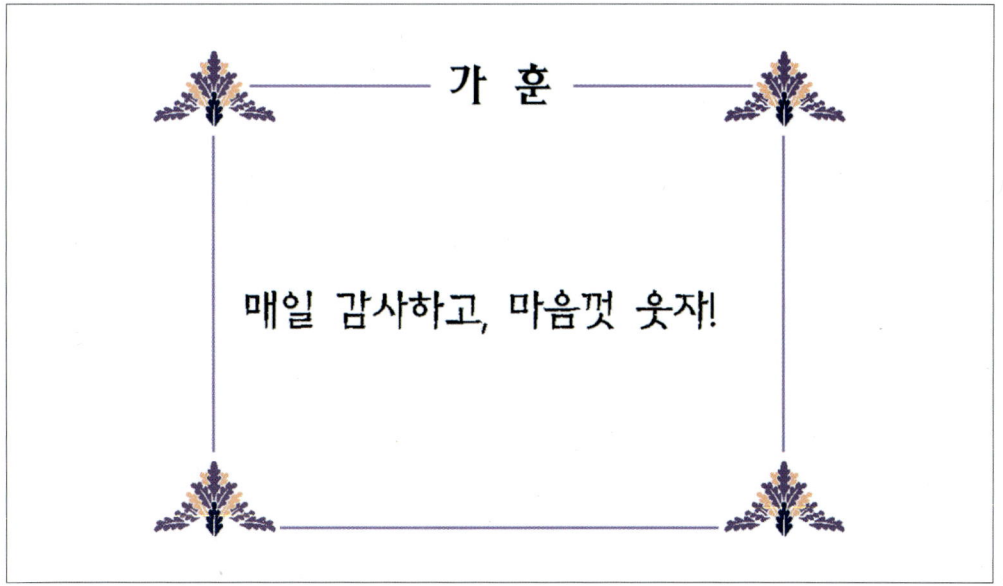

 [파일] 탭-[문서마당]을 선택한 후 [문서마당 꾸러미] 탭-[가정 문서]에서 '가훈2'를 불러 옵니다.

02 문제 01에서 완성한 파일을 '[내PC]-[문서]' 폴더에 '가훈.hwpx'로 저장해 봅니다.

03 온라인 서식 문서에서 '설 휴무 안내문'을 내려받아 다음처럼 안내문을 완성해 봅니다.

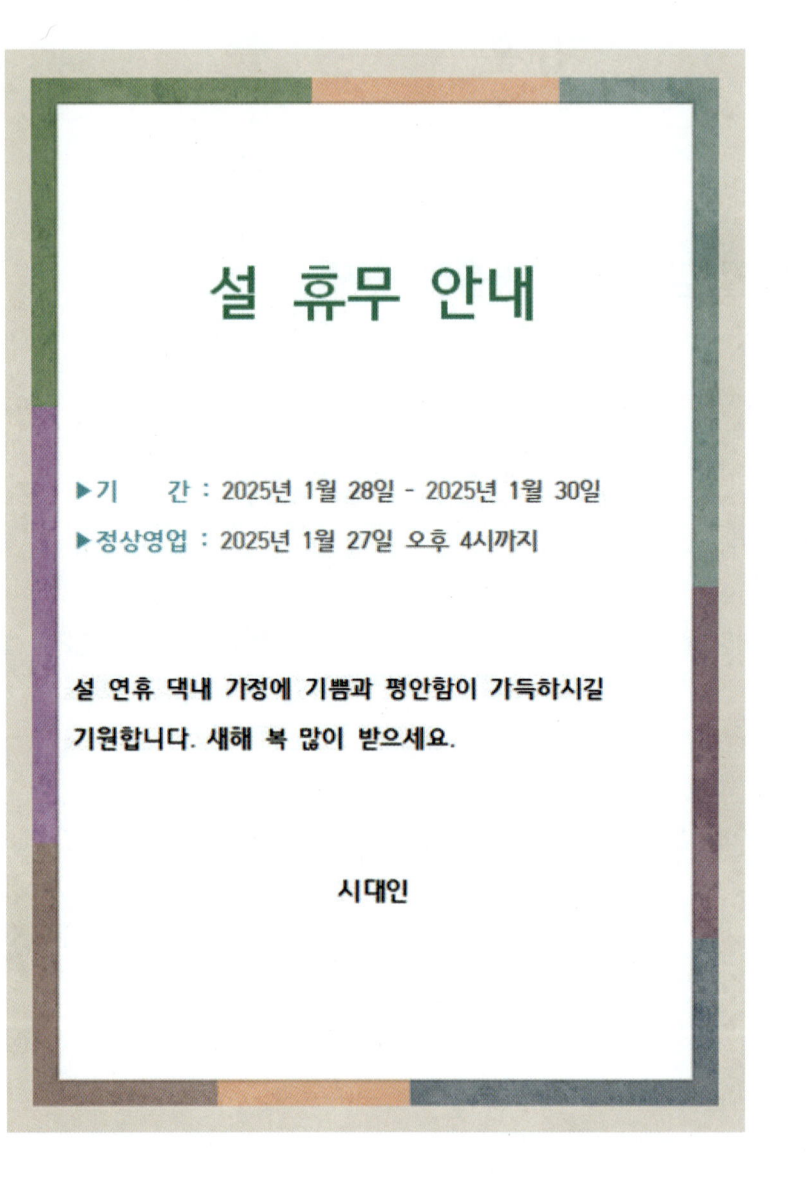

 [파일] 탭-[문서 시작 도우미]를 선택한 후 [온라인 콘텐츠]에서 '안내문'을 검색합니다.

04 문제 **03**에서 완성한 파일을 '[내PC]-[문서]' 폴더에 '설 휴무 안내문.hwpx'로 저장해 봅니다.

03 초대장 만들기

- 글자 모양 설정하기
- 영어 입력(한/영 전환)
- 한자로 바꾸기
- 문자표 입력하기
- 그림자/강조점 설정하기
- 음영 색/형광펜 색 설정하기
- 밑줄 설정하기

미/리/보/기

■ 완성파일 : 크리스마스 홈파티 초대장.hwpx

크리스마스 홈파티에 초대합니다

올 한 해도 고생 많았다. 내 절친들아!
연말(年末)도 그냥 지나칠 수 없지? 그래서 일상에 특별함을 더해줄 그럴싸한 크리스마스 홈파티를 준비했어. 크리스마스 분위기가 가득한 공간에서 맛있는 음식과 디저트를 즐기며 또 하나의 소중한 추억을 만들 수 있는 즐거운 홈파티가 될 거야. 너희 없이는 절대 안 되겠지?
우리 함께 웃고 떠들며 잊지 못할 시간을 만들어보자. 레드카펫은 없지만, 나만의 특별한 VIP는 바로 너희들이야.
거절은 금지! 꼭 참석해야 해!

★ 날짜 : 2024년 12월 24일(화)
★ 시간 : 오후 6시 30분
★ 장소 : 내 마음만큼 포근한 우리 집

문서 꾸미기의 기본 요소인 글자 모양의 글꼴, 글자 크기, 글자 색 등을 적절히 잘 이용하면 문서의 내용이 훨씬 돋보이고 가독성이 좋아집니다. 음영 색 강조점, 밑줄 등의 글자 서식으로 더욱 세련되고 깔끔한 문서를 만드는 방법을 알아보겠습니다.

 **글자 모양 실습 | 하루 한 줄 일기 쓰기**

입력할 내용이나 블록으로 설정한 부분에 글자 모양 서식을 설정할 수 있습니다. 또한, 글꼴, 글자 크기, 진하게, 밑줄, 음영 색 등의 다양한 글자 속성을 설정하여 글자를 보기 좋게 꾸밀 수 있습니다. 글꼴, 글자 크기, 음영 색을 설정하여 '하루 한 줄 일기 쓰기'를 만들어 보겠습니다.

▶ **글자 모양 설정하기**

01 한글을 실행합니다. 서식 도구 상자에서 [글꼴]의 ▼를 클릭한 후 '한컴 윤고딕 230'으로 설정합니다.

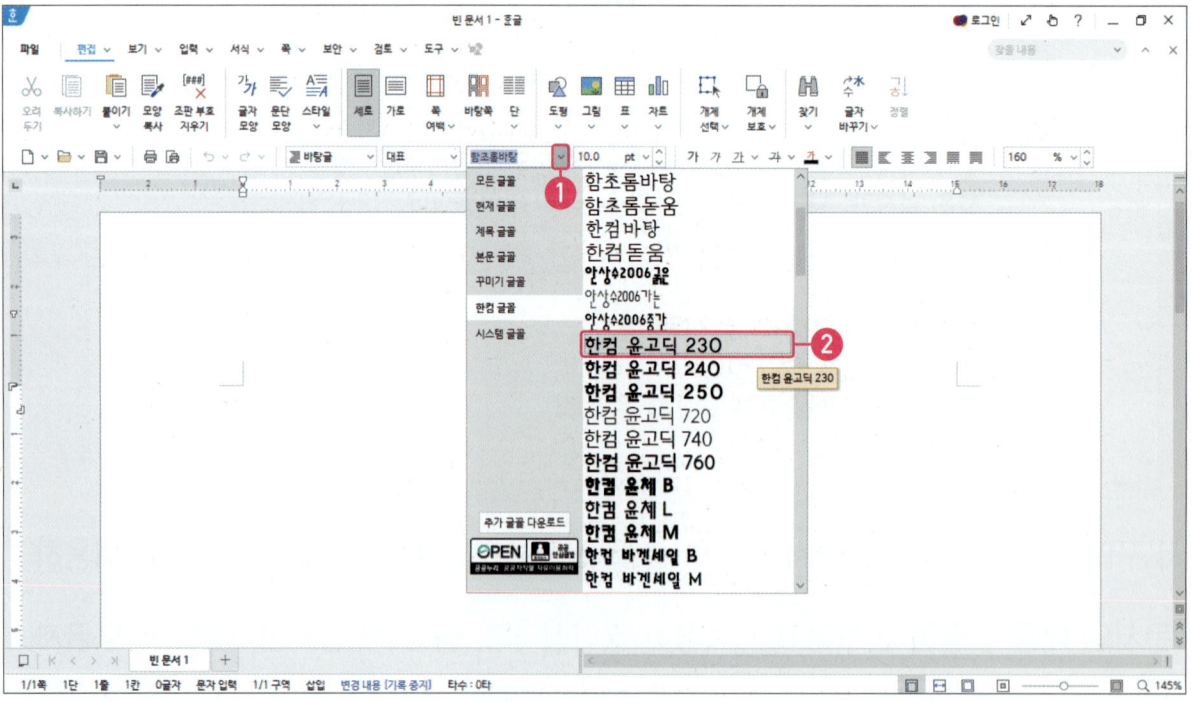

02 서식 도구 상자에서 [글자 크기]의 ⌄를 클릭한 후 '15pt'로 설정합니다.

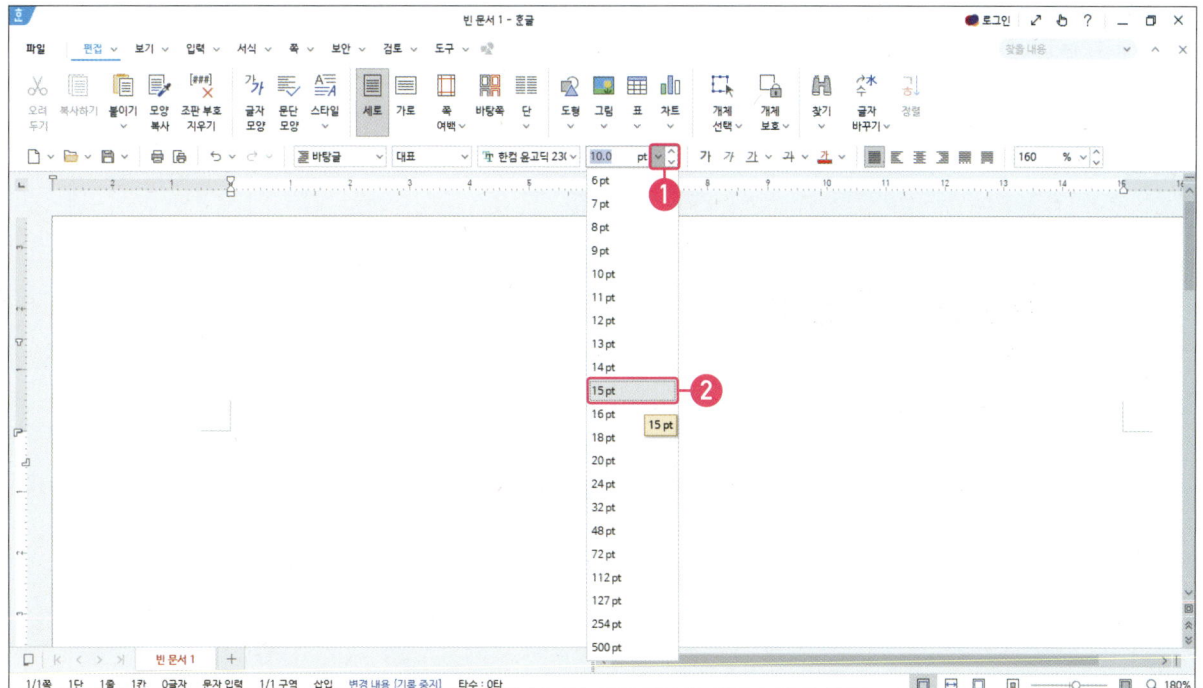

03 커서가 깜박이는 첫 번째 줄에 다음과 같이 텍스트를 입력합니다.

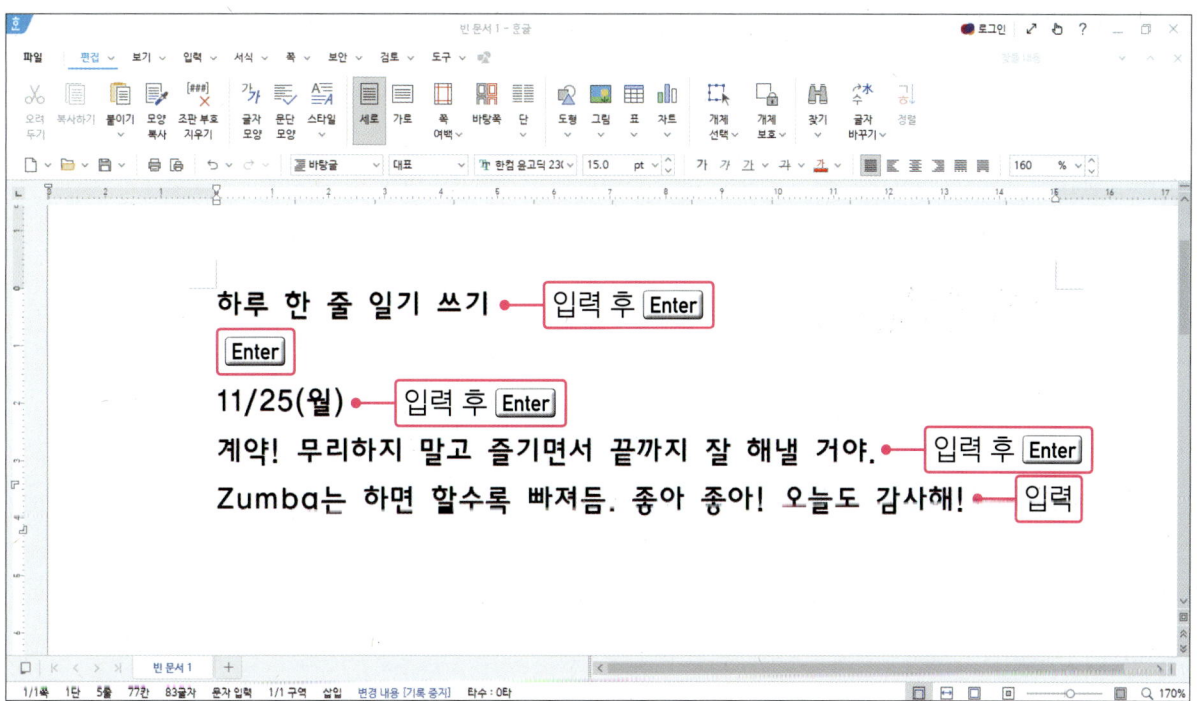

04 첫 줄의 문장에 음영을 넣기 위해서 마우스로 드래그하여 블록을 설정합니다.

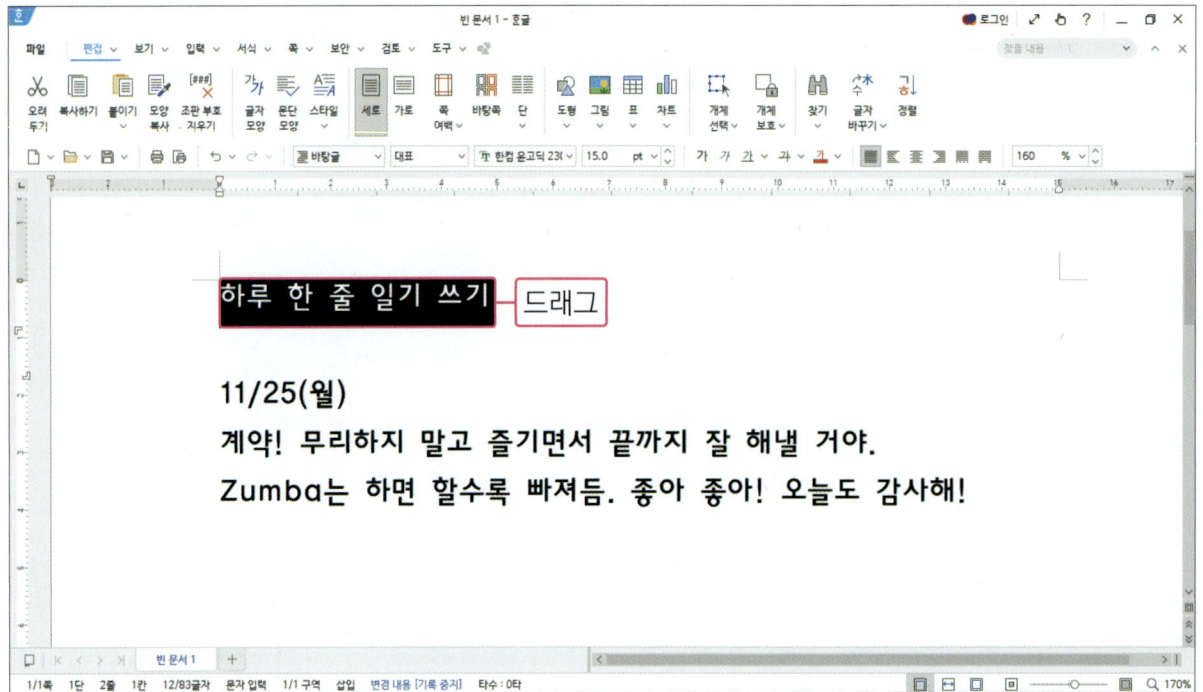

05 음영 색을 설정하기 위해 메뉴에서 [서식] 탭-[글자 모양(가)]을 클릭합니다.

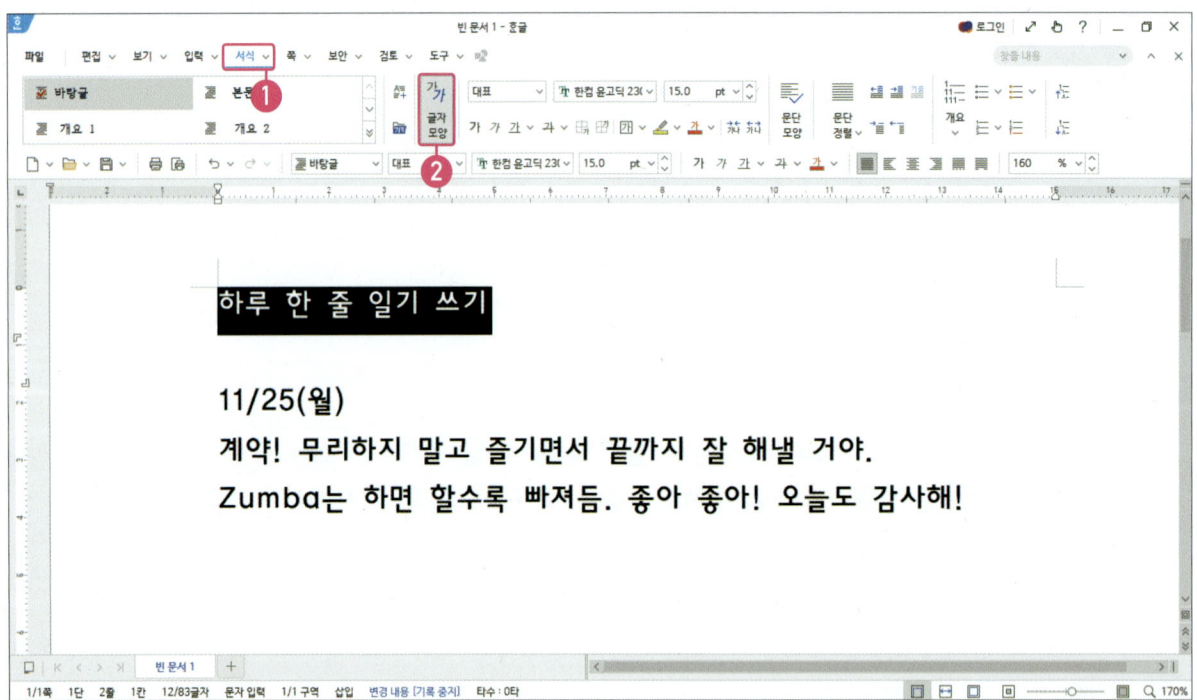

 [편집] 탭-[글자 모양(가)]을 클릭해도 됩니다.

06 [글자 모양] 대화상자가 나타나면 [음영 색]을 클릭해 기본 테마의 '노랑'을 설정한 후 [설정] 버튼을 클릭합니다.

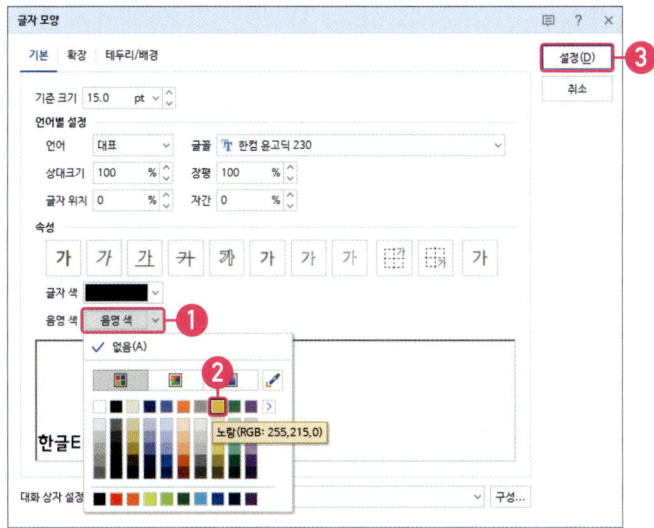

- [글자 모양]의 바로 가기 키는 Alt + L 입니다.
- [글자 모양] 대화상자를 이용하면 서식 도구 상자에 없는 장평과 자간, 그림자, 외곽선, 첨자, 음영색, 강조점 등의 더 많은 속성을 설정할 수 있습니다.

07 블록을 해제하기 위해 Esc 키를 누릅니다.

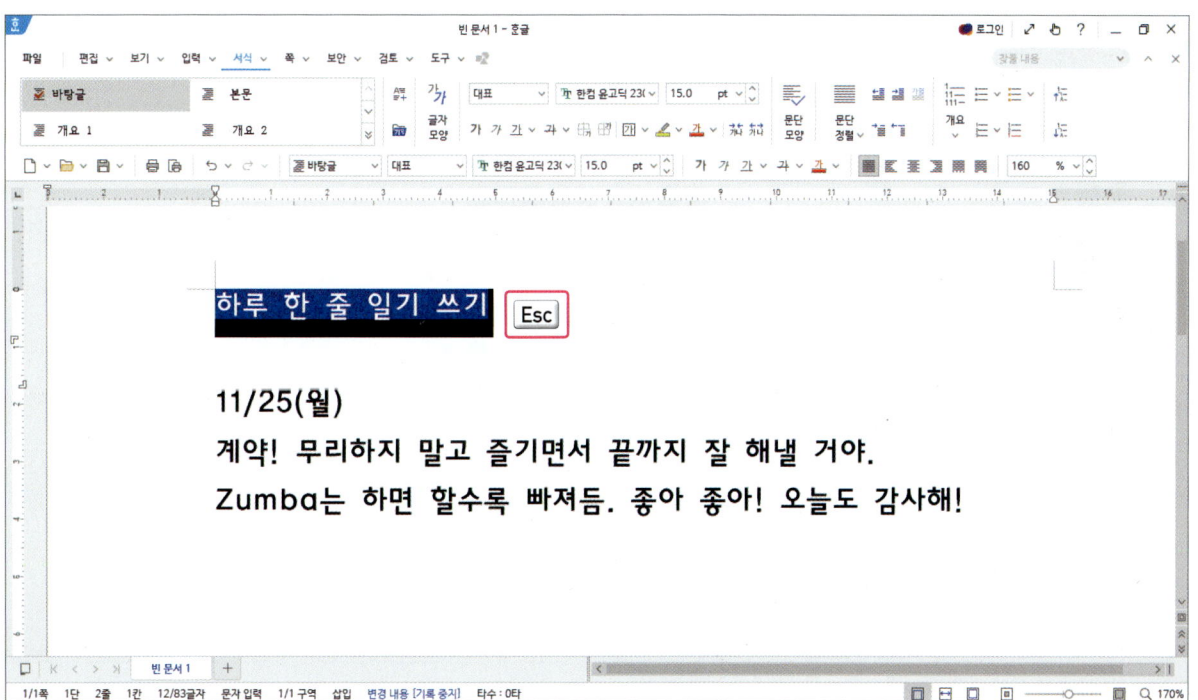

08 음영 색이 적용된 것을 확인합니다. 서식 도구 상자에서 [저장하기(📁)]를 클릭한 후 [다른 이름으로 저장하기] 대화상자가 나타나면 파일 이름을 '하루 한 줄 일기 쓰기'로 입력하고 [저장] 버튼을 클릭합니다. 매일 한 문장씩 입력해 나만의 하루 한 줄 일기 쓰기를 해보세요.

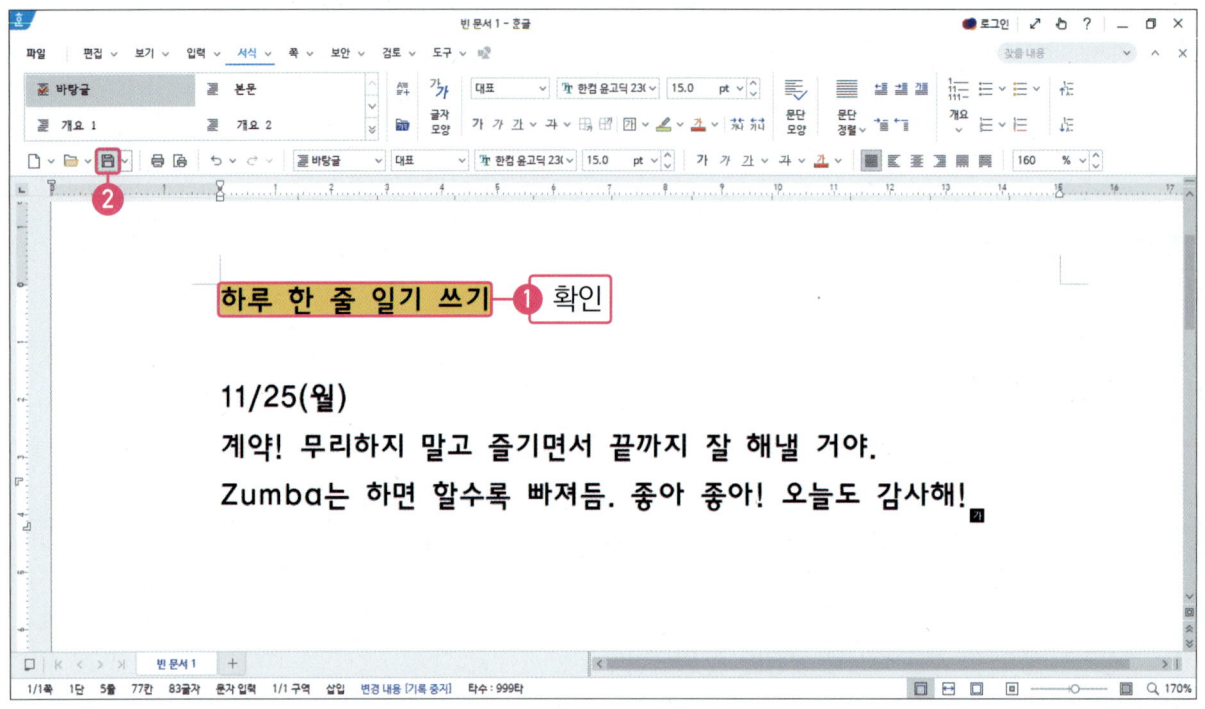

> 잠깐
>
> 글자 색과 음영 색은 ❶ 테마 색, ❷ 팔레트, ❸ 스펙트럼, ❹ 색 골라내기를 활용해 설정할 수 있습니다. [테마 색]의 ▷를 클릭하면 다양한 테마 색상표가 나타납니다.

▶ [글자 모양] 대화상자 살펴보기

메뉴에서 [서식] 탭-[글자 모양(가)]을 클릭하면 [글자 모양] 대화상자가 나타납니다.

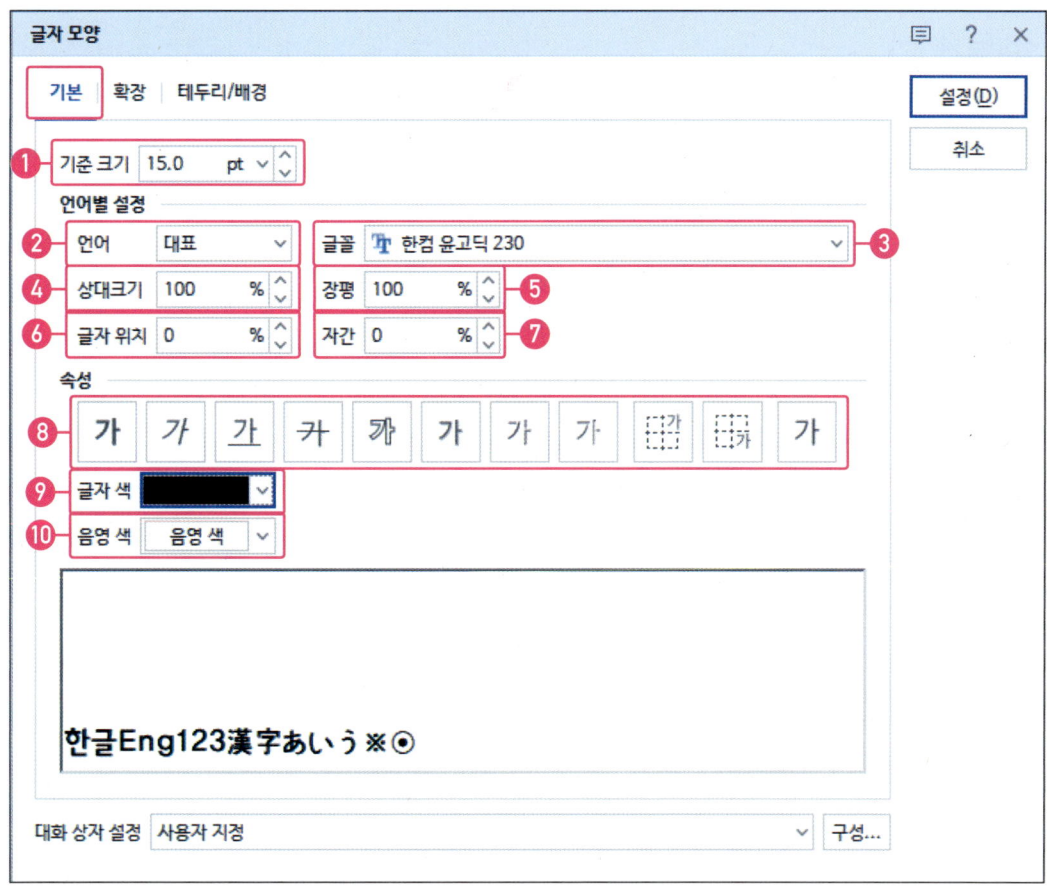

1. **기준 크기** : 글자의 크기를 작게 줄이거나 크게 변경합니다.
2. **언어** : 대표, 한글, 영문, 한자, 일어, 외국어, 기호, 사용자 중에서 선택해 글꼴을 설정할 수 있습니다. [대표] 글꼴은 서로 어울리는 글꼴끼리 모아 놓은 것입니다.
3. **글꼴** : 언어별 글꼴을 설정합니다.
4. **상대크기** : 기준 크기를 먼저 설정한 후 한글, 영어, 한자 등 언어별로 서로 다른 글자의 크기를 균일하게 설정할 수 있습니다.
5. **장평** : 글자의 크기는 그대로 유지하면서 글자의 가로 폭을 줄이거나 늘려서 글자 모양에 변화를 줄 수 있습니다.
6. **글자 위치** : 글자의 기준선에서 글자를 위나 아래로 움직여 위치를 조절합니다.
7. **자간** : 글자와 글자 사이의 간격을 조절합니다.
8. **속성** : 진하게, 기울임, 밑줄, 취소선, 외곽선, 그림자, 양각, 음각, 위 첨자, 아래 첨자 등의 버튼을 클릭해 다양한 글자 속성을 설정합니다.

❾ **글자 색** : 색상표를 클릭하면 나타나는 색상 팔레트에서 글자 색을 설정합니다.

❿ **음영 색** : 색상표를 클릭하면 나타나는 색상 팔레트에서 음영 색을 설정합니다.

> **잠깐** 글자 속성 살펴보기
>
>

▶ 블록 설정 방법 살펴보기

문서의 일부를 복사, 이동하거나 한꺼번에 지울 때 편집 기능이 적용될 범위를 선택하는 것을 '블록'이라고 합니다. 블록을 설정하는 방법을 살펴보겠습니다.

❶ **드래그** : 블록을 시작할 부분에 마우스 포인터를 위치시킨 채 마우스 왼쪽 버튼을 클릭하고 블록으로 설정할 부분의 끝까지 드래그합니다.

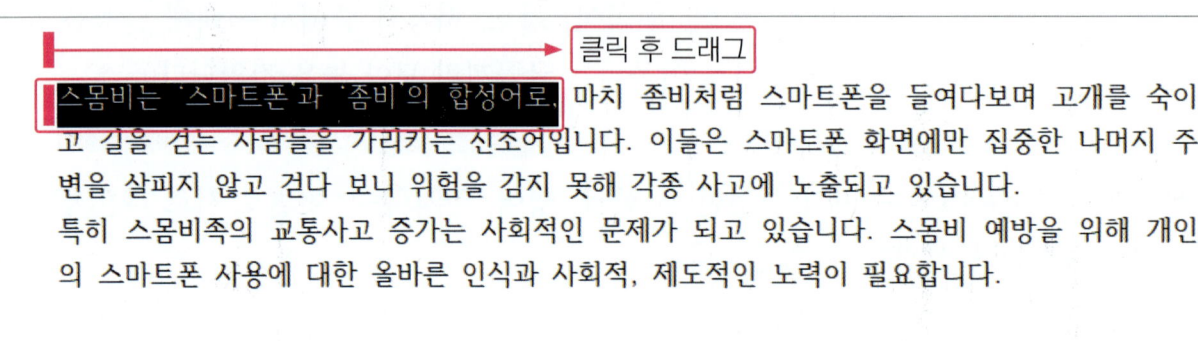

❷ **더블 클릭** : 낱말을 더블 클릭하면 해당 낱말이 블록으로 설정됩니다.

> 스몸비는 '스마트폰'과 '좀비'의 합성어로, 마치 좀비처럼 스마트폰을 들여다보며 고개를 숙이고 길을 걷는 사람들을 가리키는 신조어입니다. 이들은 스마트폰 화면에만 집중한 나머지 주변을 살피지 않고 걷다 보니 위험을 감지 못해 각종 사고에 노출되고 있습니다.
> 특히 스몸비족의 교통사고 증가는 사회적인 문제가 되고 있습니다. 스몸비 예방을 위해 개인의 스마트폰 사용에 대한 올바른 인식과 사회적, 제도적인 노력이 필요합니다.
> — 더블 클릭

❸ **F3 키** : 블록을 시작할 부분에 커서를 두고 F3 키를 누른 채 블록으로 설정할 부분 끝까지 방향키 ↓를 눌러 설정합니다.

> ❶ 클릭 후 F3
> 스몸비는 '스마트폰'과 '좀비'의 합성어로, 마치 좀비처럼 스마트폰을 들여다보며 고개를 숙이고 길을 걷는 사람들을 가리키는 신조어입니다. ❷ ↓ 스마트폰 화면에만 집중한 나머지 주변을 살피지 않고 걷다 보니 위험을 감지 못해 각종 사고에 노출되고 있습니다.
> 특히 스몸비족의 교통사고 증가는 사회적인 문제가 되고 있습니다. 스몸비 예방을 위해 개인의 스마트폰 사용에 대한 올바른 인식과 사회적, 제도적인 노력이 필요합니다.

❹ **Shift 키** : 블록을 설정할 글자의 시작 부분을 클릭한 후 Shift 키를 누른 채 끝부분을 클릭하면 시작 위치에서 마지막 위치까지 한번에 블록으로 설정됩니다.

> ❶ 클릭
> 스몸비는 '스마트폰'과 '좀비'의 합성어로, 마치 좀비처럼 스마트폰을 들여다보며 고개를 숙이고 길을 걷는 사람들을 가리키는 신조어입니다. 이들은 스마트폰 화면에만 집중한 나머지 주변을 살피지 않고 걷다 보니 위험을 감지 못해 각종 사고에 노출되고 있습니다. ❷ Shift 누른 채 클릭
> 특히 스몸비족의 교통사고 증가는 사회적인 문제가 되고 있습니다. 스몸비 예방을 위해 개인의 스마트폰 사용에 대한 올바른 인식과 사회적, 제도적인 노력이 필요합니다.

❺ **문서 전체 블록 설정** : Ctrl 키를 누른 채 A 키를 누르면 문서 전체를 선택할 수도 있습니다. 또는 문서의 왼쪽 여백에서 마우스 왼쪽 버튼을 3번 클릭하면 모두 선택됩니다.

❻ **블록 해제** : 블록을 해제하려면 Esc 키를 누릅니다.

 **크리스마스 홈파티 초대장 만들기**

▶ 서식 설정하기

01 한글을 실행합니다. 서식 도구 상자에서 [글자 크기]의 ⌄를 클릭한 후 '15pt'로 설정합니다.

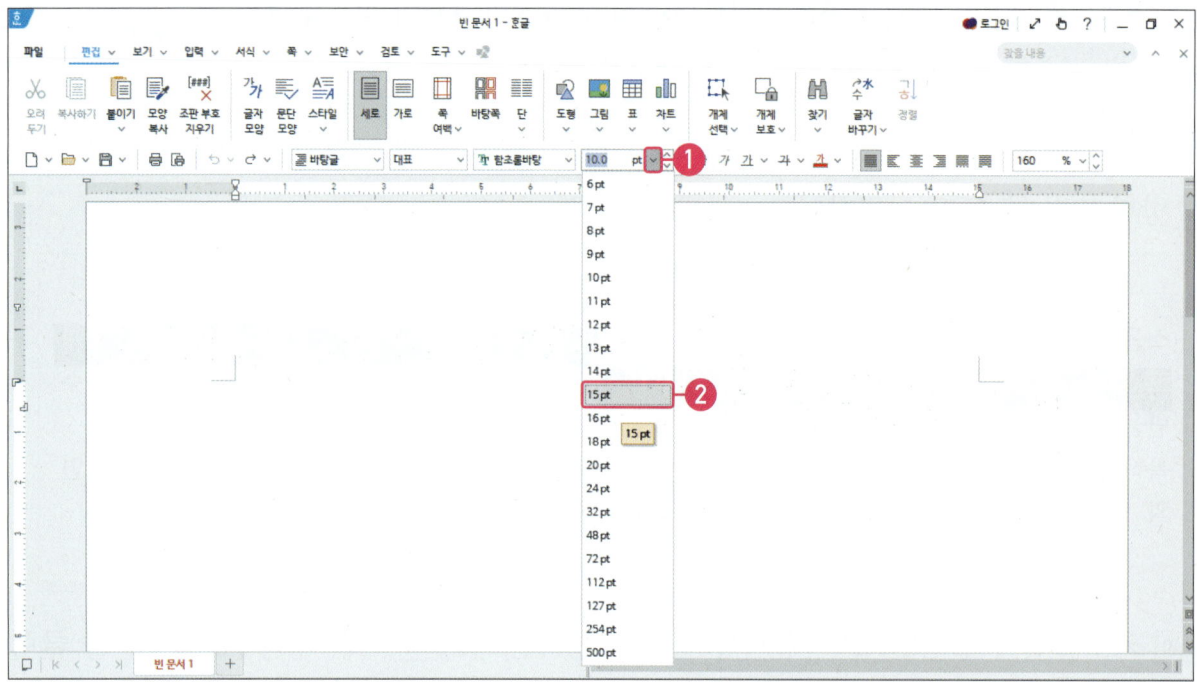

02 내용을 입력합니다. 글자 크기가 '15pt'로 변경되어 입력됩니다.

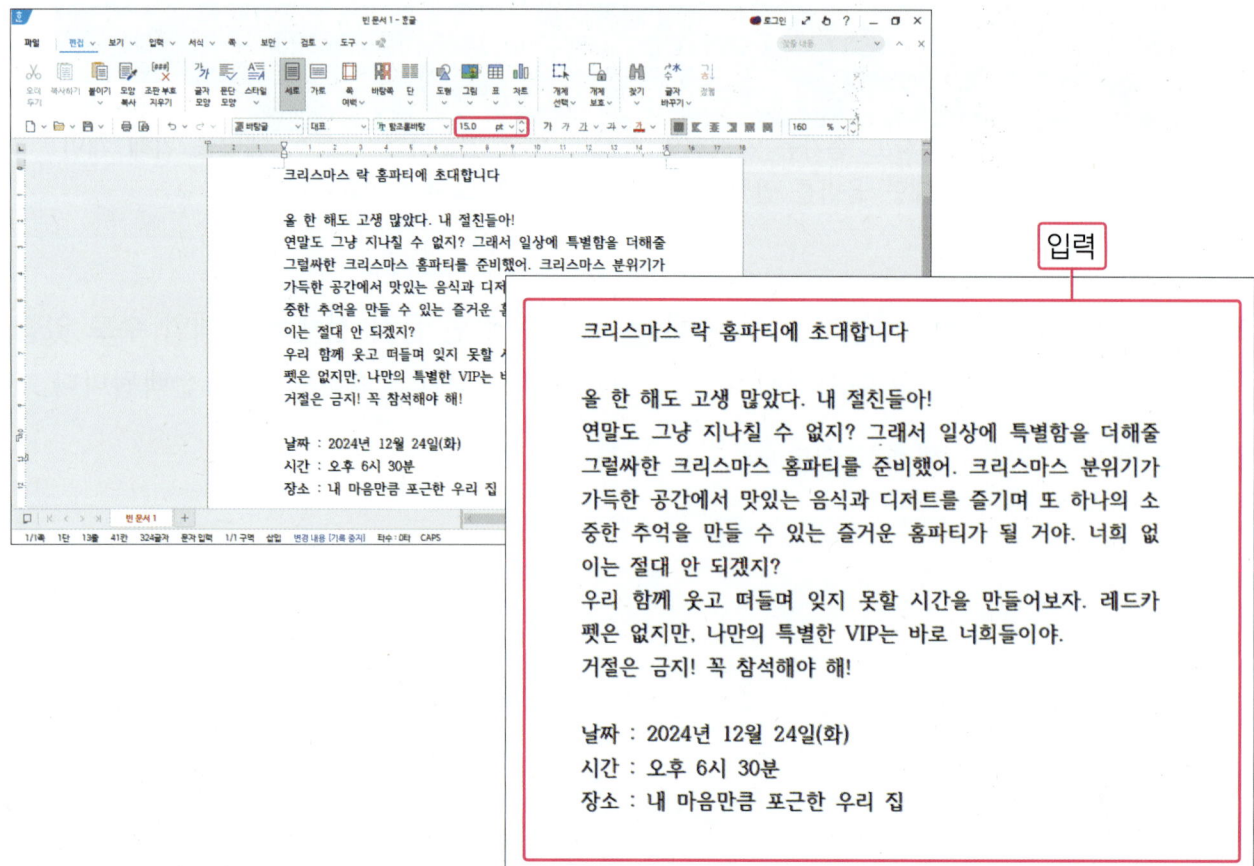

03 제목을 크고 한눈에 알아볼 수 있도록 글자 서식을 변경하기 위해 드래그하여 블록을 설정한 후 메뉴에서 [서식] 탭-[글자 모양(가)]을 클릭합니다.

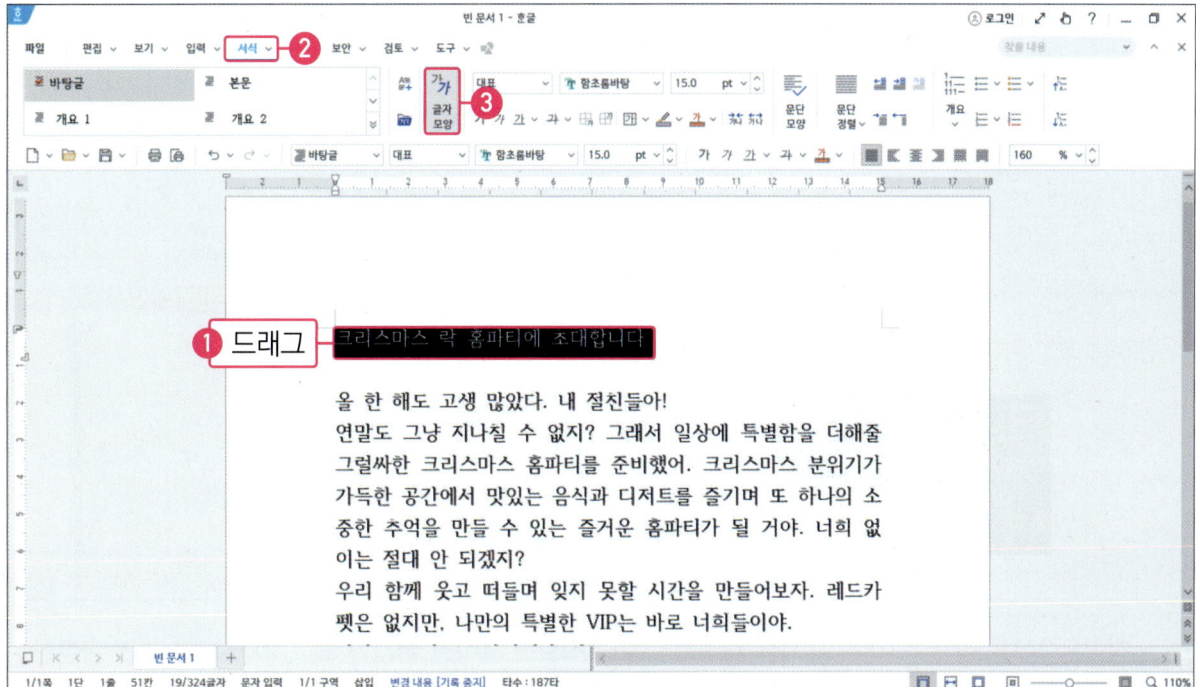

04 [글자 모양] 대화상자가 나타나면 [기본] 탭에서 [기준 크기]는 '32pt', [글꼴]은 '한컴 윤고딕 240', [글자 색]은 기본 테마의 '초록'으로 선택한 후 [설정] 버튼을 클릭합니다.

05 두 줄이 된 제목의 글자 크기를 유지한 채 한 줄로 만들어 보겠습니다. 제목이 블록 설정된 상태에서 메뉴의 [서식] 탭-[글자 모양(가)]을 클릭합니다. [글자 모양] 대화상자가 나타나면 [기본] 탭의 언어별 설정에서 [장평]은 '95%', [자간]은 '-10%'로 설정한 후 [설정] 버튼을 클릭합니다.

- 장평은 글자 크기는 그대로 유지한 채 100% 보다 작으면 홀쭉한 글자가 되고 100%보다 크면 통통한 글자가 됩니다. 50~200% 범위에서 설정할 수 있습니다.
- 자간은 0%보다 작은 경우 자간이 좁아지고 0%보다 큰 경우 자간이 넓어집니다. -50~50% 범위에서 설정할 수 있습니다.

06 두 줄이었던 제목이 한 줄로 정리된 것을 확인합니다. Esc 키를 눌러 블록을 해제합니다.

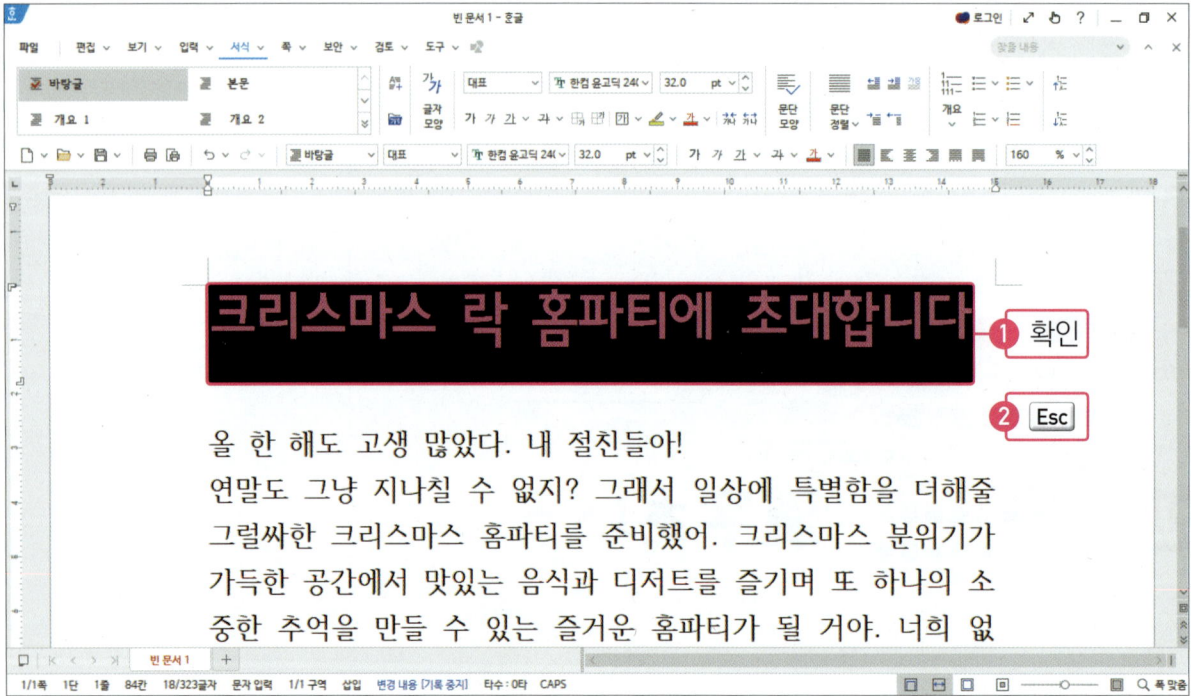

07 제목에서 '락'을 드래그하여 블록으로 설정한 후 메뉴에서 [서식] 탭-[글자 모양(가)]을 클릭합니다.

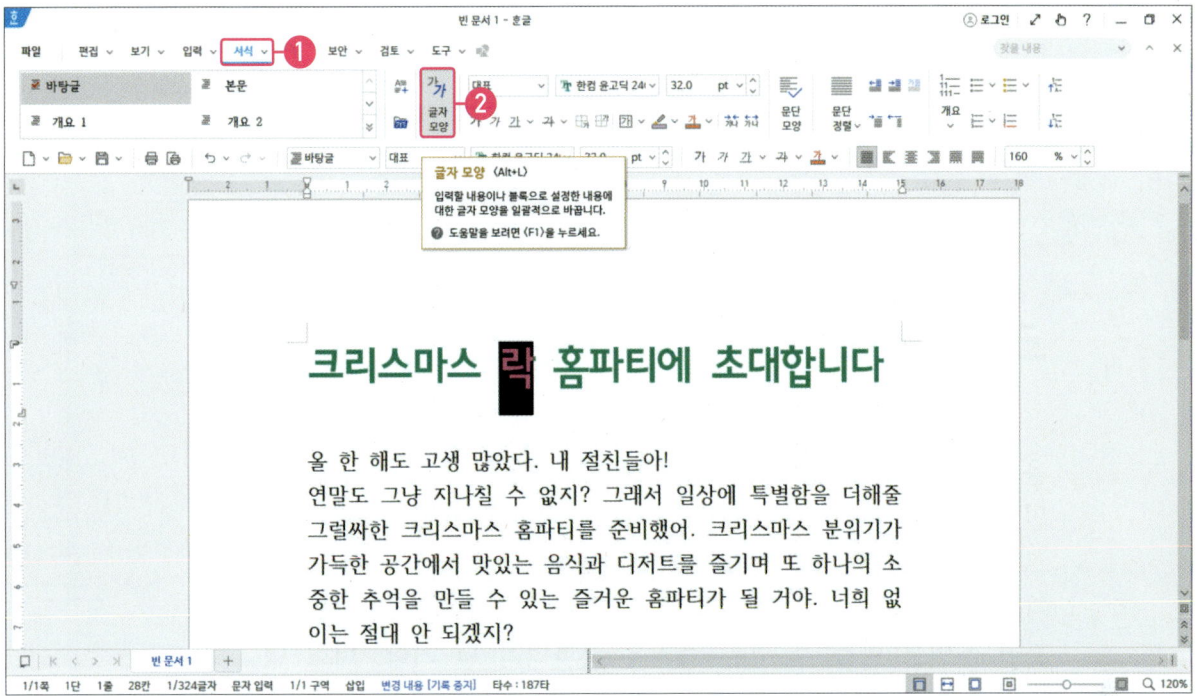

08 [글자 모양] 대화상자가 나타나면 [기본] 탭의 속성에서 [양각(가)] 버튼을 클릭합니다. [글자 색]을 클릭한 후 기본 테마의 '빨강'을 선택하고 [설정] 버튼을 클릭합니다. Esc 키를 눌러 블록을 해제합니다.

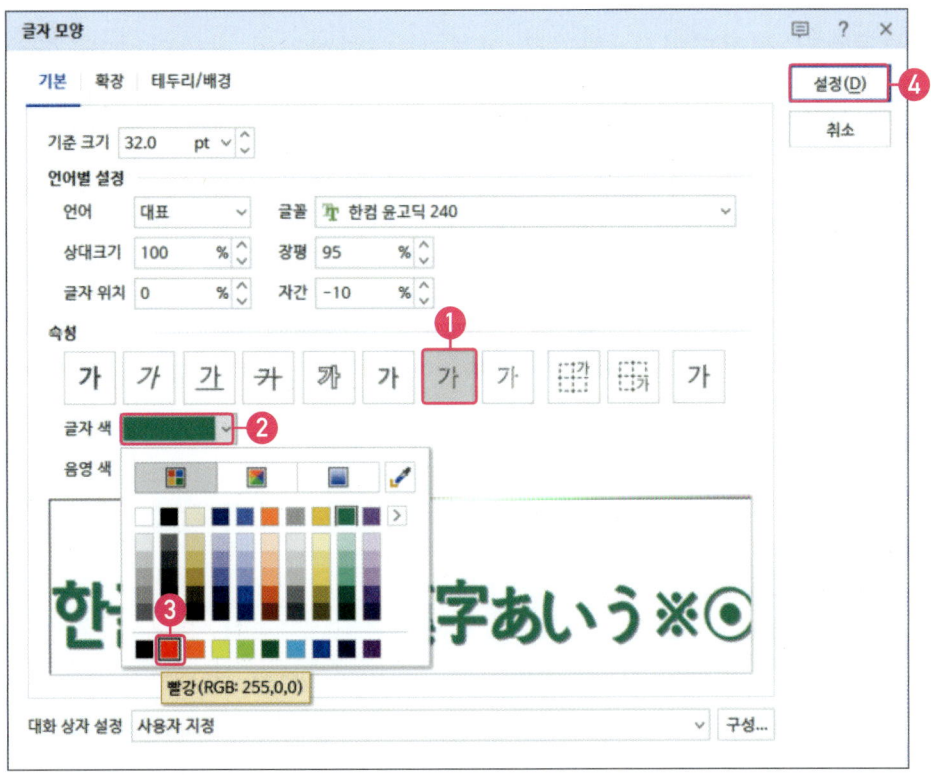

▶ 한자 입력하기

01 한글을 한자로 바꾸기 위해 제목에서 '락' 뒤에 커서를 두고 한자 키를 누릅니다.

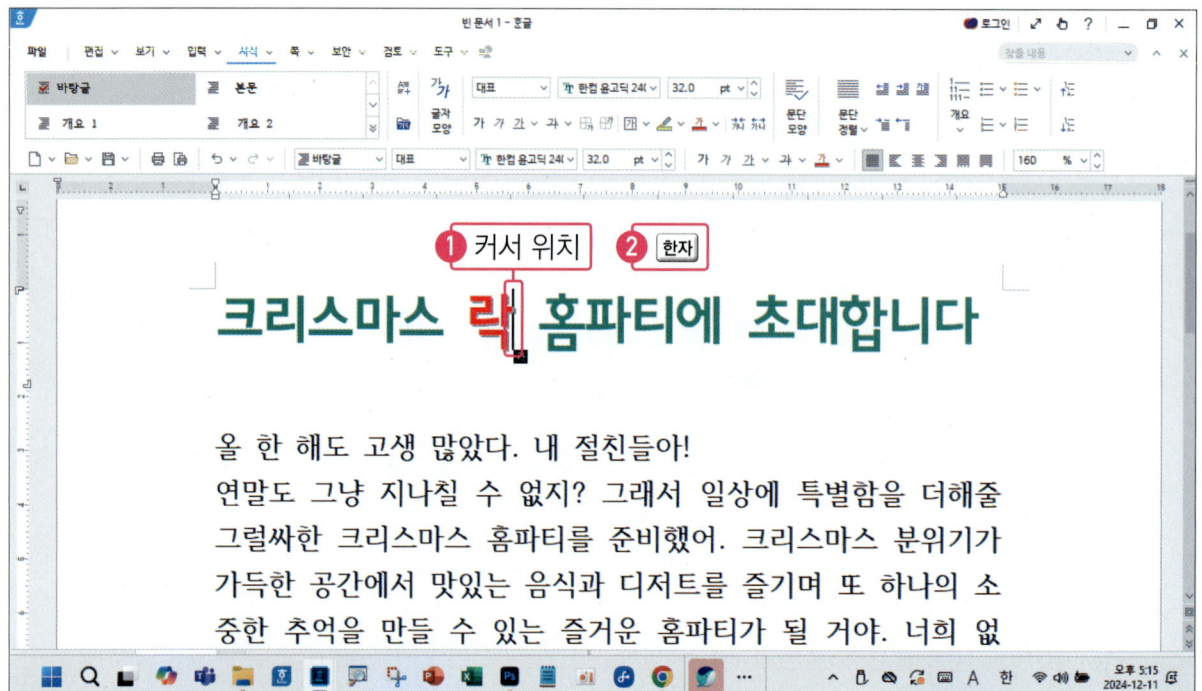

 키보드의 F9 키를 누르면 한자로 변환할 수 있으며, [입력] 탭-[한자 입력]의 ∨를 클릭해 [한자로 바꾸기]를 선택해도 됩니다.

02 한자로 바꿀 글자가 블록으로 설정되면서 [한자로 바꾸기] 대화상자가 나타납니다. 한자 목록에서 알맞은 한자를 선택하고, 입력 형식을 '漢字'로 설정한 후 [바꾸기] 버튼을 클릭합니다.

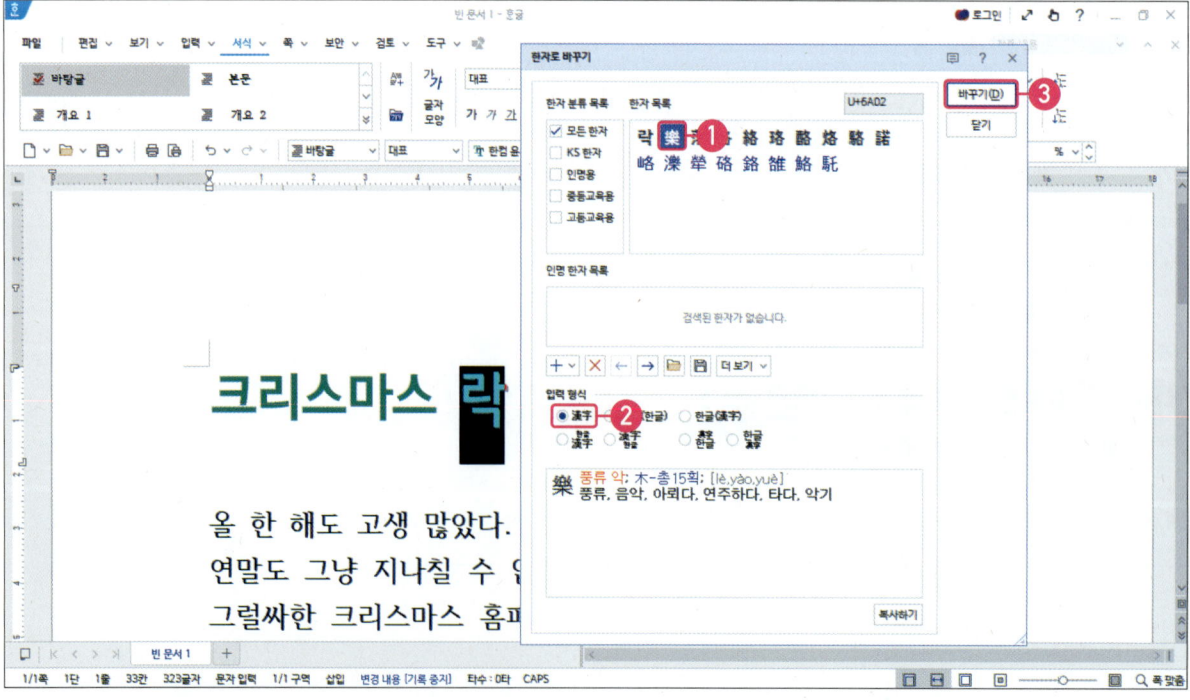

03 한글 '락'이 한자로 바뀌었습니다. 이번에는 '연말'을 한자로 바꾸기 위해 '연말' 뒤를 클릭해 커서를 위치시키고 한자 키를 누릅니다.

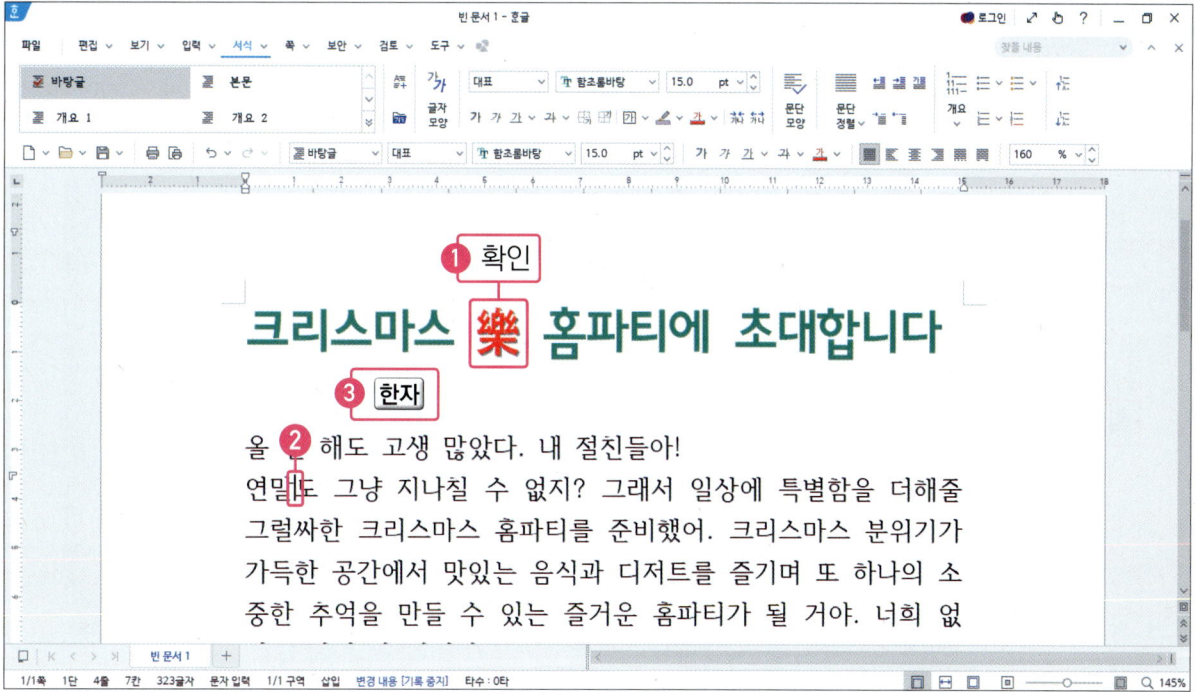

04 [한자로 바꾸기] 대화상자가 나타나면 한자 목록에서 **해당 한자를 선택**하고 입력 형식을 [한글(漢字)]로 설정한 후 [바꾸기] 버튼을 클릭합니다.

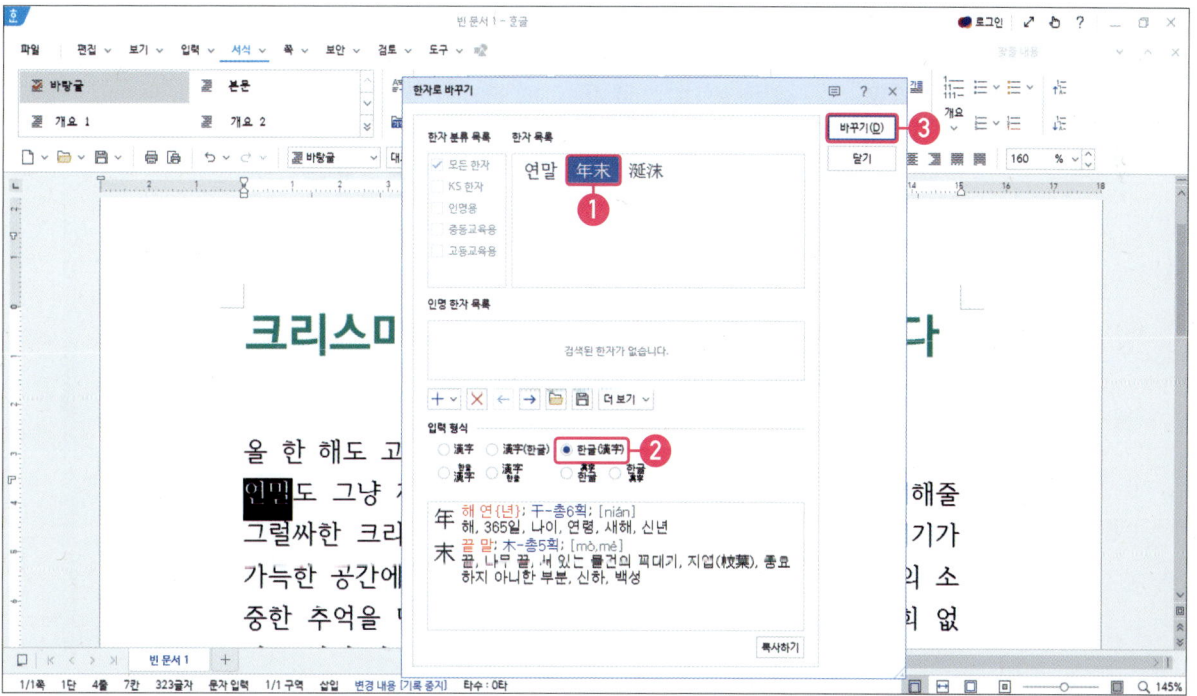

05 '연말'이 입력 형식에 맞게 '연말(年末)'로 변경되었습니다.

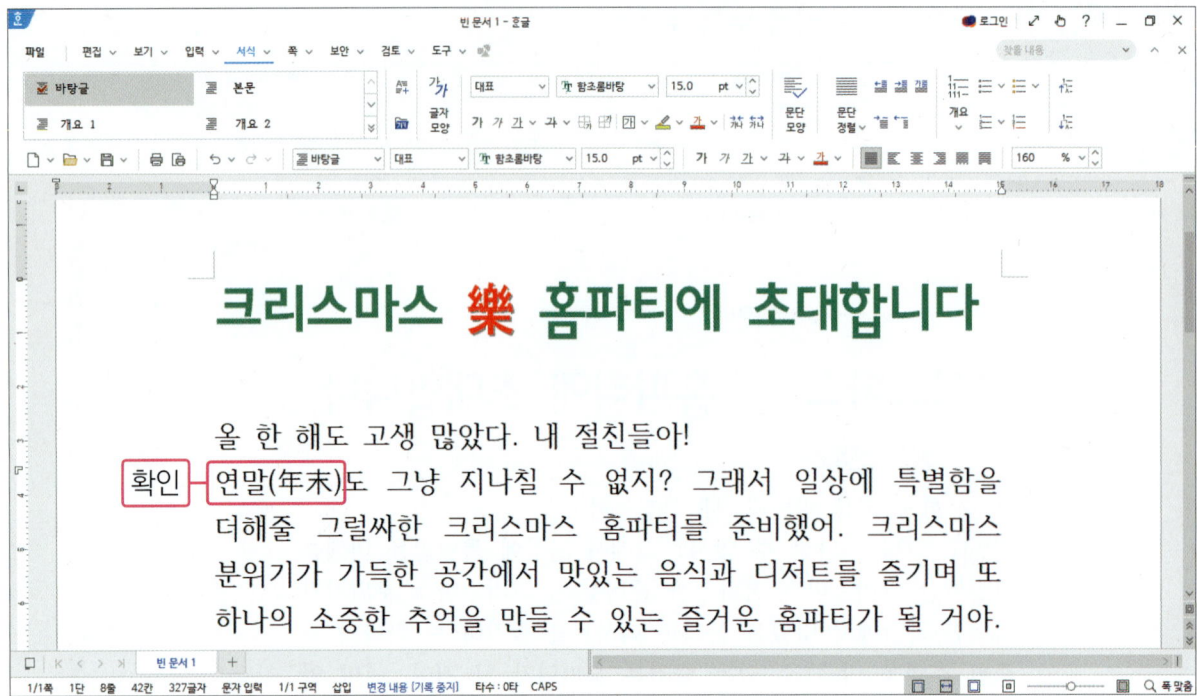

▶ 문자표 입력하기

01 키보드에 없는 특수문자를 입력하기 위해 '날짜' 앞을 클릭하여 커서를 두고 [입력] 탭-[문자표(문자표)]-[문자표]를 클릭합니다.

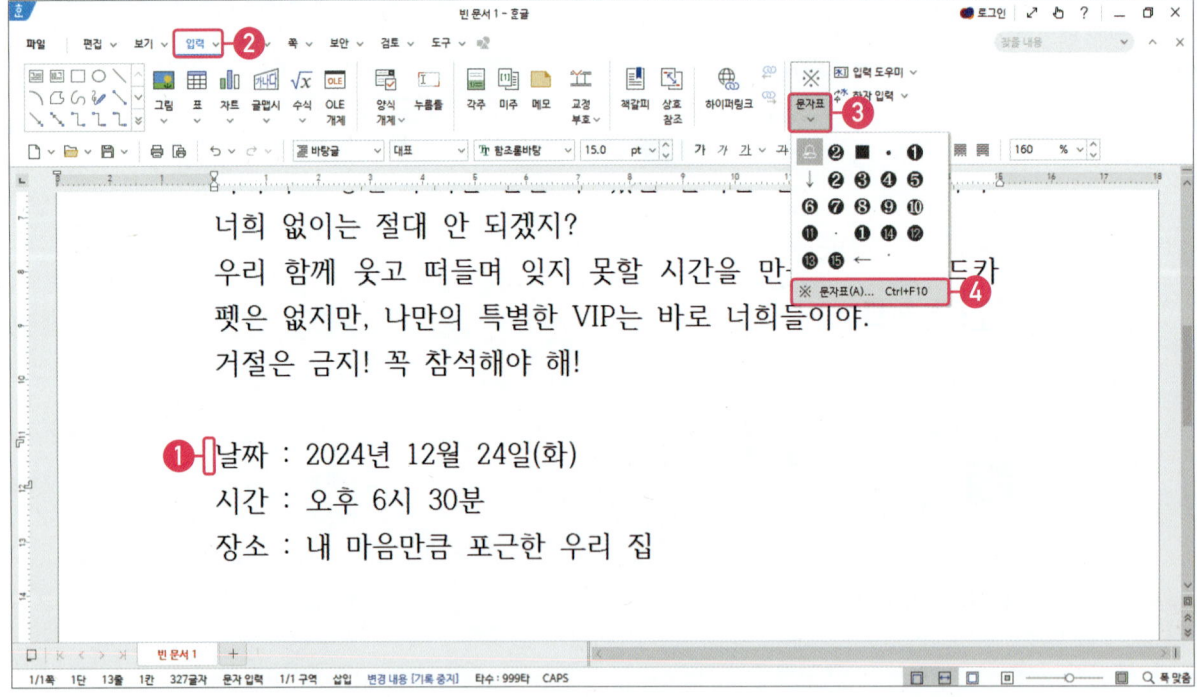

02 [문자표] 대화상자가 나타나면 [사용자 문자표] 탭을 클릭합니다. 문자 영역에서 [기호1]을 클릭하고 문자 선택에서 '★'을 선택한 후 [넣기] 버튼을 클릭합니다.

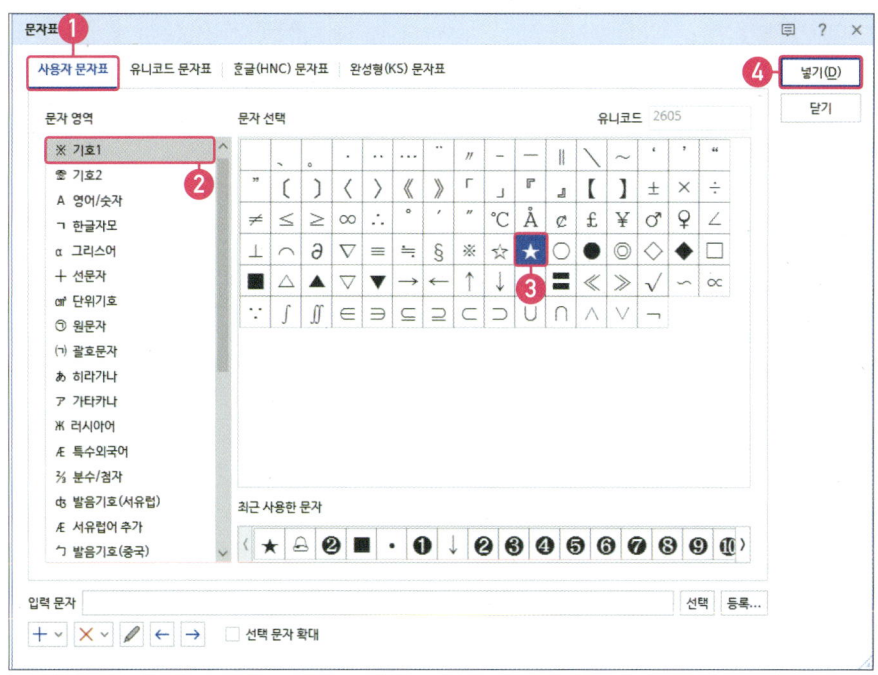

- 마우스 오른쪽 버튼을 클릭한 후 나타나는 바로 가기 메뉴에서 [문자표]를 선택해 실행해도 됩니다.
- [문자표]의 바로 가기 키는 Ctrl + F10 입니다.

03 커서가 위치한 곳에 기호가 입력되었습니다. Space Bar 키를 눌러 기호 뒤에 한 칸 띄어쓰기를 합니다.

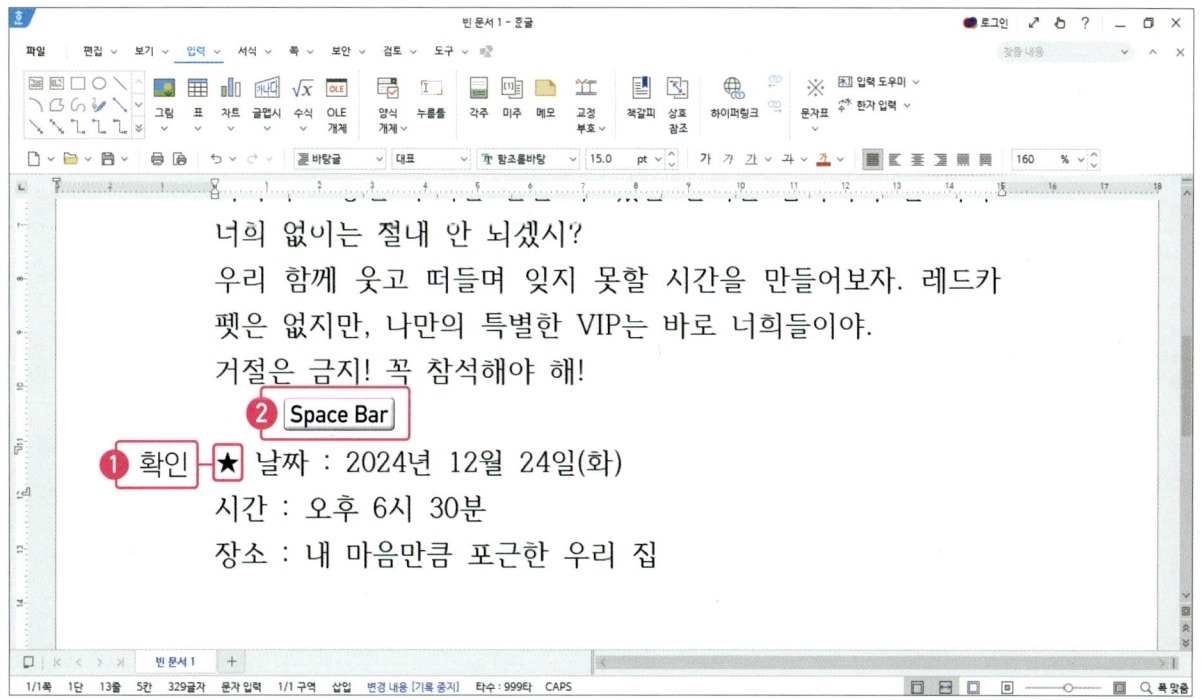

04 이번에는 빠른 작업을 위해 단축키를 이용해 보겠습니다. '시간' 앞을 클릭해 커서를 두고, 왼쪽에 있는 Ctrl 키와 F10 키를 함께 눌러 [문자표]를 실행합니다.

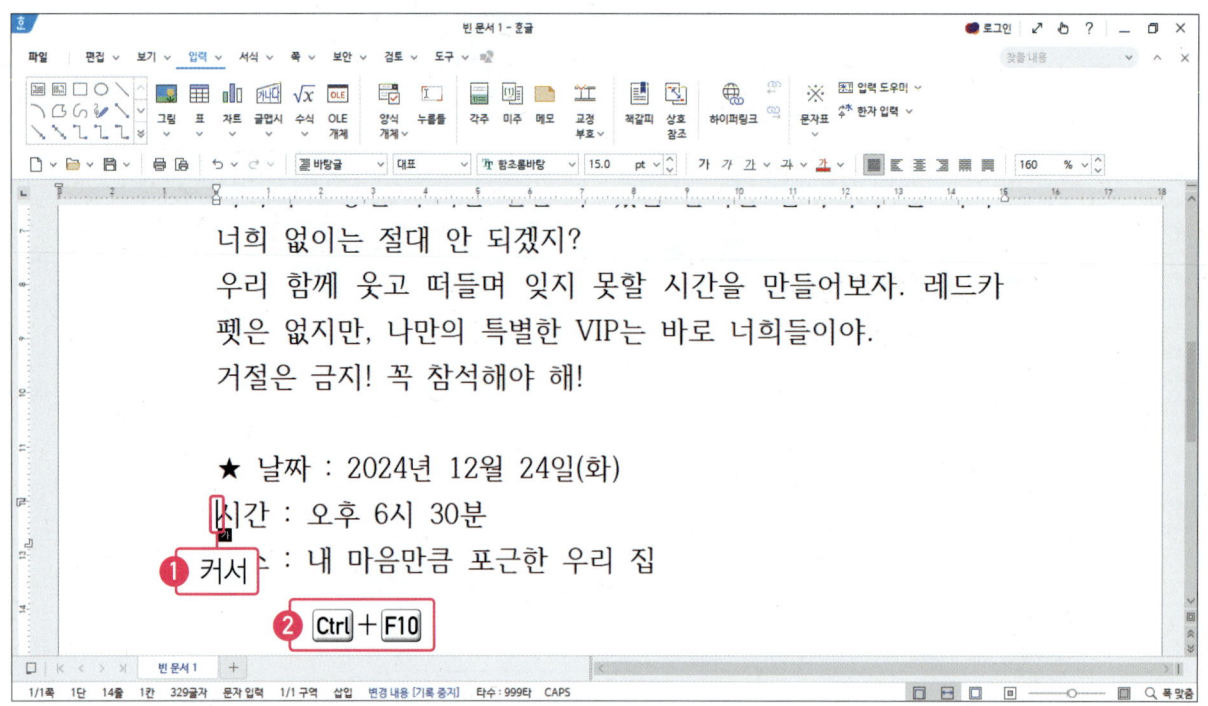

05 이전에 마지막으로 사용했던 문자표의 기호가 선택된 채 나타납니다. [넣기] 버튼을 클릭합니다.

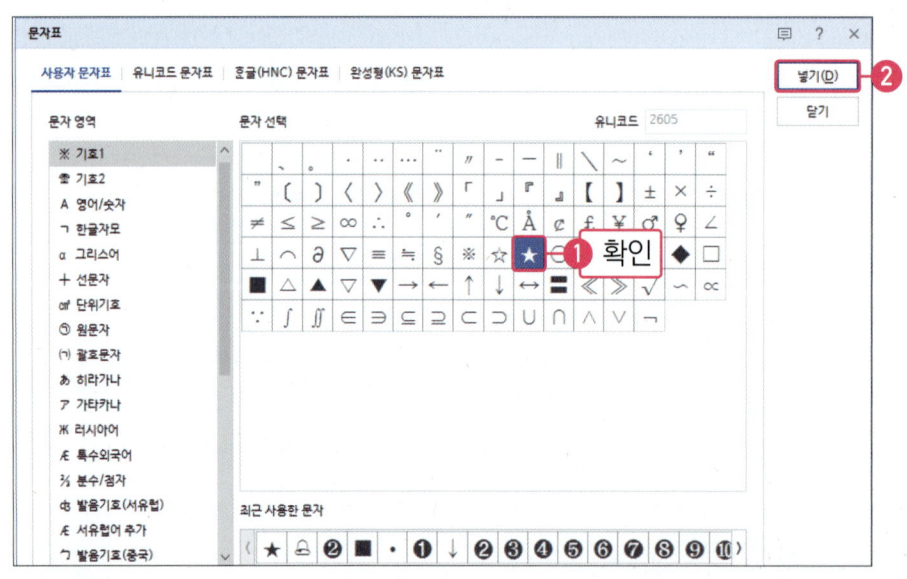

 한글 자음(ㄱ~ㅎ) 키를 누른 후 한자 키를 누르면 특수 문자 목록이 나타납니다. 목록에서 특수 문자를 선택해 입력할 수도 있습니다. 해당 이미지는 한글 ㅁ 키를 누르고 한자 키를 눌렀을 때 나타나는 대화상자입니다.

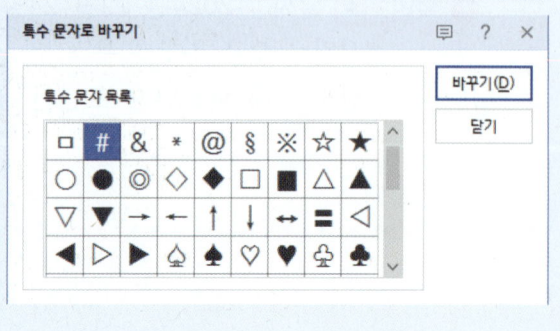

06 '장소' 앞에도 같은 방법으로 '★'를 입력합니다.

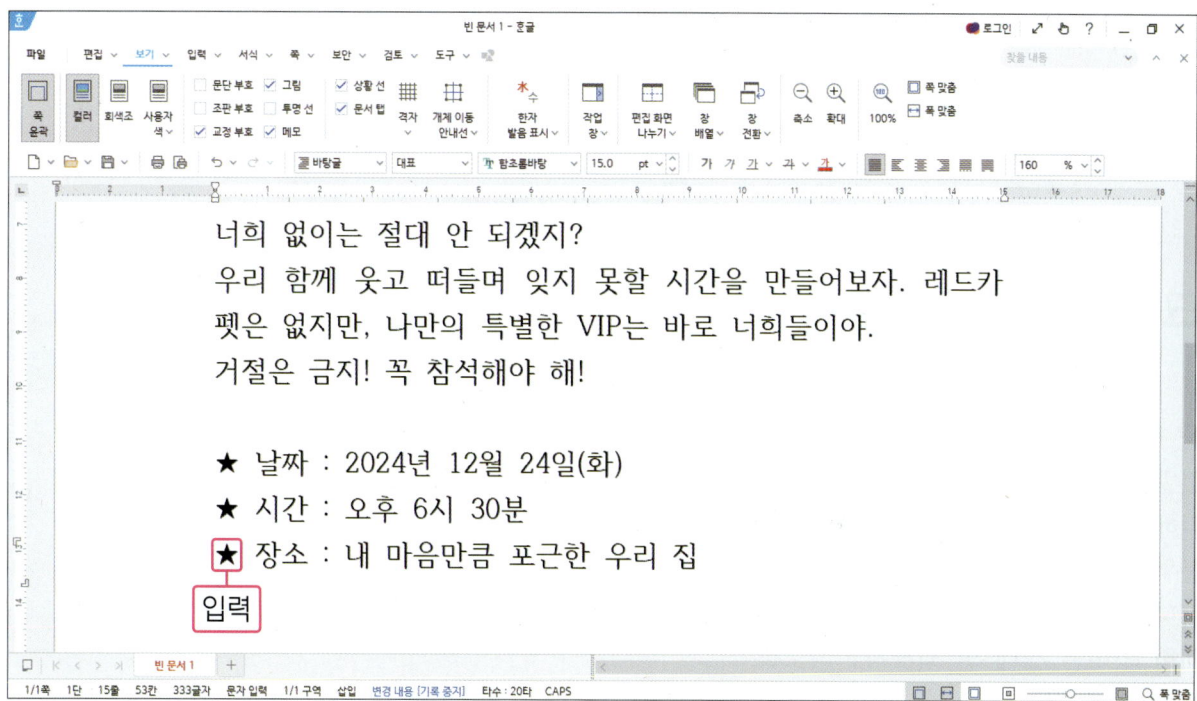

▶ 글자에 그림자, 강조점 설정하기

01 글자에 그림자와 강조점을 넣기 위해 '크리스마스 홈파티'를 드래그하여 블록으로 설정한 후 메뉴에서 [서식] 탭-[글자 모양(가)]을 클릭합니다. [글자 모양] 대화상자가 나타나면 [기본] 탭에서 [그림자(가)] 버튼을 클릭합니다.

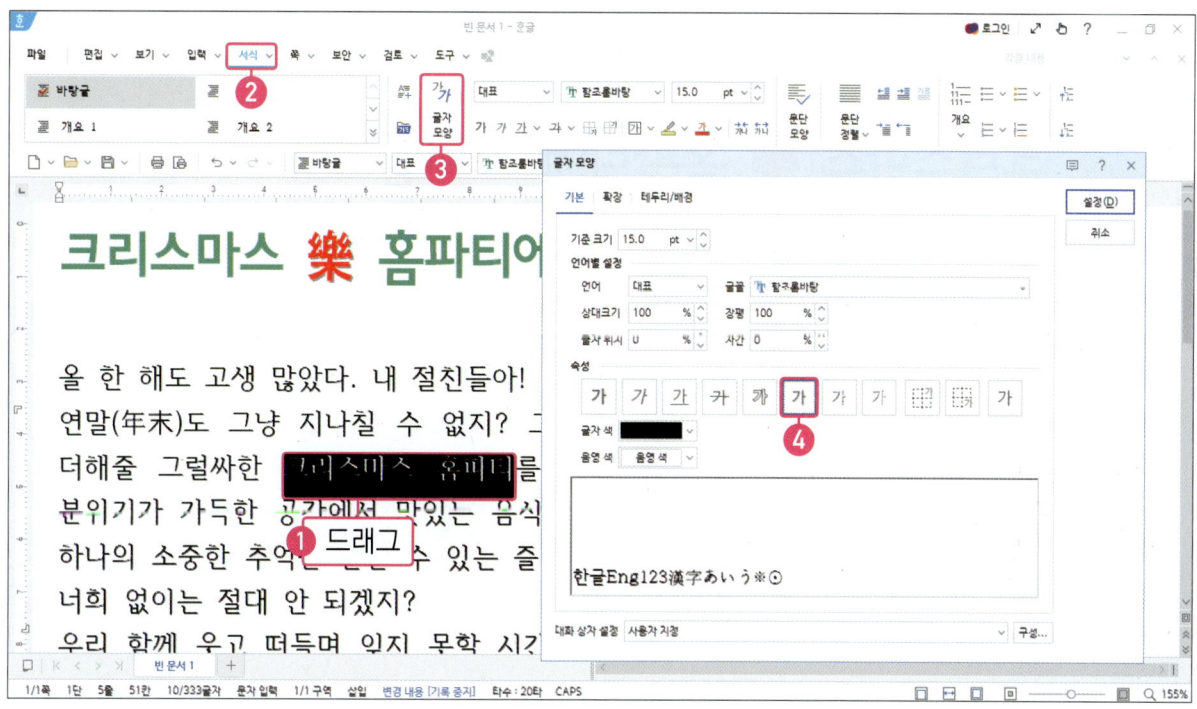

02 [글자 모양] 대화상자에서 [확장] 탭을 클릭한 후 그림자에서 [연속]을 선택합니다. 강조점을 설정하기 위해 기타에서 강조점을 로 선택하고 [설정] 버튼을 클릭합니다.

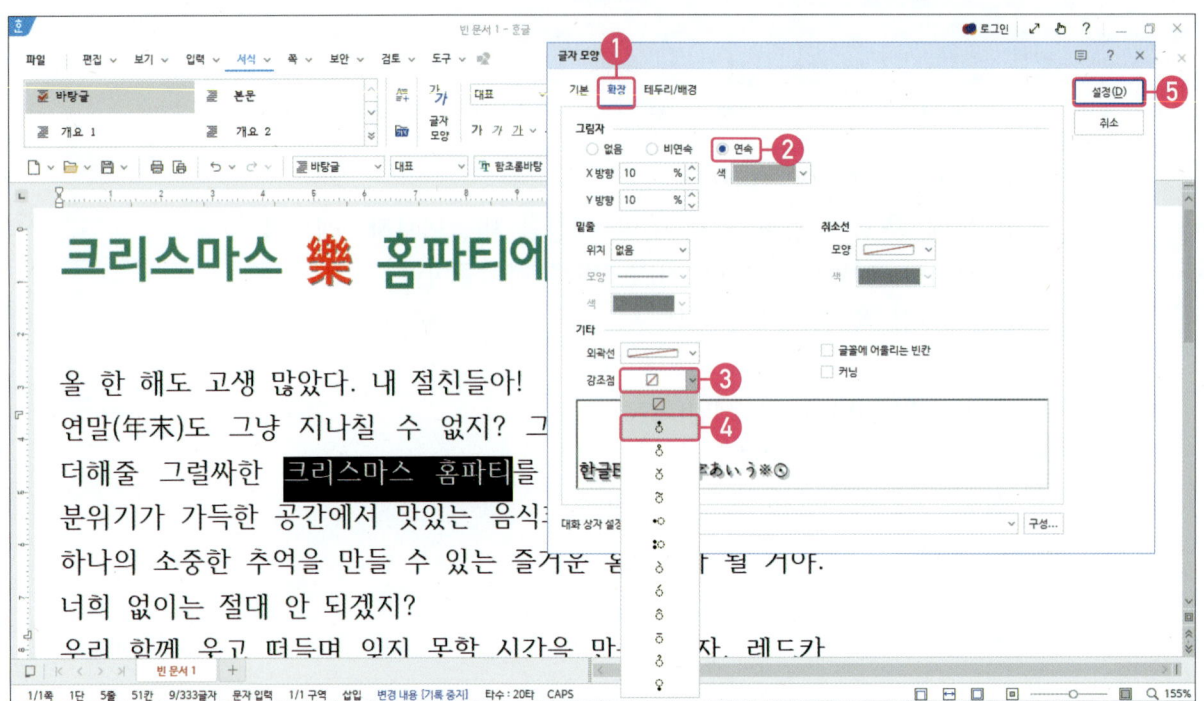

03 Esc 키를 눌러 블록을 해제한 후 그림자와 강조점이 적용된 것을 확인합니다.

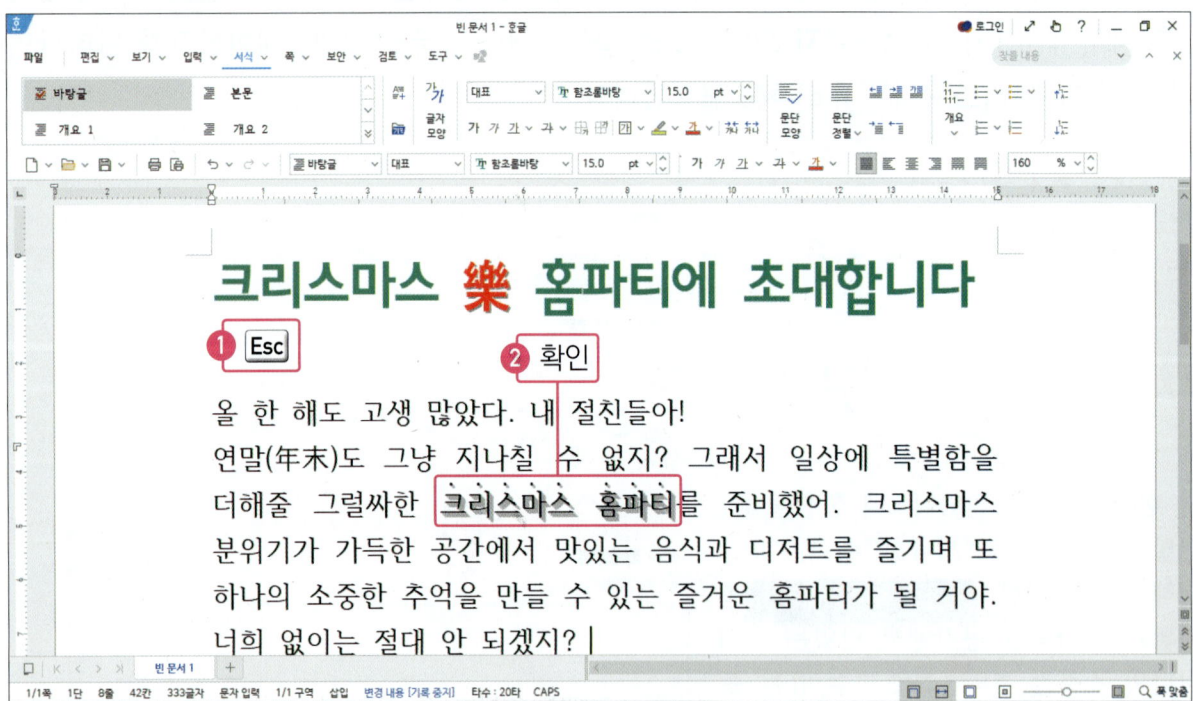

▶ 글자 모양의 음영 색, 밑줄, 형광펜 색 설정하기

01 글자에 음영을 넣기 위해 날짜의 내용을 드래그하여 블록으로 설정한 후 메뉴에서 [서식] 탭–[글자 모양(가)]을 클릭합니다. [글자 모양] 대화상자가 나타나면 [기본] 탭에서 [음영 색]을 클릭하고 기본 테마의 '노랑'으로 설정한 후 [설정] 버튼을 클릭합니다.

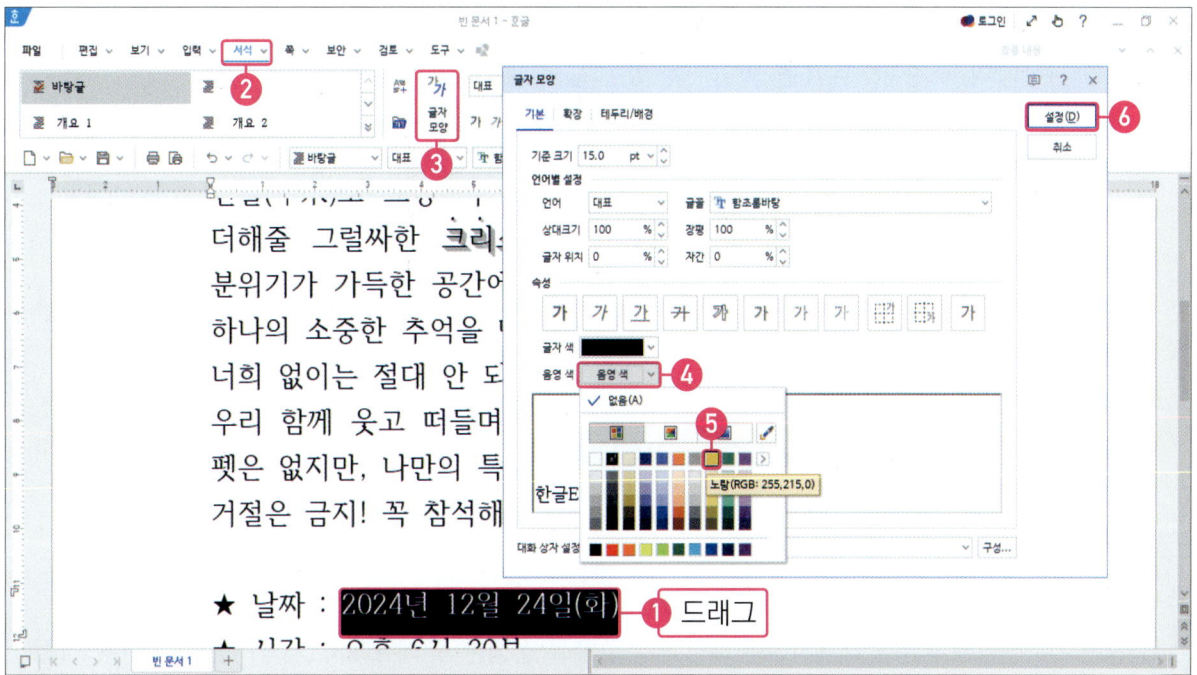

 음영 색을 해제하려면 해당 내용을 블록 설정한 후 메뉴에서 [서식] 탭–[글자 모양(가)]을 클릭합니다. [글자 모양] 대화상자가 나타나면 [기본] 탭에서 음영 색을 클릭해 [없음]을 선택하고 [설정] 버튼을 클릭합니다.

02 밑줄을 추가하기 위해 시간의 내용을 드래그하여 블록으로 설정한 후 서식 도구 상자에서 [밑줄(가)]의 ⌄–[이중 실선]을 클릭합니다.

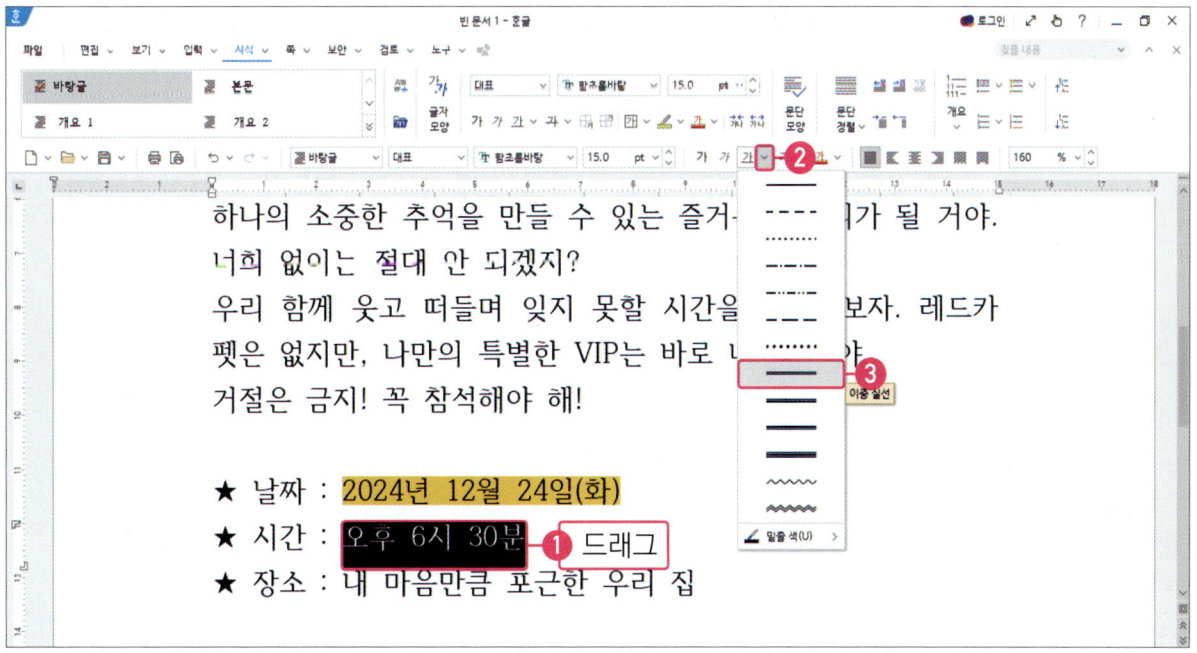

03 장소의 내용을 형광펜으로 강조하기 위해 드래그하여 블록으로 설정한 후 [서식] 탭-[형광펜(⁄)]의 ⌄를 클릭한 후 기본 테마의 '보라 60% 밝게'로 설정합니다.

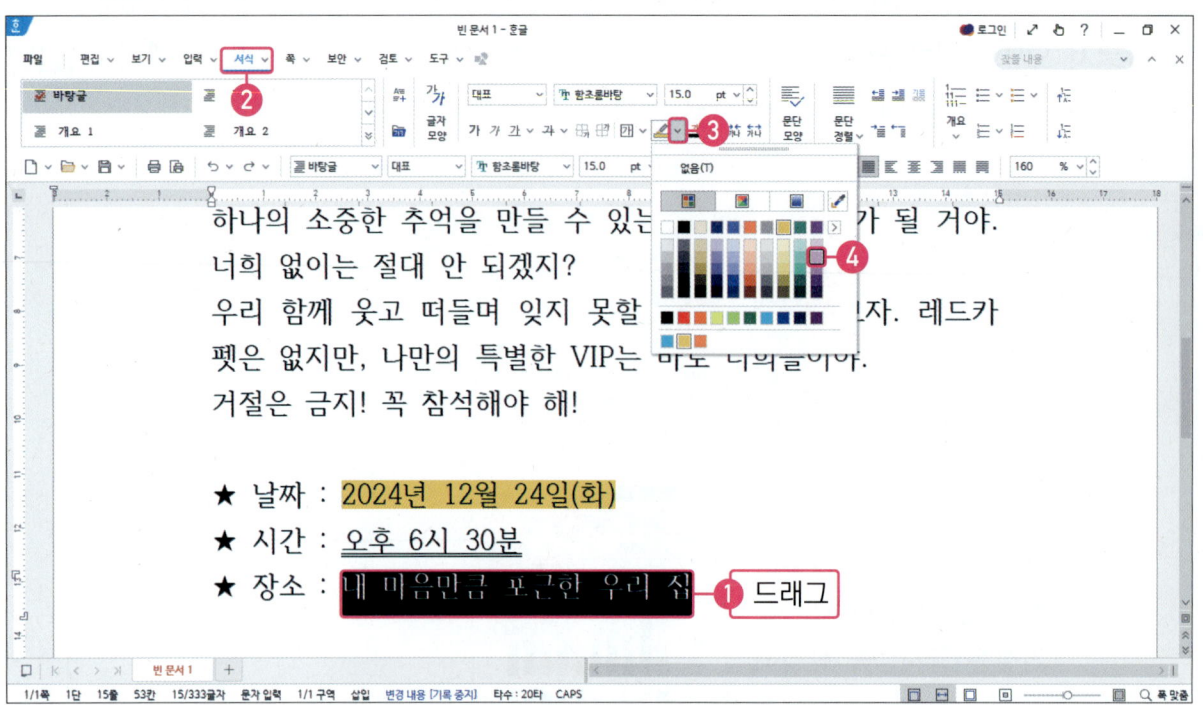

 형광펜으로 색칠된 부분을 해제하려면 해당 부분을 블록 설정한 후 메뉴에서 [서식] 탭의 [형광펜(⁄)]을 클릭하고 [없음]을 선택합니다.

04 형광펜이 적용되었습니다. 인쇄할 내용을 미리 보기 화면에서 확인하기 위해 서식 도구 상자의 [미리 보기(🖨)]를 클릭합니다.

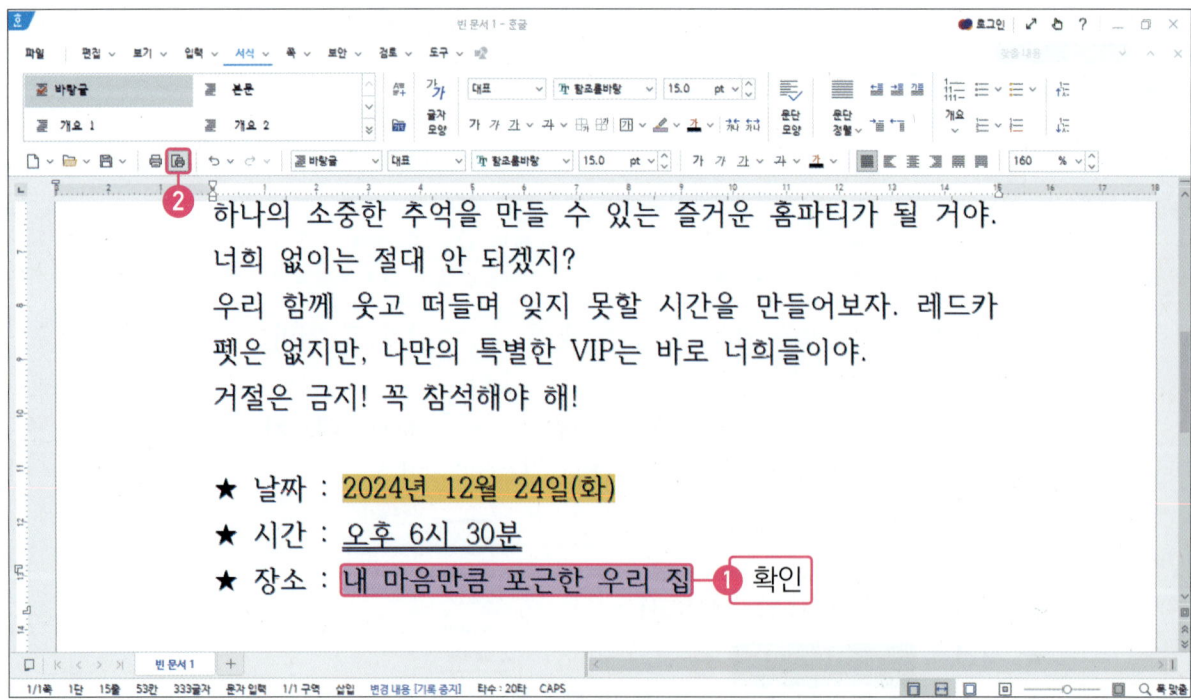

05 미리 보기 화면에서는 형광펜 색이 나타나지 않는 것을 확인할 수 있습니다.

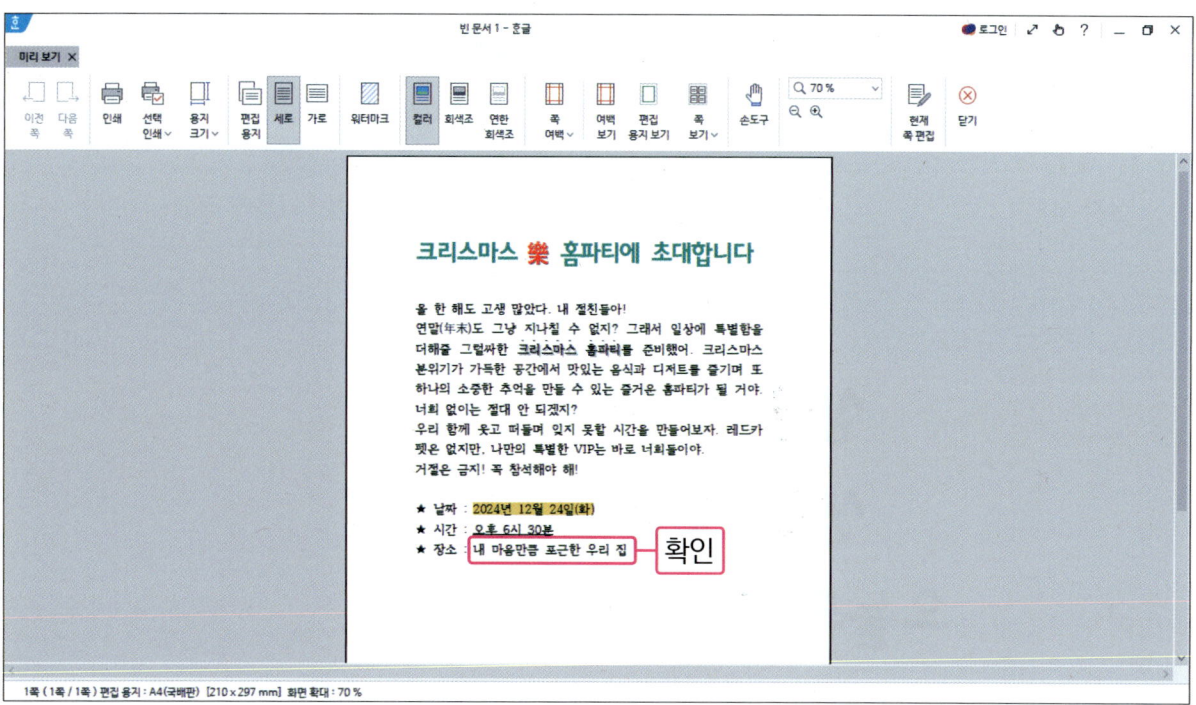

형광펜 인쇄하기

형광펜이 설정된 부분은 기본 인쇄 시 인쇄되지 않습니다. 만약 형광펜도 포함해 인쇄하려면, 서식 도구 상자에서 [인쇄(🖨)]를 클릭합니다. [인쇄] 대화상자가 나타나면 [확장] 탭을 클릭한 후 선택 사항의 [형광펜]을 선택하고 [인쇄] 버튼을 클릭해야 합니다.

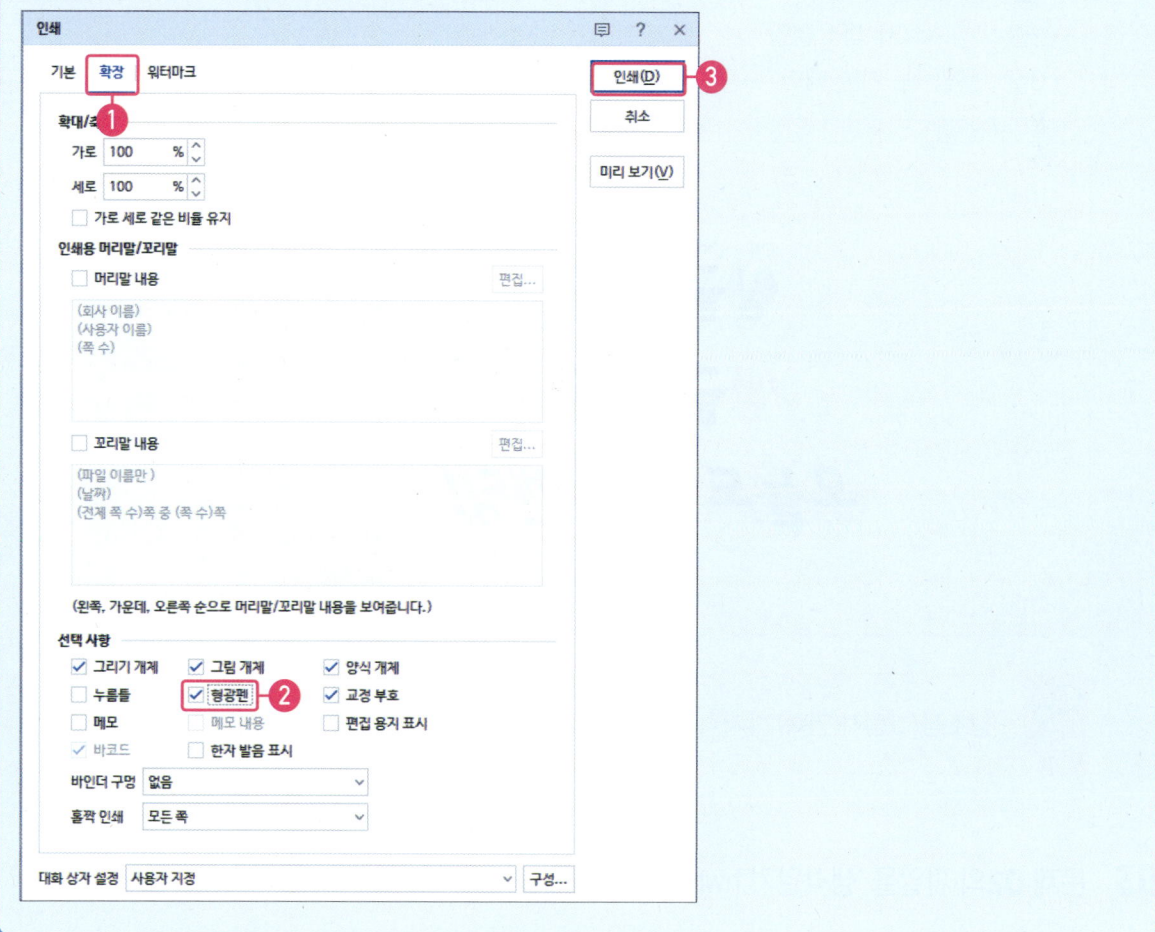

응용력 키우기

01 새 문서를 열고 다음과 같이 입력해 봅니다.

- 글자 크기 : 32pt
- 글꼴 : 한컴 백제 B
- 정렬 : 가운데 정렬

싱글 벙글
생글 생글
오늘도 해피엔딩!

02 문제 **01**의 파일에 다음과 같이 글자 모양을 설정해 봅니다.

- 1줄 : 강조점을 추가하고 그림자(연속) 지정, '싱' – 글자 색 : '초록'
- 2줄 : '생'–글자 색 : '빨강'
- 3줄 : 음영 색–기본 테마 '노랑', 기울임

 강조점/그림자(연속) : [서식] 탭–[글자 모양(가)]–[확장] 탭

03 문제 **02**의 파일을 '생각일기.hwpx'로 저장해 봅니다.

04 새 문서를 열고 다음과 같이 입력해 봅니다.

- 글자 크기 : 14pt   • 글꼴 : 한컴 윤고딕 230

```
단심가

이 몸이 죽고 죽어 일백 번 고쳐 죽어
백골이 진토 되어 넋이라도 있고 없고
임 향한 일편단심이야 가실 줄이 있으랴.

고려 충신 정몽주가 이방원 '하여가'에 대한 화답으로 지은 시조
```

05 문제 **04**에서 작성한 파일에 다음과 같이 한자와 기호를 추가해 봅니다.

```
📖 단심가(丹心歌)

이 몸이 죽고 죽어 일백 번 고쳐 죽어
백골(白骨)이 진토(塵土) 되어 넋이라도 있고 없고
임 향한 일편단심(一片丹心)이야 가실 줄이 있으랴.

⇨ 고려 충신 정몽주가 이방원 '하여가'에 대한 화답으로 지은 시조
```

📖, ⇨ : [입력] 탭-[문자표]-[사용자 문자표] [특수기호 및 딩벳기호]

06 문제 **05**의 파일을 '옛시조 단심가.hwpx'로 저장해 봅니다.

04 찐 감동! 영화 감상 일지 만들기

- 문단 모양
- 줄 간격 설정하기
- 문단 부호와 조판 부호
- 문단 테두리/배경 꾸미기
- 문단 정렬하기
- 문단 모양 복사하기
- 문단 여백
- 문단 번호와 글머리표 설정하기

미/리/보/기

▶ 완성파일 : 영화 감상 일지.hwpx

입력한 문서 내용에 '문단 모양'을 이용해 여백, 들여쓰기, 내어쓰기, 줄 간격, 정렬 방식을 변경해 봅니다. 그리고 문단 테두리와 배경을 꾸미고 문단 번호와 글머리표를 설정하는 방법을 알아보겠습니다.

 **문단 모양 실습 | 명대사 모음집 정리하기**

여러 문장이 이어지다가 문맥에 따라 줄이 바뀌는 부분을 '문단'이라 하고 사용자가 내용을 입력하는 도중에 Enter 키를 누르면 문단이 나누어집니다. 내용을 입력한 후 들여쓰기, 줄 간격, 문단 간격을 설정해 다음 문서와 같이 만들어 보겠습니다.

> 누가 넌 할 수 없다고 말하게 두지 마. 아빠라도 말이야. 알았니? 네가 꿈이 있다면 그걸 지켜야 해. 사람들은 자기들이 할 수 없으면 남들도 못 한다고 말 하거든. 하지만 네가 원하면 가서 그걸 이뤄. - 행복을 찾아서 -
>
> 만약 당신이 하는 일에 대해 확신이 있고 옳은 일을 하고 있다면 누가 뭐라 해도 그 일은 틀린 게 아니에요. 경험은 나이 들지 않아요. - 인턴 -

▶ 문단 모양 설정하기

01 한글을 실행한 후 서식 도구 상자에서 [글자 크기]를 '12pt'로 설정한 후 문서에 다음처럼 입력합니다.

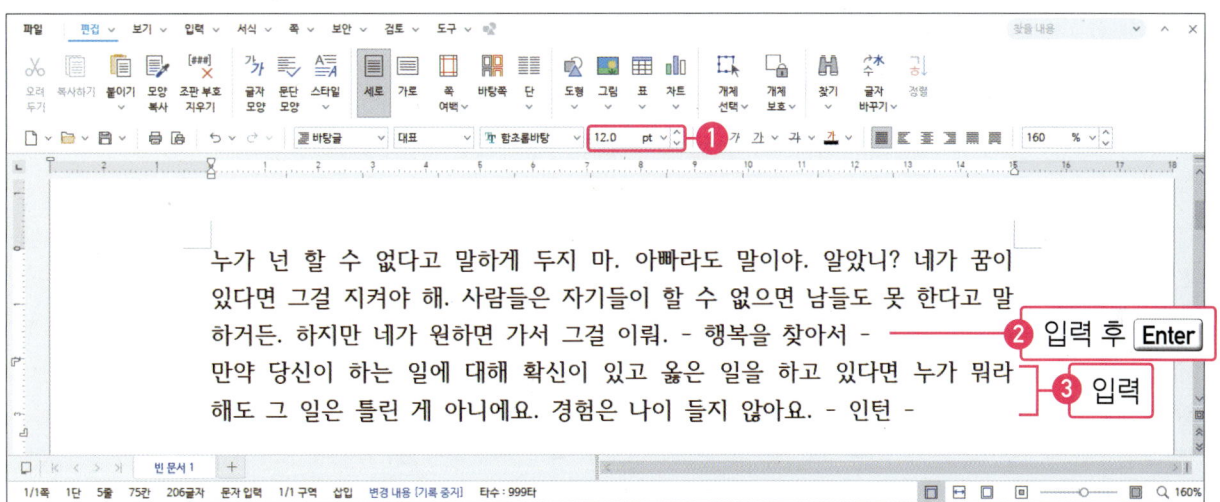

02 입력한 글을 드래그하여 블록 설정한 후 메뉴에서 [서식] 탭-[문단 모양]을 클릭합니다.

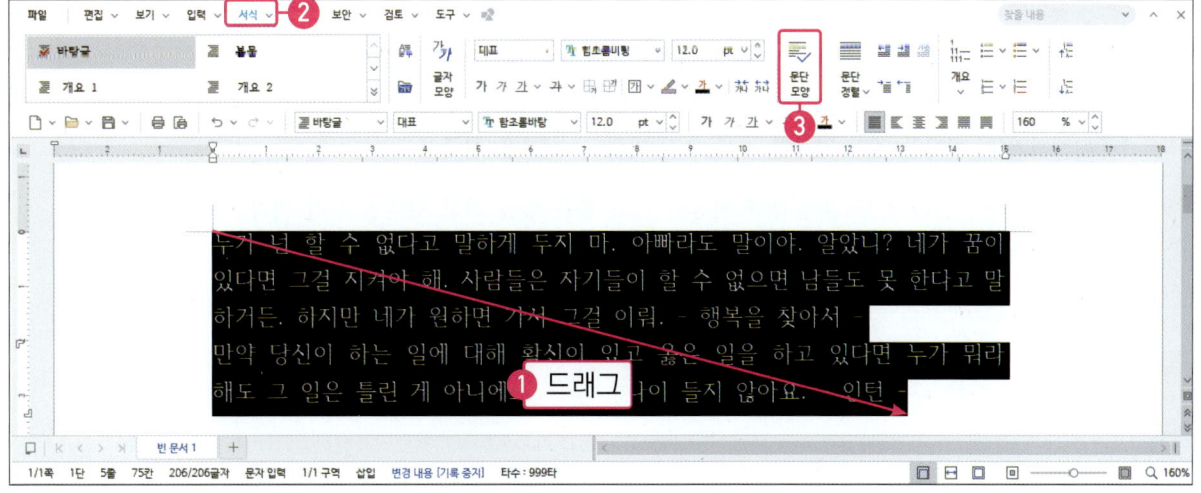

03 [문단 모양] 대화상자가 나타나면 첫 줄에서 [들여쓰기]는 '10pt'로 설정합니다. 간격에서 [줄 간격]은 '180%', [문단 아래]는 '10pt'로 설정한 후 [설정] 버튼을 클릭합니다.

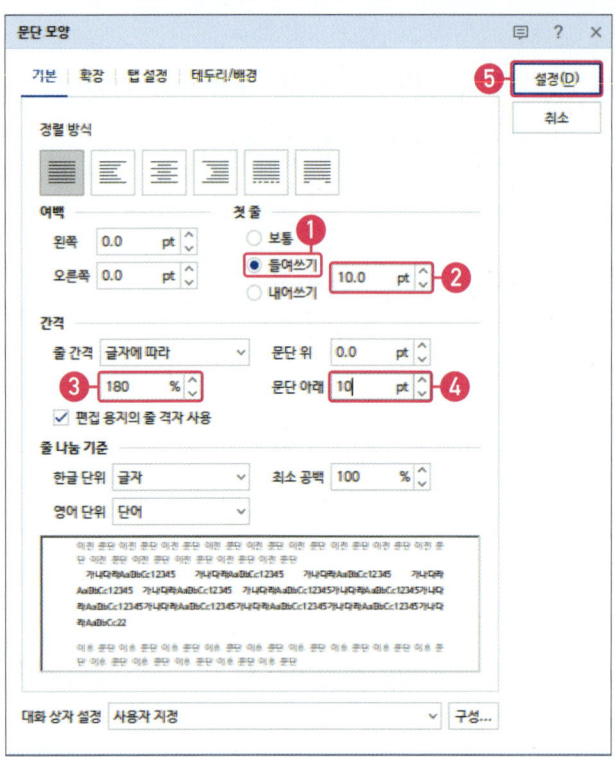

 [편집] 탭-[문단 모양(≡)]을 클릭해도 되고 바로 가기 키 Alt + T 를 눌러도 됩니다.

04 Esc 키를 눌러 블록을 해제합니다. 문단마다 첫 줄이 들여쓰기 되고 줄 간격도 더 넓게 조정된 것을 확인합니다.

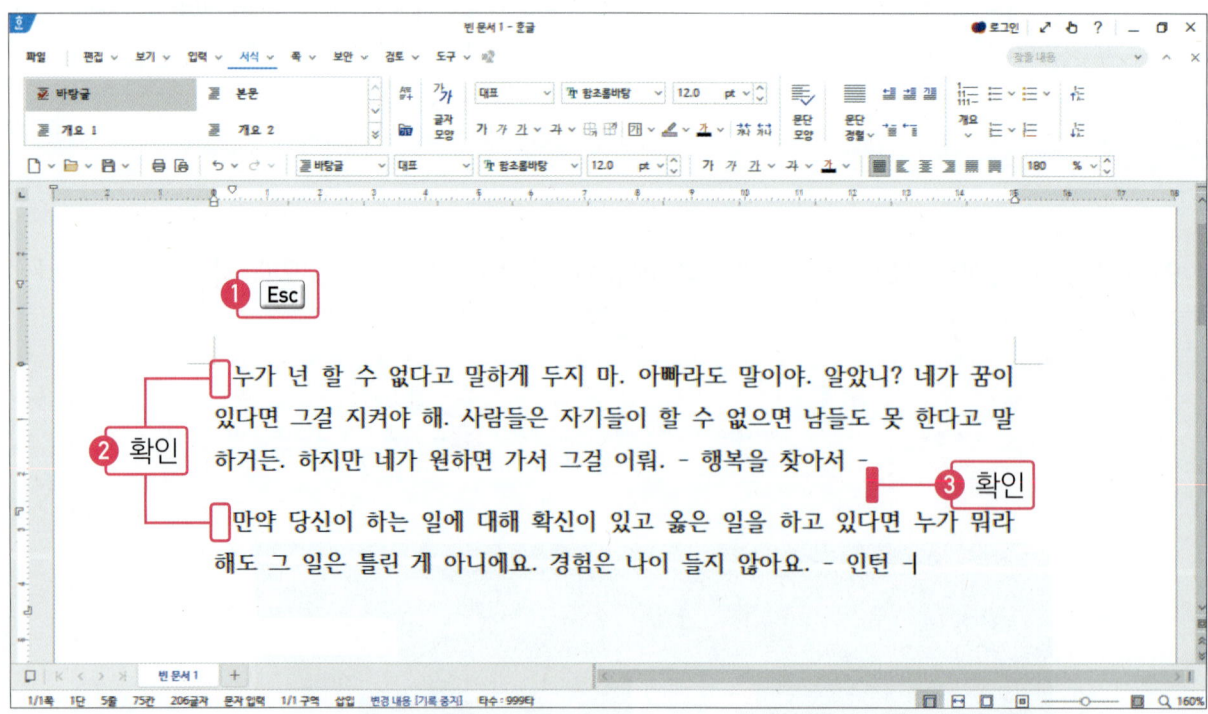

▶ 문단 부호와 조판 부호

문단 부호와 조판 부호는 보통의 문서 창에서는 보이지 않고 해당 메뉴를 선택해야 화면에 표시되며 인쇄되지는 않습니다.

01 문서에 문단 부호를 표시하기 위해 메뉴에서 [보기] 탭-[문단 부호]를 클릭하면 Enter 키를 누른 곳에 파란색의 줄바꿈 문자(↵)가 표시됩니다.

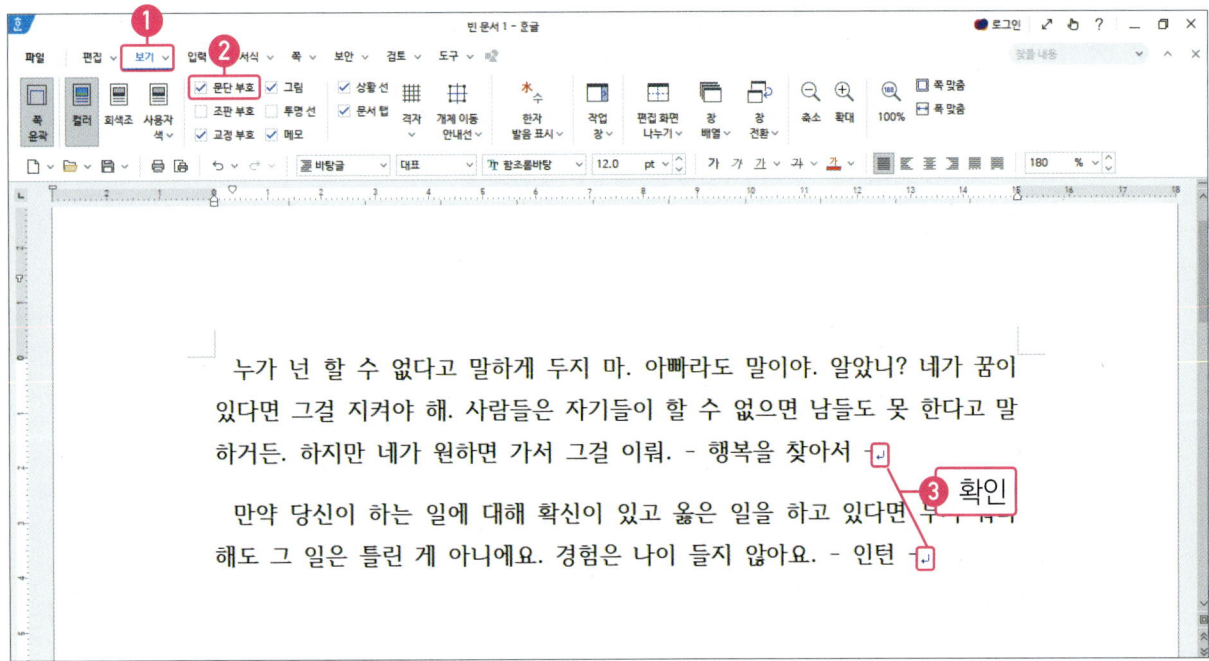

02 조판 부호를 표시하기 위해 메뉴의 [보기] 탭-[조판 부호]를 클릭하면 조판 부호가 보이기 시작하고 띄어쓰기를 한 곳에는 파란색 공백 표시(␣)가 나타납니다.

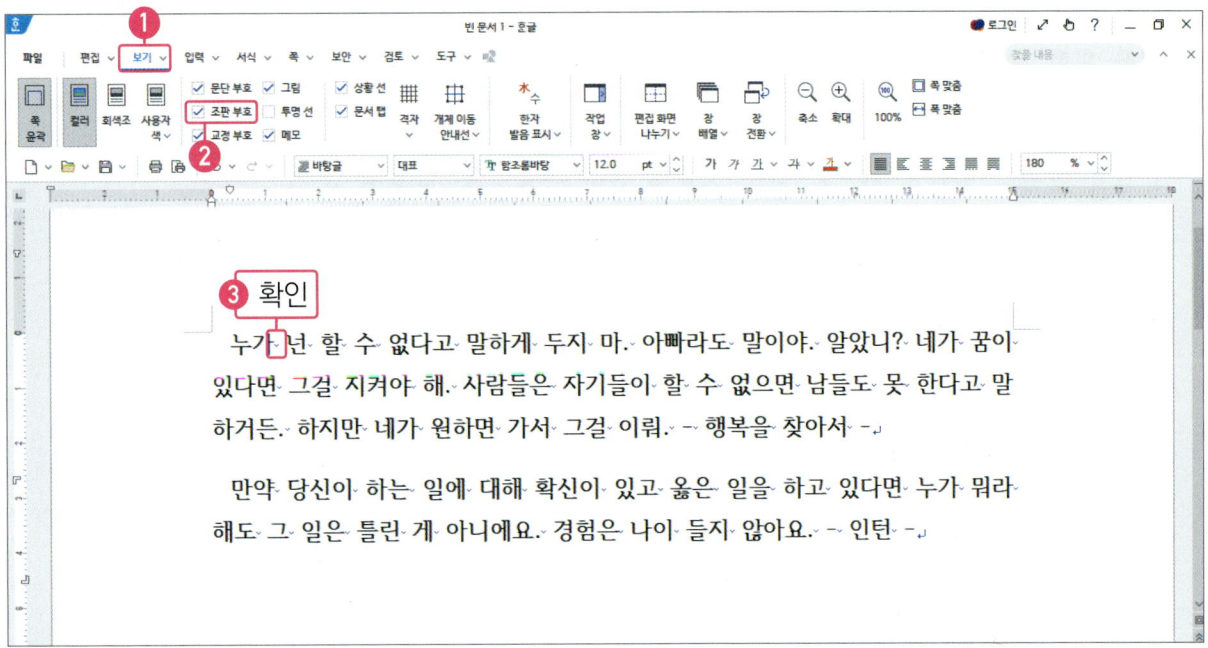

 [보기] 탭에서 [문단 부호]와 [조판 부호]를 다시 클릭하면 선택이 해제되고 부호 감추기 상태가 됩니다.

 **찐 감동! 영화 감상 일지 만들기**

▶ 내용 입력하기

01 한글을 실행합니다. 서식 도구 상자에서 [글꼴]은 'HY강B', [글자 크기]는 '13pt'로 설정합니다.

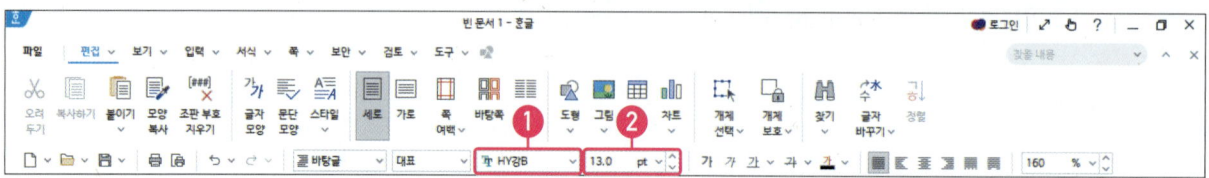

02 다음과 같이 입력합니다.

```
찐 감동! 영화 감상 일지              ● 입력 후 Enter
이 영화는 크리스 가드너의 실화를 바탕으로 윌 스미스와 실제 아들이
유쾌하고 감동적인 부자간의 연기를 펼친 작품 중 하나이다. 마지막
장면에서는 실제 주인공이 행인으로 깜짝 등장한다.   ● 입력 후 Enter
Enter
<영화 기본 정보>                    ● 입력 후 Enter
제목 : 행복을 찾아서                 ● 입력 후 Enter
감독 : 가브리엘 무치노               ● 입력 후 Enter
장르 : 실화를 바탕으로 한 드라마       ● 입력 후 Enter
Enter
<줄거리와 감상평>                   ● 입력 후 Enter
주인공은 집도 돈도 없는 가혹한 현실 속에서 아들을 위해 치열하게
꿈을 향해 나아가면서 고군분투하며 결국 행복을 찾아낸다는 해피엔딩
이야기다.                          ● 입력 후 Enter
갈 곳이 없어 아들과 함께 화장실에서 하룻밤을 보내며 절망 속에서
눈물을 흘리는 장면은 마음속 깊은 슬픔과 울림을 주었고, 희망과 용
기를 얻을 수 있는 영화라는 생각이 든다.   ● 입력 후 Enter
Enter
<연말에 챙겨 볼 영화>               ● 입력 후 Enter
히든 피겨스                         ● 입력 후 Enter
모아나2                            ● 입력 후 Enter
크리스마스 연대기                    ● 입력 후 Enter
아이 빌리브 인 산타                  ● 입력 후 Enter
```

▶ 문단 정렬하기

01 제목을 보기 좋게 변경하기 위해 드래그하여 블록으로 설정한 후 서식 도구 상자에서 [글자 크기]는 '24pt', [가운데 정렬(≡)]로 설정합니다.

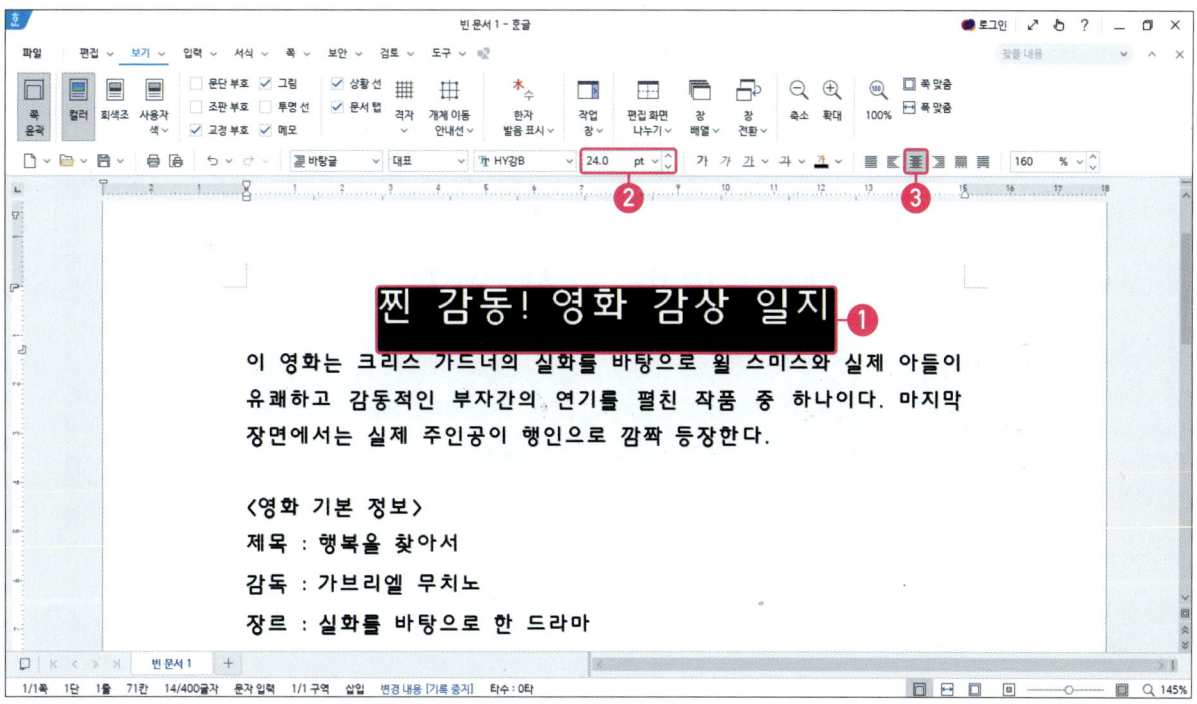

 문단 정렬 살펴 보기

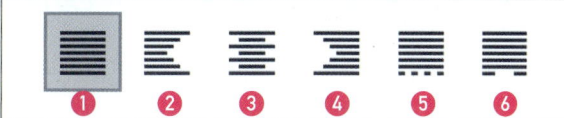

❶ 양쪽 정렬 : 양쪽을 가지런하게 맞춥니다. 가장 기본으로 사용되는 정렬 방식입니다.

새로운 장소에서의 경험, 아름다운 풍경, 사람들과 소중한 순간의 추억

❷ 왼쪽 정렬 : 왼쪽을 가지런하게 맞추고, 어절 단위로 줄 바꿈을 합니다.

새로운 장소에서의 경험, 아름다운 풍경, 사람들과 소중한 순간의 추억

❸ 가운데 정렬 : 문단을 가운데 기준으로 맞추고, 어절 단위로 줄 바꿈을 합니다.

새로운 장소에서의 경험, 아름다운 풍경, 사람들과 소중한 순간의 추억

❹ 오른쪽 정렬 : 오른쪽으로 가지런하게 맞춥니다.

새로운 장소에서의 경험, 아름다운 풍경, 사람들과 소중한 순간의 추억

❺ 배분 정렬 : 글자 수에 상관없이 양쪽 정렬을 하되, 글자 사이를 일정하게 띄웁니다.

새로운 장소에서의 경험, 아름다운 풍경, 사람들과 소중한 순간의 추억

❻ 나눔 정렬 : 글자 수에 상관없이 양쪽 정렬을 하되, 어절 사이를 일정하게 띄웁니다.

새로운 장소에서의 경험, 아름다운 풍경, 사람들과 소중한 순간의 추억

▶ 줄 간격 설정하기

01 첫 번째 문단을 드래그하여 블록으로 설정한 후 메뉴에서 [서식] 탭-[문단 모양(≣)]을 클릭합니다.

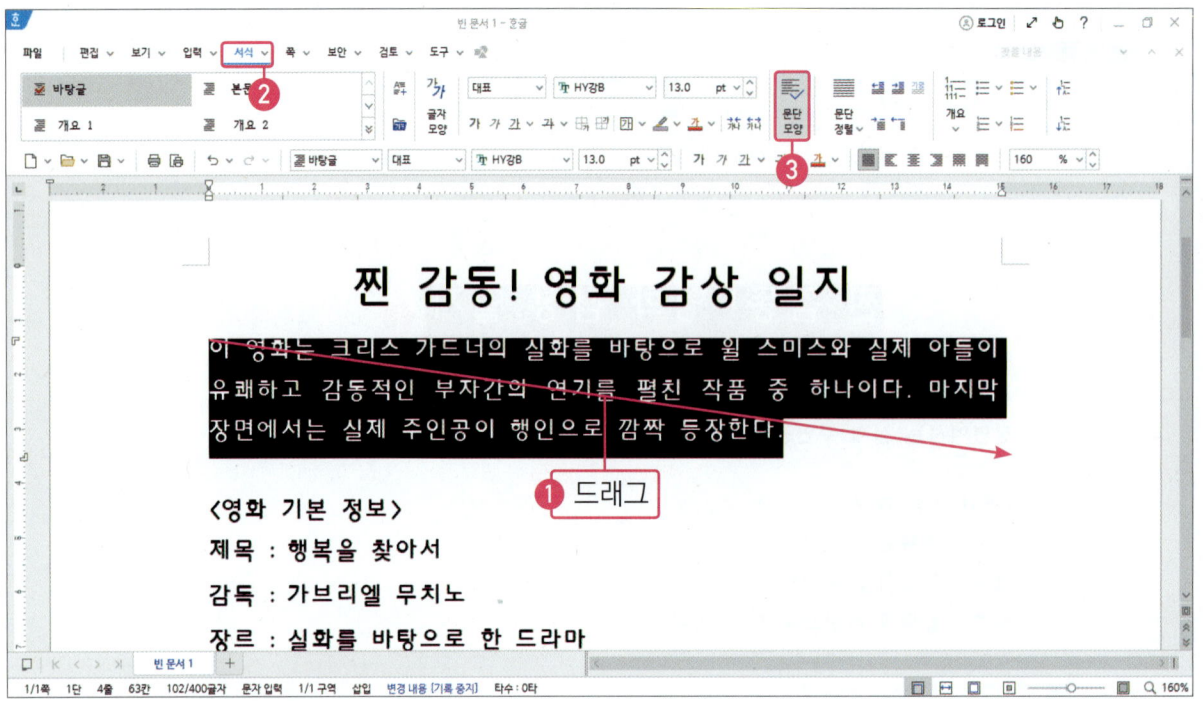

02 [문단 모양] 대화상자가 나타나면 여백의 [왼쪽]과 [오른쪽]을 각각 '10pt'로 설정한 후 간격의 [줄 간격]은 '180%', [문단 위]를 '10pt'로 설정하고 [설정] 버튼을 클릭합니다.

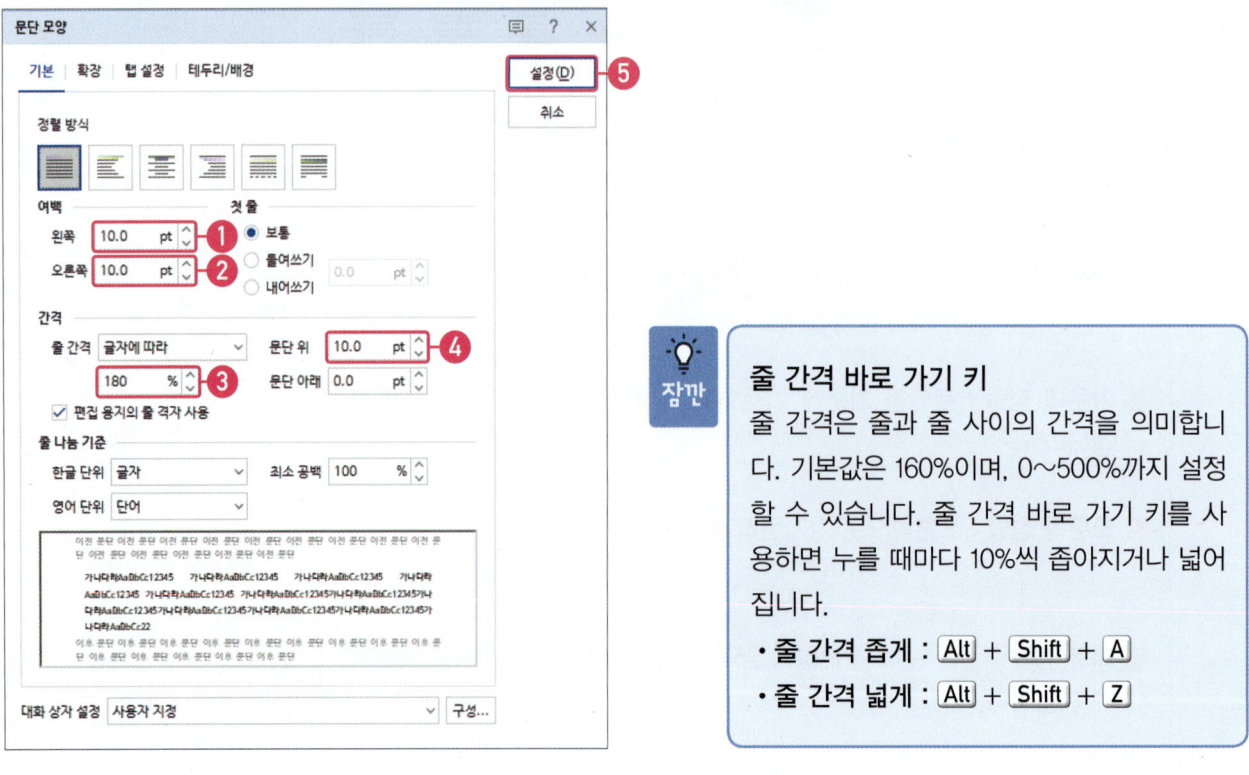

> **잠깐**
>
> **줄 간격 바로 가기 키**
> 줄 간격은 줄과 줄 사이의 간격을 의미합니다. 기본값은 160%이며, 0~500%까지 설정할 수 있습니다. 줄 간격 바로 가기 키를 사용하면 누를 때마다 10%씩 좁아지거나 넓어집니다.
> - 줄 간격 좁게 : Alt + Shift + A
> - 줄 간격 넓게 : Alt + Shift + Z

03 Esc 키를 눌러 블록을 해제합니다. 왼쪽, 오른쪽 여백과 문단 위의 간격이 설정되고 줄 간격이 넓어졌습니다.

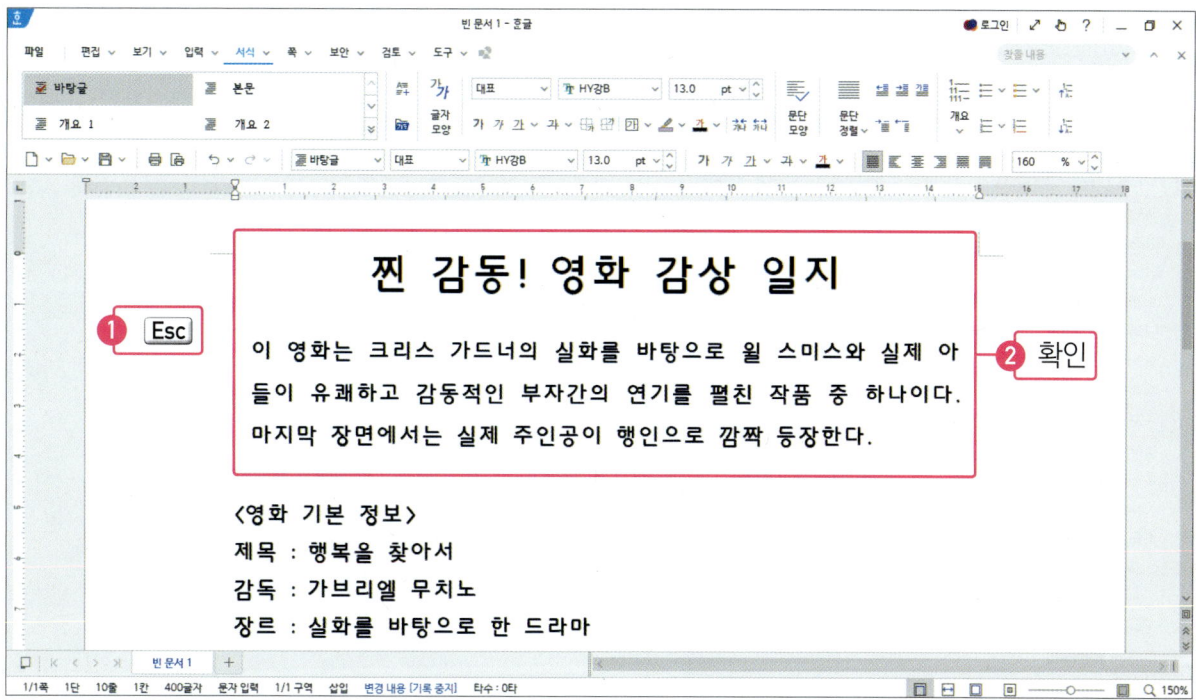

▶ 문단 테두리/배경 꾸미기

01 문단의 테두리를 설정하기 위해 '〈영화 기본 정보〉'를 드래그하여 블록으로 설정한 후 메뉴에서 [서식] 탭-[문단 모양()]을 클릭합니다.

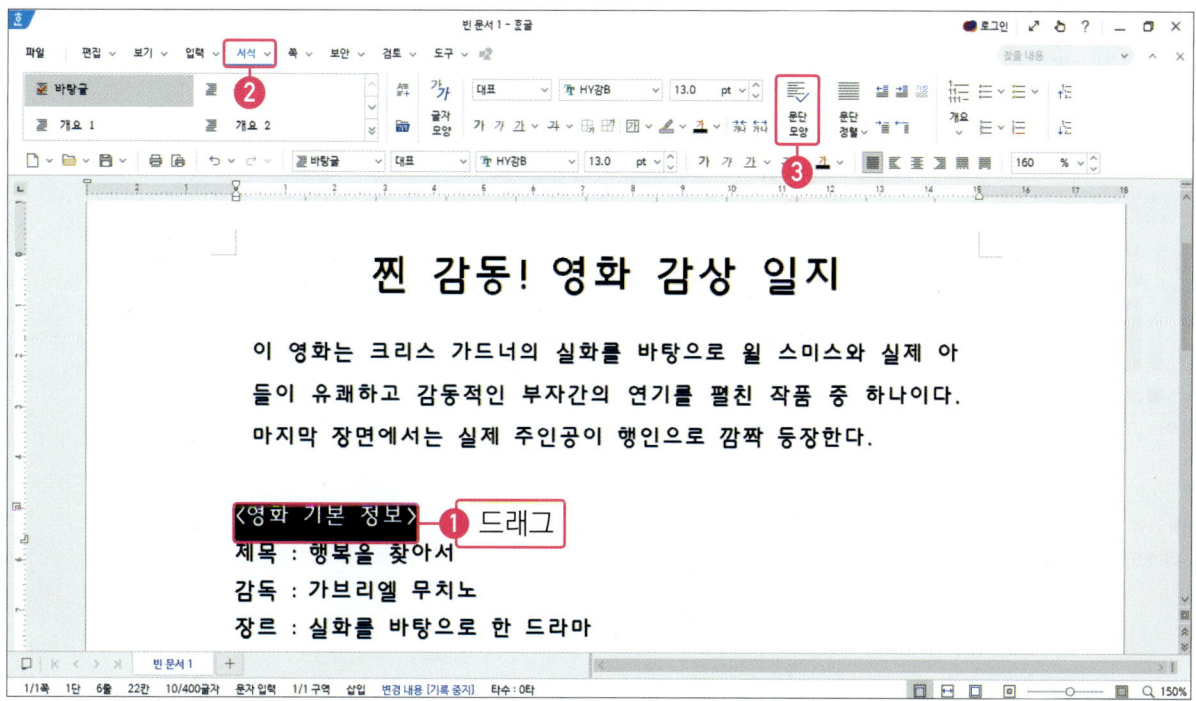

02 [문단 모양] 대화상자가 나타나면 [테두리/배경] 탭을 클릭하고, 테두리에서 [종류]는 '실선', [굵기]는 '0.1mm'를 클릭한 후 '0.5mm'로 설정합니다.

03 보라색의 테두리를 위, 아래에 넣기 위해 테두리에서 [색]은 기본 테마의 '보라'로 설정한 후 [위(□)], [아래(□)]를 클릭합니다.

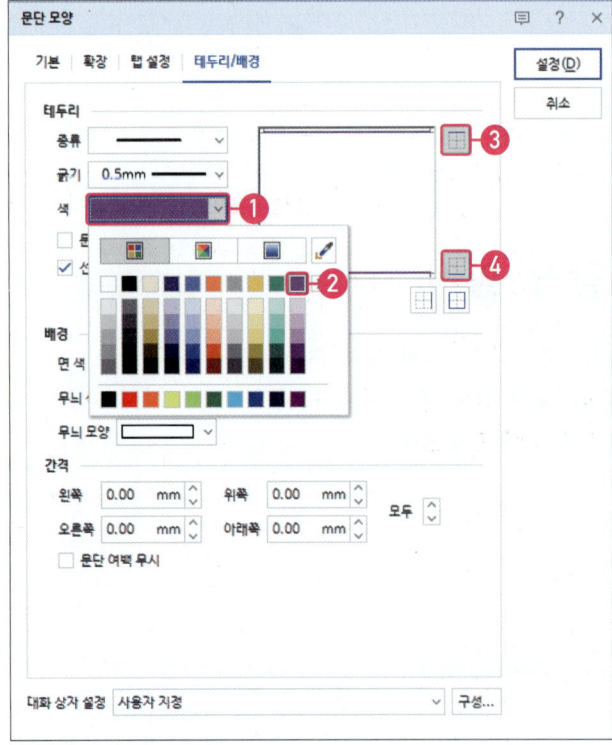

04 배경색을 넣기 위해 배경의 [면 색]을 클릭한 후 기본 테마의 '보라 80% 밝게'로 설정합니다. 간격에서 [모두]의 ⌃를 클릭해 왼쪽, 오른쪽, 위쪽, 아래쪽의 간격이 모두 '1mm'로 설정된 것을 확인한 후 [문단 여백 무시]를 선택하고 [설정] 버튼을 클릭합니다.

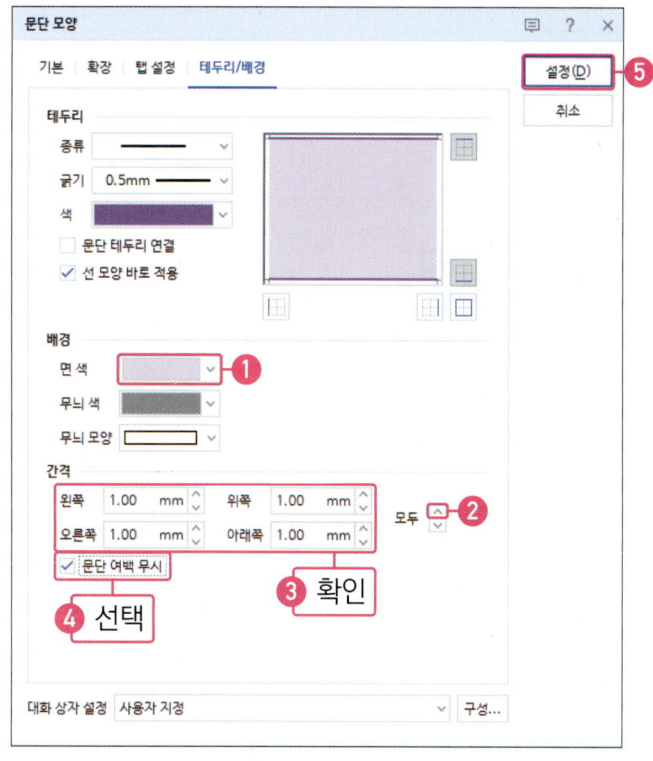

05 Esc 키를 눌러 블록을 해제합니다. 문단 아래쪽에 테두리와 배경이 설정된 것을 확인합니다.

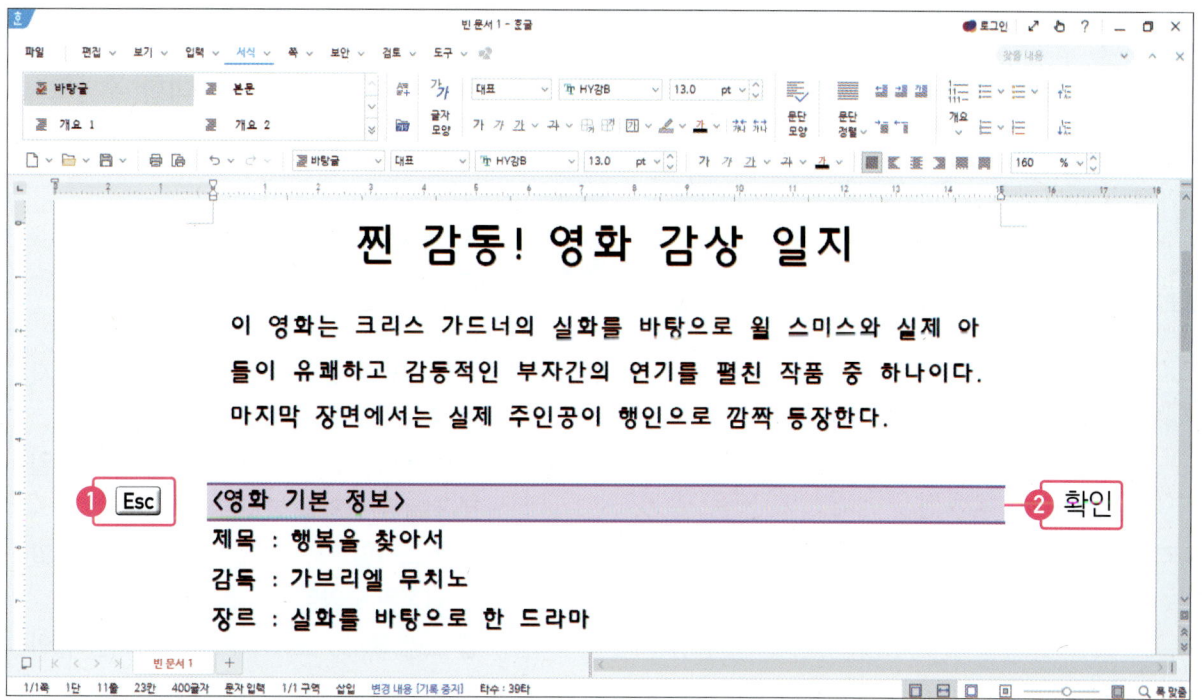

▶ 문단 모양 복사하기

01 문단 테두리와 배경이 적용된 서식을 반복 적용하기 위해 모양을 복사할 문장을 클릭해 커서를 위치한 후 메뉴에서 [편집] 탭–[모양 복사(📋)]를 클릭합니다.

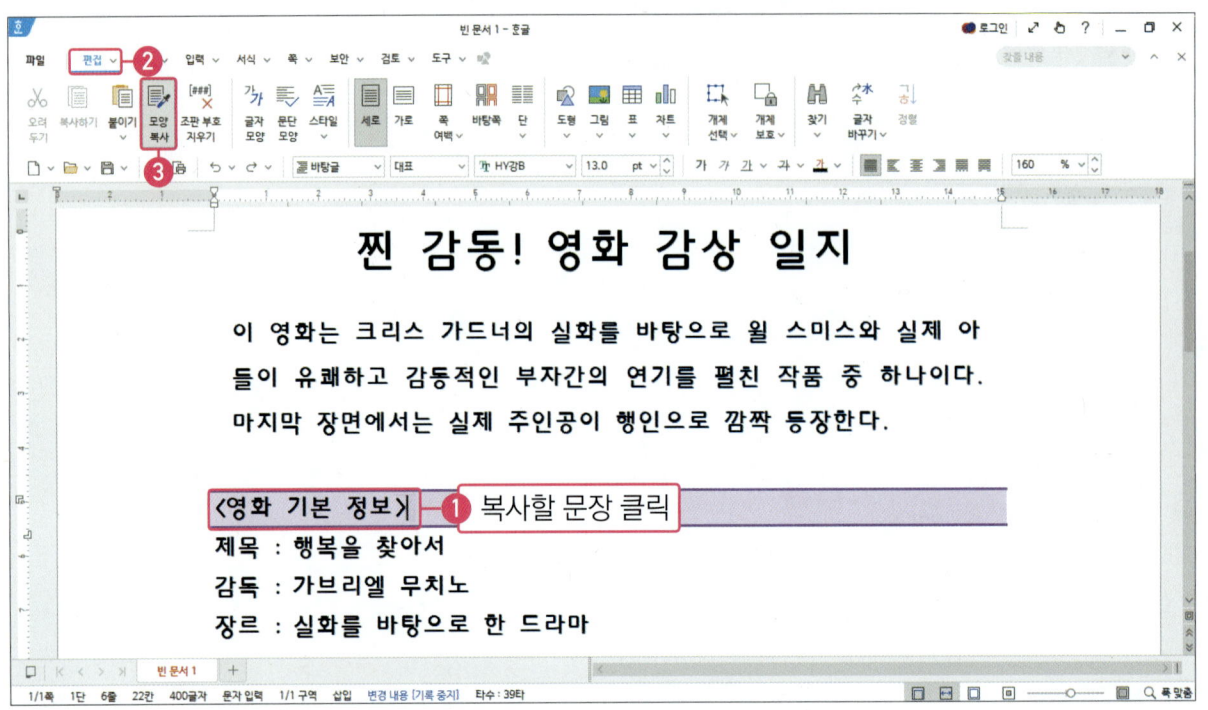

> 잠깐
> [모양 복사]의 바로 가기 키는 Alt + C입니다.

02 [모양 복사] 대화상자가 나타나면 [글자 모양과 문단 모양 둘 다 복사]를 선택한 후 [복사] 버튼을 클릭합니다.

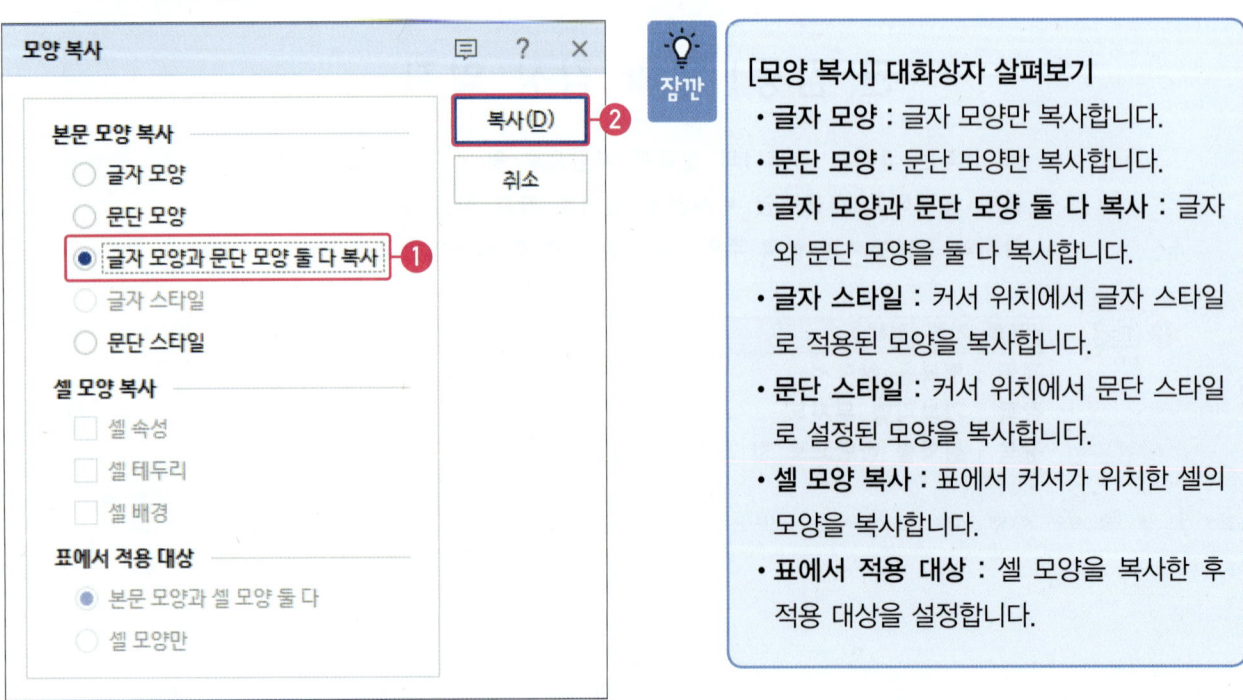

> 잠깐
> [모양 복사] 대화상자 살펴보기
> • **글자 모양** : 글자 모양만 복사합니다.
> • **문단 모양** : 문단 모양만 복사합니다.
> • **글자 모양과 문단 모양 둘 다 복사** : 글자와 문단 모양을 둘 다 복사합니다.
> • **글자 스타일** : 커서 위치에서 글자 스타일로 적용된 모양을 복사합니다.
> • **문단 스타일** : 커서 위치에서 문단 스타일로 설정된 모양을 복사합니다.
> • **셀 모양 복사** : 표에서 커서가 위치한 셀의 모양을 복사합니다.
> • **표에서 적용 대상** : 셀 모양을 복사한 후 적용 대상을 설정합니다.

03 모양 복사한 부분을 똑같이 적용할 문장을 드래그하여 블록으로 설정한 후 메뉴에서 [편집] 탭-[모양 복사(📋)]를 클릭합니다.

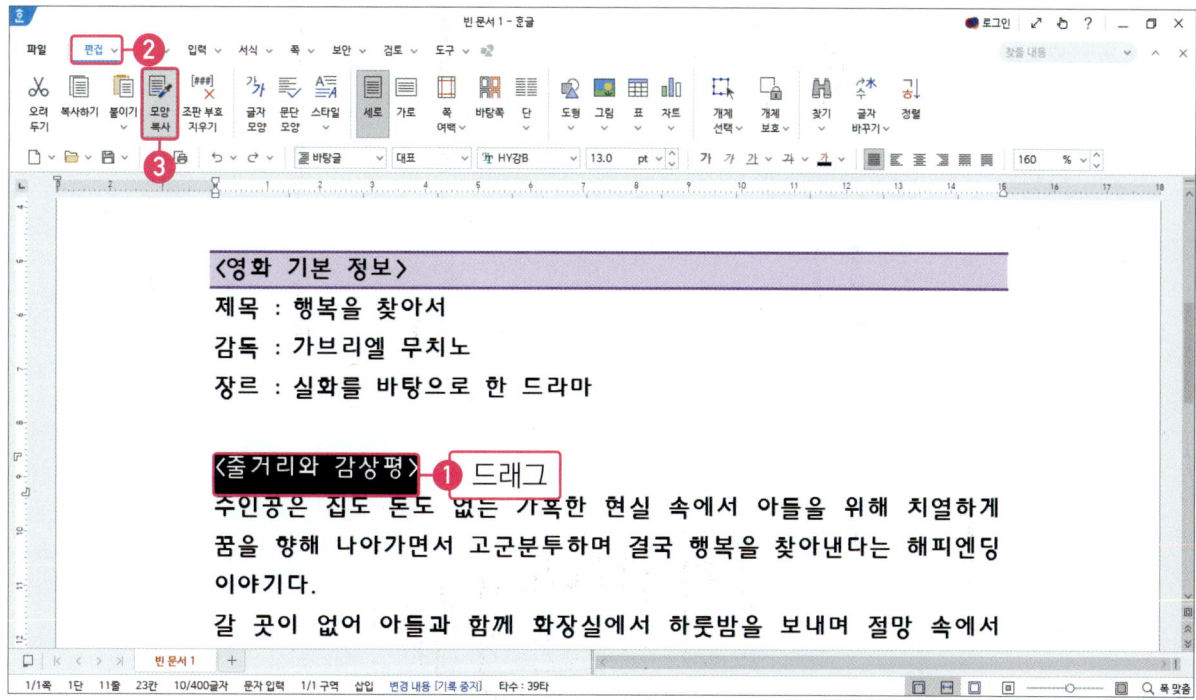

04 모양 복사가 적용된 것을 확인합니다. '〈연말에 챙겨 볼 영화〉'에도 적용하기 위해 드래그하여 블록으로 설정한 후 메뉴에서 [편집] 탭-[모양 복사(📋)]를 클릭합니다.

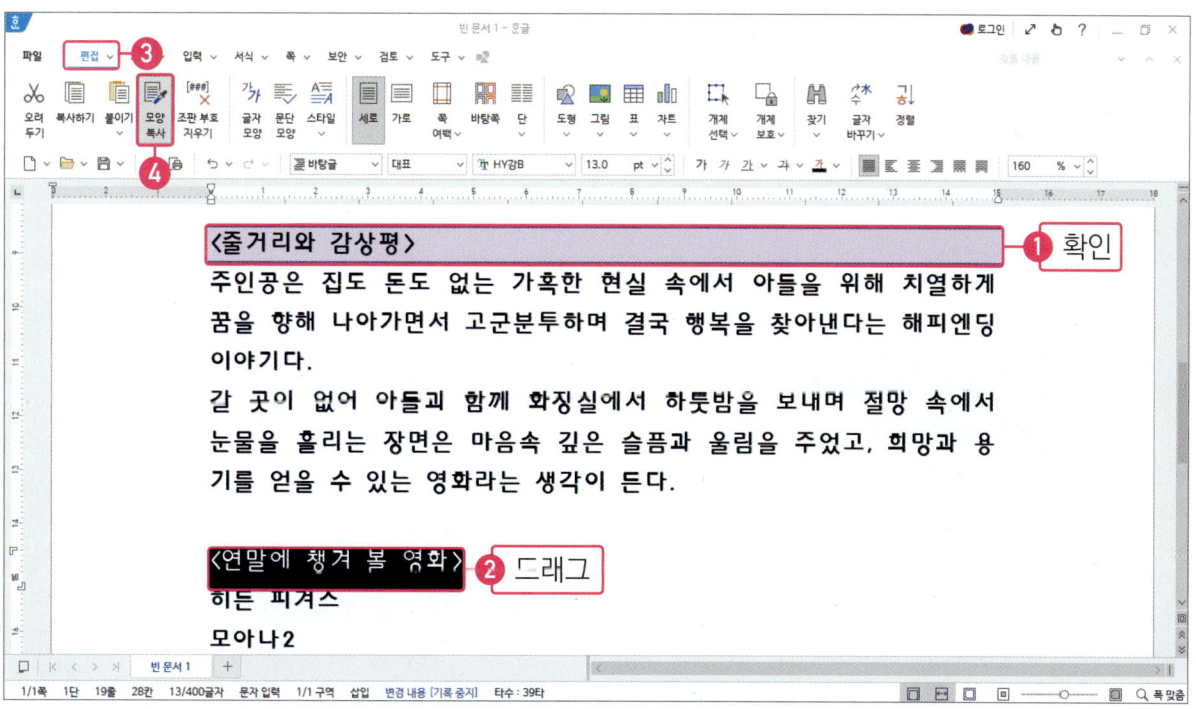

05 모양 복사가 적용된 것을 확인합니다.

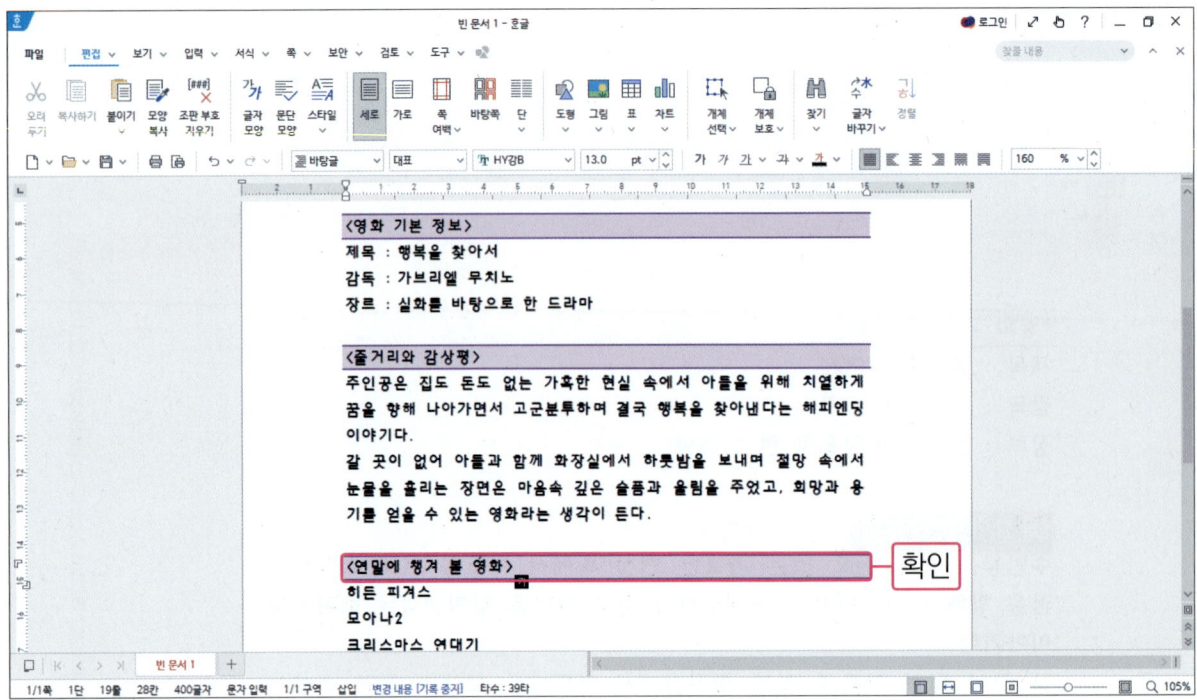

▶ 문단 번호 설정하기

01 문단 번호를 자동으로 표시하기 위해 해당 부분을 드래그하여 블록으로 설정한 후 메뉴에서 [서식] 탭-[문단 번호(≡)]의 ▽를 클릭하고 문단 번호 중에서 원하는 번호 모양을 선택합니다.

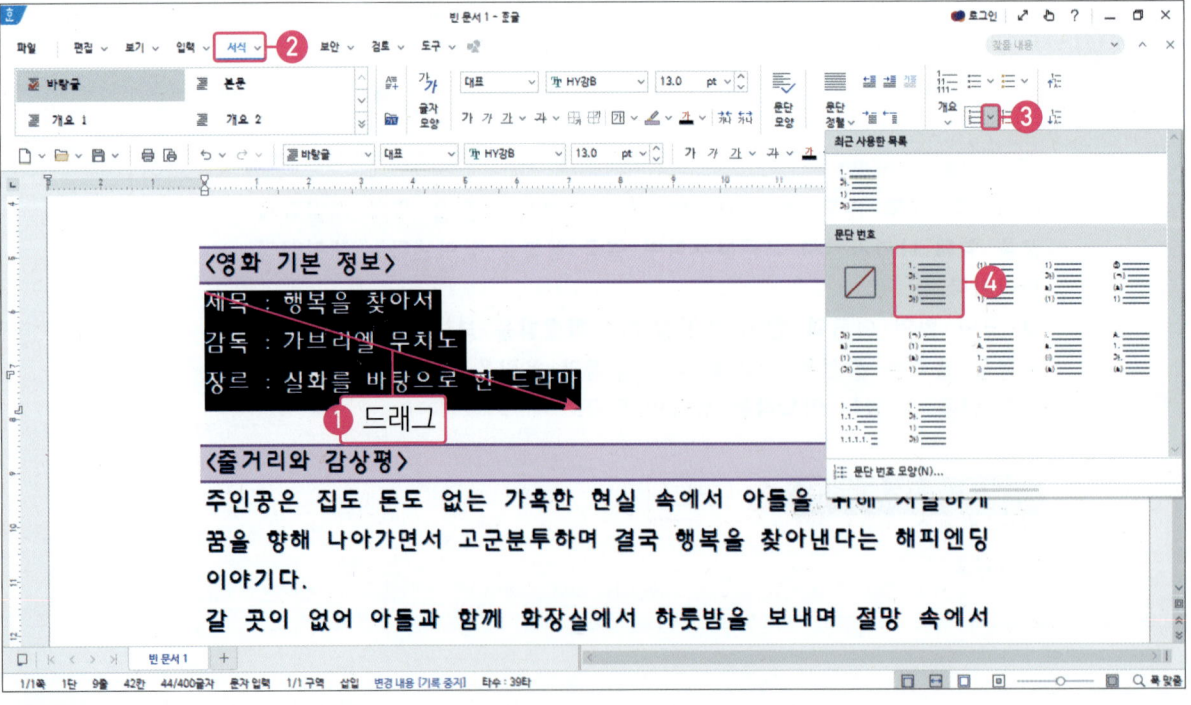

- 문단 번호를 먼저 설정한 후 내용을 입력해도 됩니다.
- 문단 번호 모양을 변경하려면 블록을 설정한 후 원하는 번호 모양으로 다시 선택합니다.

02 문단 번호가 적용된 것을 확인합니다. Esc 키를 눌러 블록을 해제합니다.

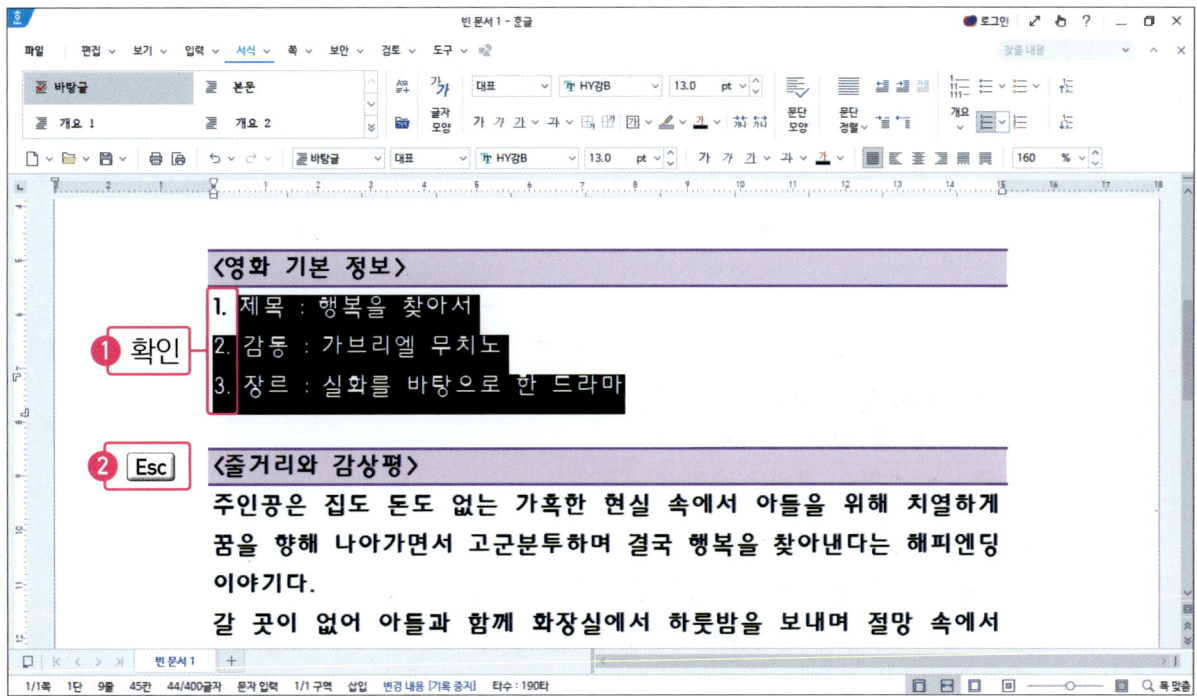

03 블록이 해제되고 문단 번호의 마지막 문장에 커서가 있는 상태에서 Enter 키를 누릅니다.

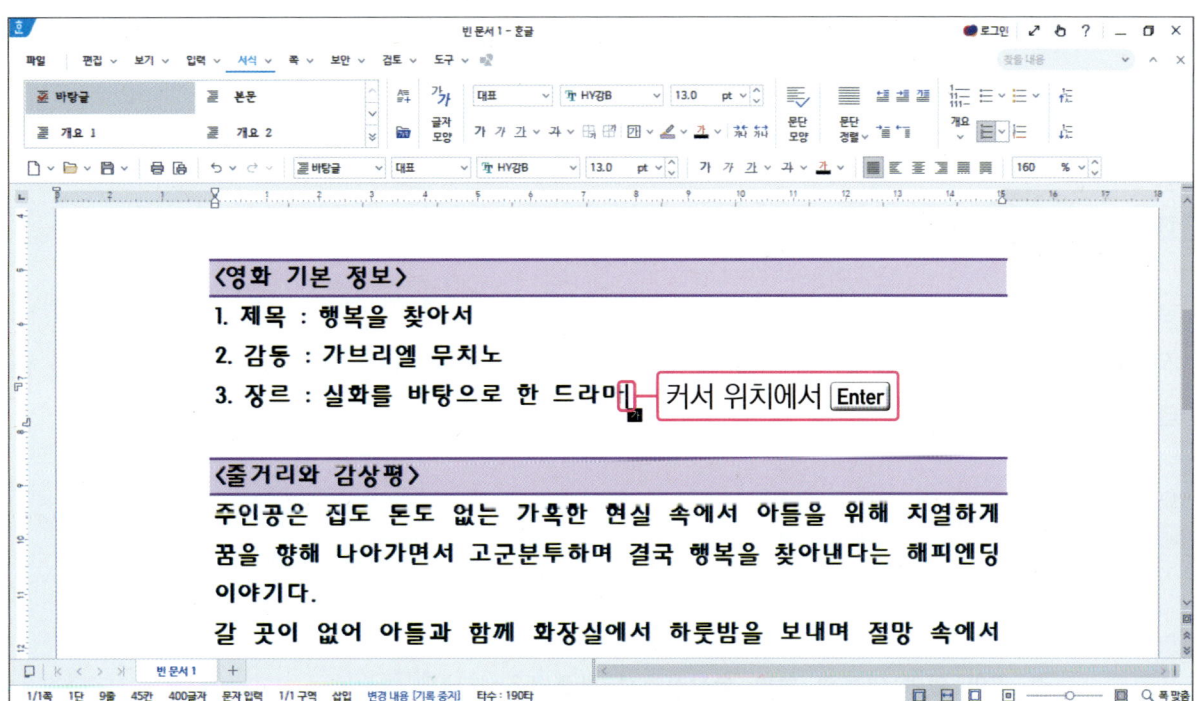

 내용 입력 중 커서 위치의 가 표시는 한글 입력 상태, A는 영어 입력 상태임을 의미합니다.

04 줄 바꿈이 되면서 자동으로 문단 번호 '4'가 나타나는데 내용을 추가하기 위해 '주연 : 윌 스미스, 제이든 스미스'를 입력해 봅니다.

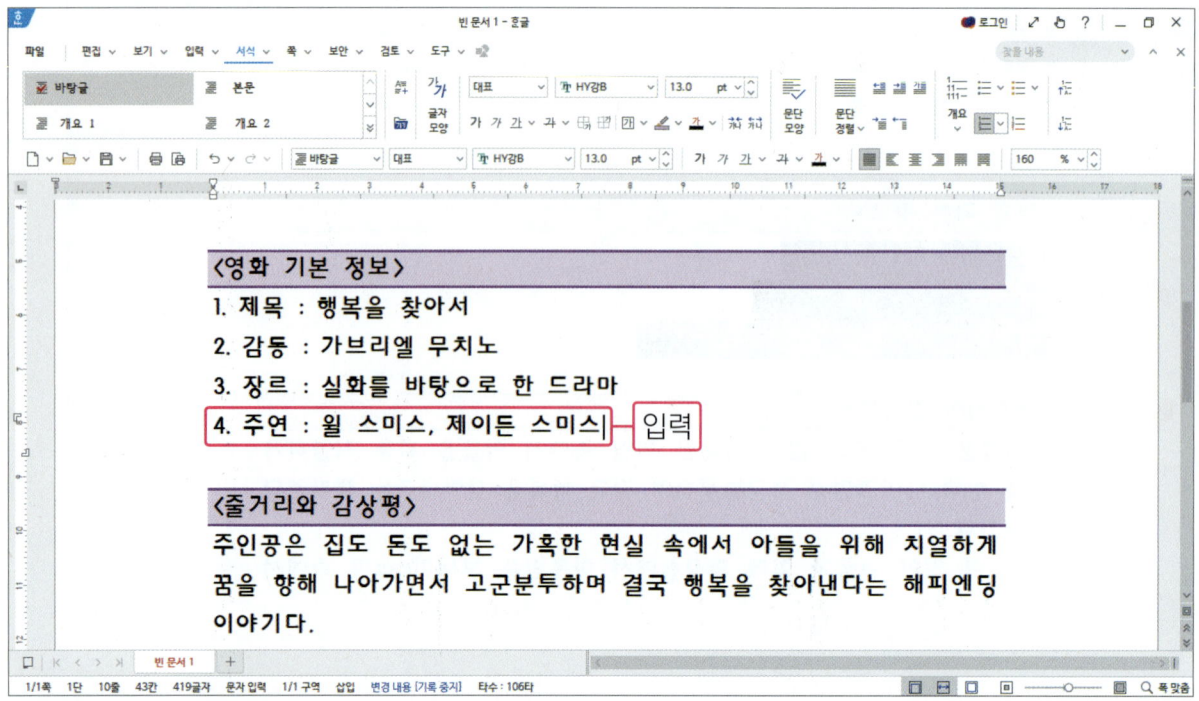

 문단 번호는 내용을 입력할 때 Enter 키를 누르면 선택한 모양의 문단 번호가 자동으로 입력됩니다. 내용을 입력하지 않고 Enter 키를 한 번 더 누르면 문단 번호가 삭제됩니다.

▶ 글머리표 설정하기

01 글머리표를 자동으로 표시하기 위해 해당 부분을 드래그하여 블록으로 설정한 후 메뉴에서 [서식] 탭-[글머리표(≡)]의 ˅를 클릭한 후 확인용 글미리표에서 원하는 글머리표를 선택합니다.

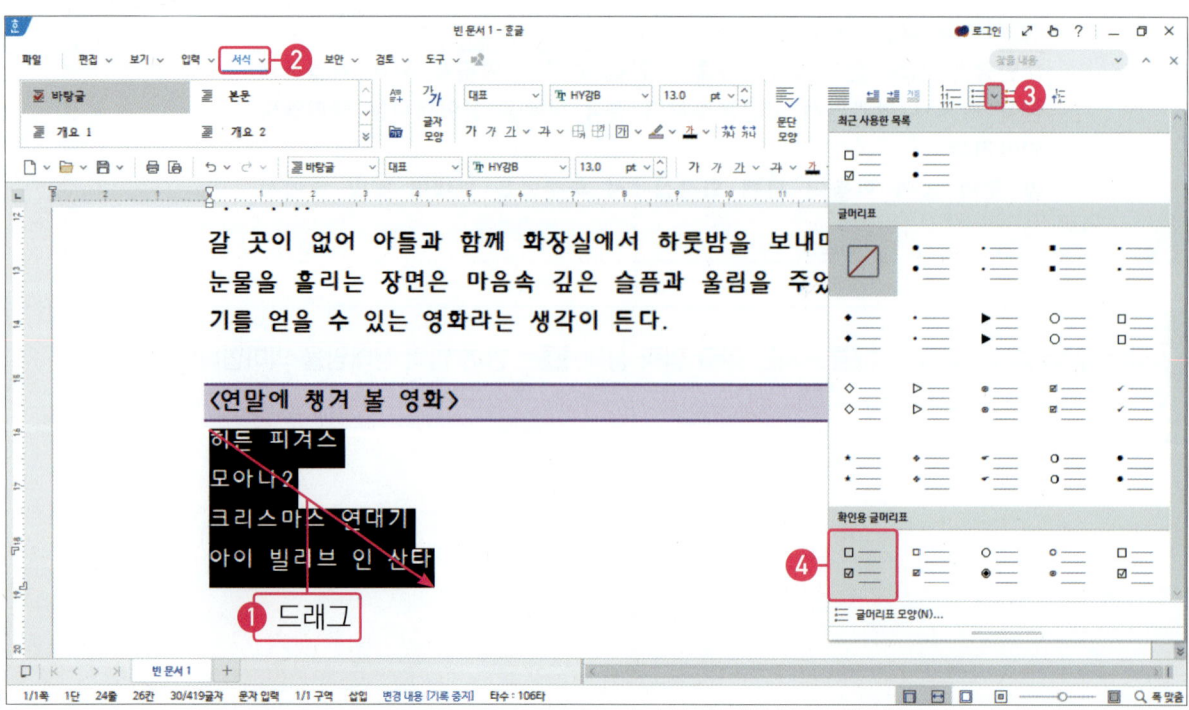

02 확인용 글머리표가 적용된 것을 확인합니다. Esc 키를 눌러 블록을 해제합니다.

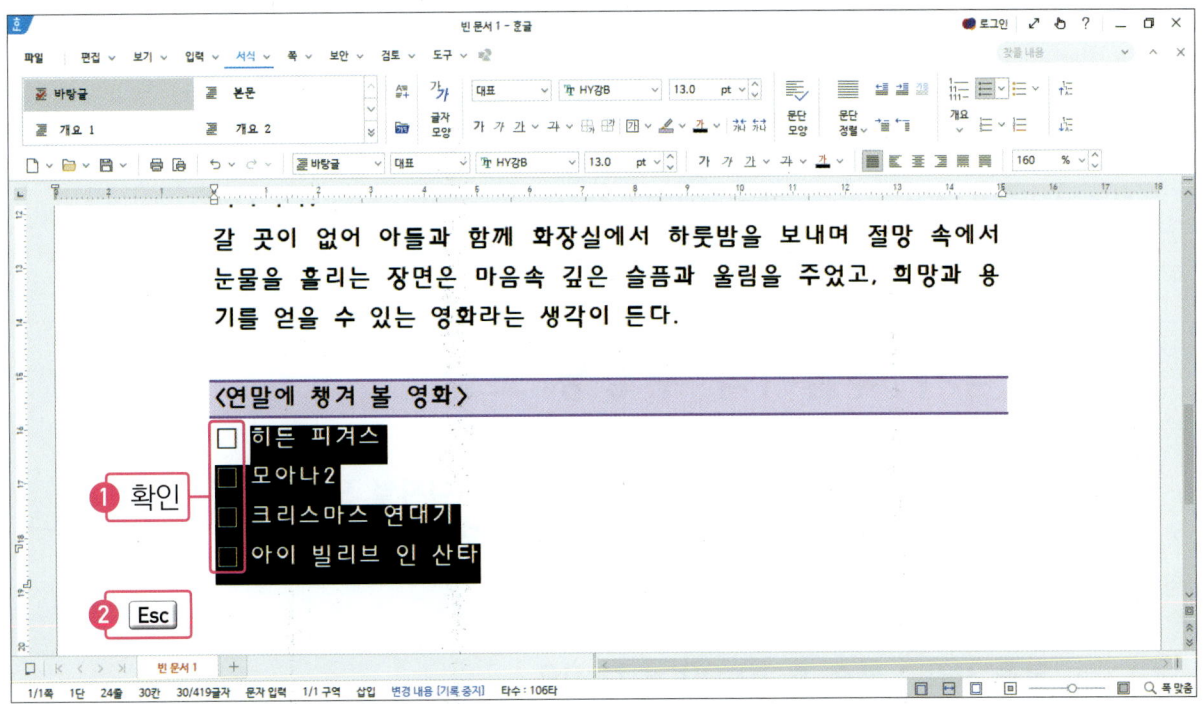

03 확인용 글머리표는 다음 그림처럼 클릭해 완료된 항목에 선택 표시를 할 수 있습니다.

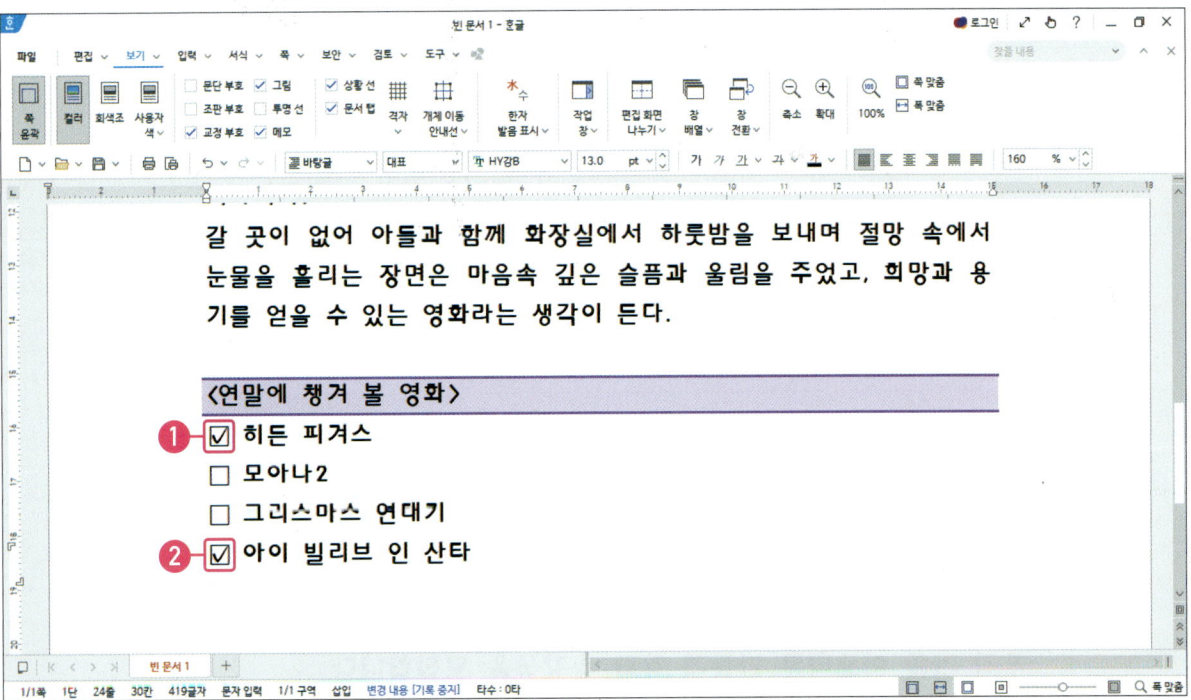

- 확인용 글머리표를 사용하여 '할 일' 목록을 관리할 수 있습니다. 회의록, 개인 일정 등에서 작업 완료 여부, 설문지에서는 선택 여부를 표시하는 데 활용할 수 있습니다.
- [글머리표 및 문단 번호]의 바로 가기 키는 Ctrl + K, N입니다.

응용력 키우기

01 새 문서를 열고 다음과 같이 입력해 봅니다.

- 본문 글자 크기 : 15pt
- 제목 글자 크기 : 24pt
- 글꼴 : 한컴 소망 B

2025 시대아트센터
봄학기 특별기획 수강생 모집

특별 기획으로 만나는 쉽고 재미있게 배우는 디지털 드로잉
우리 가족 이모티콘 만들기 강좌 수강생을 모집합니다.

수강 기간 : 2025. 03. 31. ~ 05. 02.
교육 시간 : 매주 토 10:00 ~ 12:00
교육 대상 : 자녀와 부모
교육 장소 : 3층 1강의실
신청 방법 : 홈페이지, 방문 접수

---

02 문제 **01**의 파일에서 다음과 같이 문단 테두리와 배경을 꾸며 봅니다.

- 제목 : 가운데 정렬
  테두리/배경 – 면색(기본 테마 색 '하늘색 80% 밝게')
  간격 – 모두 3mm, [문단 여백 무시] 선택

2025 시대아트센터
봄학기 특별기획 수강생 모집

특별 기획으로 만나는 쉽고 재미있게 배우는 디지털 드로잉
우리 가족 이모티콘 만들기 강좌 수강생을 모집합니다.

수강 기간 : 2025. 03. 31. ~ 05. 02.
교육 시간 : 매주 토 10:00 ~ 12:00
교육 대상 : 자녀와 부모
교육 장소 : 3층 1강의실
신청 방법 : 홈페이지, 방문 접수

03 문제 **02**의 파일에서 다음과 같이 문단 번호를 넣어 봅니다.

> **2025 시대아트센터**
> **봄학기 특별기획 수강생 모집**
>
> 특별 기획으로 만나는 쉽고 재미있게 배우는 디지털 드로잉
> 우리 가족 이모티콘 만들기 강좌 수강생을 모집합니다.
>
> 1. 수강 기간 : 2025. 03. 31. ~ 05. 02.
> 2. 교육 시간 : 매주 토 10:00 ~ 12:00
> 3. 교육 대상 : 자녀와 부모
> 4. 교육 장소 : 3층 1강의실
> 5. 신청 방법 : 홈페이지, 방문 접수

04 문제 **03**의 파일에서 다음과 같이 문단 번호를 글머리표로 변경해 봅니다.

> **2025 시대아트센터**
> **봄학기 특별기획 수강생 모집**
>
> 특별 기획으로 만나는 쉽고 재미있게 배우는 디지털 드로잉
> 우리 가족 이모티콘 만들기 강좌 수강생을 모집합니다.
>
> - 수강 기간 : 2025. 03. 31. ~ 05. 02.
> - 교육 시간 : 매주 토 10:00 ~ 12:00
> - 교육 대상 : 자녀와 부모
> - 교육 장소 : 3층 1강의실
> - 신청 방법 : 홈페이지, 방문 접수

05 문제 **04**의 파일을 '수강안내문.hwpx'로 저장해 봅니다.

05 짧지만 긴 여운! 시 그림 액자 만들기

- 편집 용지 설정하기
- 복사하기와 이동하기
- 되돌리기
- 쪽 테두리/배경 설정하기
- 쪽 번호 매기기
- 클립아트 내려받아 삽입하기

미/리/보/기

 완성파일 : 소중한 여행

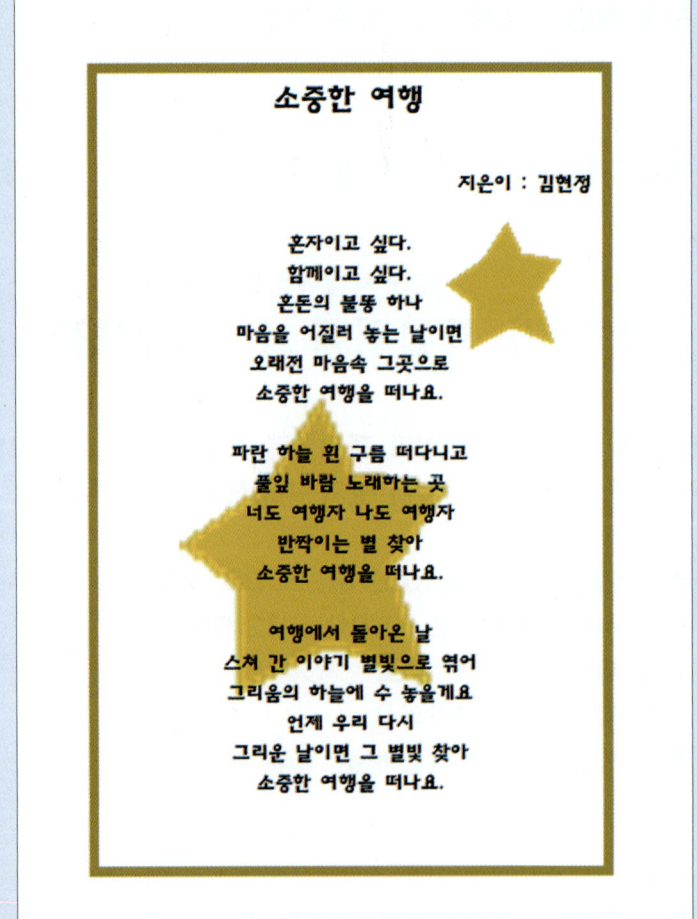

이번 장에서는 편집 용지 방향과 여백을 설정하고 반복적인 내용을 복사하거나 이동해 보겠습니다. 또한, 쪽 번호를 추가하고 쪽 테두리와 배경을 설정해 클립아트를 삽입하여 문서를 보기 좋게 꾸며 보겠습니다.

 # 편집 용지, 여백 설정 실습 | 마음을 여는 시 한 편 만들기

문서를 작성하기 전 편집 용지의 크기, 문서의 여백, 용지 방향 등을 설정할 수 있습니다. 기본적으로 용지의 크기는 A4, 용지 방향은 세로로 설정되어 있습니다. 편집 용지 방향, 용지 여백, 쪽 테두리/배경을 설정해 '마음을 열어주는 시 한 편 만들기'를 해보겠습니다.

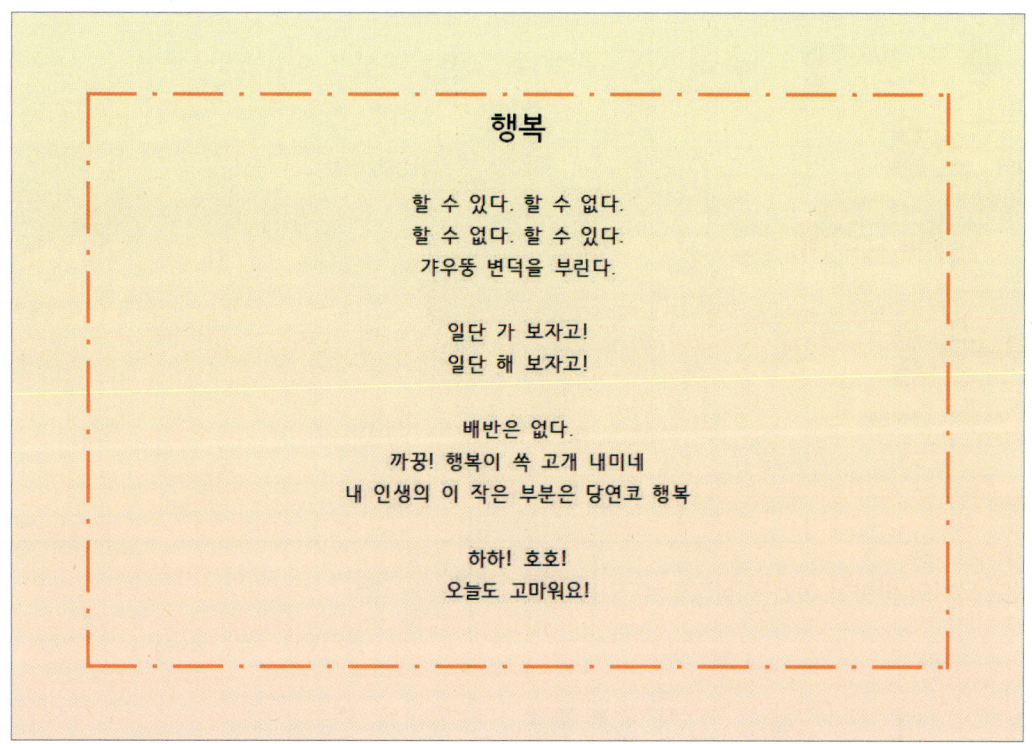

▶ **편집 용지 설정하기**

01 한글을 실행합니다. 편집 용지를 설정하기 위해 메뉴에서 [쪽] 탭–[편집 용지(📄)]를 클릭합니다.

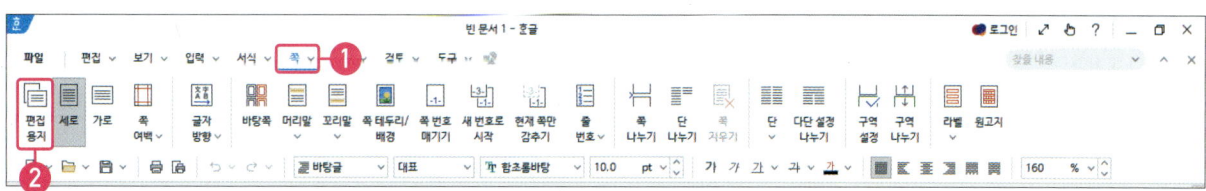

 [파일] 탭–[편집 용지]를 선택하거나 바로 가기 키 F7을 눌러도 됩니다.

02 [편집 용지] 대화상자가 나타나면 [기본] 탭에서 용지 방향은 '가로', 용지 여백은 [위쪽], [왼쪽], [오른쪽], [아래쪽]의 경우 여백을 각각 '30mm', [머리말], [꼬리말]의 경우 여백을 각각 '0'으로 설정한 후 [설정] 버튼을 클릭합니다.

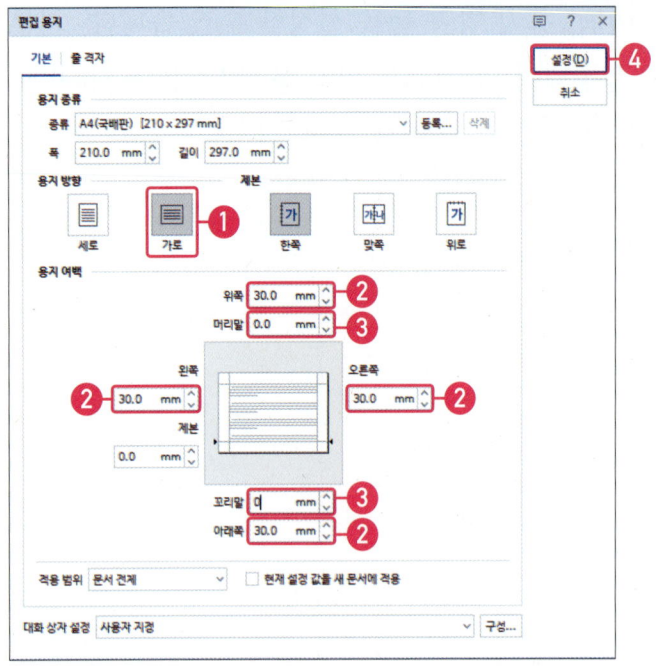

 [편집] 탭에서도 용지의 방향과 여백을 설정할 수 있습니다.

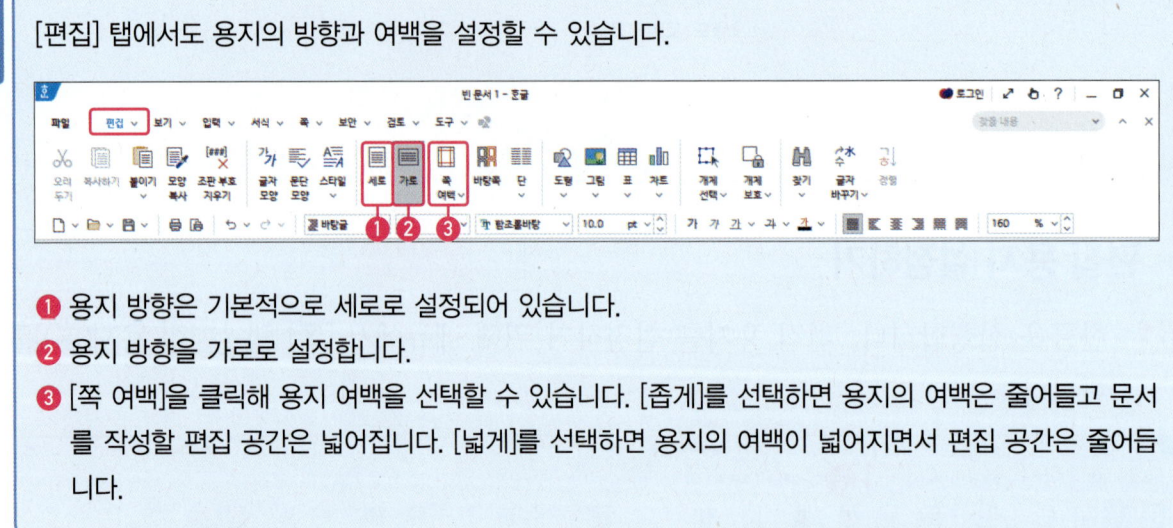

❶ 용지 방향은 기본적으로 세로로 설정되어 있습니다.
❷ 용지 방향을 가로로 설정합니다.
❸ [쪽 여백]을 클릭해 용지 여백을 선택할 수 있습니다. [좁게]를 선택하면 용지의 여백은 줄어들고 문서를 작성할 편집 공간은 넓어집니다. [넓게]를 선택하면 용지의 여백이 넓어지면서 편집 공간은 줄어듭니다.

03 서식 도구 상자에서 [글꼴]은 '함초롬돋움', [글자 크기]는 '16pt', [가운데 정렬(≡)]로 설정합니다.

04 다음과 같이 입력합니다.

행복

할 수 있다. 할 수 없다.
할 수 없다. 할 수 있다.
갸우뚱 변덕을 부린다.

일단 가 보자고!
일단 해 보자고!

배반은 없다.
까꿍! 행복이 쏙 고개 내미네
내 인생의 이 작은 부분은 당연코 행복

하하! 호호!
오늘도 고마워요!

05 제목을 드래그하여 블록으로 설정한 후 [글자 크기]를 '24pt'로 설정하고 Esc 키를 눌러 블록을 해제합니다.

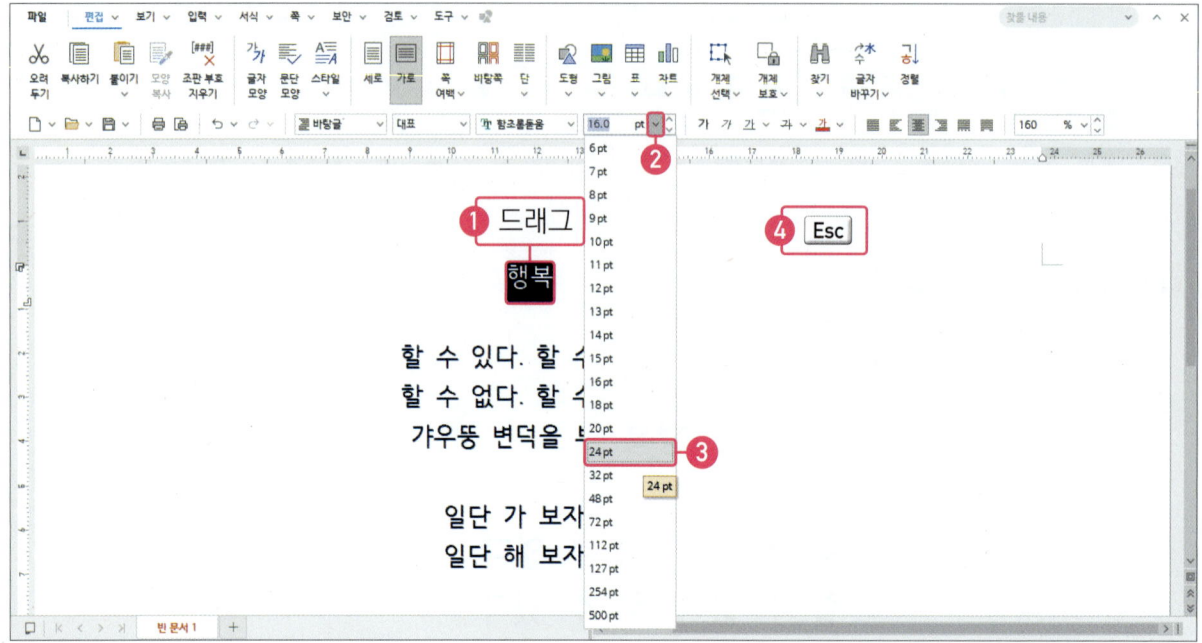

06 문서에 쪽 테두리를 설정하기 위해 메뉴에서 [쪽] 탭–[쪽 테두리/배경(🔲)]을 클릭합니다.

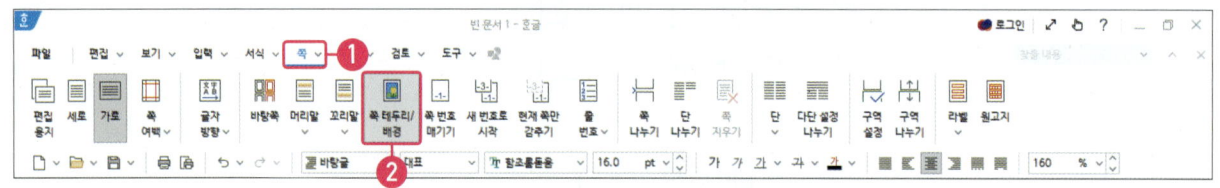

07 [쪽 테두리/배경] 대화상자가 나타나면 [테두리] 탭의 테두리에서 [종류]는 '일점쇄선'을 설정하고 [모두(🔲)]를 클릭합니다. [굵기]는 '1mm', [색]은 '주황'으로 설정합니다.

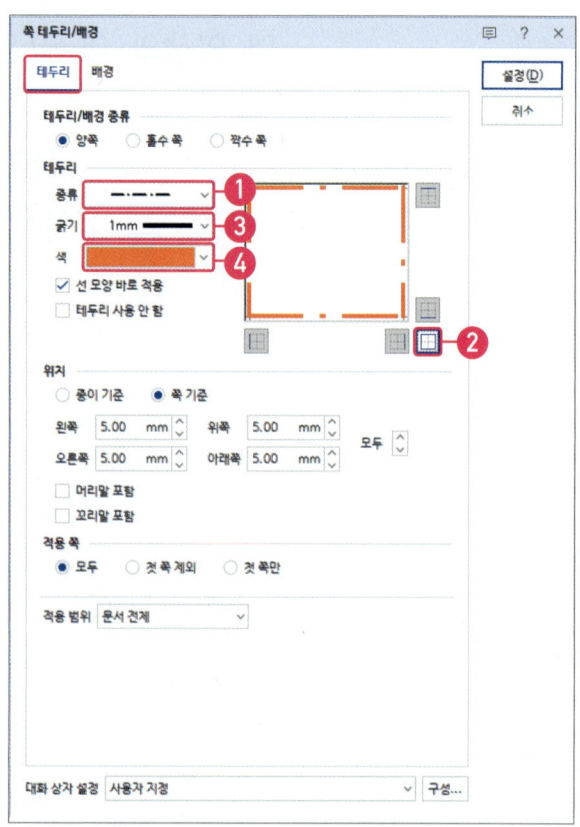

08 배경을 설정하기 위해 [배경] 탭을 클릭합니다. [그러데이션]을 선택하고 [시작 색]은 '노랑 80% 밝게', [끝 색]은 '주황 80% 밝게', [유형]은 '가로'로 설정한 후 [설정] 버튼을 클릭합니다.

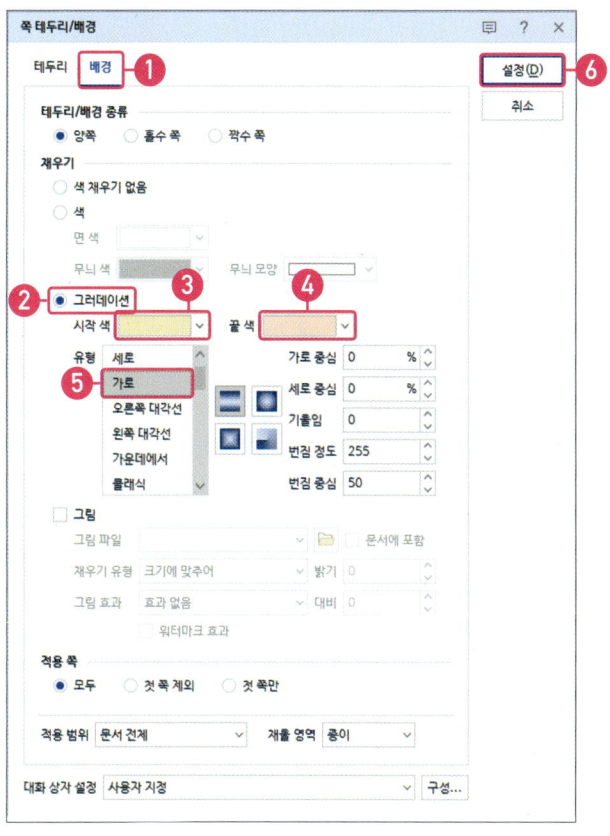

09 용지 방향과 [쪽 테두리/배경]이 설정된 것을 확인합니다. 서식 도구 상자에서 [저장하기 (📄)]를 클릭한 후 '시-행복.hwpx'로 저장합니다.

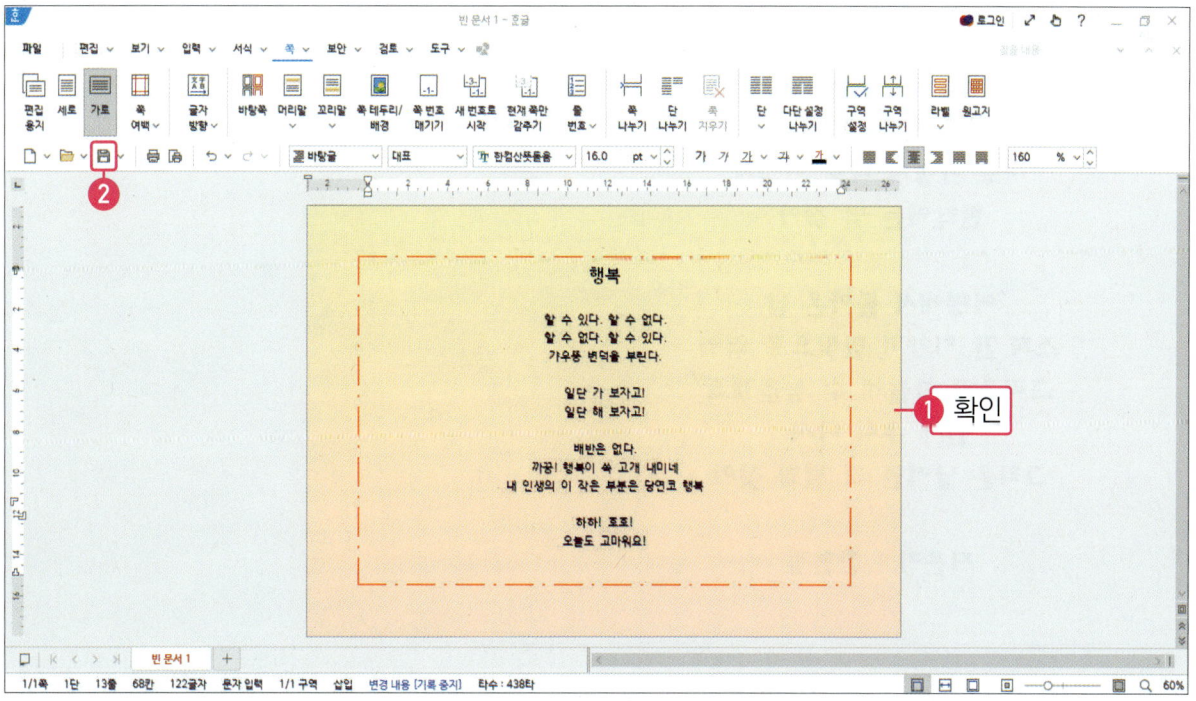

 **짧지만 긴 여운! 시 그림 액자 만들기**

▶ **내용 입력하기**

01 한글을 실행합니다. 서식 도구 상자에서 [글꼴]은 'HY산B', [글자 크기]는 '16pt', [가운데 정렬(≡)]로 설정합니다.

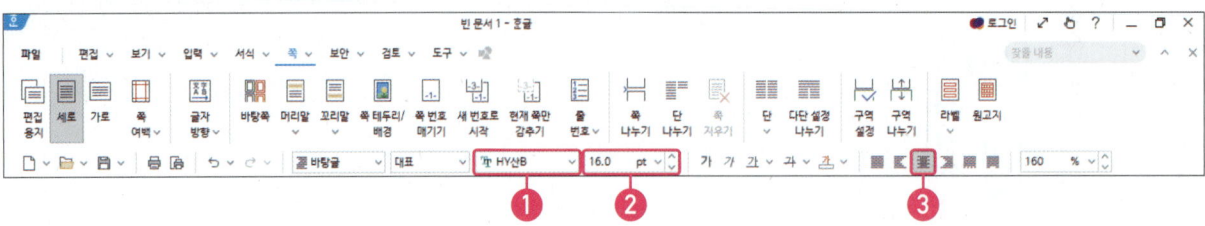

02 다음과 같이 입력합니다.

> 소중한 여행
>
> 혼자이고 싶다.
> 함께이고 싶다.
> 혼돈의 불똥 하나
> 마음을 어질러 놓는 날이면
> 오래전 마음속 그곳으로
> 소중한 여행을 떠나요.
>
> 파란 하늘 흰 구름 떠다니고
> 풀잎 바람 노래하는 곳
> 너도 여행자 나도 여행자
> 반짝이는 별 찾아
>
> 여행에서 돌아온 날
> 스쳐 간 이야기 별빛으로 엮어
> 그리움의 하늘에 수 놓을게요
> 언제 우리 다시
> 그리운 날이면 그 별빛 찾아
>
> 지은이 : 김현정

▶ 복사하기와 붙이기

01 1연의 문장을 2연과 3연에 반복적으로 넣기 위해 복사할 부분을 드래그하여 블록으로 설정한 후 메뉴에서 [편집] 탭-[복사하기(🗐)]를 클릭합니다.

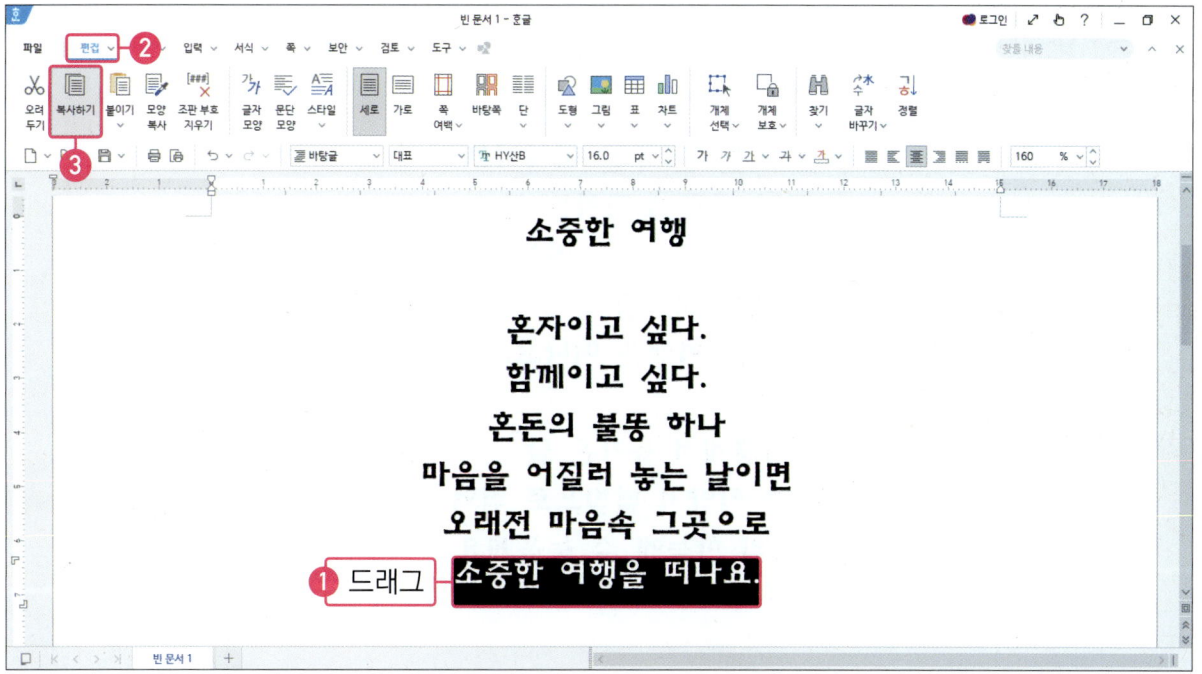

 • 블록을 설정하여 Ctrl 키를 누른 채 복사할 위치로 드래그한 후 마우스에서 손을 떼면 복사됩니다.
• 마우스 오른쪽 버튼을 클릭한 후 바로 가기 메뉴에서 [복사하기]를 선택하거나 바로 가기 키 Ctrl + C 를 눌러도 됩니다.

02 2연의 마지막 줄 아래에 복사한 내용을 붙여넣기 위해 해당 부분을 클릭해 커서를 위치시킵니다.

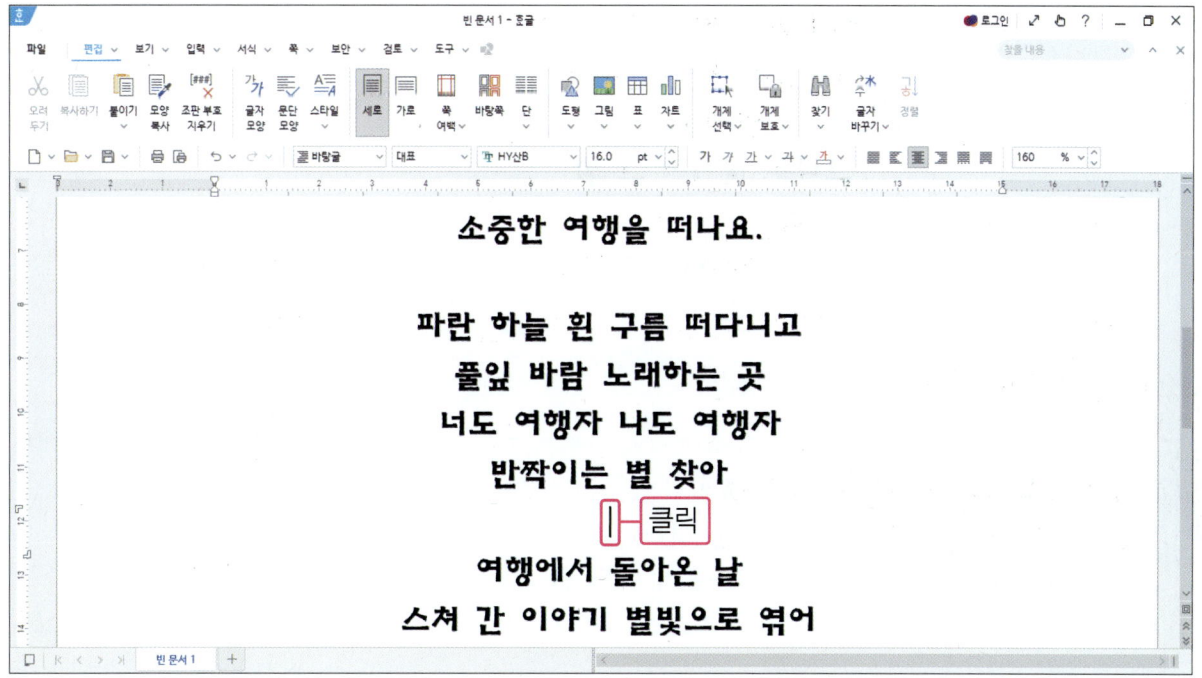

03 메뉴에서 [편집] 탭-[붙이기(📋)]를 클릭해 복사한 내용을 붙여넣습니다. 아래쪽에 빈 줄을 삽입하기 위해 Enter 키를 누릅니다.

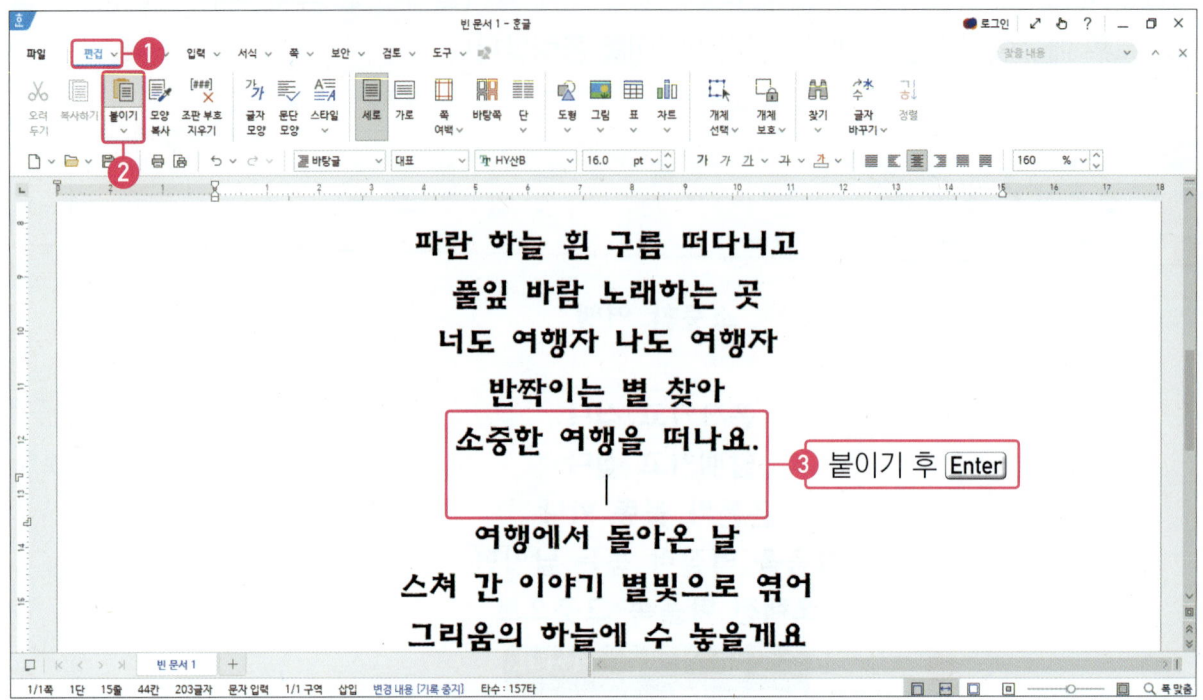

04 3연의 마지막 줄 아래에 한 번 더 복사한 내용을 붙여넣겠습니다. 복사할 위치를 클릭하고 마우스 오른쪽 버튼을 클릭한 후 바로 가기 메뉴에서 [붙이기]를 선택합니다.

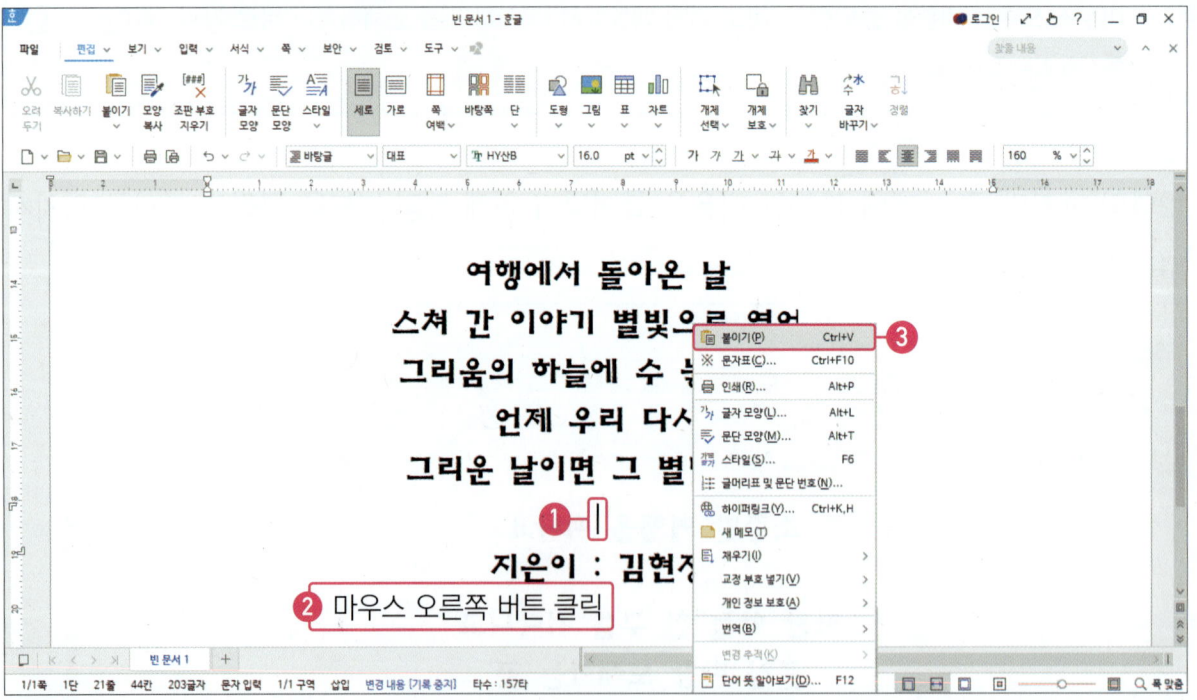

 잠깐
- 한 번 복사한 내용은 여러 번 붙이기를 할 수 있습니다.
- [붙이기]의 바로 가기 키는 Ctrl + V 입니다.
- 작업 중 실수 했을 때는 [편집] 탭-[되돌리기(↶)]를 합니다. 바로 가기 키는 Ctrl + Z 입니다.

▶ 이동하기

01 맨 마지막 행에 있는 이름을 이동하기 위해 드래그하여 블록으로 설정한 후 [편집] 탭-[오려 두기()]를 클릭합니다. 오려 두기를 하면 블록으로 설정한 내용이 사라집니다.

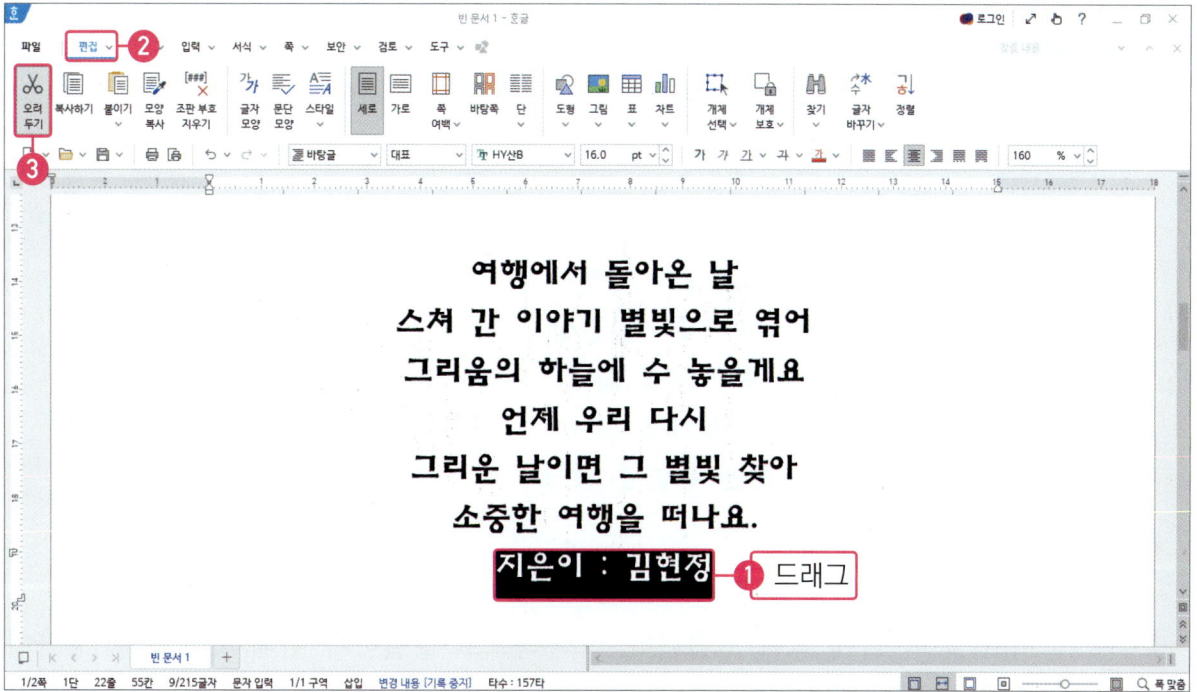

> **잠깐**
> - 블록으로 설정한 부분은 마우스로 드래그해 이동할 수 있습니다.
> - 마우스 오른쪽 버튼을 클릭한 후 바로 가기 메뉴에서 [오려 두기]를 선택해도 됩니다. 바로 가기 키는 Ctrl + X 입니다.

02 제목 아래에 오려 두기 한 내용을 삽입하기 위해 해당 부분을 클릭해 커서를 위치시킵니다.

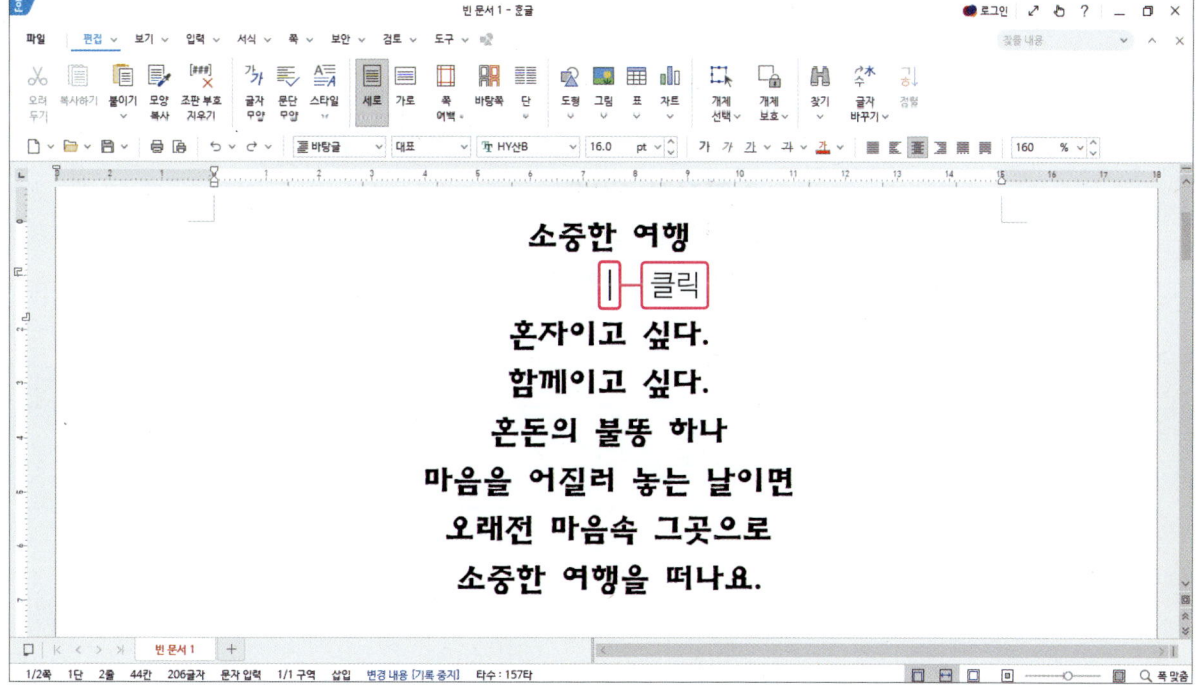

99

03 오려 두기 한 내용을 붙여넣기 위해 메뉴에서 [편집] 탭-[붙이기(📋)]를 클릭합니다.

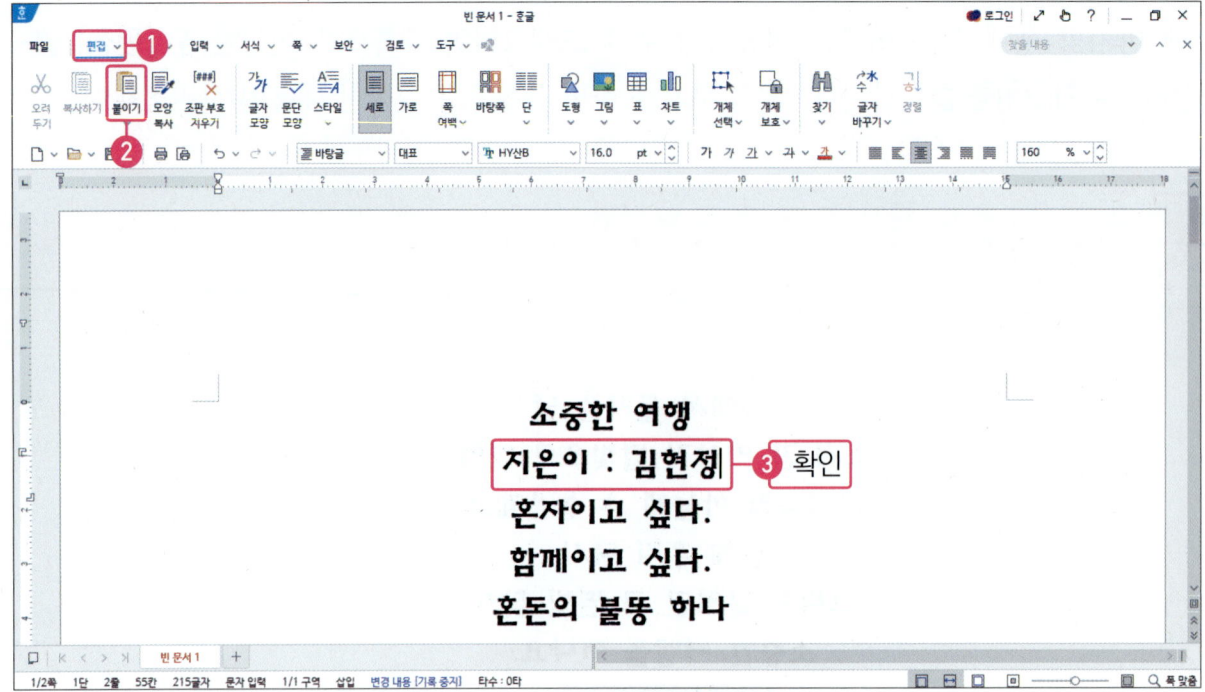

04 커서는 [붙이기]를 한 줄에 놓여 있습니다. 오른쪽으로 정렬하기 위해 서식 도구 상자에서 [오른쪽 정렬(≡)]로 설정합니다.

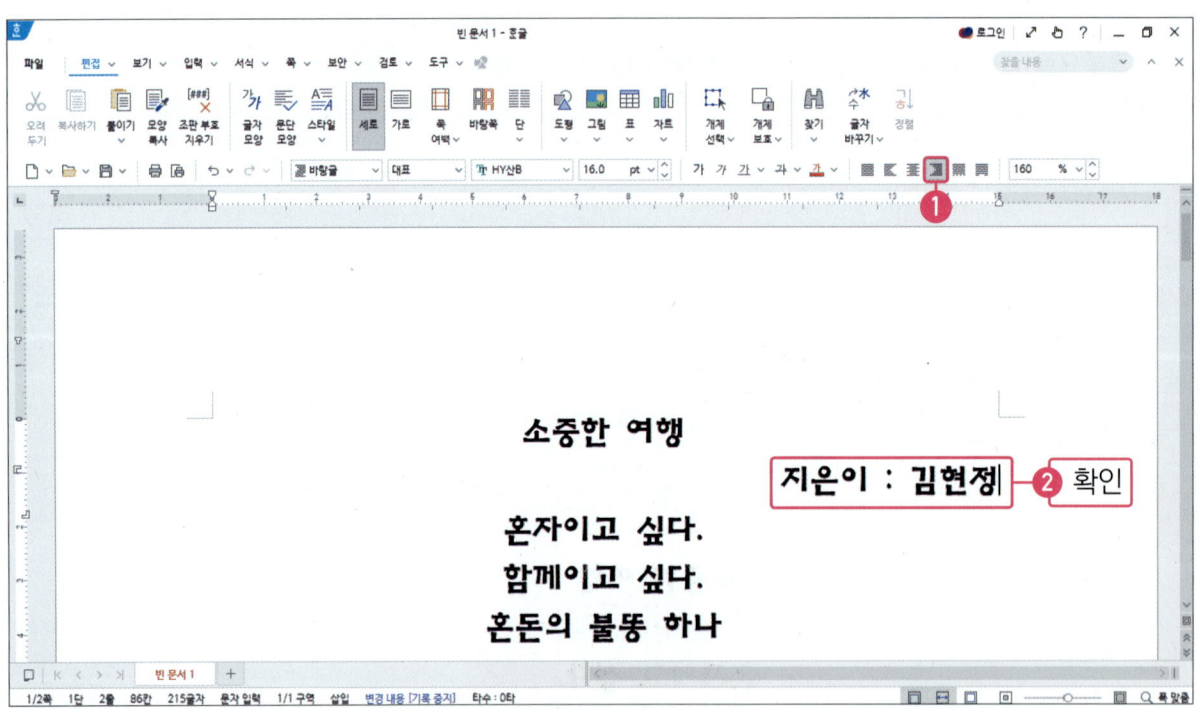

 한 줄을 정렬할 때는 블록을 설정하지 않아도 됩니다.

05 이름이 있는 커서 위치에서 아래쪽에 빈 줄을 삽입하기 위해 Enter 키를 누릅니다. 빈 줄이 삽입된 것을 확인합니다.

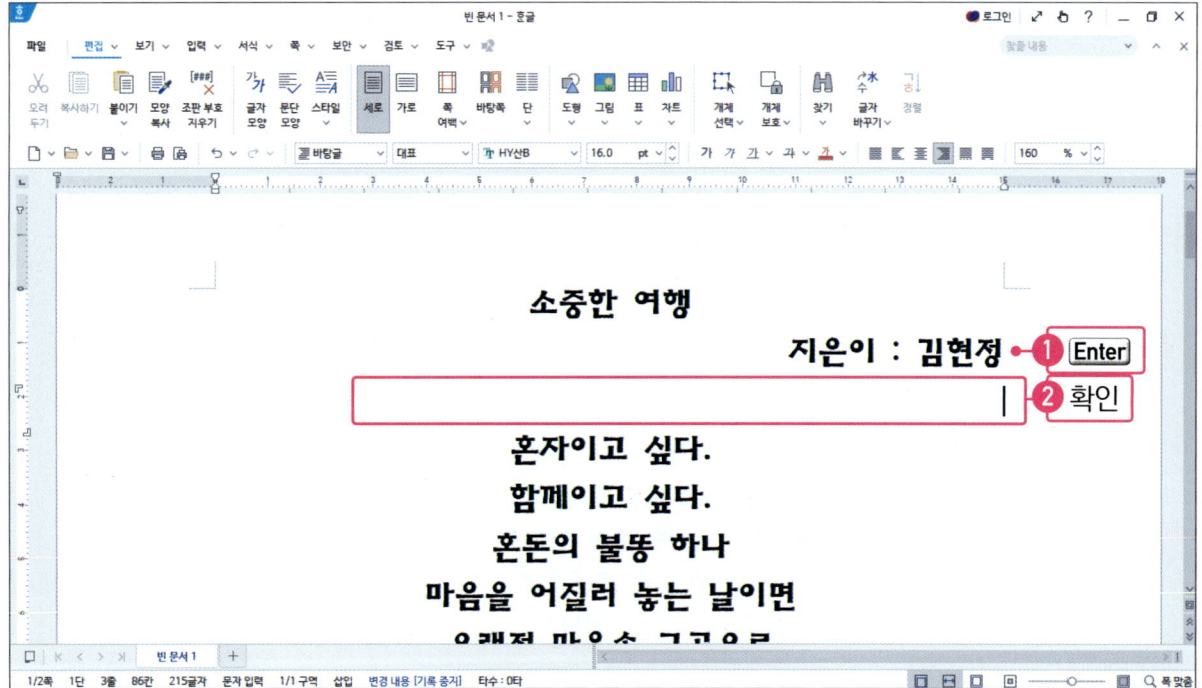

06 제목을 좀 더 크게 하기 위해 제목을 드래그하여 블록으로 설정한 후 서식 도구 상자에서 [글자 크기]를 '24pt'로 설정합니다. Esc 키를 눌러 블록을 해제합니다.

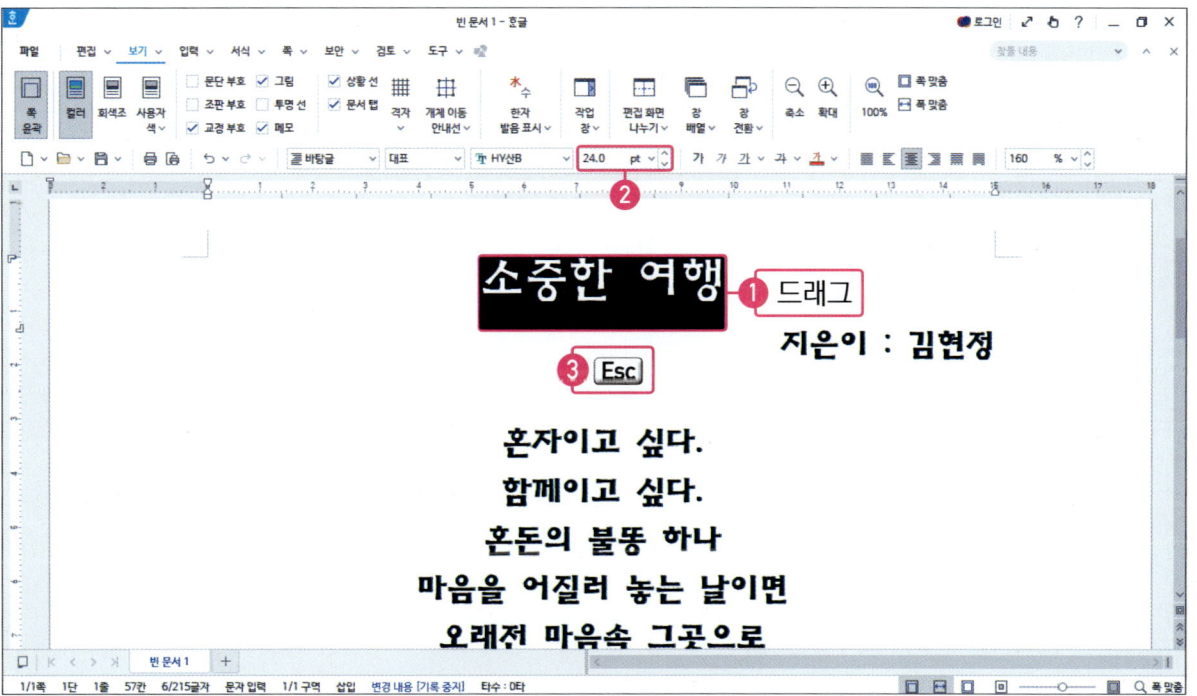

▶ 쪽 테두리 넣기

01 문서에 쪽 테두리를 설정하기 위해 메뉴에서 [쪽] 탭-[쪽 테두리/배경(□)]을 클릭합니다.

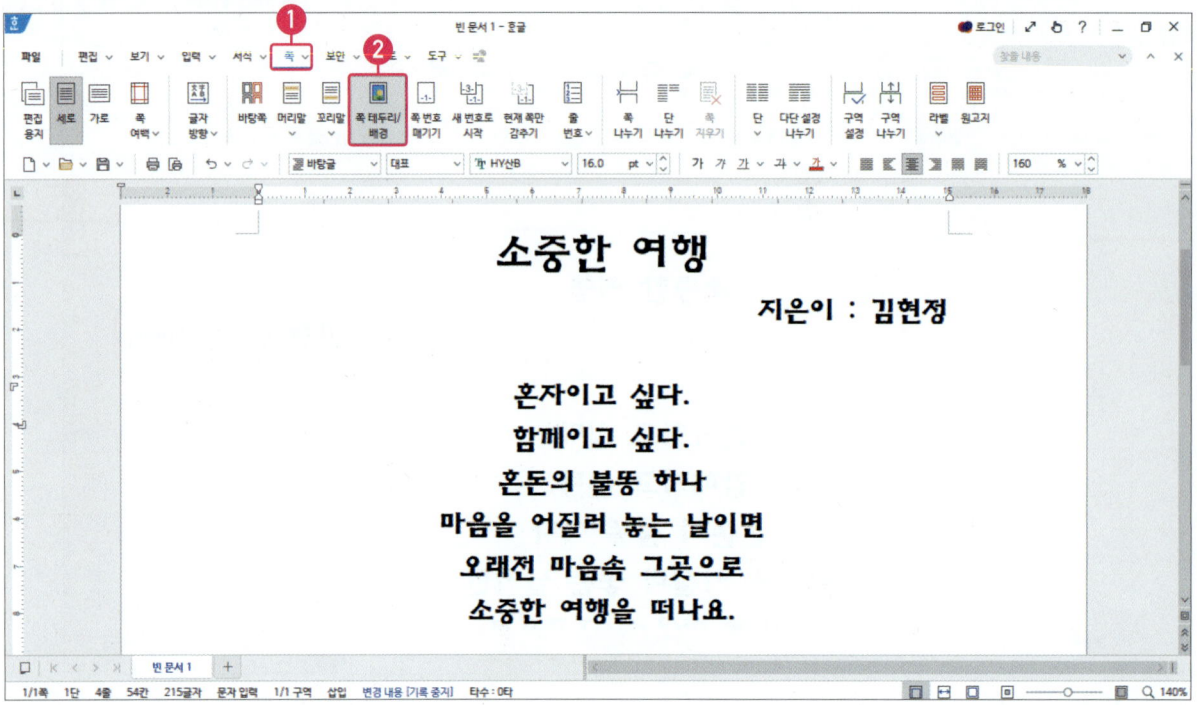

02 [쪽 테두리/배경] 대화상자가 나타나면 [테두리] 탭의 테두리에서 [종류]를 클릭해 '실선'을 설정한 후 [모두(□)]를 클릭합니다.

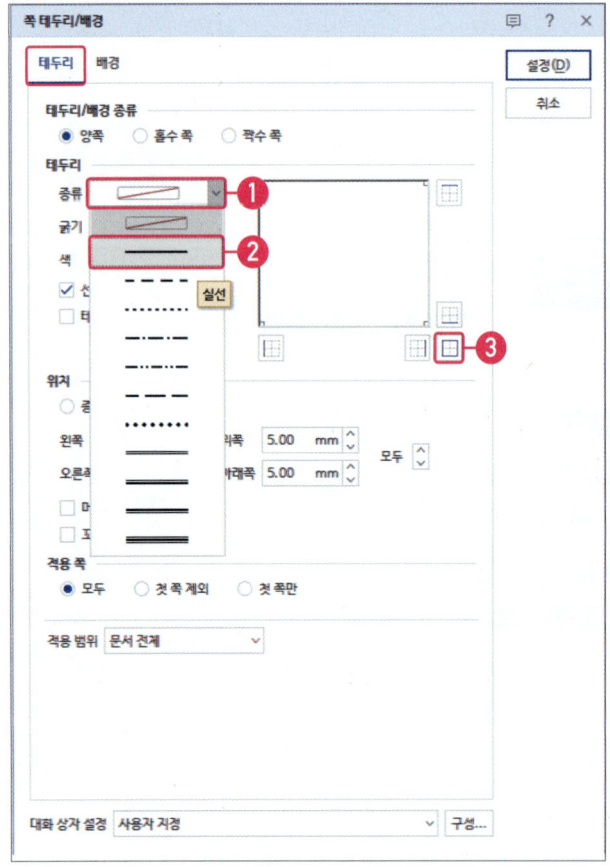

03 [굵기]는 '3mm', 색은 '노랑 25% 어둡게'로 설정한 후 [설정] 버튼을 클릭합니다.

04 현재 쪽의 전체적인 레이아웃을 인쇄 전에 미리 확인하기 위해 서식 도구 상자에서 [미리 보기(🖨)]를 클릭합니다.

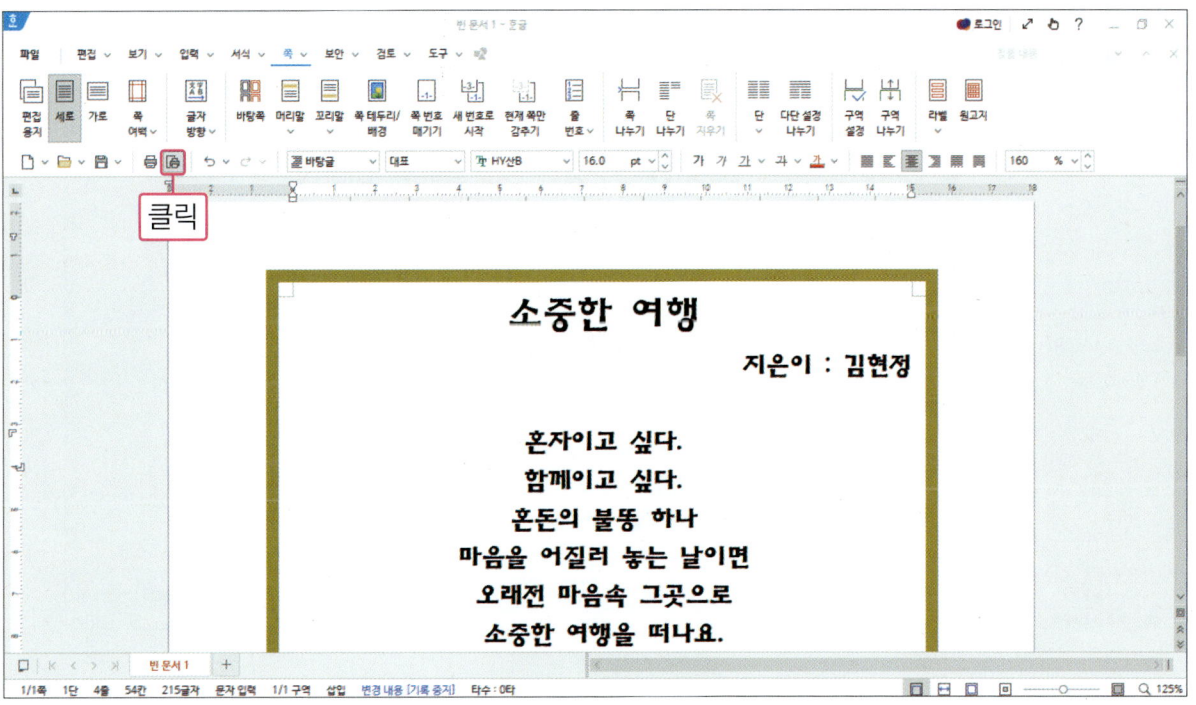

05 쪽 테두리가 설정된 것을 확인합니다. 미리 보기를 끝내고 편집 화면으로 돌아가기 위해 Esc 키를 누릅니다.

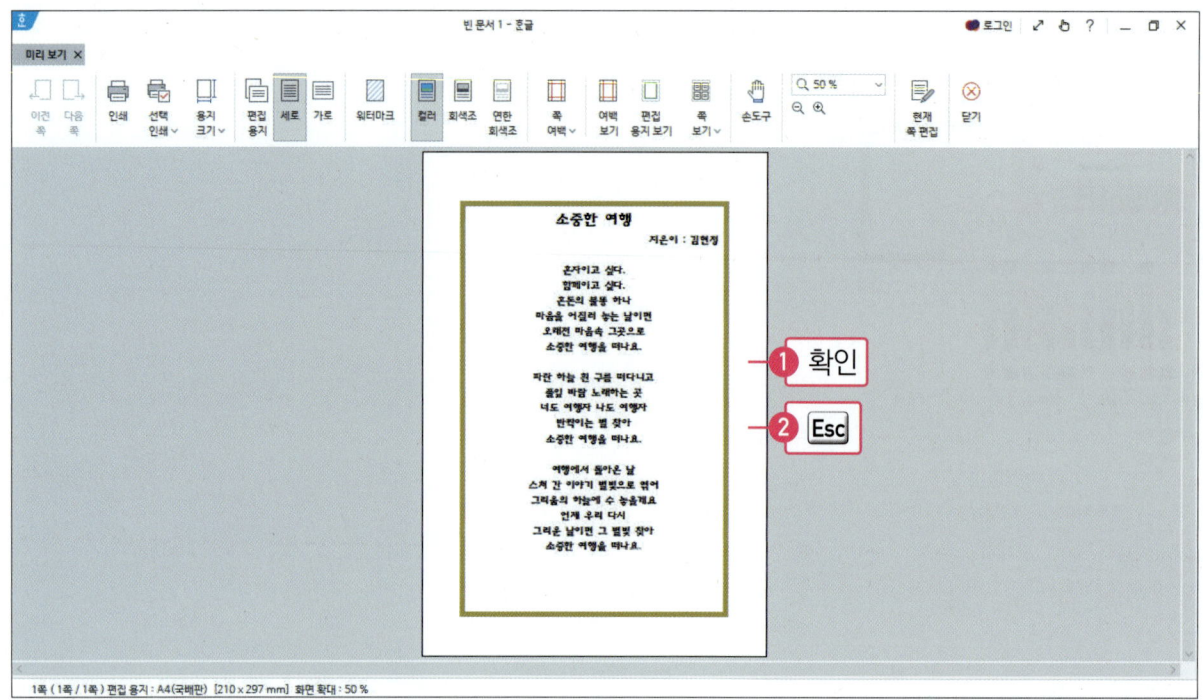

06 제목 아래에 빈 줄을 삽입하기 위해 '소중한 여행' 뒤를 클릭해 커서를 위치시킨 후 Enter 키를 누릅니다. 빈 줄이 삽입된 것을 확인합니다.

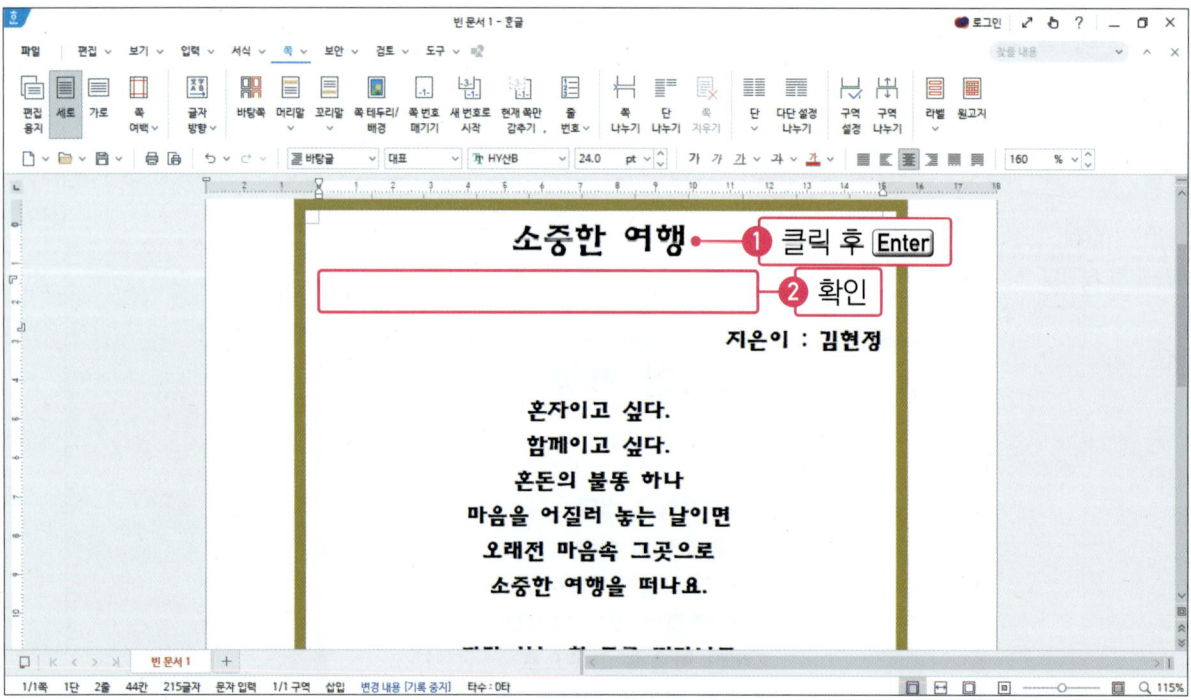

▶ 쪽 번호 매기기

01 문서에 쪽 번호를 넣기 위해 메뉴에서 [쪽] 탭–[쪽 번호 매기기(📄)]를 클릭합니다.

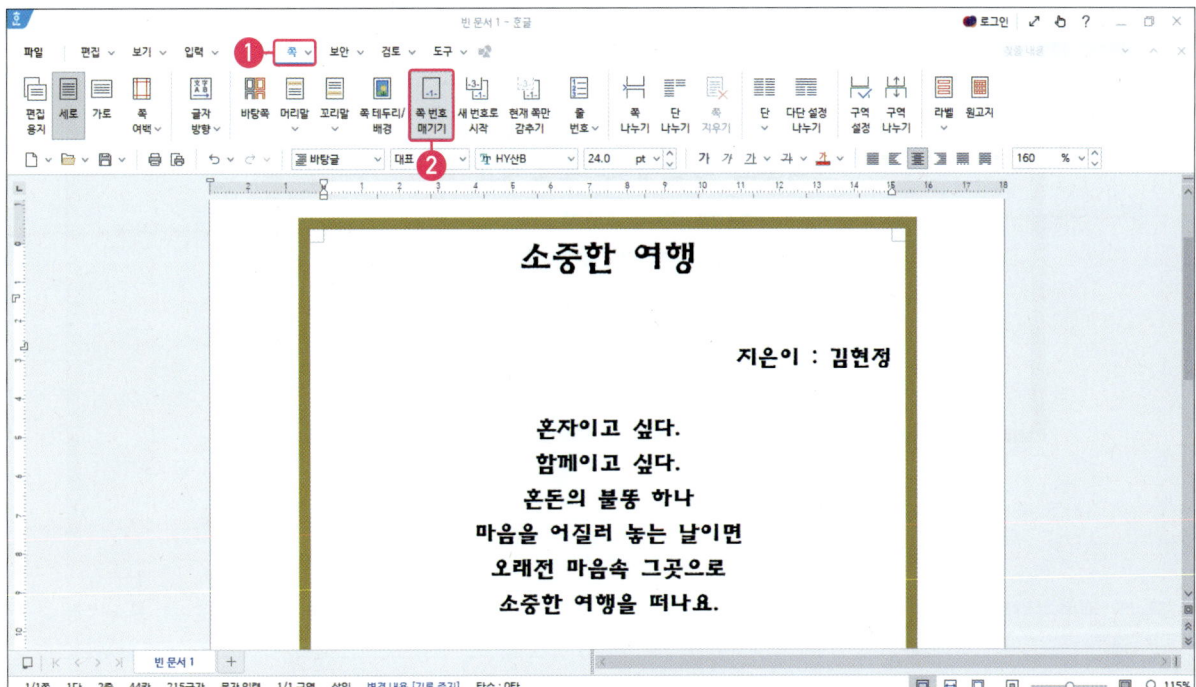

02 [쪽 번호 매기기] 대화상자가 나타나면 번호 위치에서 '가운데 아래'와 번호 모양에서 '1,2,3'이 기본 설정된 것을 확인하고, [줄표 넣기]를 선택한 후 [넣기] 버튼을 클릭합니다.

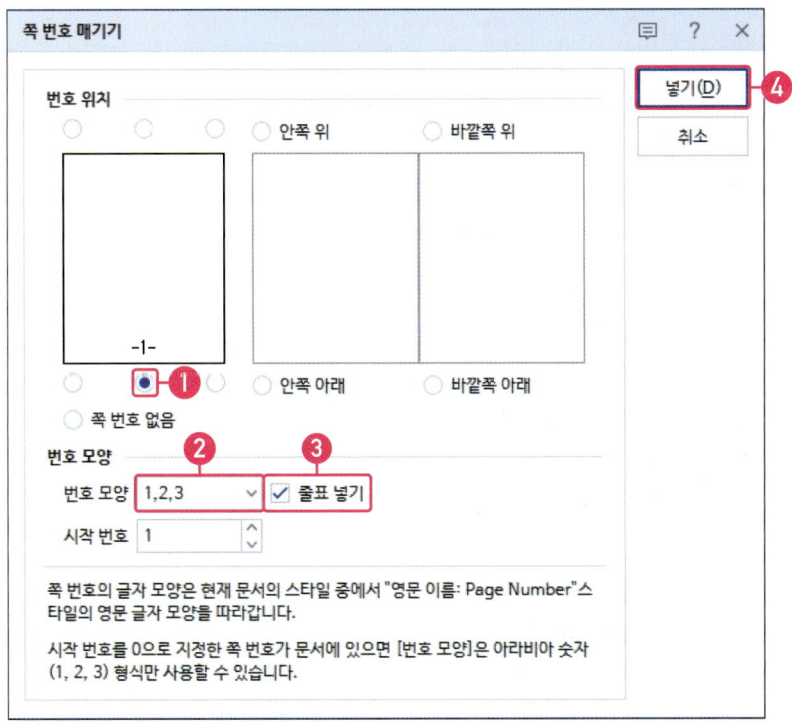

잠깐 [쪽 번호 매기기] 대화상자에서 번호 위치와 번호 모양은 사용자가 원하는 것으로 설정할 수 있습니다.

03 쪽 번호가 추가된 것을 확인합니다.

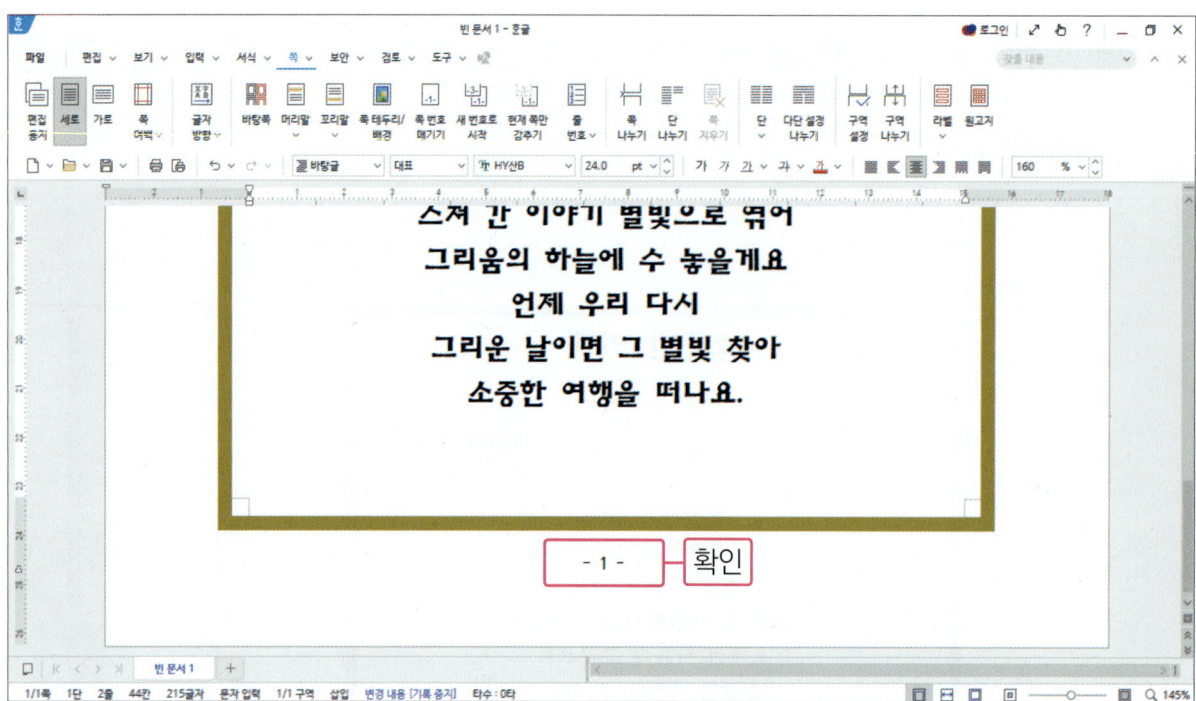

 [보기] 탭-[쪽 윤곽(□)]이 해제되어 있으면 편집 창에 쪽 번호가 나타나지 않습니다.

▶ 클립아트 내려받아 삽입하기

01 [한컴 애셋]에서 제공하는 클립아트를 내려받기 위해 메뉴에서 [도구] 탭-[한컴 애셋(📦)]을 클릭합니다.

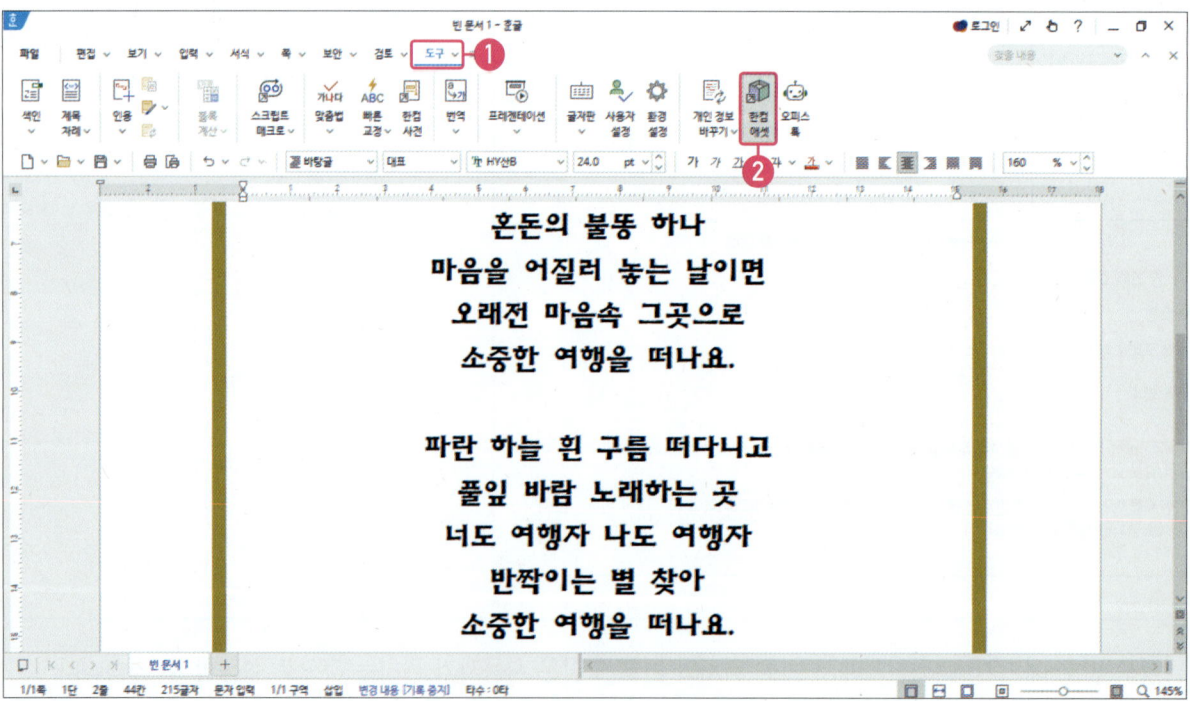

106

02 [한컴 애셋] 대화상자가 나타나면 [클립아트] 탭을 클릭한 후 검색창에 '별'을 입력하고 Enter 키를 눌러 검색합니다. 검색 결과 중에서 [별1]의 [내려받기(⬇)]를 클릭합니다.

03 내려받기가 완료되었다는 대화상자가 나타나면 [확인] 버튼을 클릭합니다. 오른쪽 상단의 ☒를 클릭해 대화상자를 닫습니다.

04 내려받은 개체를 삽입하기 위해 메뉴에서 [편집] 탭-[그림( )]-[그리기마당]을 클릭합니다.

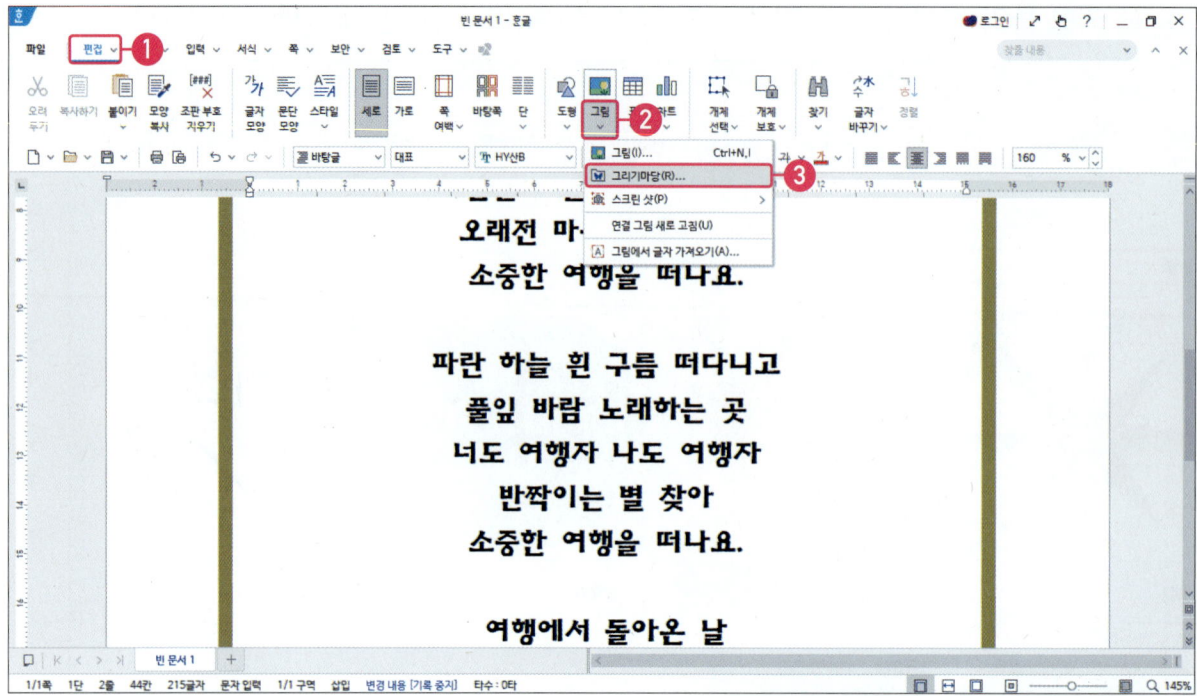

05 [그리기마당] 대화상자가 나타나면 [내려받은 그리기마당] 탭을 클릭합니다. 공유 클립아트에서 내려받은 이미지 개체를 선택한 후 [넣기] 버튼을 클릭합니다.

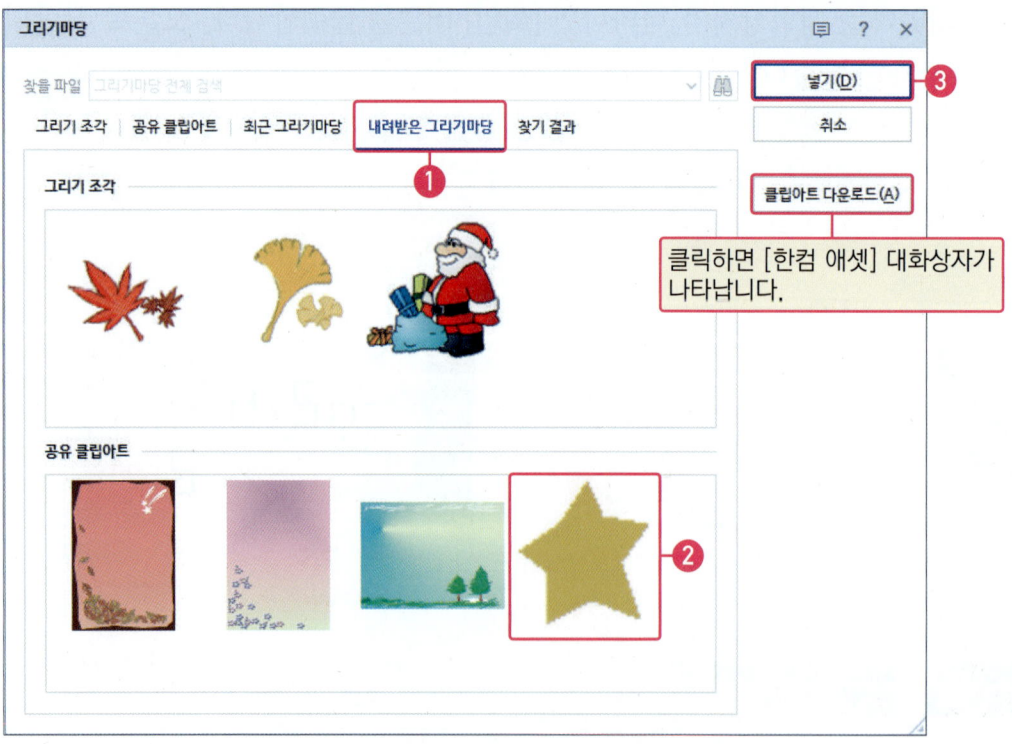

06 마우스 포인터가 '+' 모양으로 바뀌면 원하는 위치로 마우스 포인터를 이동한 후 드래그하여 개체를 삽입하고 [글 뒤로(■)]를 클릭합니다.

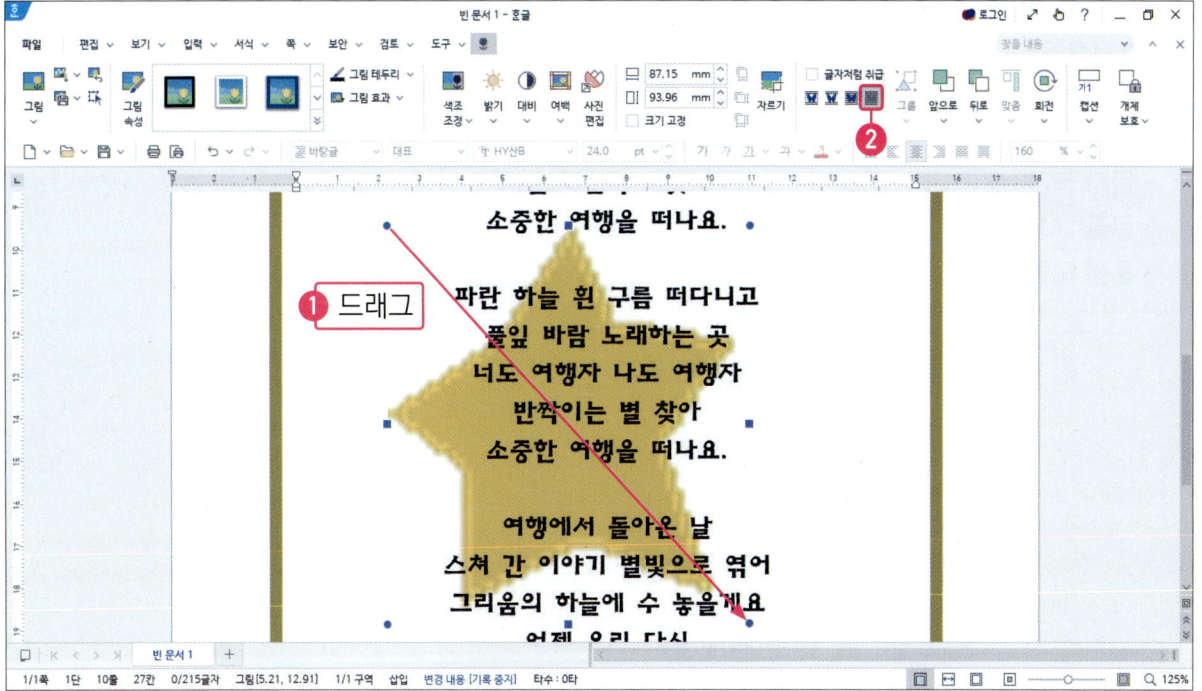

07 개체를 복사하기 위해 삽입한 이미지를 선택한 후 Ctrl 키를 누른 채 드래그하여 복사합니다. 이어서 이미지의 크기 조절점을 드래그해 크기를 줄이고 한 번 더 드래그하여 적당한 위치에 배치합니다. 서식 도구 상자에서 [저장하기(圖)]를 클릭하여 '소중한 여행.hwpx'로 저장합니다.

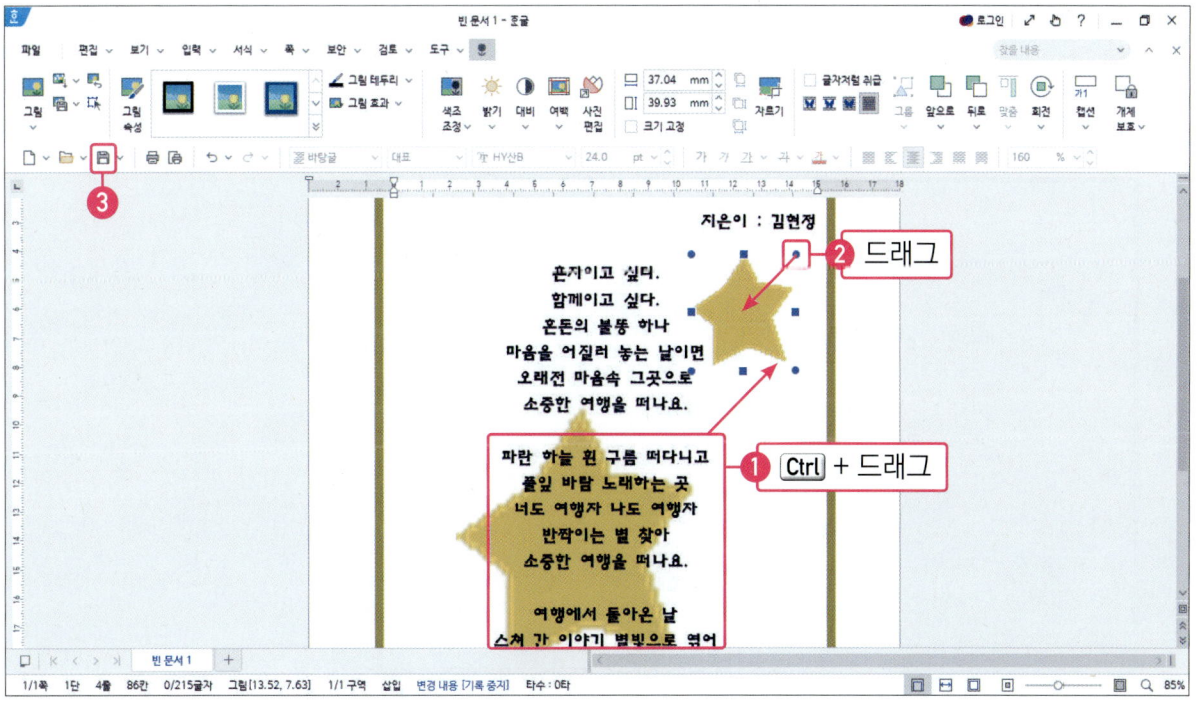

01 새 문서를 열고 다음과 같이 입력해 봅니다.

- 편집 용지 방향 : 가로
- 글자 크기 : 본문 크기 '16pt', 제목 크기 '24pt', 가운데 정렬
- 글꼴 : MD솔체
- 문단 모양 : 제목 : (간격-문단 위 '20pt'), 지은이 : (여백-오른쪽 '40pt')

02 문제 **01**의 파일에서 다음과 같이 문단 테두리와 배경을 꾸며 봅니다.

- 쪽 테두리 배경 : 테두리 종류 - 이중 실선
  배경 - 그러데이션 (시작 색 : 흰색, 끝 색 : 초록 80% 밝게)
  유형 - 가로

03 문제 **02**의 파일을 '시.hwpx'로 저장해 봅니다.

06 특별한 날의 기록! 포토 앨범 만들기

- 그림 삽입하기
- 그림 테두리/색 채우기 설정하기
- 그림 효과 설정하기
- 글상자 삽입하기
- 그림 자르기
- 그림 바꾸기
- 그림 파일로 저장하기

미/리/보/기

완성파일 : 포토 앨범.hwpx

이번 장에서는 그림과 글상자를 삽입하고 그림에 테두리와 회전, 그림자 등의 효과를 적용한 후 개체를 복사해 간결하고 보기 좋게 꾸미는 방법을 알아보겠습니다.

 그림과 글상자 실습 | 메뉴판 만들기

문서에 사진이나 그림을 삽입하고 그림 테두리와 그림자 효과를 적용해 보겠습니다. 먼저 글상자를 이용해 다음과 같은 메뉴판을 만들어 봅니다.

▶ 문서에 그림 추가하기

01 한글을 실행합니다. 그림을 삽입하기 위해 메뉴에서 [편집] 탭-[그림(🖼)]을 클릭합니다.

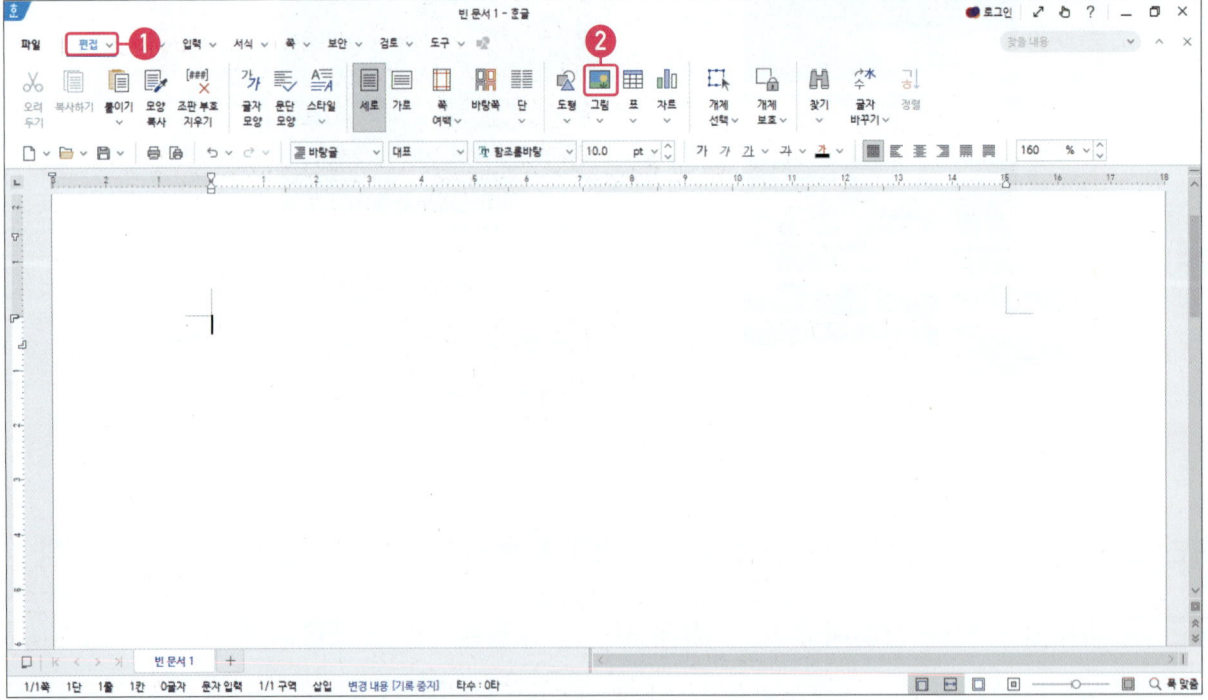

 [그림]의 바로 가기 키는 Ctrl + N, I 입니다.

02 [그림 넣기] 대화상자가 나타나면 '준비파일' 폴더에서 '배경.png'을 선택합니다. 하단의 [문서에 포함], [마우스로 크기 지정]을 선택한 후 [열기] 버튼을 클릭합니다.

[그림 넣기] 대화상자 살펴보기

- **문서에 포함** : 그림 파일이 문서에 포함되어 저장되므로 원본 그림 파일을 수정하거나 위치가 변경되어도 영향을 받지 않고 그림이 사라지지 않습니다.
- **마우스로 크기 지정** : 사용자가 원하는 위치에서 마우스를 드래그해 설정한 크기로 그림을 삽입합니다. 이 항목을 선택하지 않고 [열기] 버튼을 클릭하면 현재 커서 위치에 원본 크기로 그림이 삽입됩니다.
- **글자처럼 취급** : 그림 개체를 보통 글자와 똑같이 취급하므로 글을 입력하거나 지우면 그림 위치도 같이 변합니다.
- **앞 개체 속성 적용** : 이전에 삽입한 그림의 속성([개체 속성] 대화상자의 속성)이 적용되어 그림이 삽입됩니다. 단, [마우스로 크기 지정]을 선택한 경우 이전 개체 속성이 적용되지 않습니다.
- **셀 크기에 맞추어 삽입** : 그림을 셀 크기에 맞추어 삽입합니다. [글자처럼 취급]을 선택한 경우에만 적용할 수 있습니다. 셀을 선택하지 않고 본문을 선택했을 경우 그림이 편집 창 폭에 맞추어 삽입됩니다.
- **캡션에 파일 이름 넣기** : 그림을 삽입할 때 그림 파일 이름을 캡션으로 자동 입력합니다.
- **촬영 정보 반영하여 자동 회전** : 그림 파일 속성에 저장된 사진 촬영 정보(EXIF)의 회전 값을 기준으로 그림 파일을 자동으로 회전하여 삽입합니다.

03 마우스 포인터가 십자 모양(+)으로 변하는데 이때 **드래그**하면 사각형이 그려집니다. 적당한 크기가 되었을 때 **마우스에서 손을 떼면** 그림이 추가됩니다.

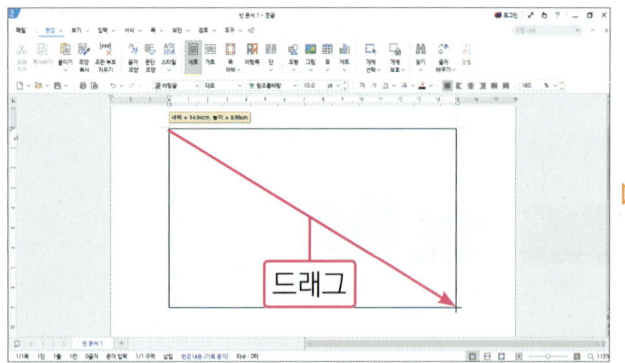 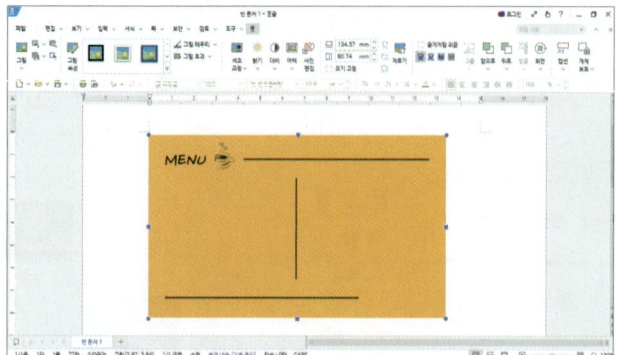

- 그림이 선택된 상태에서 Delete 키를 누르면 그림을 삭제할 수 있습니다.
- 만약, [보기] 탭에서 [그림]의 선택을 해제하면 편집 창에 그림이 보이지 않습니다. 미리 보기 또는 인쇄 시에는 그림이 정상적으로 표시됩니다.

04 그림의 조절점에 마우스 포인터를 놓으면 포인터 모양이 로 바뀌는데 **마우스 왼쪽 버튼**을 클릭한 채 **안쪽으로 드래그**하면 그림의 크기가 작아지고 **바깥쪽으로 드래그**하면 크기가 커집니다.

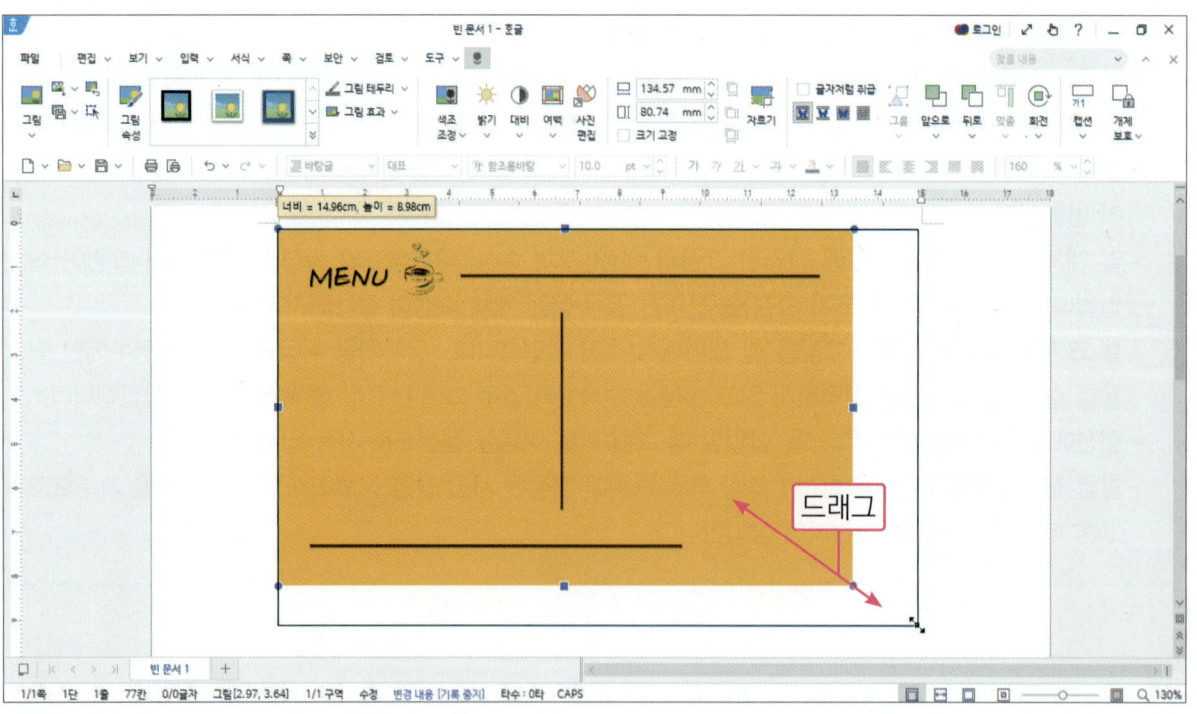

키보드로 그림 크기 조절하기
- Shift + ← : 그림의 너비를 1mm 줄입니다.
- Shift + → : 그림의 너비를 1mm 늘립니다.
- Shift + ↑ : 그림의 높이를 1mm 줄입니다.
- Shift + ↓ : 그림의 높이를 1mm 늘립니다.

05 그림이 삽입되면 그림 테두리를 설정하기 위해 메뉴에서 [그림(🌷)]-[그림 테두리(✎)]의 ✓를 클릭한 후 '하양 50% 어둡게'로 설정합니다.

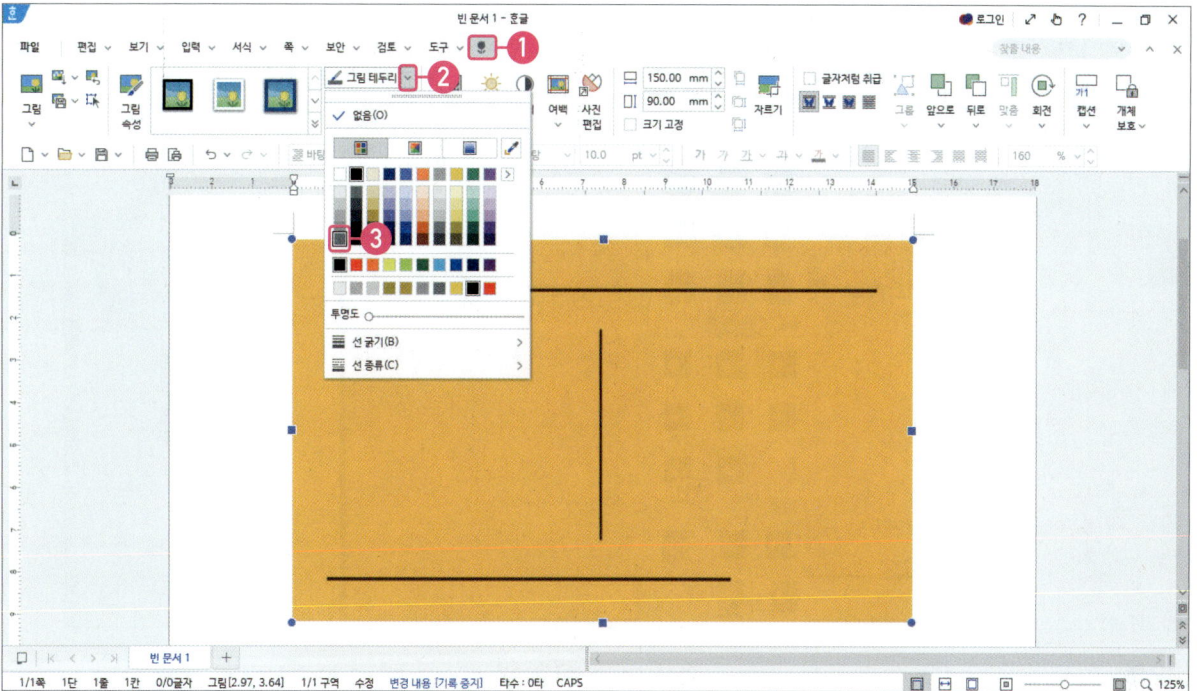

06 그림 테두리의 굵기를 설정하기 위해 [그림 테두리(✎)]의 ✓-[선 굵기]를 클릭해 '1.5mm'로 설정합니다.

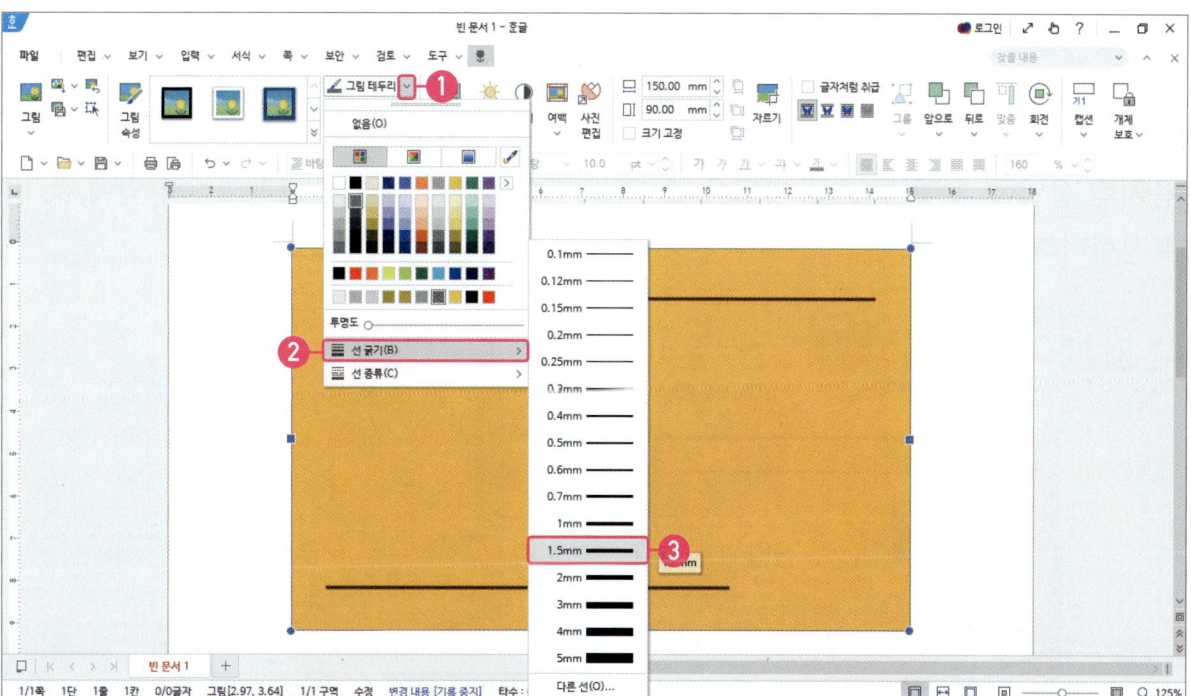

07 그림자 효과를 적용하기 위해 [그림 효과(🖼)]의 ⌄–[그림자]를 클릭한 후 [아래쪽]을 설정합니다.

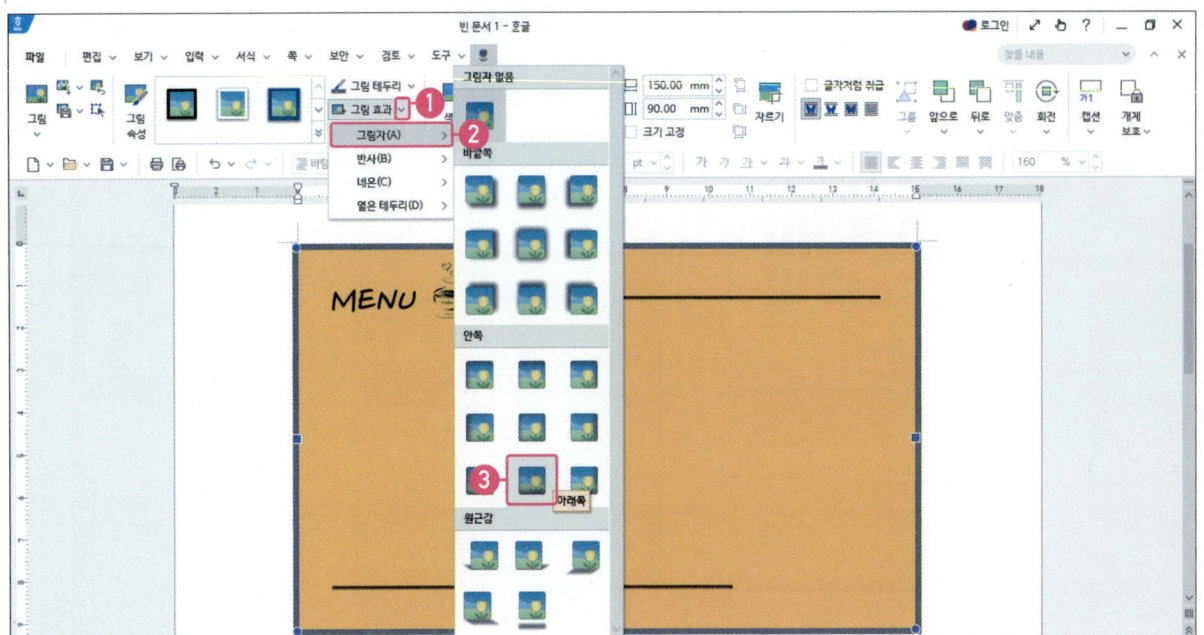

 잠깐
- 적용된 그림자 효과는 [그림자 없음]을 클릭해 해제할 수 있습니다.
- 그림에 그림자뿐만 아니라 반사, 네온, 옅은 테두리 등과 같은 다양한 효과를 적용할 수 있습니다.
- 그림을 선택하고 메뉴에서 [서식]의 ⌄–[개체 속성]을 클릭하거나, 바로 가기 키 P 를 눌러 크기와 위치, 여백/캡션, 선, 채우기 등을 설정할 수도 있습니다.

08 01~03과 같은 방법으로 '준비파일' 폴더에서 '메뉴.png'와 '원두.png' 파일을 불러와 다음처럼 삽입한 후 '원두.png' 파일은 Ctrl 키와 Shift 키를 누른 채 드래그해서 옆에 두 번 복사합니다.

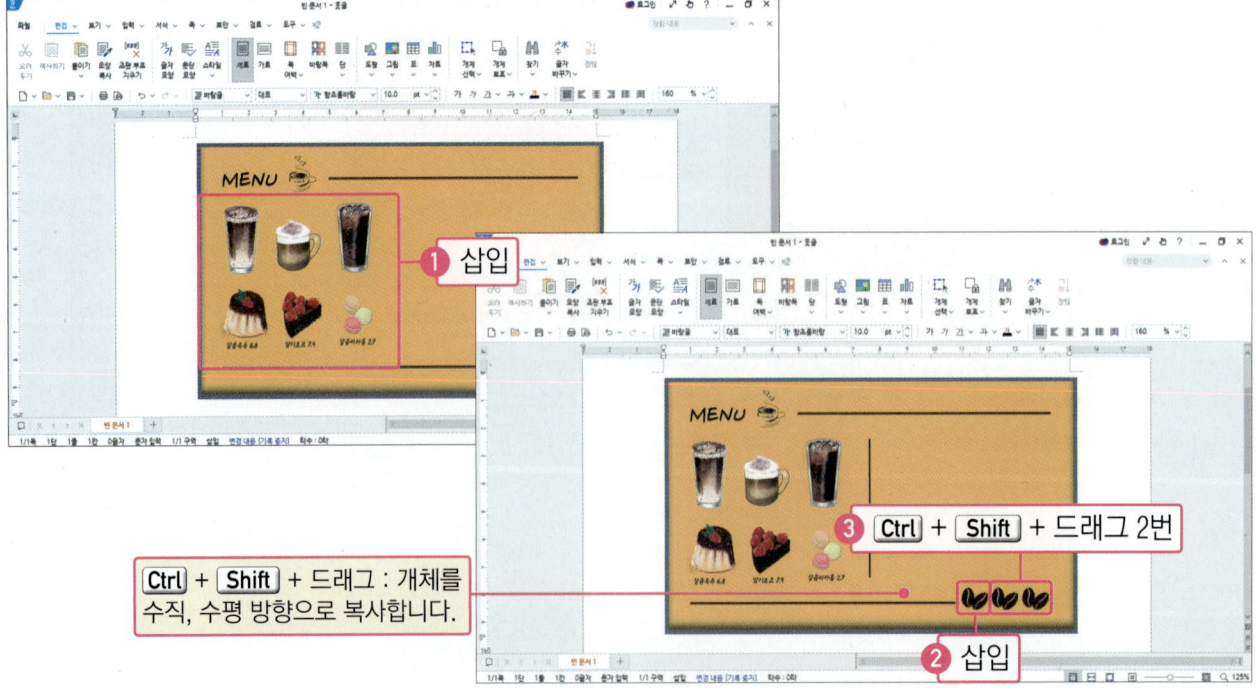

▶ 글상자를 이용해 텍스트 추가하기

01 이미지에 텍스트를 추가하기 위해 메뉴에서 [입력] 탭-[가로 글상자(圖)]를 클릭합니다.

 [편집] 탭-[도형]-[가로 글상자(圖)]를 클릭해도 됩니다.

02 글상자를 넣을 곳에 마우스 포인터를 위치한 후 드래그해 글상자가 생기면 서식 도구 상자에서 [글꼴]은 'HY동녘B', [글자 크기]는 '18pt'로 설정하고 다음처럼 내용을 입력합니다.

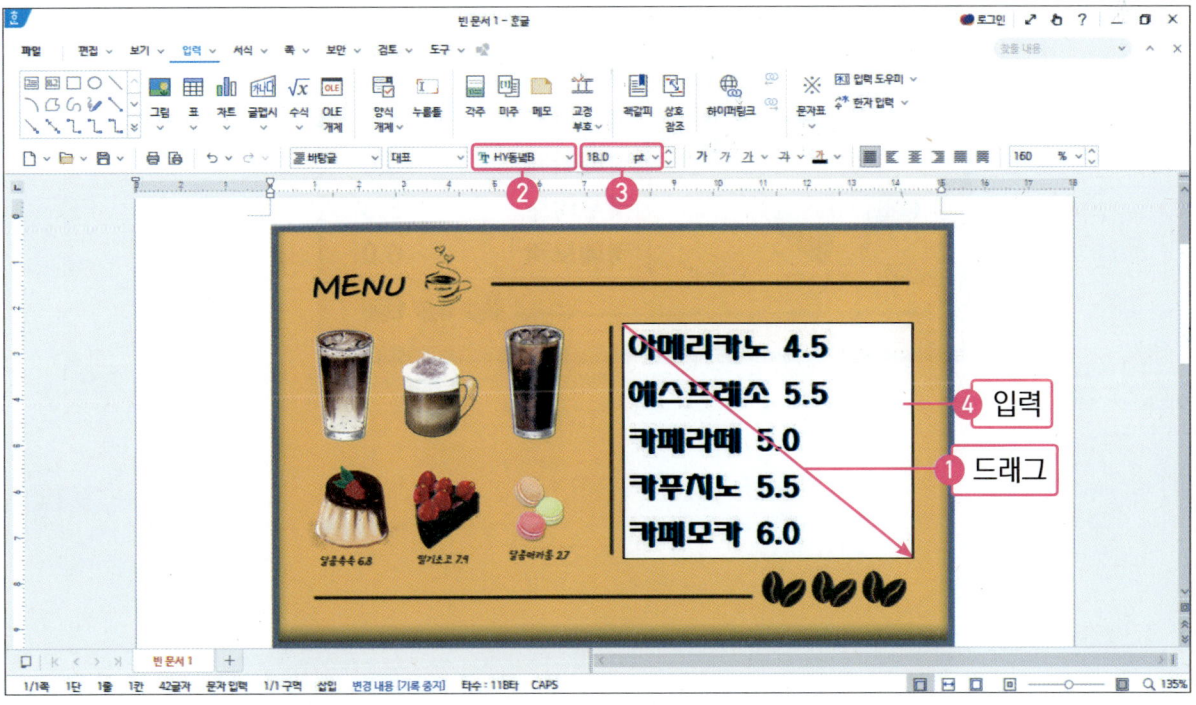

117

03 글상자 테두리를 클릭해 선택하고 서식 도구 상자에서 [나눔 정렬(▤)]로 설정합니다.

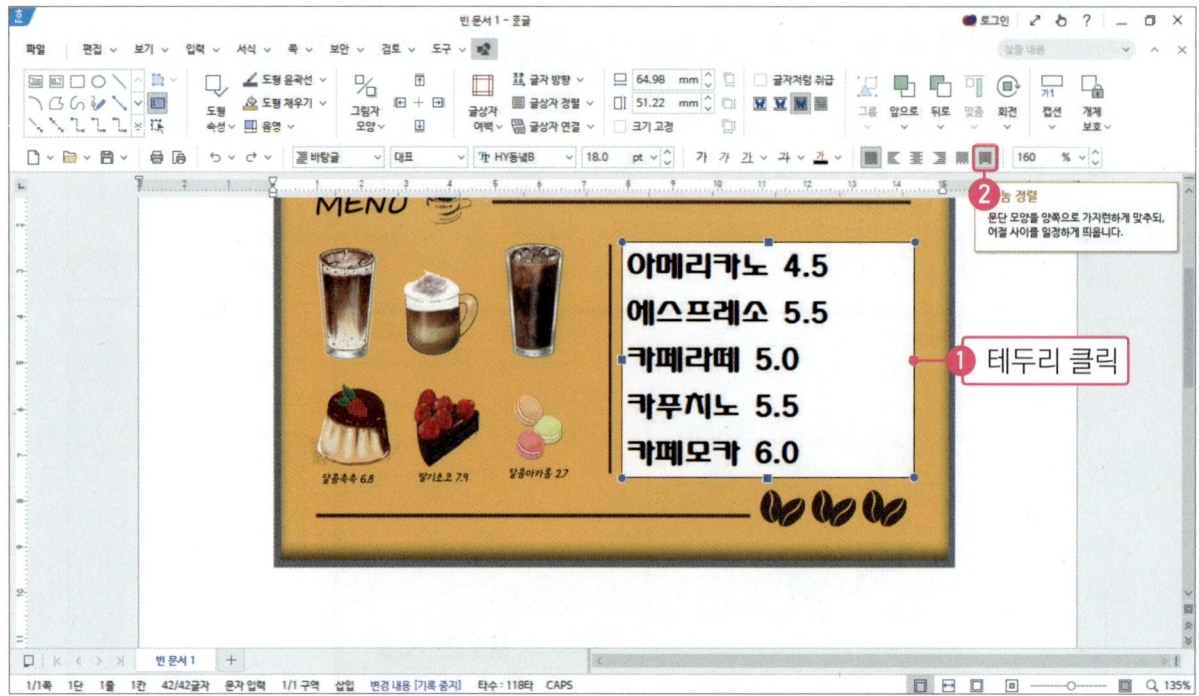

04 글상자의 테두리를 없애기 위해 [도형 윤곽선(✏)]의 ✓ -[없음]을 클릭합니다.

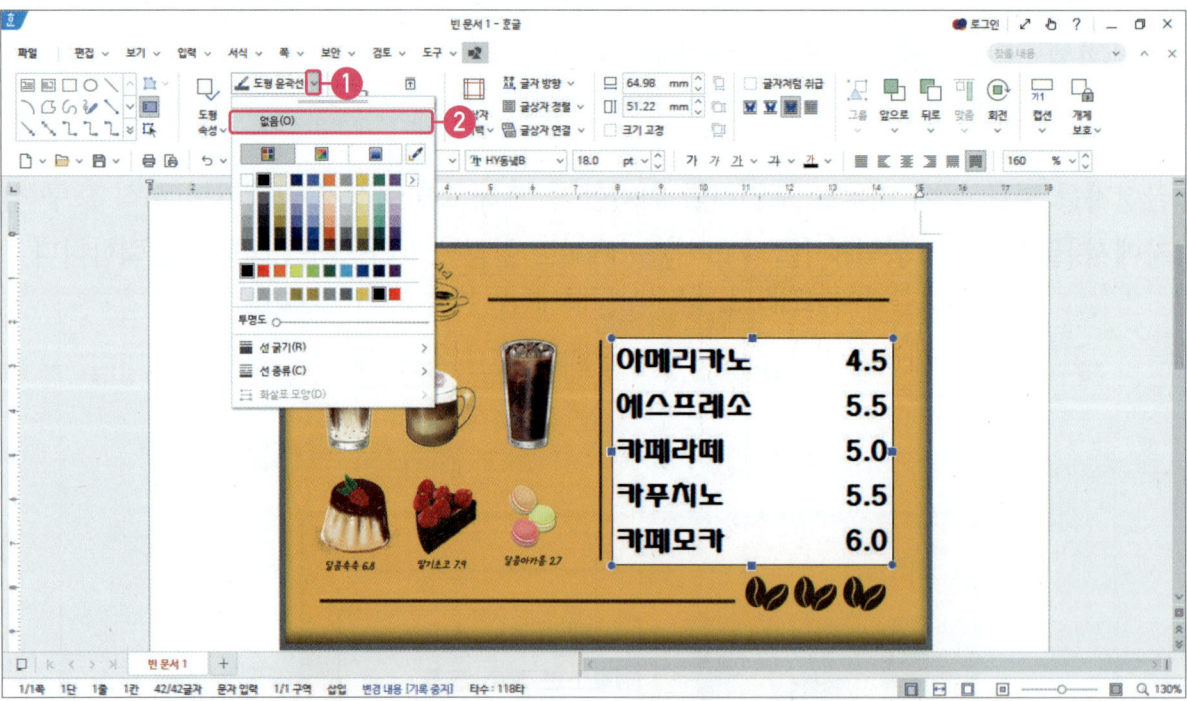

05 글상자의 색을 없애기 위해 글상자가 선택된 상태에서 [도형 채우기(🎨)]의 ⌄ –[없음]을 클릭합니다.

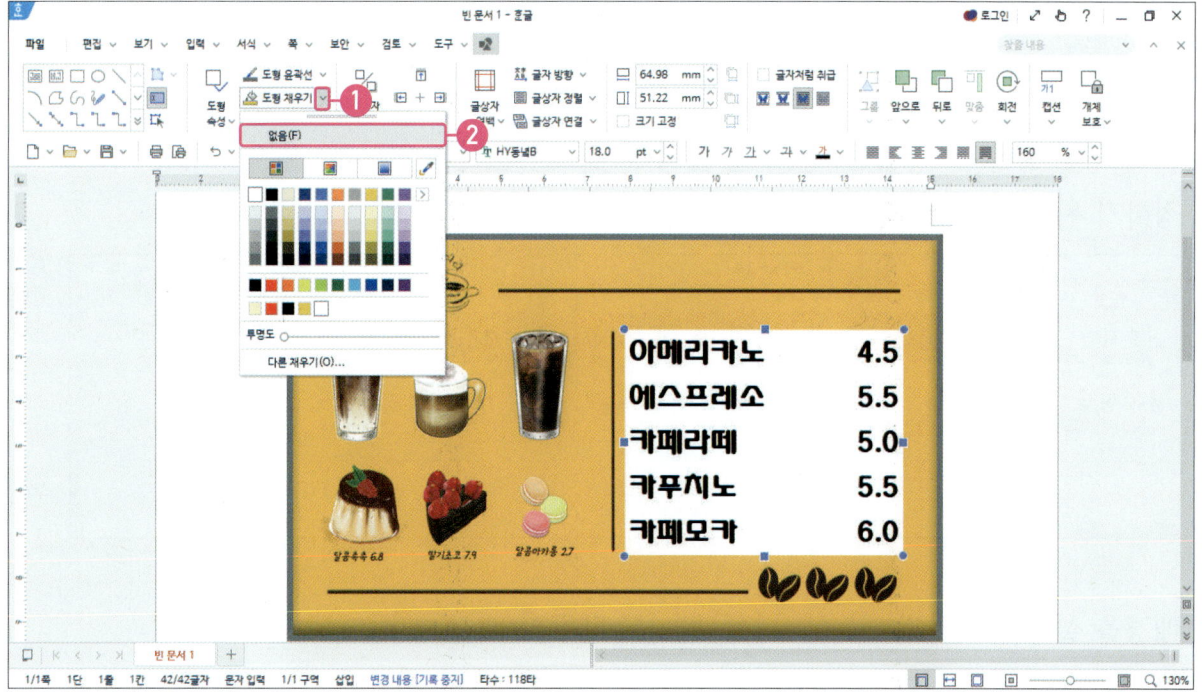

06 Esc 키를 눌러 선택을 해제합니다. 완성 내용을 확인한 후 서식 도구 상자에서 [저장하기(💾)]를 클릭해 '메뉴판.hwpx'로 저장합니다.

 **특별한 날의 기록! 포토 앨범 만들기**

▶ 그림 삽입하기

01 서식 도구 상자에서 [새 문서(□)]를 클릭해 새로운 문서를 엽니다. 용지 방향을 가로로 설정하기 위해 메뉴에서 [편집] 탭-[가로(■)]를 클릭합니다.

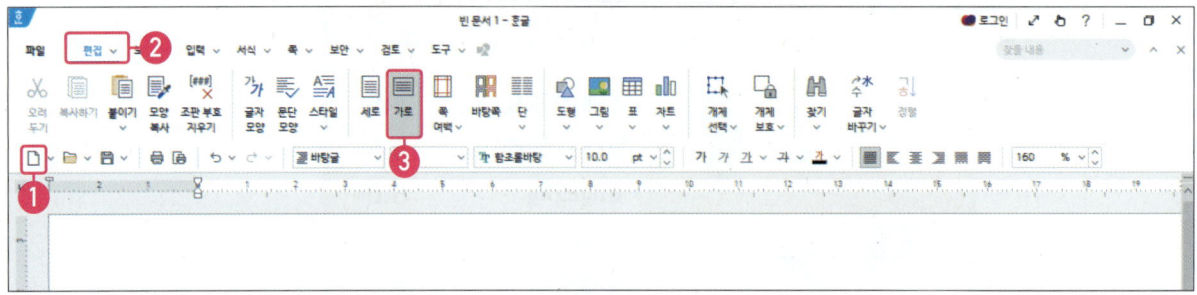

02 배경을 설정하기 위해 메뉴에서 [쪽] 탭-[쪽 테두리/배경(■)]을 클릭합니다.

03 [쪽 테두리/배경] 대화상자가 나타나면 [배경] 탭의 [그림]을 선택한 후 [그림 선택(■)]을 클릭합니다.

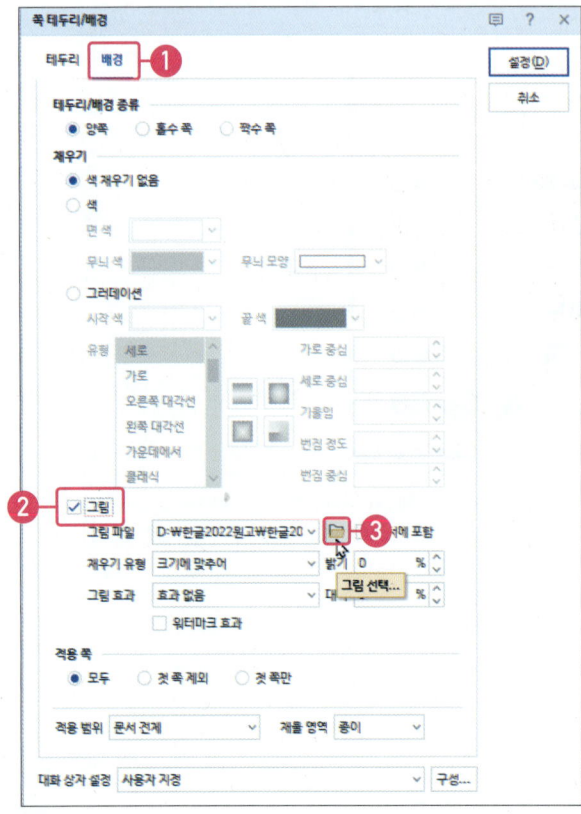

04 [그림 넣기] 대화상자가 나타나면 '준비파일' 폴더에서 '배경2.png'를 선택하고 [열기] 버튼을 클릭합니다. [문서에 포함]이 선택되어 있는지 확인하고 [설정] 버튼을 클릭합니다.

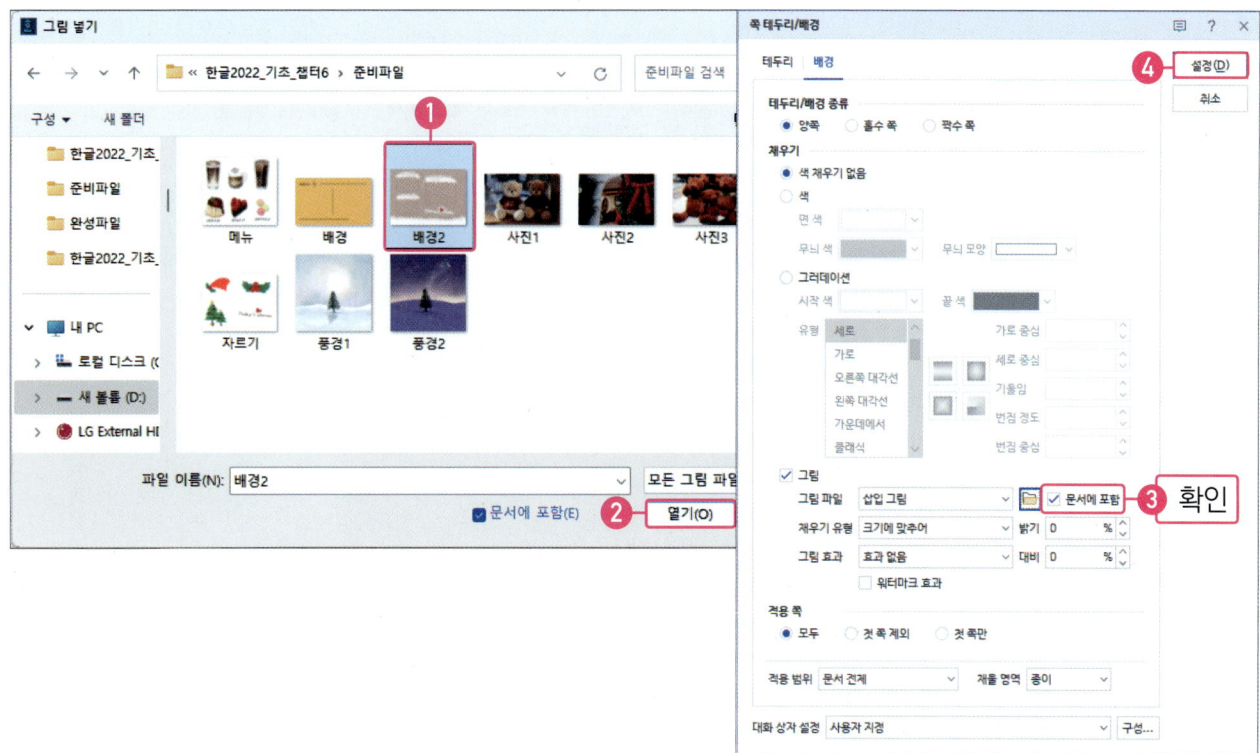

05 문서에 배경 그림이 삽입되면 바로 위에 그림을 삽입하기 위해 메뉴에서 [편집] 탭-[그림(■)]을 클릭합니다. [그림 넣기] 대화상자가 나타나면 '준비파일' 폴더에서 '사진1.jpg'를 선택한 후 [열기] 버튼을 클릭합니다.

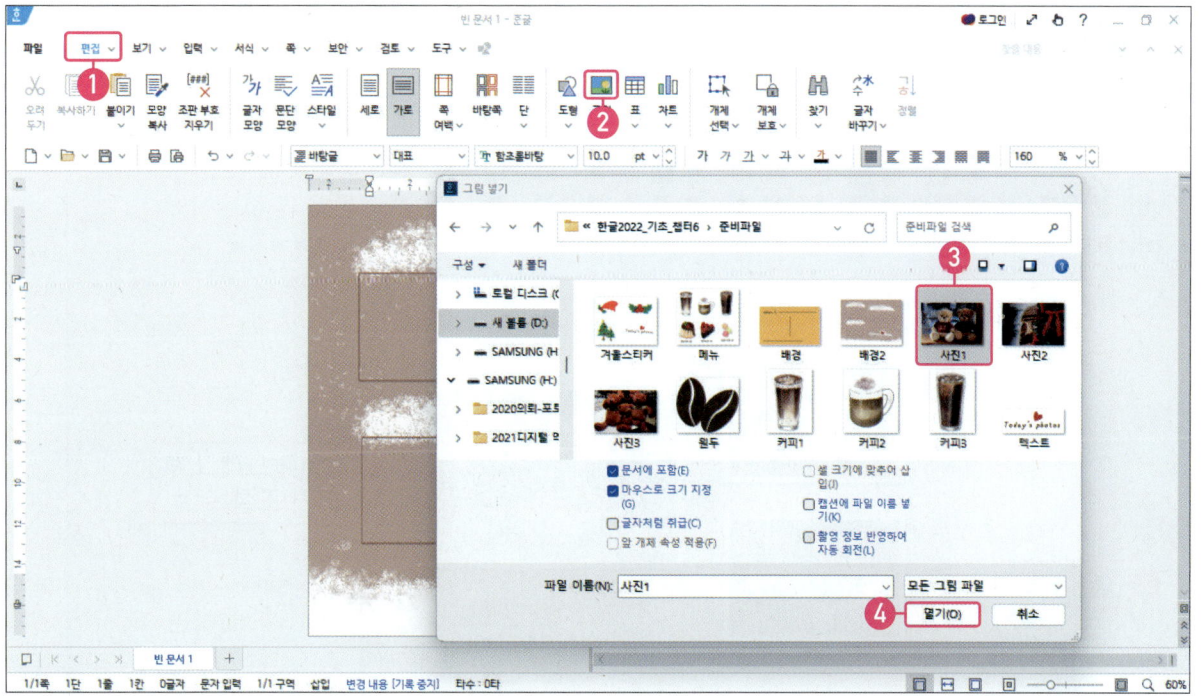

 전체 레이아웃을 보면서 편집하려면 [보기] 탭-[쪽 맞춤(■)]을 클릭합니다.

06 마우스 포인터가 **십자 모양(+)**으로 변하면 드래그해서 그림을 삽입합니다. 삽입한 그림이 선택된 상태에서 [그림( )] 탭의 그림 스타일 중 [**회색 아래쪽 그림자**]를 설정합니다.

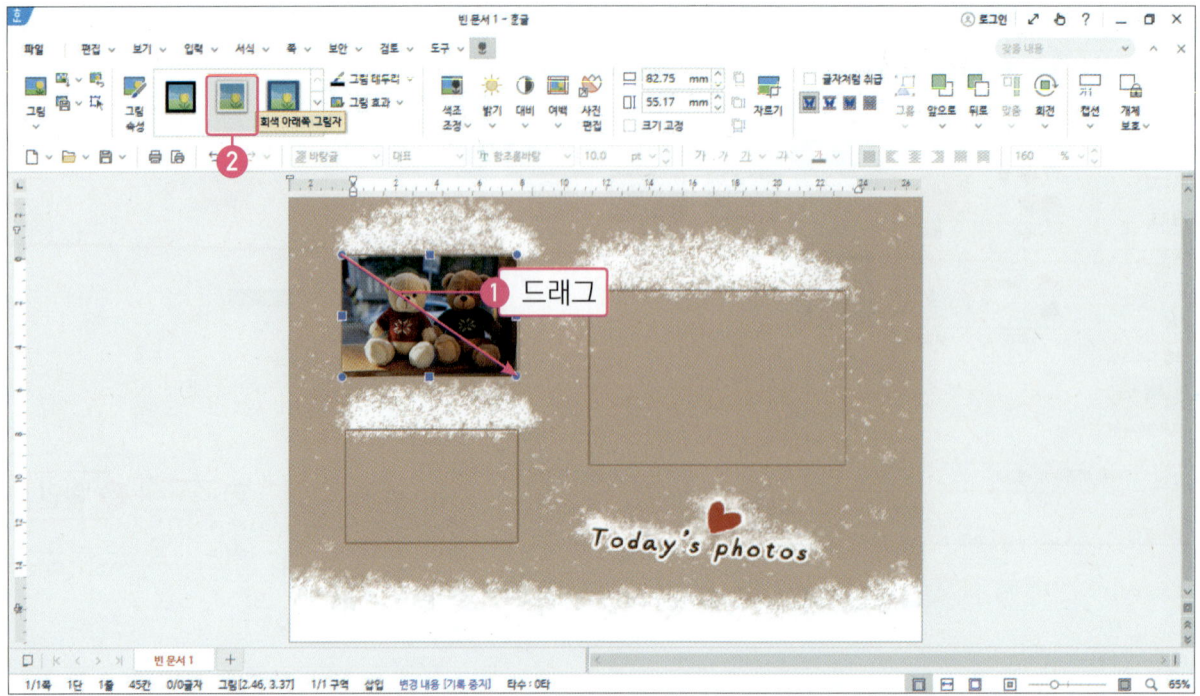

 삽입된 그림은 드래그로 위치를 이동할 수 있고 조절점을 드래그해서 크기를 조절할 수 있습니다.

07 [회색 아래쪽 그림자] 스타일이 적용된 것을 확인합니다. 사진을 복사하기 위해 Ctrl 키를 누른 채 아래쪽과 오른쪽으로 각각 드래그하여 복사한 후 조절점을 이용해 크기를 조절하고 위치도 확인합니다.

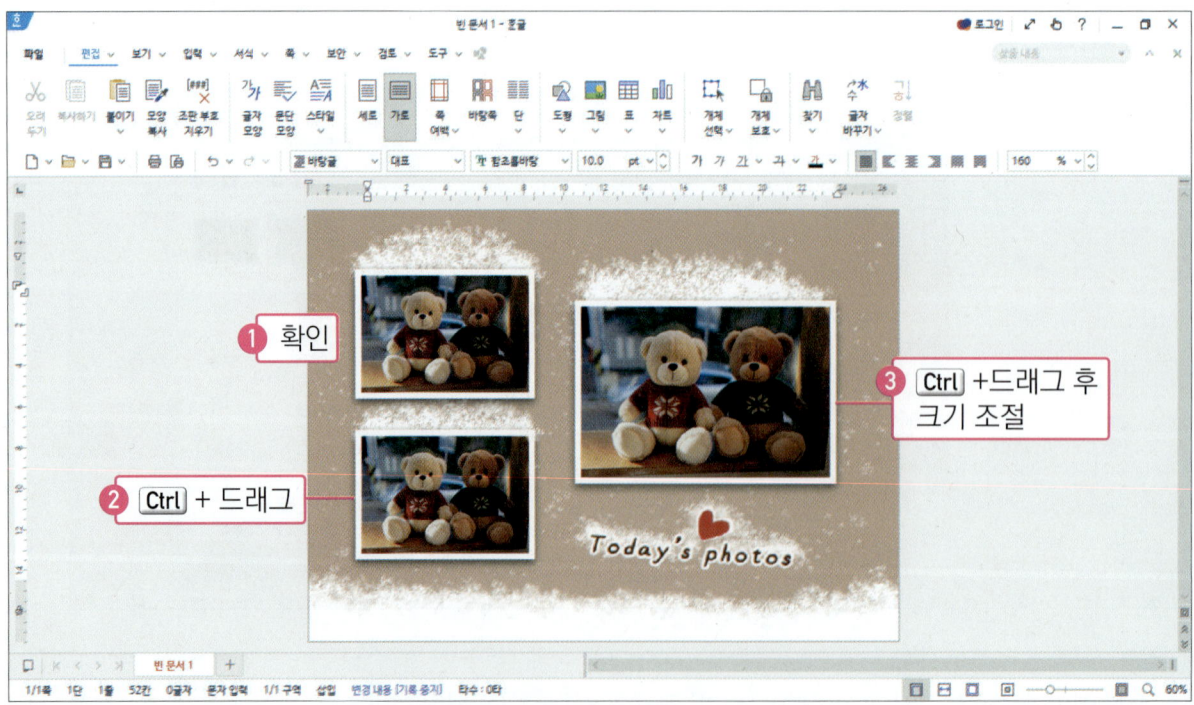

08 사진을 교체하기 위해 아래쪽 사진을 선택한 후 메뉴에서 [그림(　)] 탭의 [바꾸기/저장(　)] -[그림 바꾸기(　)]를 클릭합니다. [그림 바꾸기] 대화상자가 나타나면 '준비파일' 폴더에서 '사진2.jpg'를 선택한 후 [열기] 버튼을 클릭합니다.

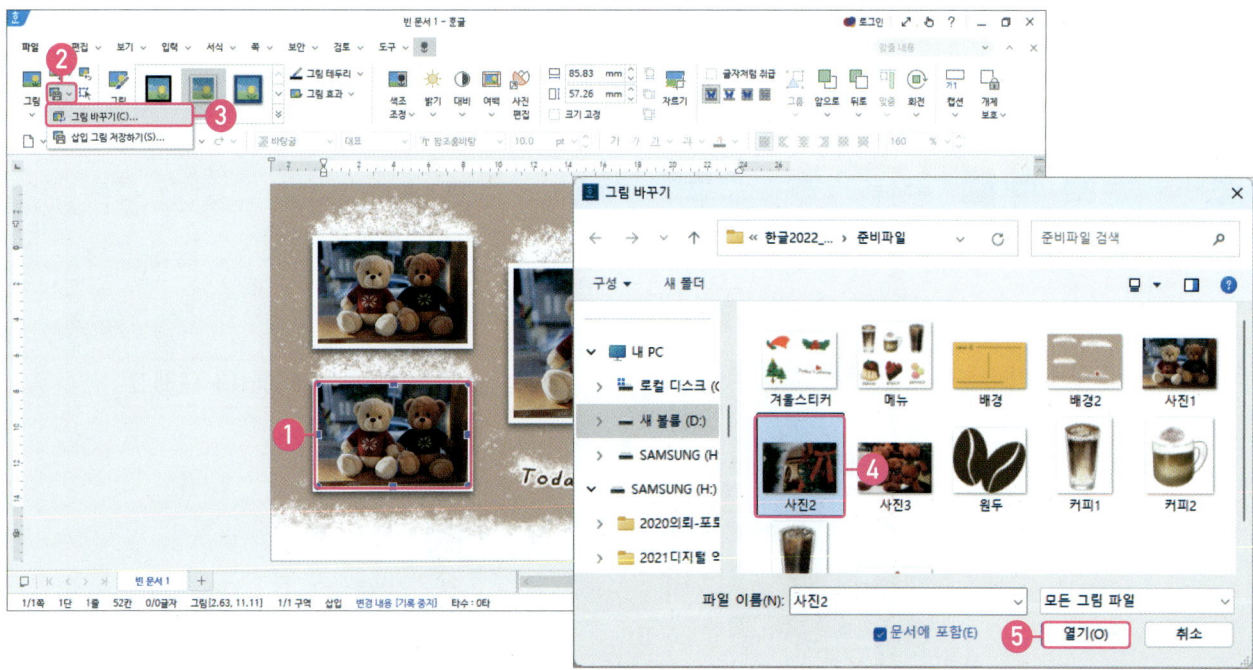

09 08과 같은 방법으로 오른쪽의 사진을 '준비파일' 폴더에서 '사진3.jpg'을 바꾸기 후 교체된 사진을 확인합니다.

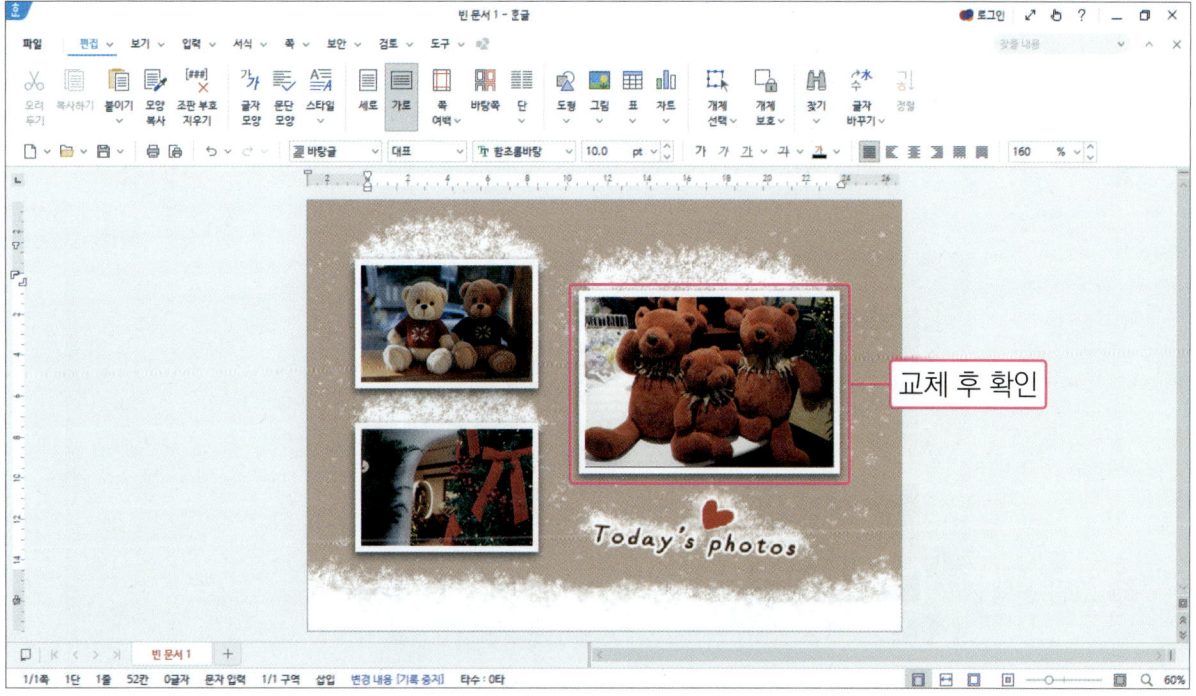

▶ 그림 자르기

01 메뉴에서 [편집] 탭-[그림(📷)]을 클릭한 후 '준비파일' 폴더에서 '자르기.png' 파일을 불러와 오른쪽 하단에 드래그하여 추가한 후 Ctrl 키를 눌러 오른쪽 상단에 미리 하나 더 복사합니다.

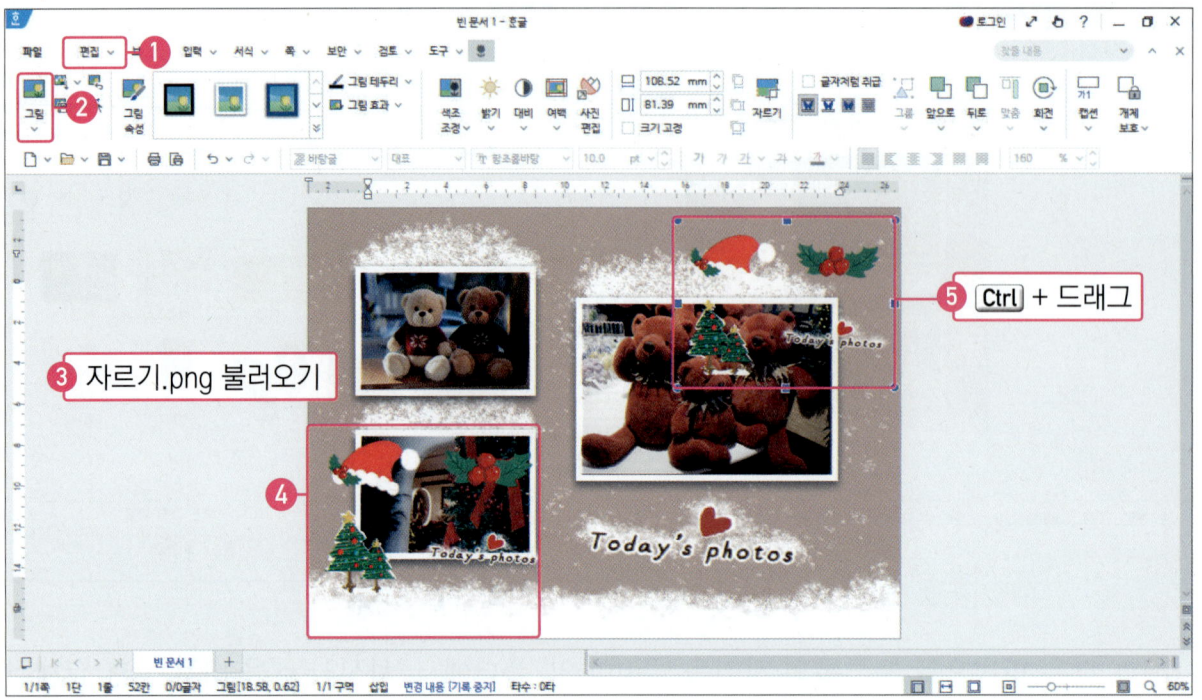

02 오른쪽 하단에 있는 그림을 선택하고 [그림(📷)] 탭-[자르기(📷)]를 클릭합니다.

03 그림 테두리에 8개의 경계선이 나타납니다. 오른쪽 상단 모서리 경계선을 마우스 왼쪽 버튼을 클릭한 채 아래쪽 대각선 방향으로 드래그하여 필요한 부분만 남깁니다. [자르기( )]를 다시 한번 클릭해 그림 자르기를 마무리하고 보기 좋게 크기를 조절합니다.

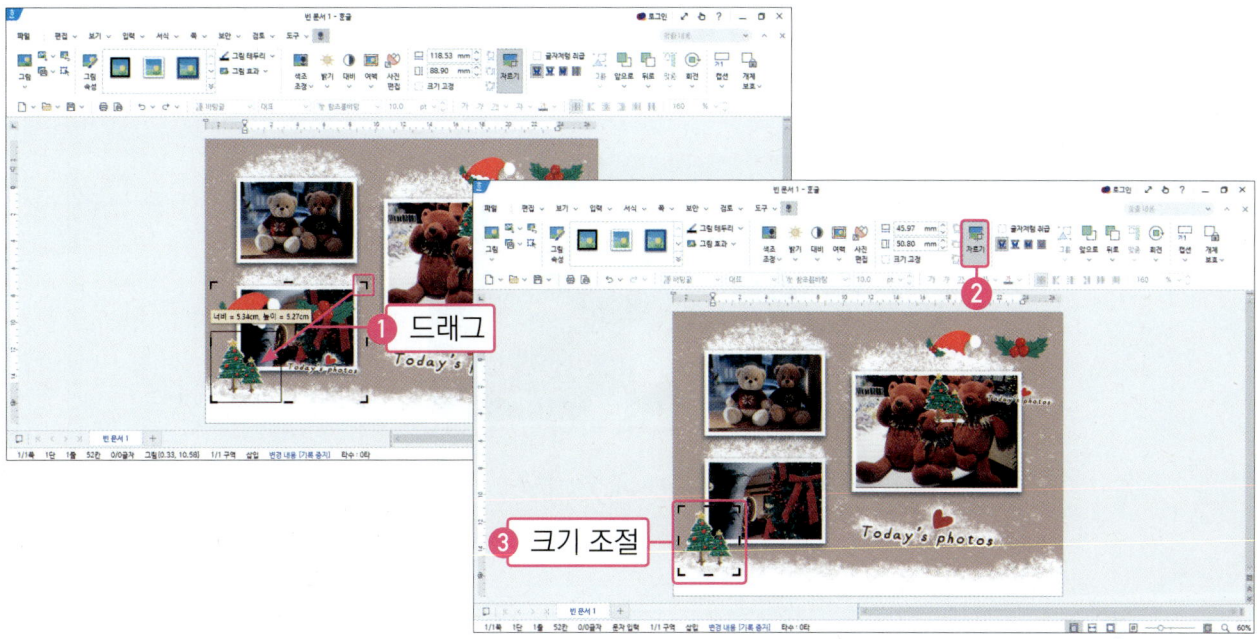

04 02~03과 같은 방법으로 오른쪽에 복사한 사진을 선택해 자르기한 후 아래처럼 배치합니다. 사진을 회전시키기 위해 메뉴에서 [그림( )] 탭–[회전( )]–[개체 회전]을 클릭합니다.

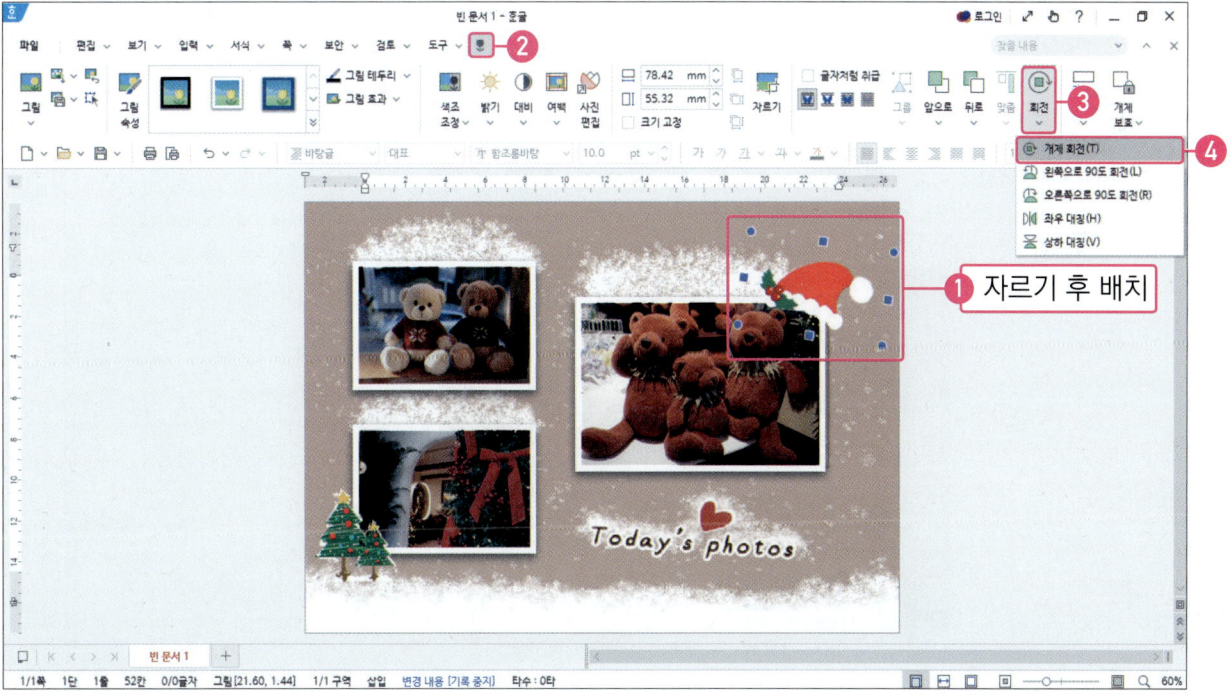

 [회전]의 상세 메뉴
- **개체 회전** : 마우스로 드래그해서 자유롭게 회전합니다.
- **왼쪽(오른쪽)으로 회전** : 사진이 반시계(시계) 방향으로 90° 회전됩니다.
- **좌우 대칭/상하 대칭** : 사진을 왼쪽과 오른쪽, 위아래로 뒤집어 줍니다.

05 점에 마우스 포인터를 위치시키고 **마우스 왼쪽 버튼을 클릭한 채 드래그하여** 자유롭게 회전합니다.

 그림 속성을 [글자처럼 취급]으로 설정했다면 개체 회전을 할 수 없습니다.

06 텍스트를 입력하기 위해 메뉴에서 [입력] 탭-[가로 글상자(■)]를 클릭합니다.

07 마우스를 드래그해 글상자를 삽입하고 서식 도구 상자에서 [글꼴]은 '한컴 백제 B', [글자 크기]는 '32pt'로 설정한 후 '찰칵, 오늘의 기록'을 입력합니다.

08 글상자의 테두리를 없애기 위해 테두리를 클릭해 선택한 후 [도형 윤곽선(⌀)]의 ⌄─[없음]을 클릭합니다.

127

09 글상자의 색을 없애기 위해 글상자가 선택된 상태에서 [도형 채우기(🎨)]의 ˅–[없음]을 클릭합니다.

10 Esc 키를 눌러 선택을 해제합니다. 완성 내용을 확인한 후 서식 도구 상자에서 [저장하기(💾)]를 클릭해 '포토 앨범.hwpx'로 저장합니다.

응용력 키우기

01 '준비파일' 폴더에서 '풍경1.png' 파일을 불러와 문서에 삽입한 후 다음과 같이 꾸미고 복사해 봅니다.

- 그림 크기 : 너비와 높이가 '60mm'인 정사각형 이미지로 삽입
- 그림 스타일 : 회색 아래쪽 그림자

02 문제 **01**의 파일을 다음과 같이 '풍경2.png' 이미지로 교체해 봅니다.

- 교체할 사진을 선택하고 [그림( )] 탭–[바꾸기/저장( )]–[그림 바꾸기( )]를 클릭
- [그림 바꾸기] 대화상자에서 바꿀 그림을 선택한 후 [열기] 버튼을 클릭

03 문제 **02**의 파일을 '액자.hwp'로 저장해 봅니다.

129

응용력 키우기

04 '준비파일' 폴더에서 '시.hwpx' 파일을 불러옵니다. 한컴 애셋에서 클립아트를 내려받은 후 그리기 마당의 해당 클립아트를 다음과 같이 삽입해 문서를 만들어 봅니다.

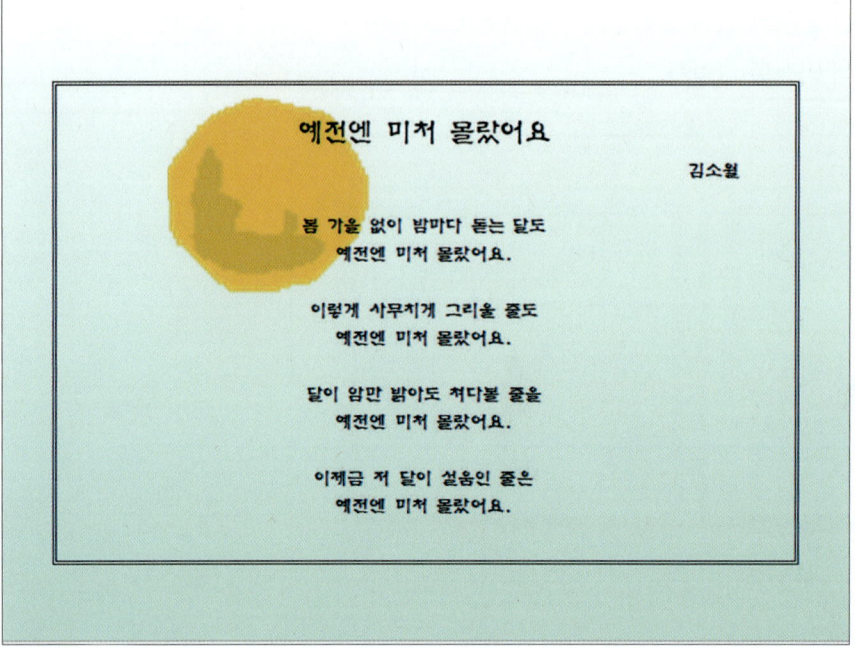

- [편집] 탭-[그림()]-[그리기 마당]-[내려받은 그리기 마당]의 [클립아트 다운로드]에서 클립아트를 검색(예: 달)해 내려받기
- [개체 속성] : 본문과의 배치는 [글 뒤로(■)]를 설정

05 문제 **04**의 파일을 '시.hwpx'로 변동 내용을 저장한 후 [다른 이름으로 저장하기]를 이용해 파일 형식을 PNG 이미지 형식인 '시.png'로 저장해 봅니다.

07 나만의 스페셜 로고 만들기

- 도형 삽입하기
- 글맵시 삽입하기
- 개체 복사하기
- 개체 묶기와 풀기
- 본문과의 배치

미/리/보/기

완성파일 : 나만의 로고.hwpx

이번 장에서는 도형과 글맵시를 활용해 나만의 스페셜 로고를 만들어 봅니다. 더불어 개체 묶기와 이동 및 복사하는 방법 그리고 순서와 간격을 균등하게 배치하는 방법을 알아보겠습니다.

131

 도형 실습 | 칭찬스티커 만들기

도형을 이용해 사각형과 원을 배치하고 개체 묶기 또는 풀기를 이용해 칭찬스티커를 만들어 봅니다.

▶ 문서에 도형 삽입하기

01 한글을 실행합니다. 도형을 삽입하기 위해 메뉴에서 [편집] 탭–[도형(🖼)]–[타원(◯)]을 클릭합니다. 마우스 포인터의 모양이 '+'로 변경되면 원을 그립니다.

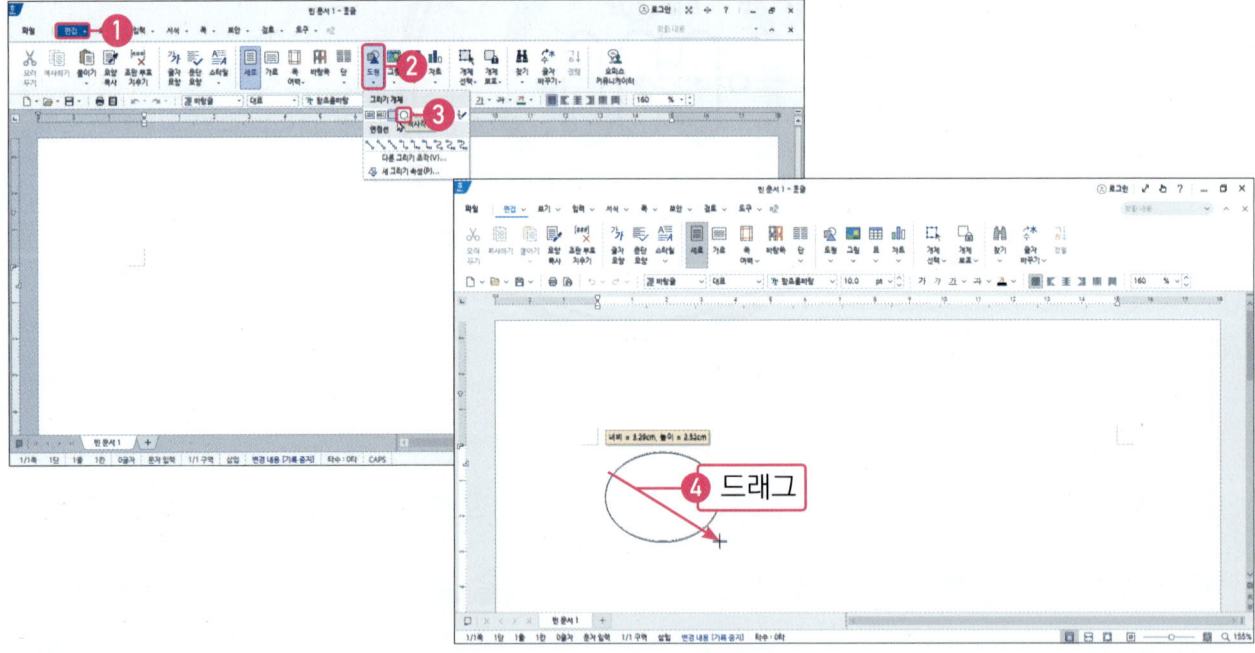

- [입력] 탭에서도 도형을 삽입할 수 있습니다.
- 정원, 정사각형 그리기 : Shift 키를 누른 채 드래그합니다.

02 정확한 크기를 위해 메뉴의 [도형( )] 탭에서 기본 도구 상자의 [너비( )]를 '32mm', [높이( )]를 '24mm'로 설정합니다.

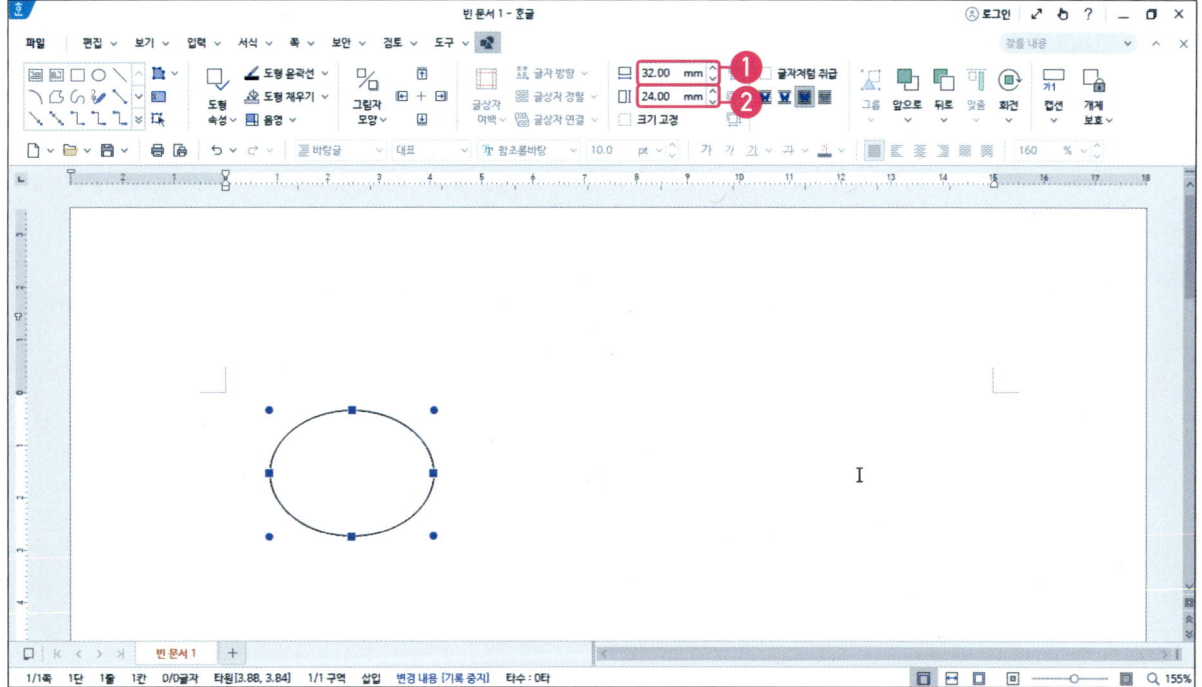

03 색을 넣기 위해 원이 선택된 상태에서 [도형 채우기( )]의 를 클릭해 '노랑'으로 설정합니다.

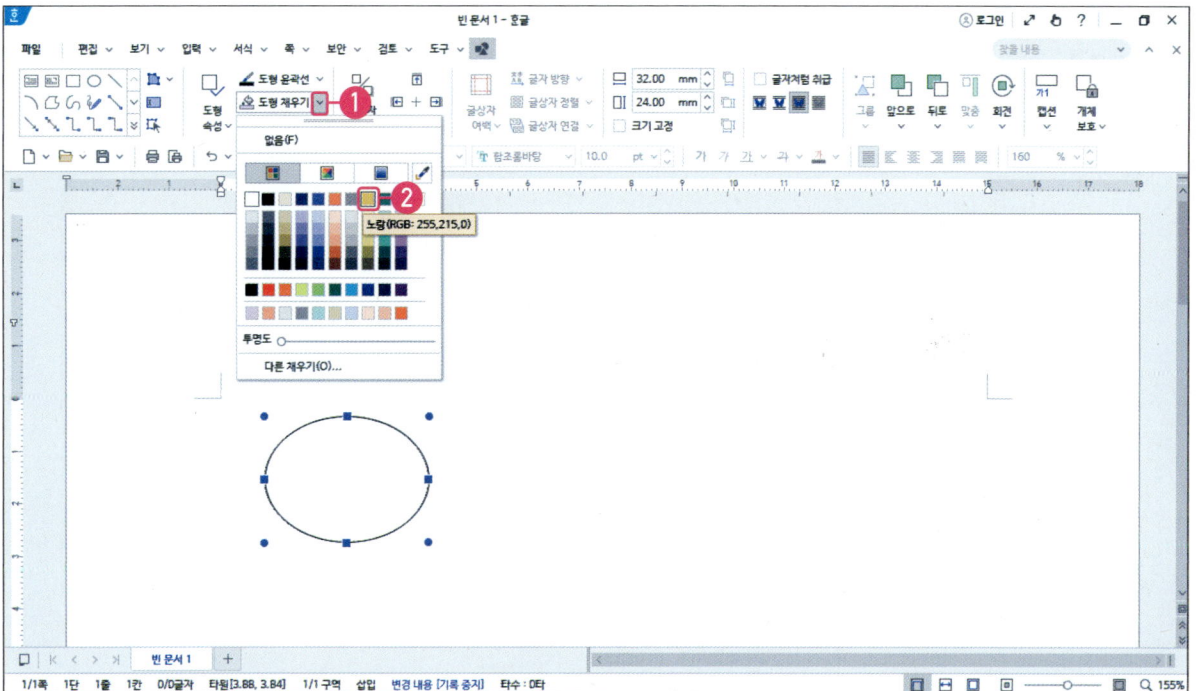

04 노랑으로 채워진 것을 확인합니다. 원을 추가로 그리기 위해 타원을 선택한 후 아래처럼 드래그합니다. 색을 채우기 위해 [도형 채우기(🎨)]의 ⌄를 클릭해 '검정'으로 설정합니다.

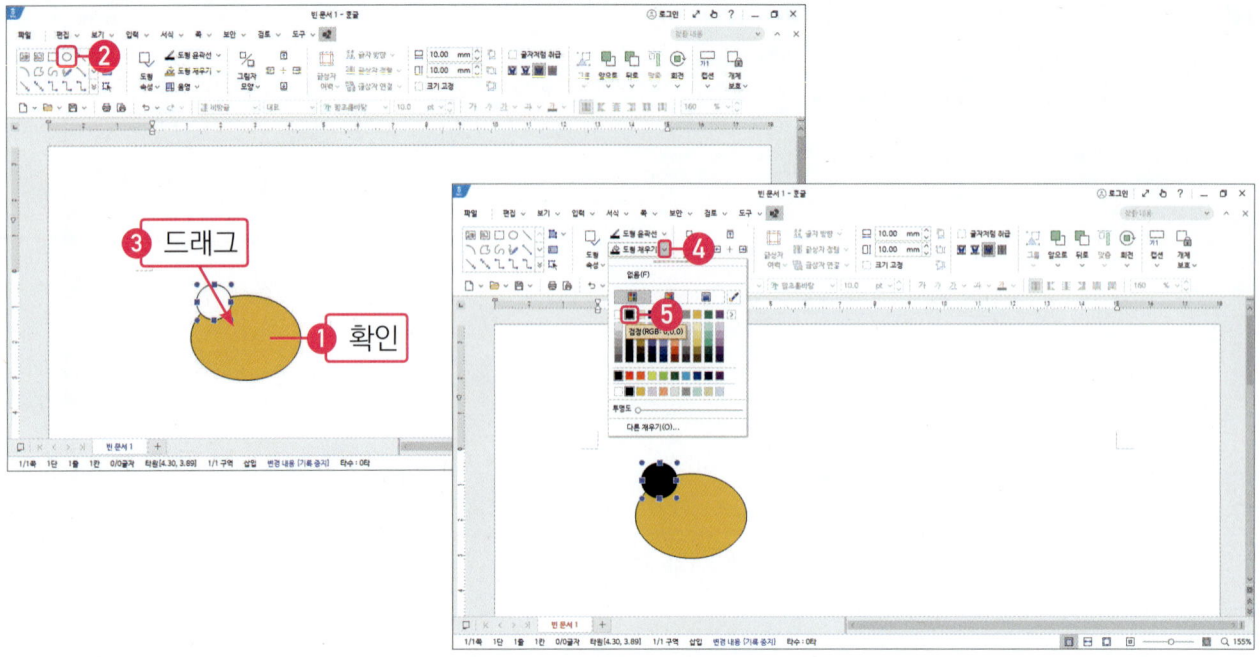

05 타원을 Ctrl 키를 누른 채 오른쪽 방향으로 드래그해 복사합니다.

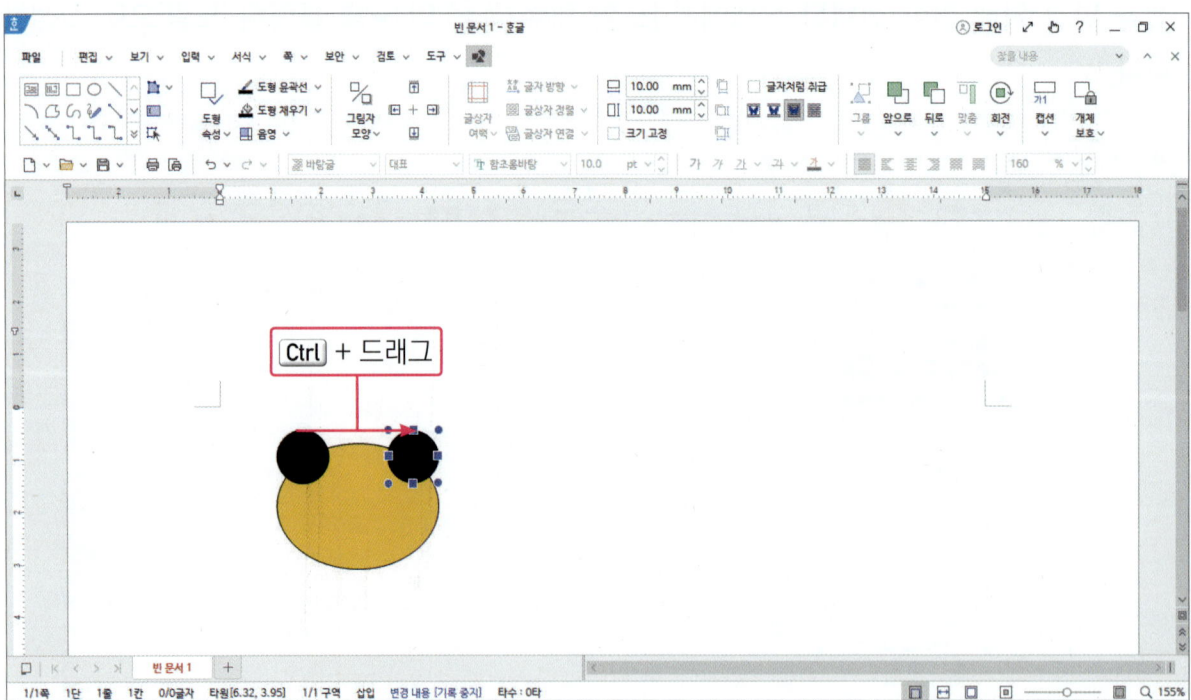

06 노란색 타원을 클릭한 후 [도형()]의 기본 도구 상자에서 [앞으로()]-[맨 앞으로()]를 클릭합니다.

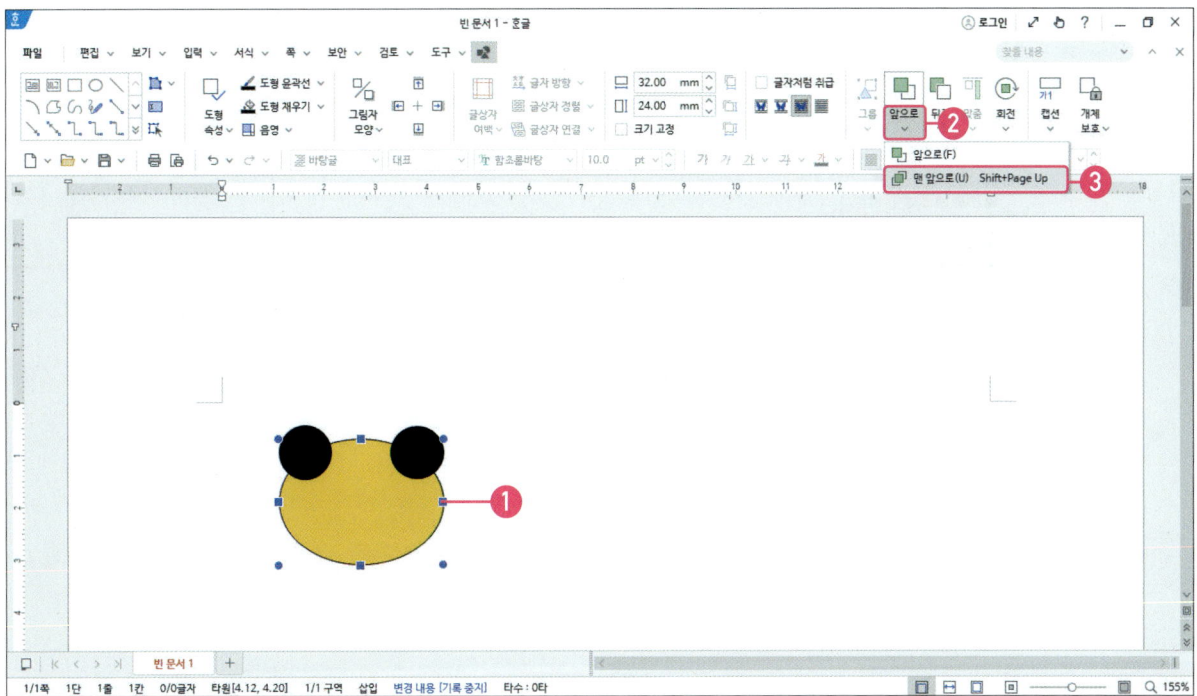

- **앞으로** : 여러 개의 개체가 겹쳐 있을 때 선택된 개체를 바로 앞에 있는 개체의 앞으로 보냅니다.
- **맨 앞으로** : 여러 개의 개체가 겹쳐 있을 때 선택된 개체를 맨 앞으로 보냅니다.
- **뒤로** : 여러 개의 개체가 겹쳐 있을 때 선택된 개체를 바로 뒤에 있는 개체의 뒤로 보냅니다.
- **맨 뒤로** : 여러 개의 개체가 겹쳐 있을 때 선택된 개체를 맨 뒤로 보냅니다.

07 노란색 타원이 맨 앞으로 배치된 것을 확인합니다. 직사각형을 그리기 위해 [직사각형()]을 클릭한 후 마우스 포인터 모양이 '+'로 변경되면 드래그하여 그립니다.

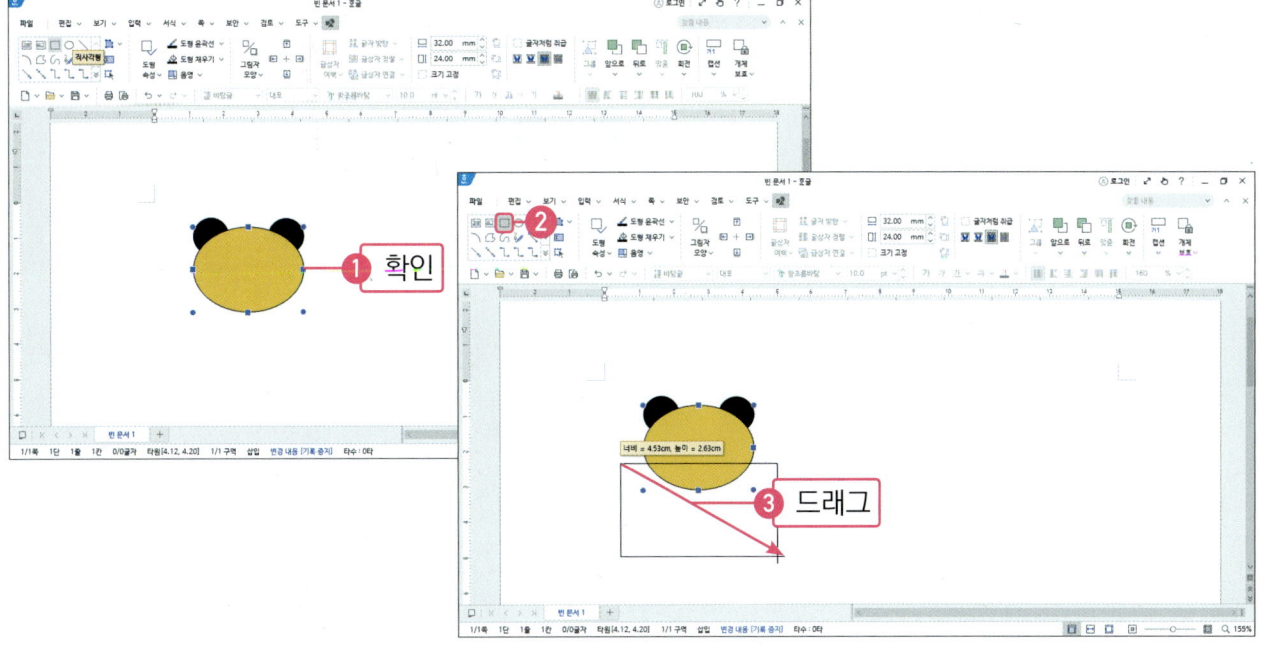

08 크기 변경을 위해 [도형(　)]의 기본 도구 상자에서 [너비(　)]를 '45mm', [높이(　)]를 '24mm'로 설정한 후 색을 채우기 위해 [도형 채우기(　)]의 ⌵를 클릭해 '노랑 80% 밝게'로 설정합니다.

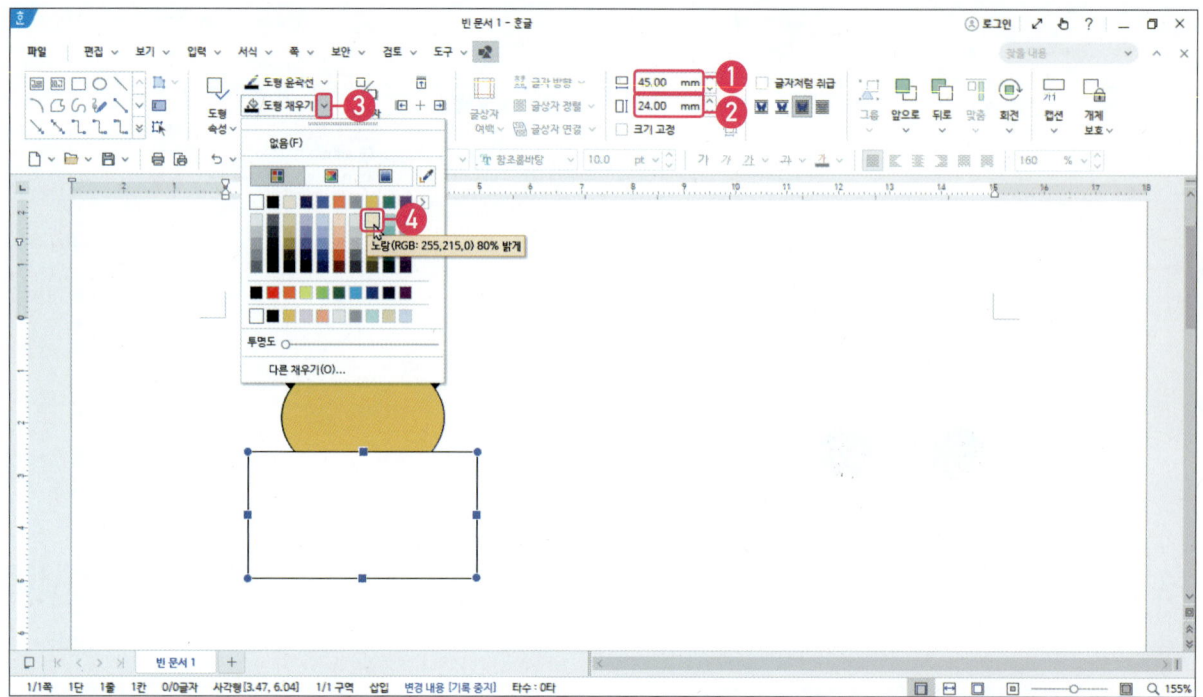

09 직사각형의 도형을 뒤로 보내기 위해 [도형(　)]의 기본 도구 상자에서 [뒤로(　)]를 클릭합니다. 뒤로 배치된 것을 확인합니다.

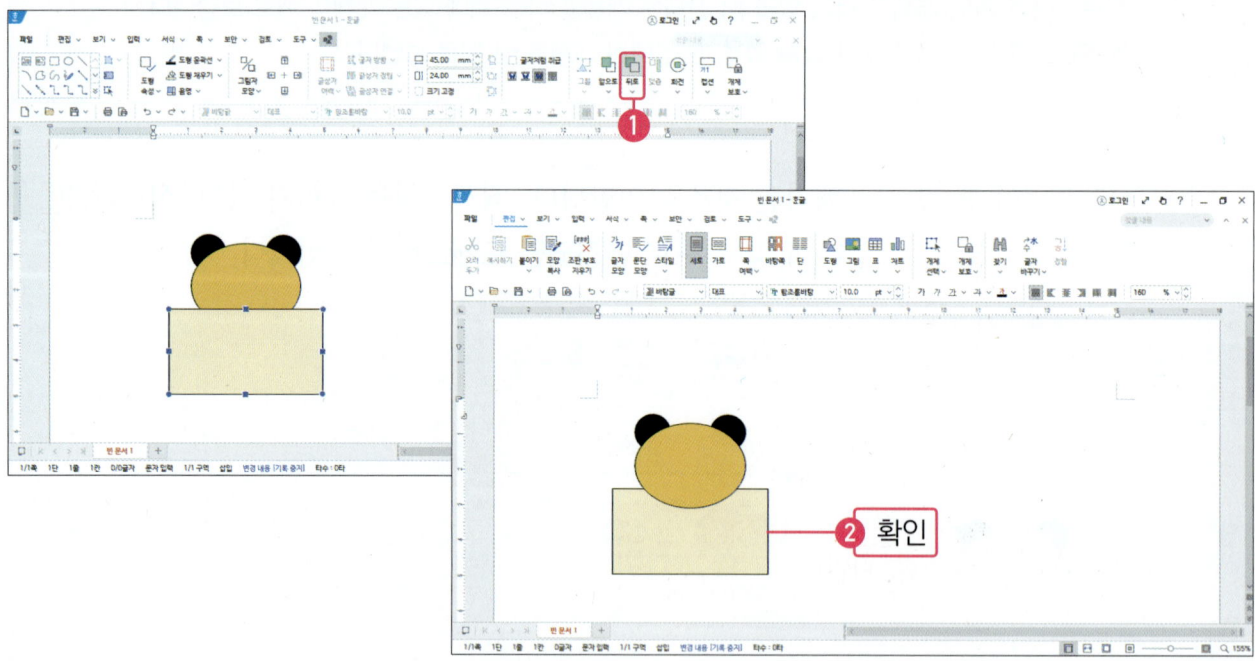

▶ 도형에 글자 넣기

01 도형 안에 글자를 넣기 위해 해당 개체를 선택한 후 메뉴에서 [도형()]-[글자 넣기()]를 클릭합니다.

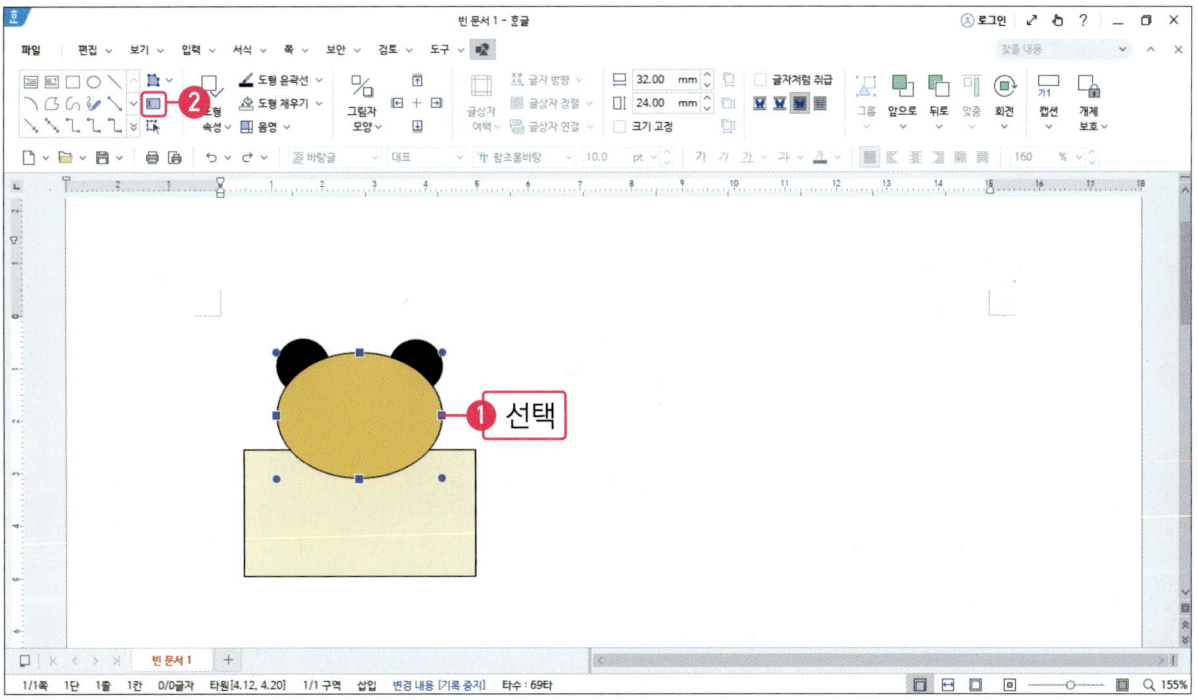

02 서식 도구 상자에서 [글자 크기]는 '16pt', [진하게()], [가운데 정렬()]로 설정한 후 '칭찬스티커'를 입력합니다.

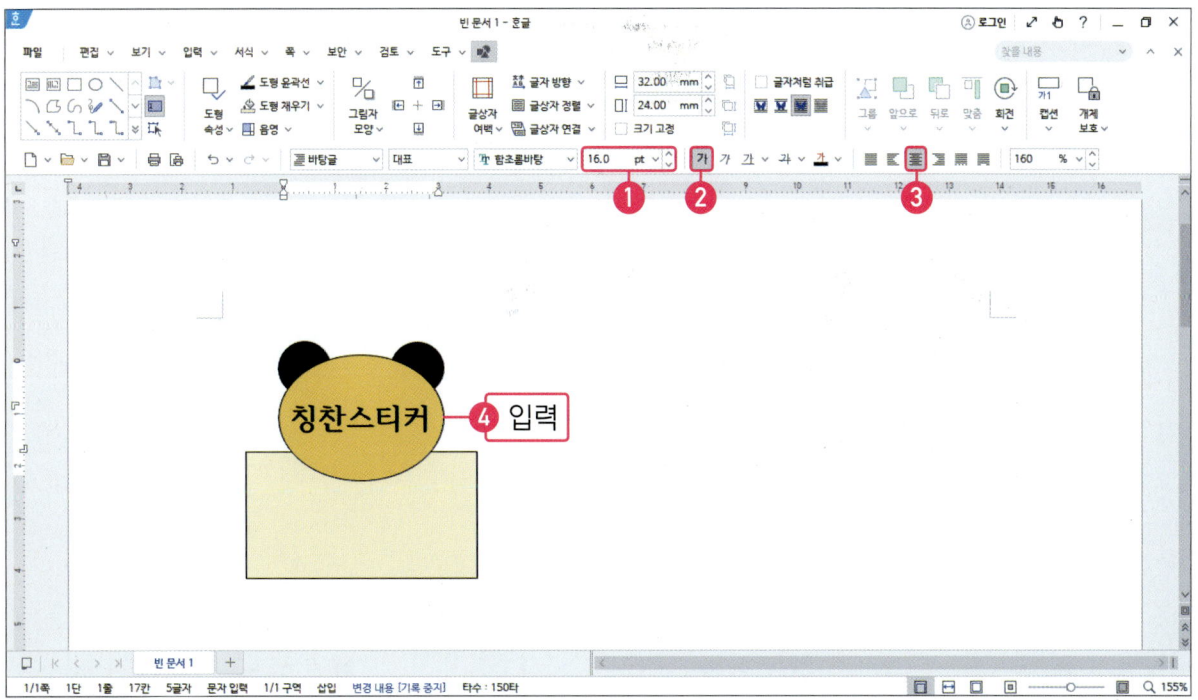

03 사각형 개체를 클릭한 후 메뉴에서 [도형()]-[글자 넣기()]를 클릭합니다. 서식 도구 상자에서 [글꼴]은 '한컴 백제 B', [글자 크기]는 '20pt', [가운데 정렬()]로 설정한 후 '참 잘했어요!'를 입력합니다.

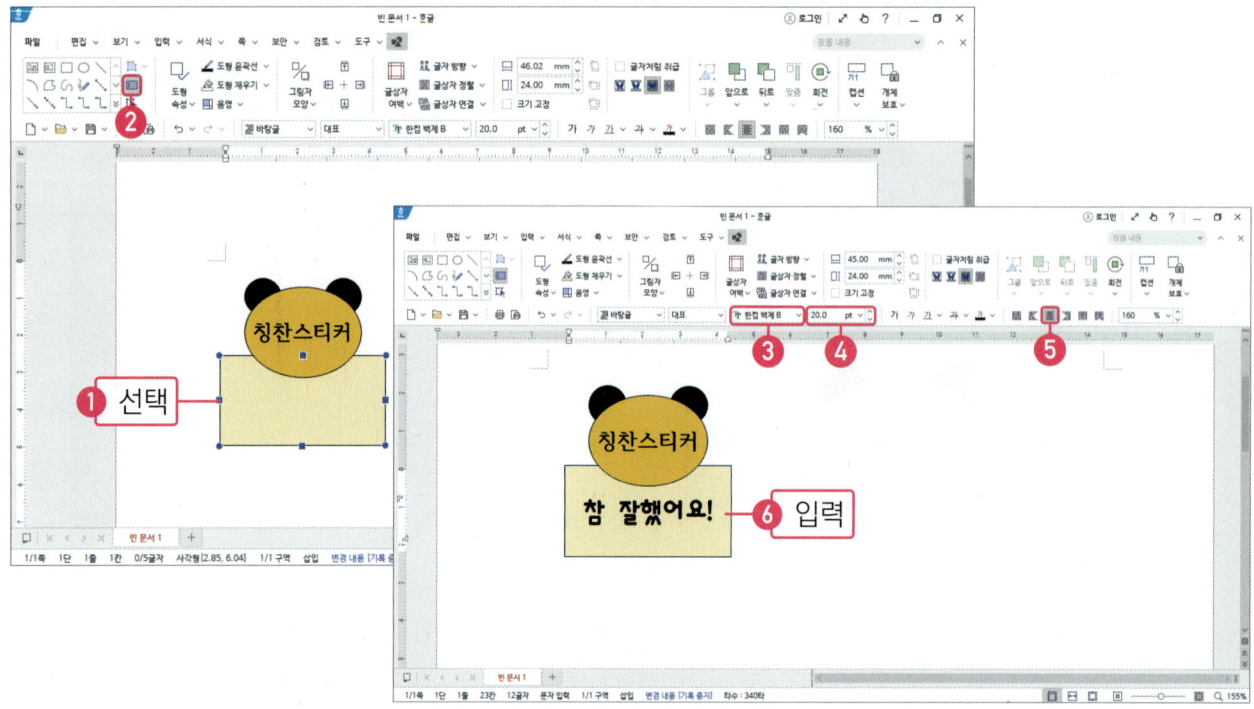

04 메뉴에서 [도형()]의 [개체 선택()]을 클릭한 후 드래그하여 개체를 모두 선택하고 [그룹()]-[개체 묶기]를 클릭합니다.

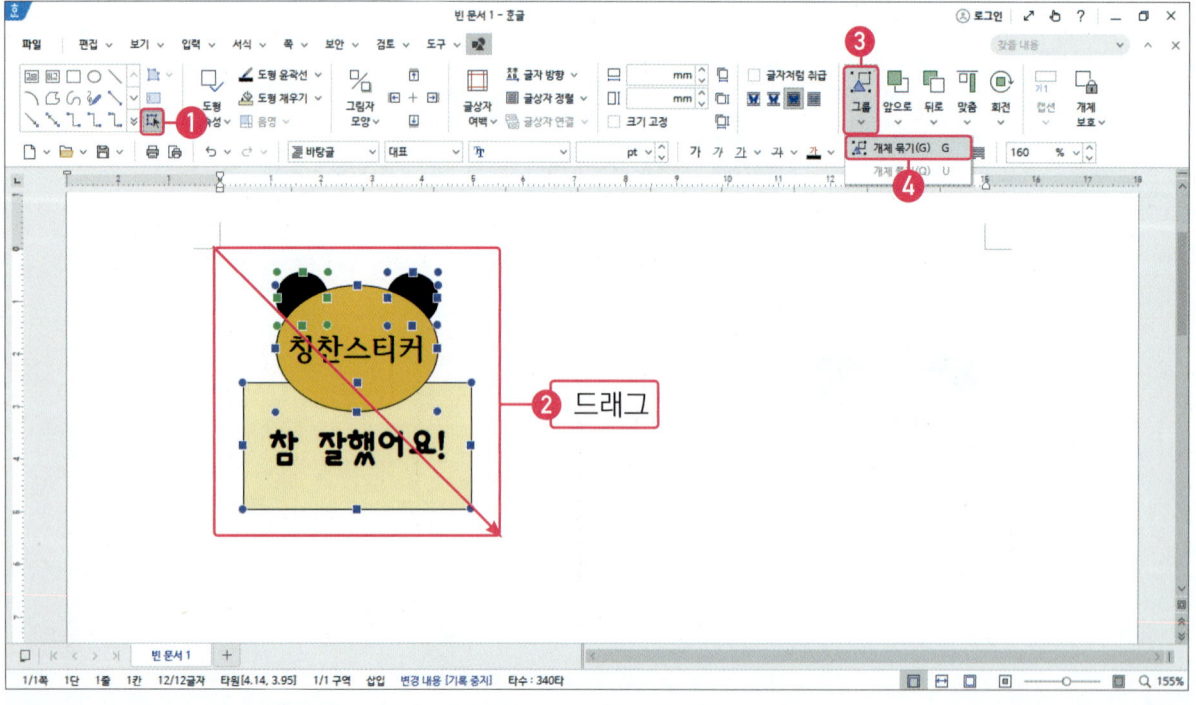

 Shift 키를 누른 채 각각의 개체를 클릭해 선택해도 됩니다.

05 테두리를 변경하기 위해 도형을 더블 클릭한 후 [개체 속성] 대화상자가 나타나면 [선] 탭의 선에서 [색]은 '주황 50% 어둡게', [굵기]는 '1.5mm'로 설정한 후 [설정] 버튼을 클릭합니다.

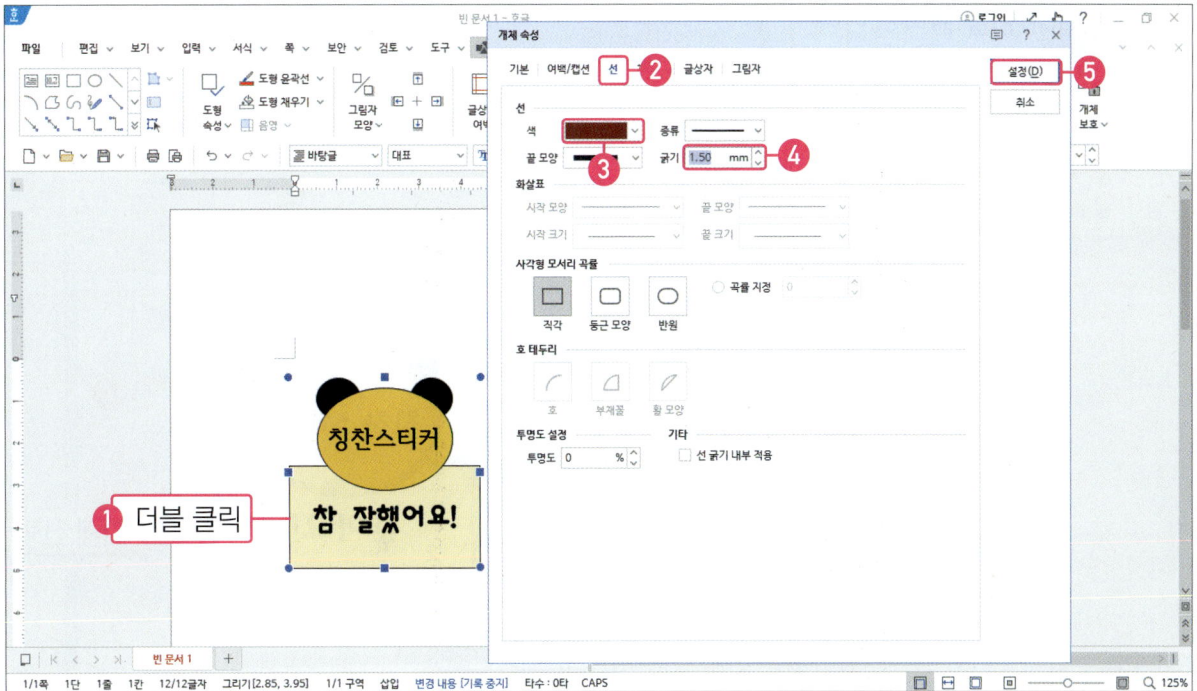

06 개체를 선택하고 Ctrl + Shift 키를 누른 채 옆으로 드래그하여 두 번 복사합니다.

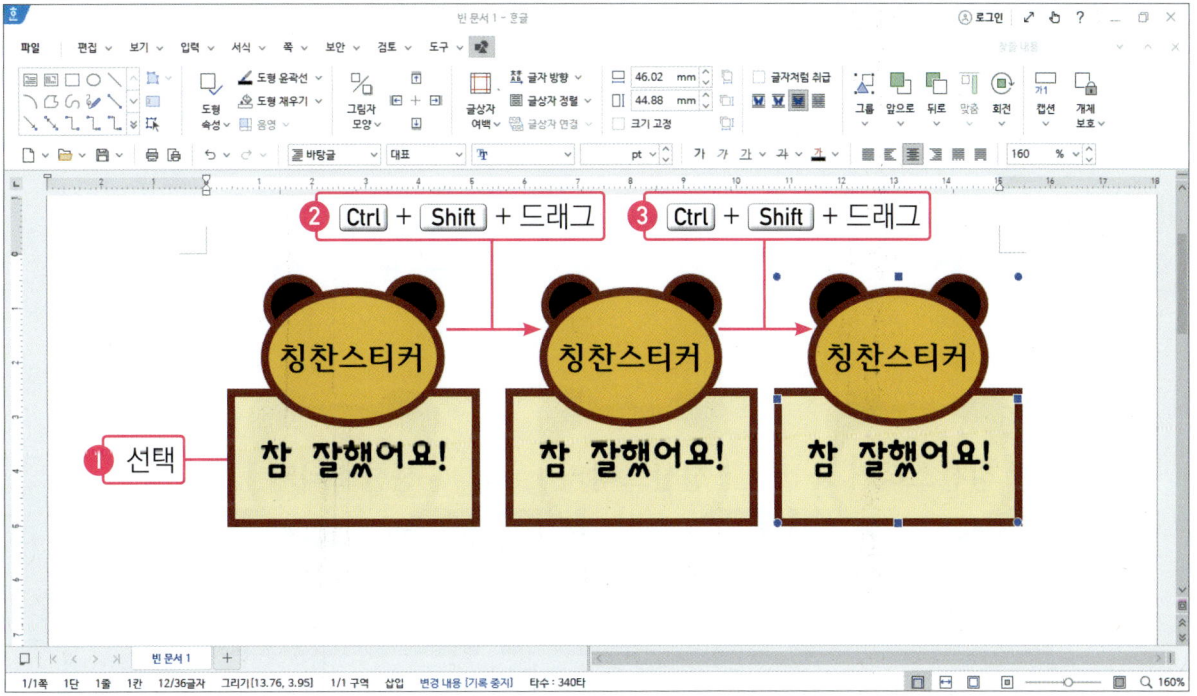

07 해당 도형을 각각 클릭해 내용을 아래처럼 수정합니다. 간격을 동일하게 맞추기 위해 Shift 키를 누른 채 각각의 개체를 모두 클릭해 선택한 후 메뉴의 [도형( )] 탭-[맞춤( )]-[가로 간격을 동일하게]를 클릭합니다.

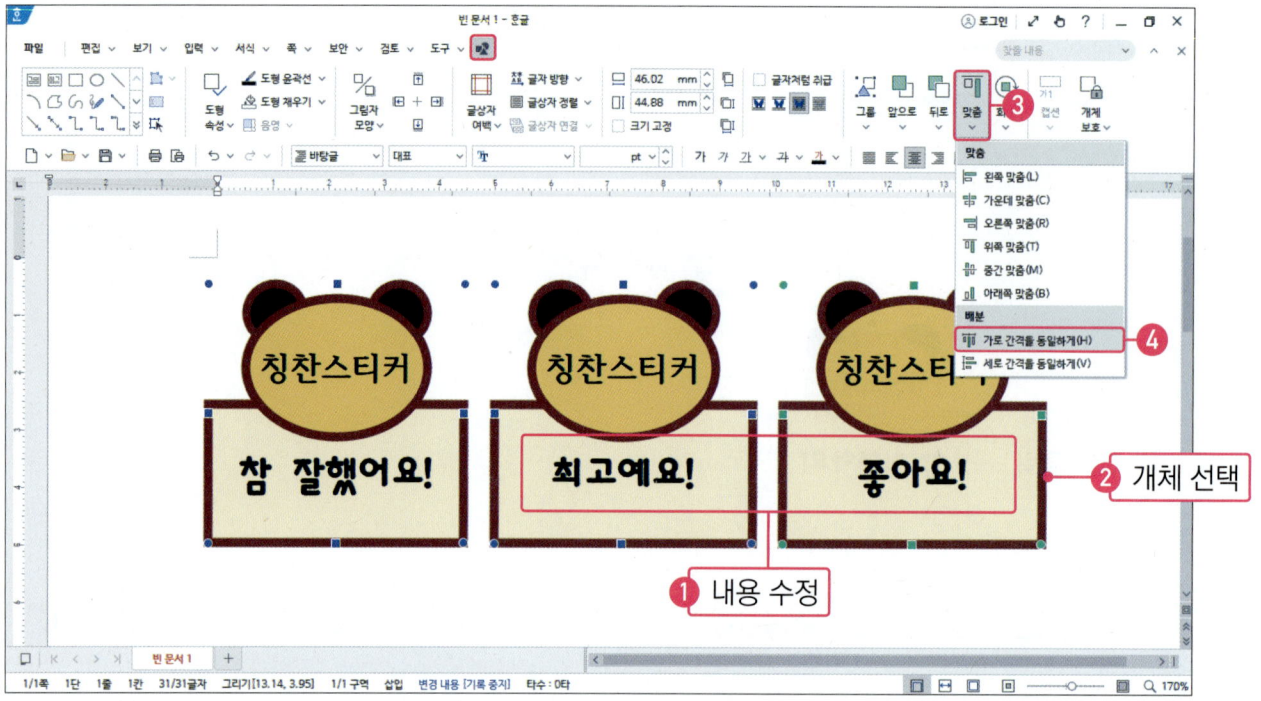

08 Esc 키를 눌러 선택을 해제합니다. 서식 도구 상자에서 [저장하기( )]를 클릭해 '칭찬스티커.hwpx'로 저장합니다.

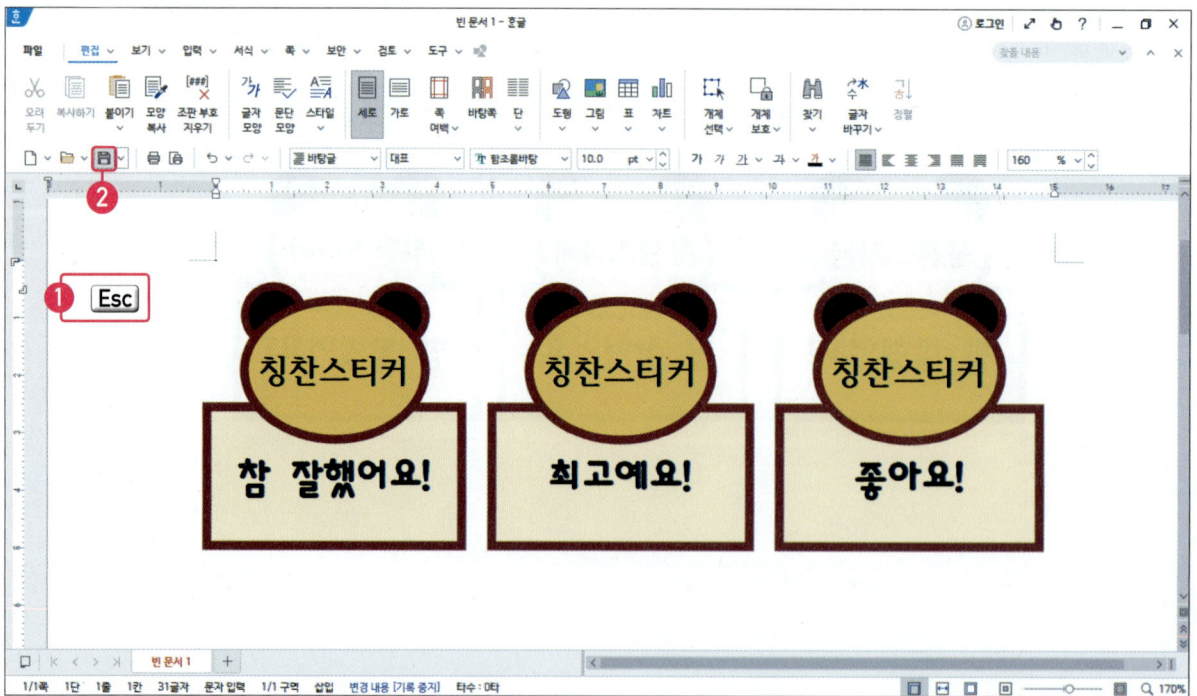

글맵시 실습 | 나만의 스페셜 로고 만들기

글맵시는 문자를 구부리거나 외곽선, 면 채우기, 그림자, 회전 등의 다양한 효과로 문자를 돋보이게 꾸밀 수 있으며 문서 내에서 자유롭게 배치할 수 있습니다.

▶ 글맵시 삽입하기

01 글맵시를 이용해 글자를 꾸미기 위해 [입력] 탭-[글맵시(　)]를 클릭합니다.

02 [글맵시 만들기] 대화상자가 나타나면 [내용]에 '과정은 기초 결과는 고수'를 입력한 후 Enter 키를 누르고 다음 줄에 '-감사합니다-'를 입력합니다. [글맵시 모양]은 '두 줄 원형', [글꼴]은 'HY동녘B'로 설정한 후 [설정] 버튼을 클릭합니다.

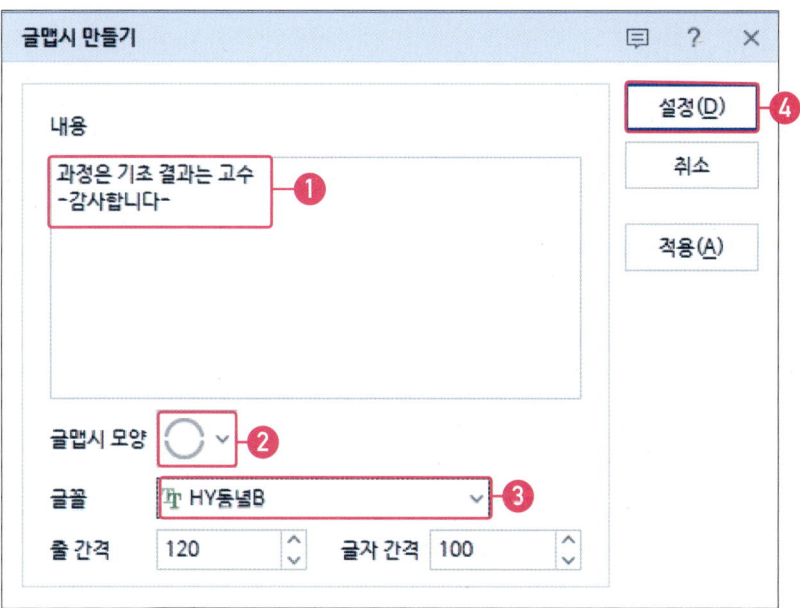

03 글맵시가 삽입되면 [너비(□)]와 [높이(□)]를 각각 '60mm'로 설정한 후 드래그해서 위치를 이동합니다.

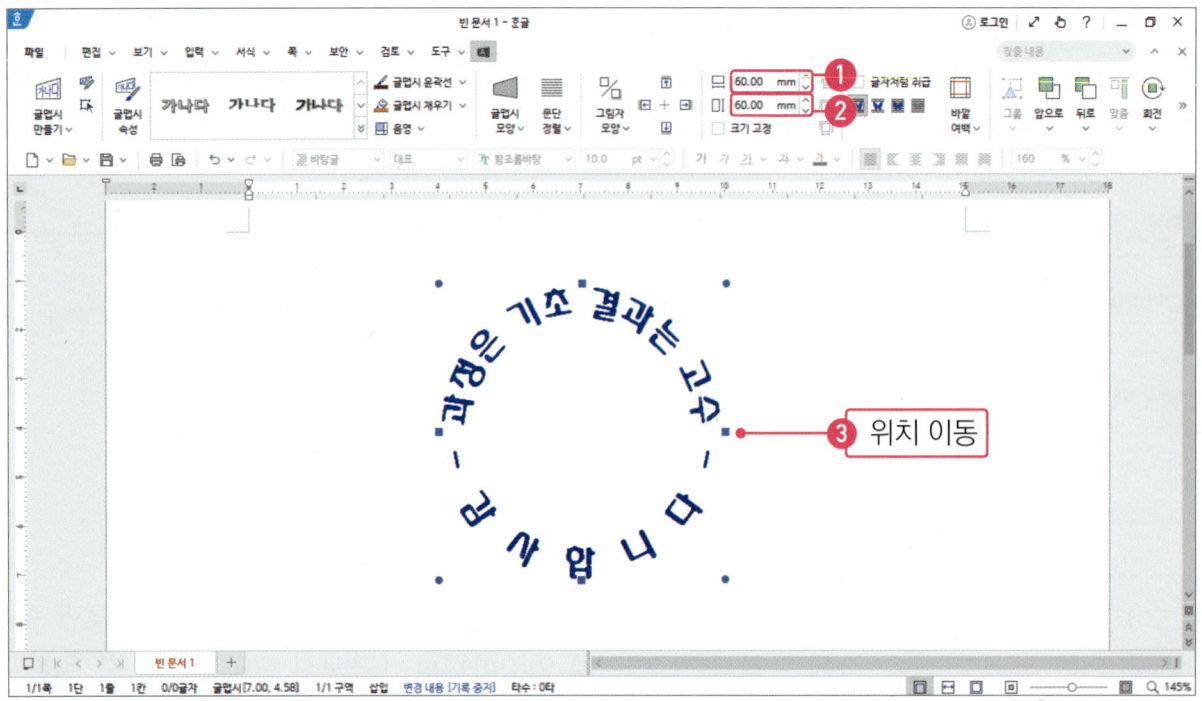

 글맵시 편집하기
글맵시 내용을 수정하려면 편집 화면에 삽입된 글맵시 개체를 선택한 후 메뉴에서 [글맵시(圖)] 탭의 [내용 편집(圖)] 또는 [글맵시 속성(圖)]을 클릭합니다.

04 글맵시의 글자 색을 변경하기 위해 메뉴의 [글맵시(圖)] 기본 도구 상자에서 [글맵시 채우기(圖)]의 ⌄를 클릭해 '주황'을 클릭합니다.

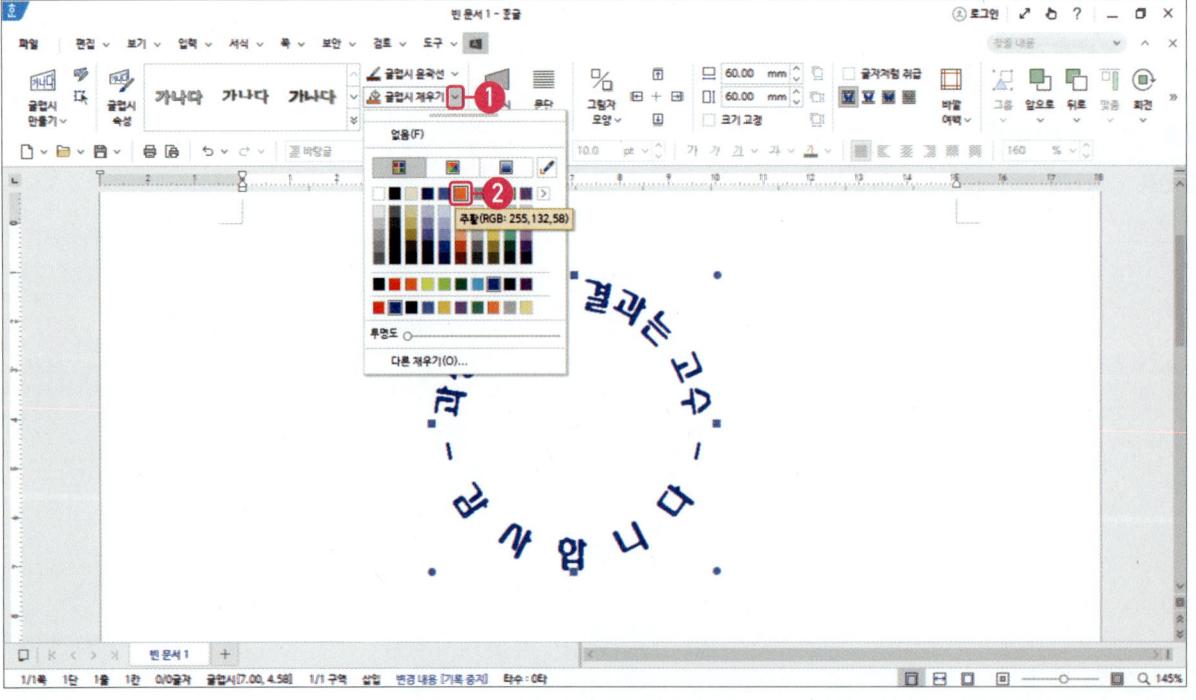

05 글맵시 안에 그림을 삽입하기 위해 메뉴에서 [편집] 탭-[그림(📷)]을 클릭합니다.

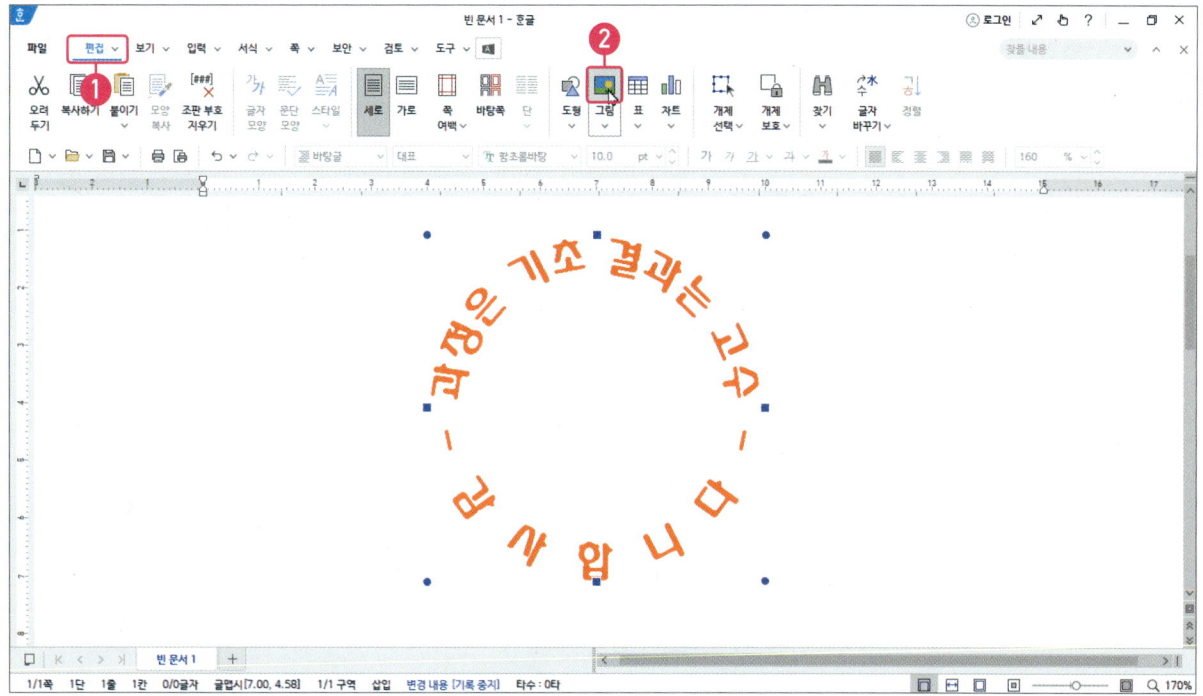

06 [그림 넣기] 대화상자가 나타나면 '준비파일' 폴더에서 '로고.png' 파일을 선택한 후 [열기] 버튼을 클릭합니다.

07 글맵시 안에 드래그해 적당한 크기가 되면 마우스에서 손을 뗍니다.

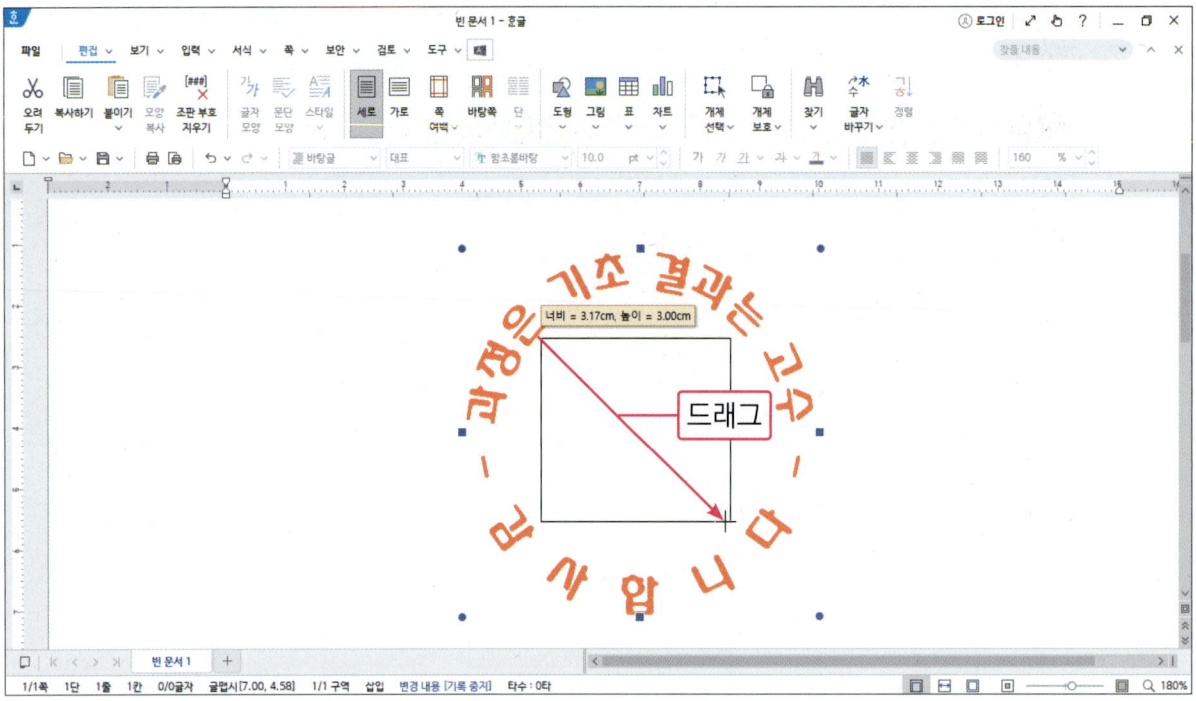

08 그림이 삽입되면 [너비(□)]와 [높이(□)]를 각각 '42mm'로 설정한 후 드래그하여 다음 이미지처럼 위치를 조정합니다.

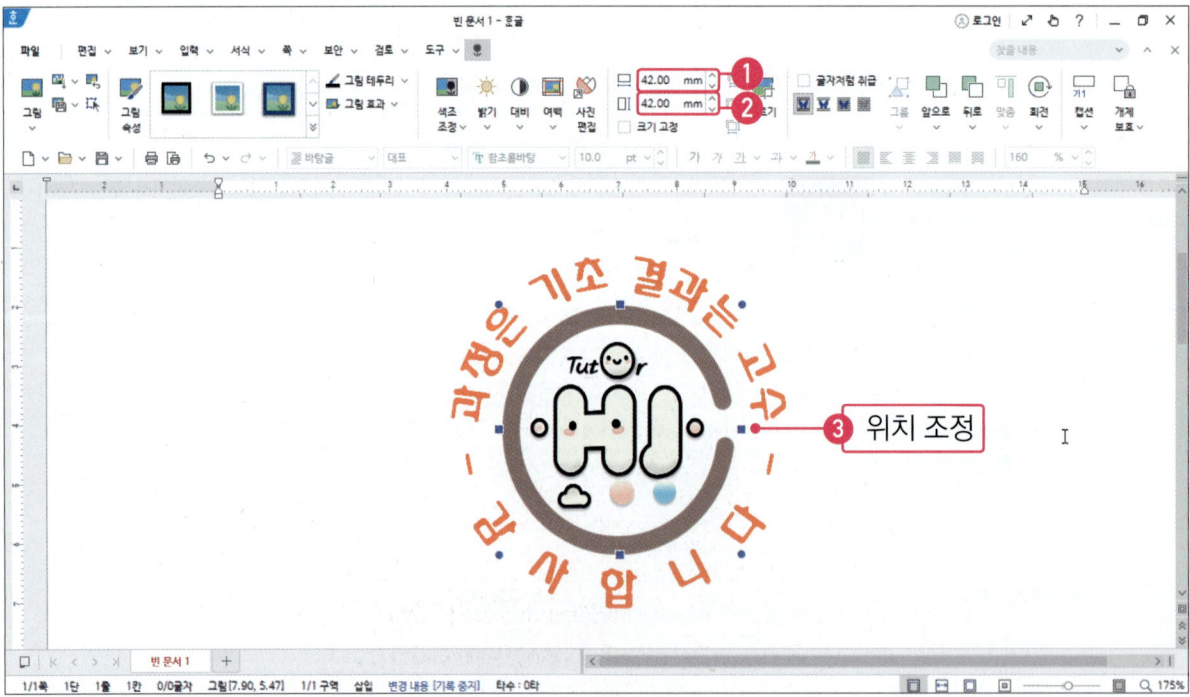

▶ 도형 삽입하기

01 도형을 삽입하기 위해 메뉴에서 [편집] 탭-[도형(📷)]-[타원(◯)]을 클릭합니다.

02 마우스 포인터의 모양이 '+'로 변경되면 원을 그립니다.

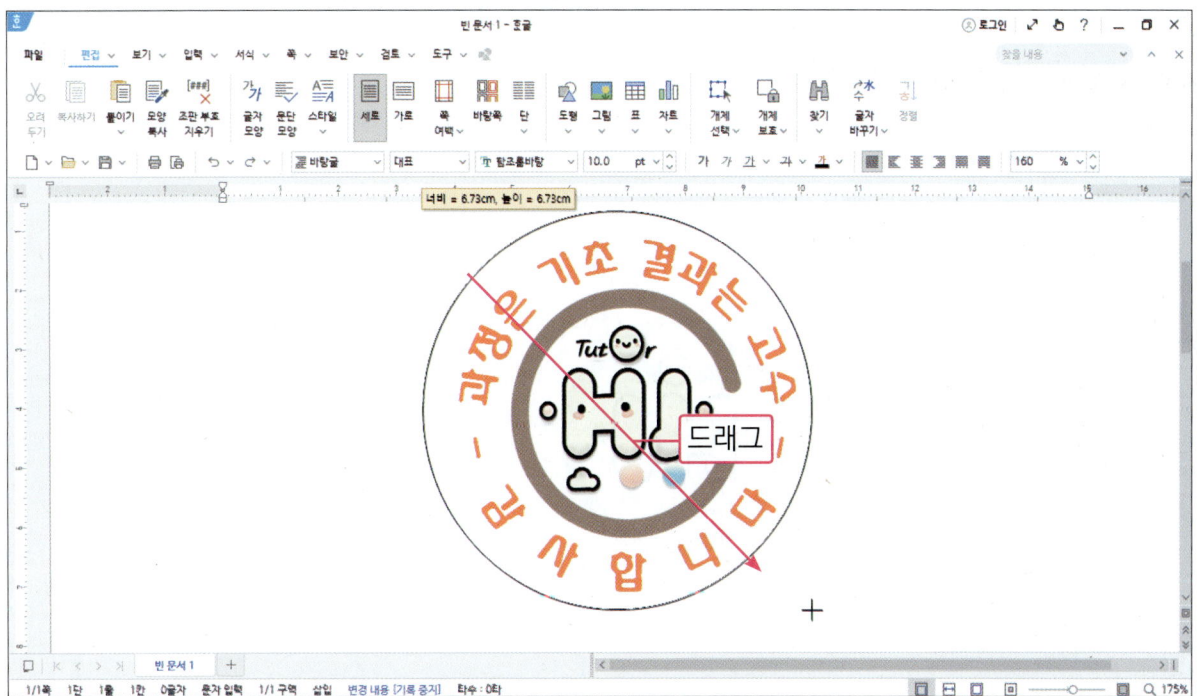

03 정확한 크기를 위해 메뉴의 [도형(🖼)] 탭의 기본 도구 상자에서 [너비(□)]와 [높이(□)]를 각각 '66mm'로 설정한 후 [글 뒤로(▬)]를 클릭합니다.

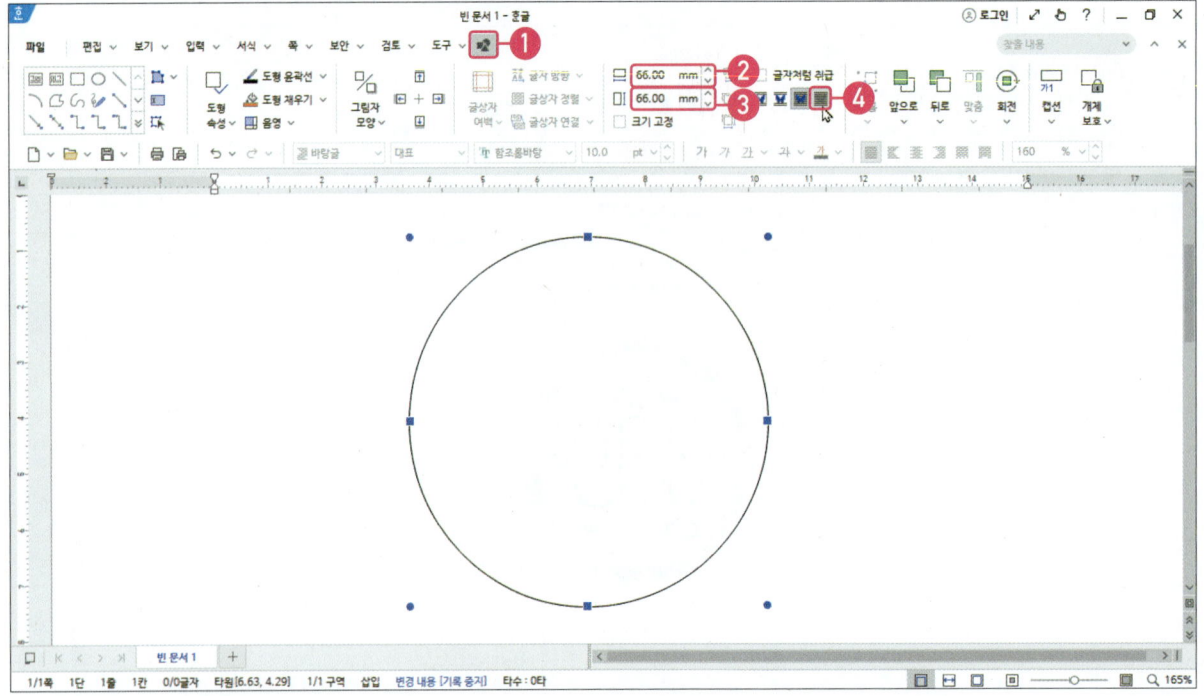

04 도형을 드래그해서 다음처럼 위치를 조정한 후 테두리를 설정하기 위해 메뉴의 [도형(🖼)] 탭의 기본 도구 상자에서 [도형 속성(□)]을 클릭합니다.

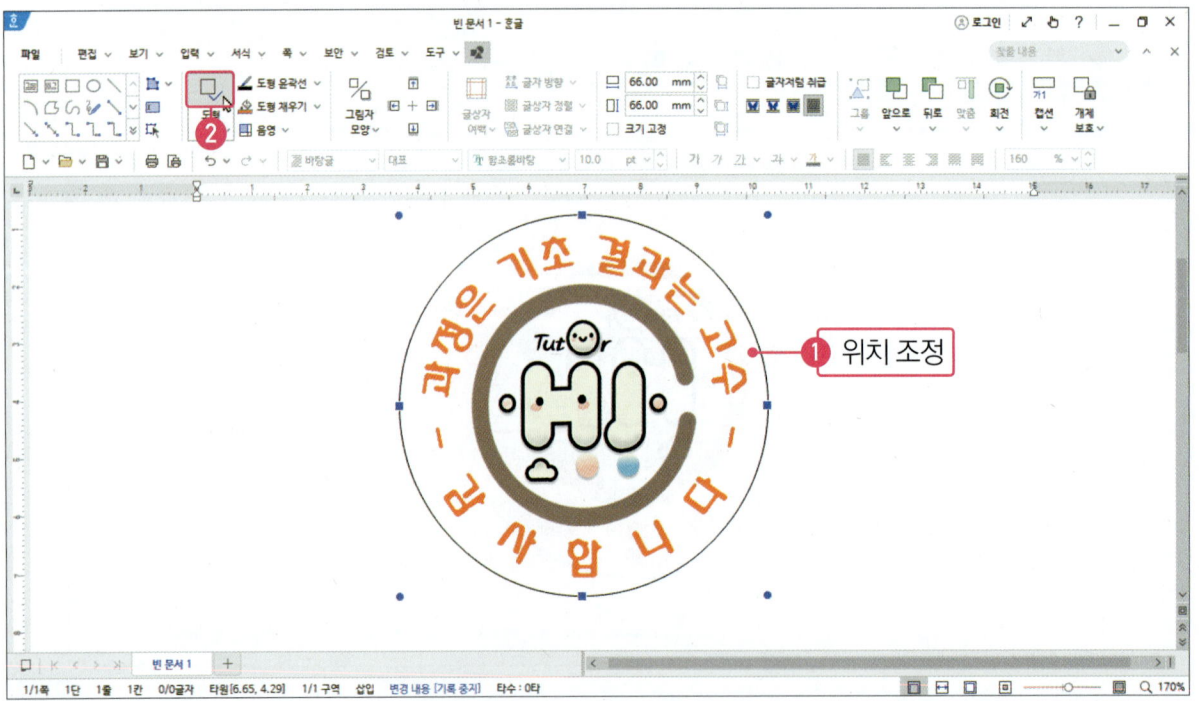

 [도형 속성]의 바로 가기 키는 P입니다.

05 [개체 속성] 대화상자가 나타나면 [선] 탭을 클릭하고 선에서 [색]은 '주황 50% 어둡게', [종류]는 '굵고 얇은 이중선', [굵기]는 '3mm' 설정한 후 [설정] 버튼을 클릭합니다.

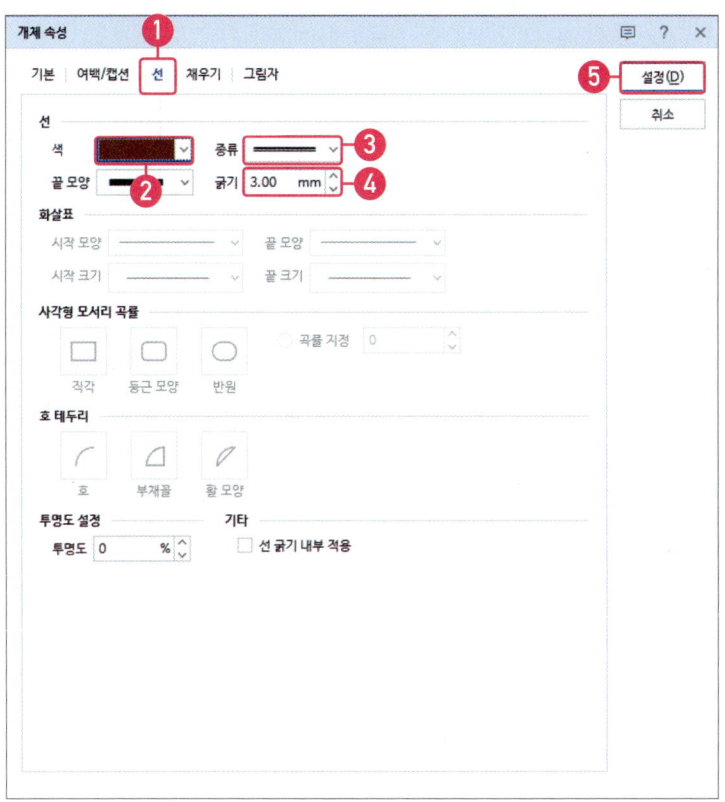

06 테두리가 완성되었습니다.

07 서식 도구 상자에서 [저장하기(💾)]를 클릭해 '나만의 로고.hwpx'로 저장합니다.

응용력 키우기

01 그림과 글맵시를 이용해 다음과 같이 작성한 후 '크리스마스 카드.hwpx'로 저장해 봅니다.

- 사진
  - 파일명 : '크리스마스.png'
- 그림 크기
  - 너비 '82mm', 높이 '105mm'
  - 그림 테두리 선 색 : '초록'
  - 그림 테두리 선 굵기 : '3mm'
- 글맵시
  - 글맵시 내용
    행복하고 따뜻한
    크리스마스되세요!
  - 글맵시 모양 : 직사각형
  - 글꼴 : '한컴 백제 B'
  - 색 : 흰색
  - 문단 정렬 : 가운데 정렬
  - 배치 : 글 앞으로

02 도형과 글맵시를 이용하여 다음과 같이 작성한 후 '포스터.hwpx'로 저장해 봅니다.

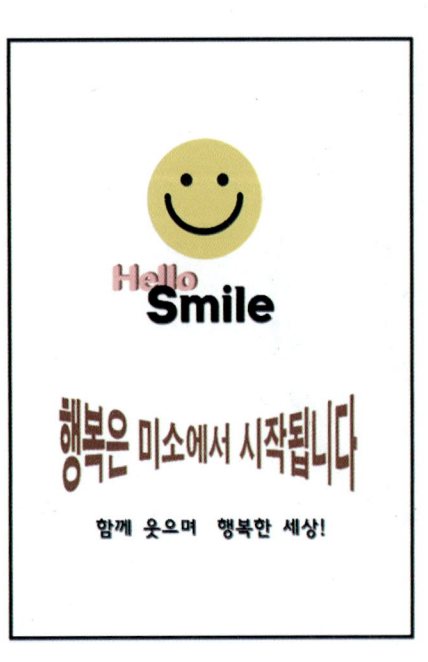

- 사각형 도형
  - 크기 : 너비 '140mm', 높이 '200mm'
  - 도형 윤곽선 : 선 굵기 '1mm'
  - 도형 채우기 : '없음'
- 그림 삽입
  - 파일명 : 포스터.png
  - 크기 : 너비 '84mm', 높이 '76mm'
- 글맵시
  - 글맵시 모양 : 수축
  - 글꼴 : HY견고딕
  - 색 : 주황 50% 어둡게
- 글상자
  - 도형 윤곽선 '없음'
  - 글꼴 : 한컴 윤고딕 240
  - 글자 크기 : 20pt

08 개성 뿜뿜! 달력 만들기

- 표 삽입하기
- 표와 셀 블록 설정하기
- 셀 합치기와 셀 나누기
- 표/셀 크기 조정하기
- 셀 테두리
- 줄/칸 추가하기
- 셀 너비를 같게/셀 높이를 같게

미/리/보/기

📁 완성파일 : 달력.hwpx

이번 장에서는 표를 만드는 방법을 배워보겠습니다. 그리고 만든 표의 크기를 조절하고, 줄과 칸 추가 및 삭제, 셀 합치기 및 나누기 등을 이용해 보기 좋은 표를 만드는 방법을 알아보겠습니다.

 **표 실습 | 알쏭달쏭 신조어 표 만들기**

표는 복잡한 내용이나 수치 자료를 깔끔하게 정리해서 보여 주는 역할을 합니다.

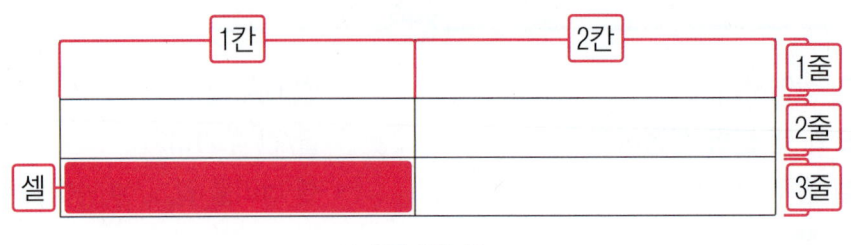

▲ 3줄 2칸 표

01 한글을 실행한 후 메뉴에서 [편집] 탭-[표(	)]를 클릭해 바둑판 모양의 표 상자가 나타나면 원하는 줄 수와 칸 수가 될 때까지 드래그합니다. 표 상자 위쪽에 원하는 '줄 수×칸 수'가 표시되면 **마우스를 클릭합니다**. 본문에서는 7줄×2칸이 되면 클릭합니다.

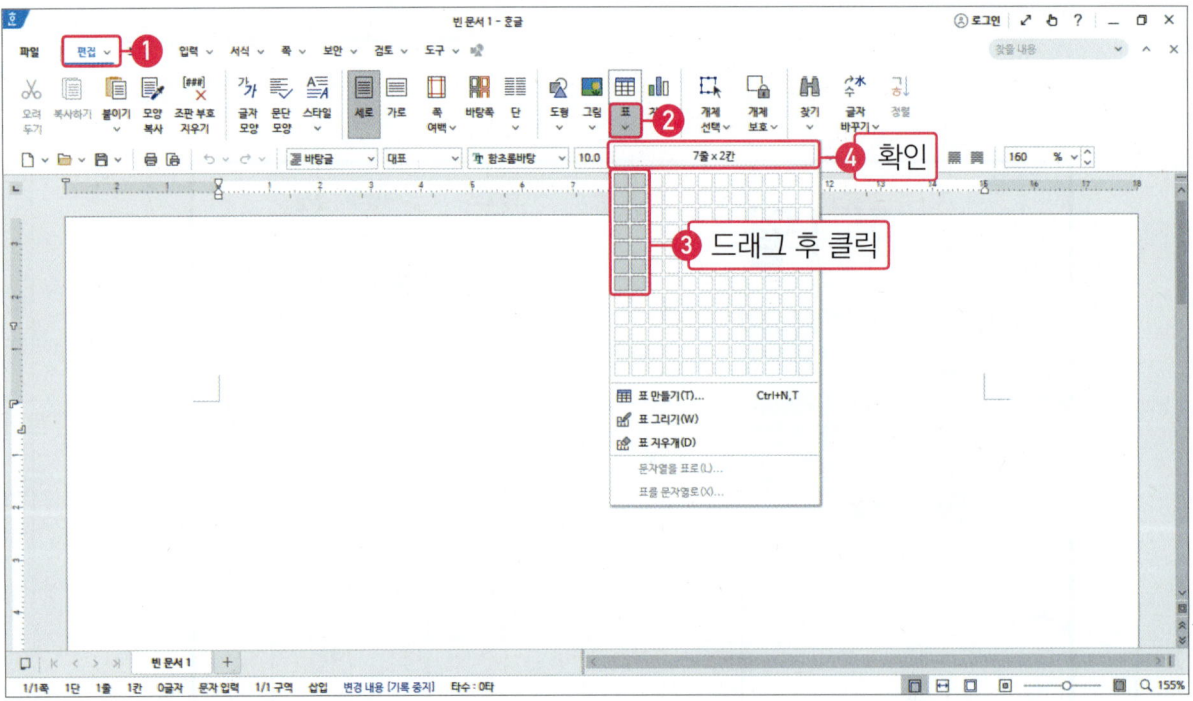

02 표가 삽입되면 첫 번째 셀에 커서가 깜박이는데 **표 안에 내용을 입력합니다.**

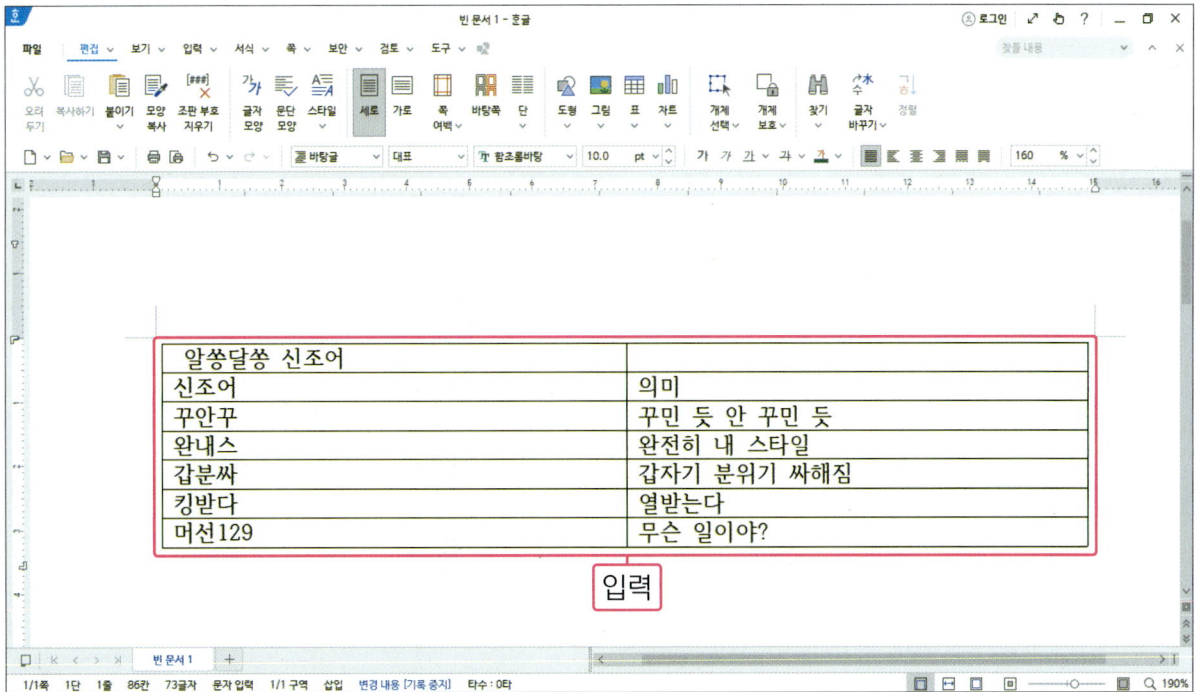

- 내용 입력 시 셀 간의 이동은 키보드의 방향키(↑, ↓, ←, →)를 이용합니다.
- 다음 셀로 이동할 때는 키보드의 Tab 키를 누릅니다.
- 이전 셀로 이동할 때는 Shift + Tab 키를 누릅니다.
- 마지막 셀에서 Tab 키를 누르면 새로운 줄이 추가됩니다.

03 글꼴과 글자 크기를 변경하기 위해 **표를 마우스로 드래그하여 블록을 설정한 후 서식 도구 상자에서 [글꼴]은 'HY강B', [글자 크기]는 '16pt', [가운데 정렬(≡)]로 설정합니다.**

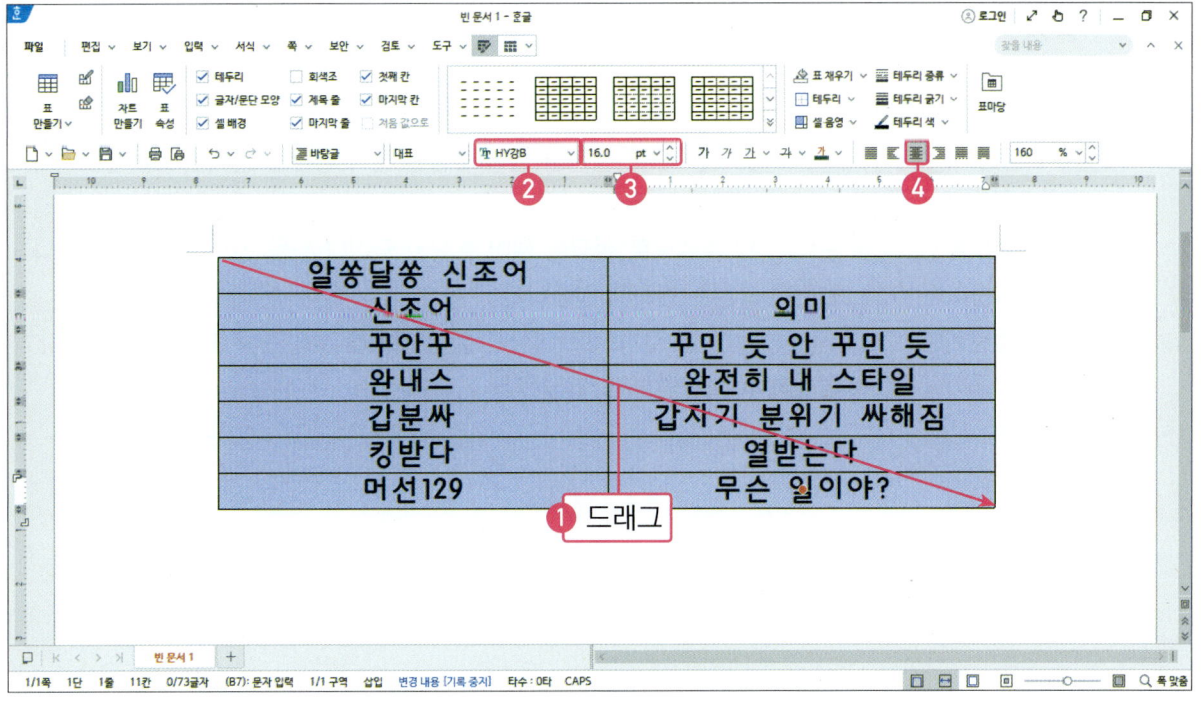

04 Esc 키를 눌러 블록을 해제합니다. 표 크기를 조절하기 위해 **표를 클릭**한 후 아래쪽 조절점에 마우스 포인터를 가져가면 양방향 화살표(⇕)로 바뀌는데 마우스 왼쪽 버튼을 클릭해 원하는 크기가 될 때까지 **아래로 드래그**합니다.

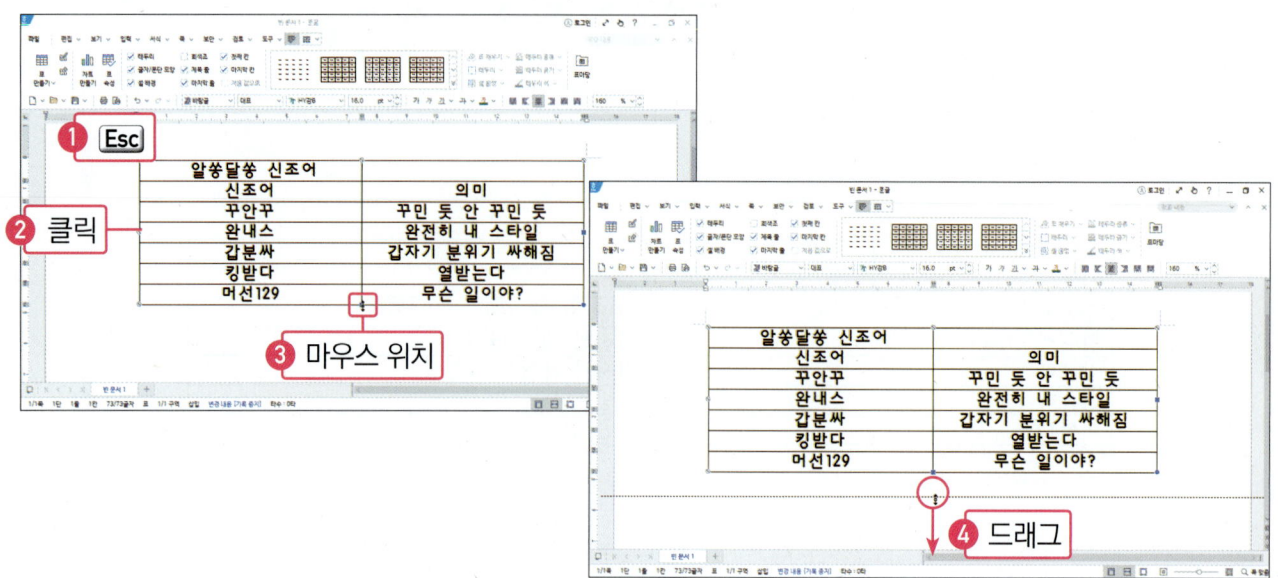

 **표의 크기를 조절하는 방법 살펴보기**

• **마우스로 크기 조절하기**
셀의 경계선에 마우스 포인터를 놓으면 마우스 포인터의 모양이 ⇔, ⇕로 바뀌는데, 이 상태에서 마우스 왼쪽 버튼을 클릭한 채 드래그하면 원하는 크기만큼 늘리거나 줄일 수 있습니다.

• **키보드와 마우스로 크기 조절하기**
- Ctrl + 마우스 끌기 : 표의 경계선에 마우스 포인터를 놓고 Ctrl 키를 누른 채 마우스로 움직이면 셀 전체의 크기가 늘거나 줄면서 표의 전체 크기도 변합니다.
- Shift + 마우스 끌기 : 표의 경계선에 마우스 포인터를 놓고 Shift 키를 누른 채 마우스로 움직이면 해당 셀의 크기만 늘리거나 줄입니다.

• **키보드로 크기 조절하기**
- Ctrl + 방향키(↑, ↓, ←, →) : 블록으로 설정한 셀이 포함된 줄이나 칸을 전체적으로 줄이거나 늘릴 수 있습니다. 이때 표 전체 크기도 변합니다.
- Alt + 방향키(↑, ↓, ←, →) : 블록으로 설정한 셀이 포함된 줄이나 칸을 전체적으로 줄이거나 늘릴 수 있습니다. 이때 표 전체 크기는 변하지 않습니다.
- Shift + 방향키(↑, ↓, ←, →) : 셀 블록으로 설정한 셀만 크기를 늘리거나 줄일 수 있습니다. 이때 다른 줄이나 칸, 표 전체의 크기는 변하지 않습니다.

05 표가 선택된 상태에서 표의 스타일을 변경하기 위해 메뉴에서 [표 디자인( )] 탭-스타일의 [자세히( )]를 클릭합니다. 목록이 나타나면 [밝은 스타일1-초록 색조]를 설정합니다.

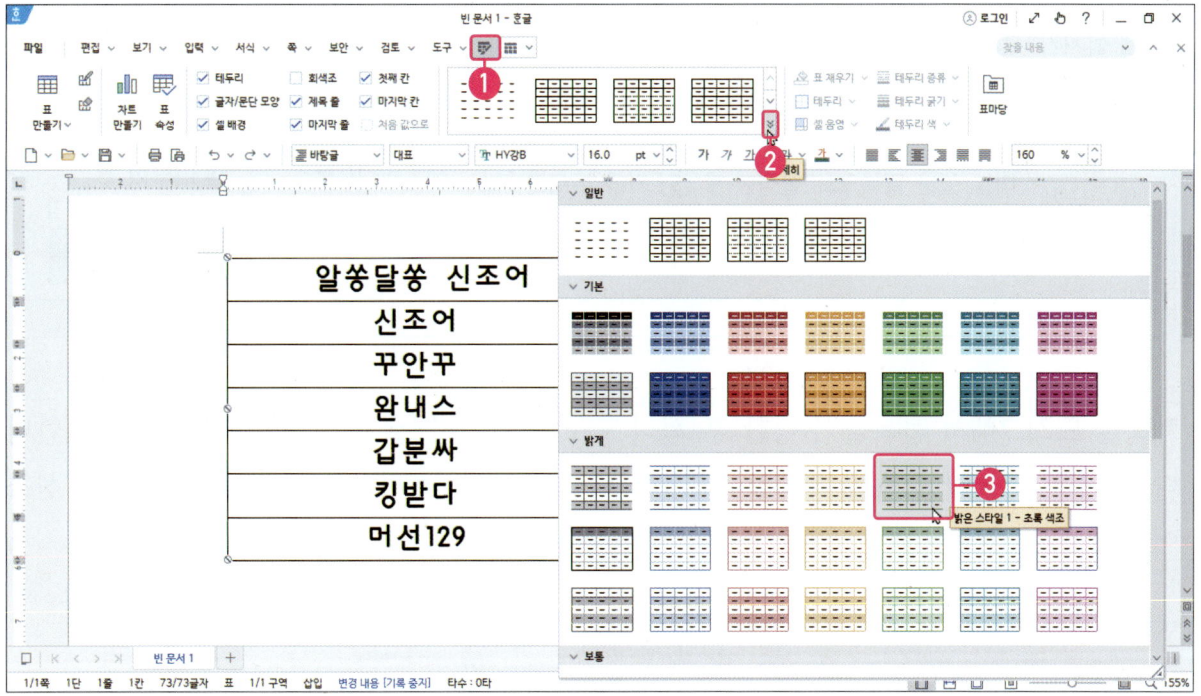

06 Esc 키를 눌러 표 선택을 해제한 후 스타일이 적용된 것을 확인합니다. 표의 첫 줄을 드래그하여 블록으로 설정한 후 메뉴에서 [표 레이아웃( )] 탭-[셀 합치기( )]를 클릭합니다.

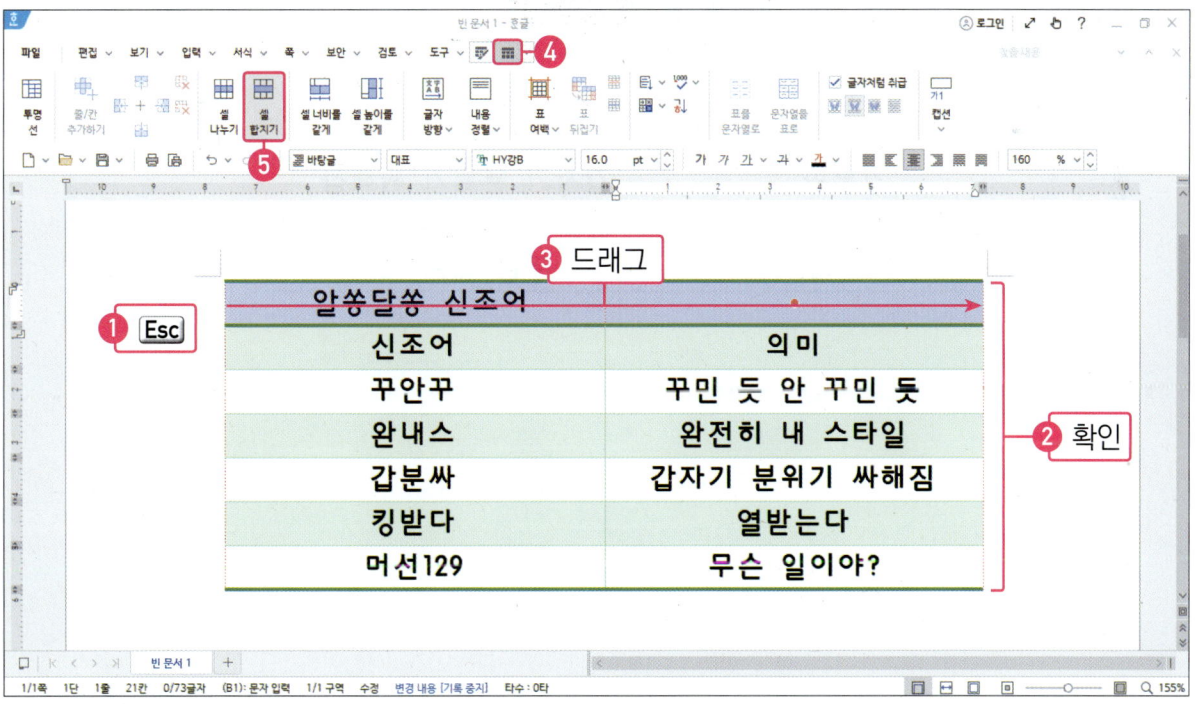

잠깐 [셀 합치기]와 [셀 나누기]의 바로 가기 키

셀 합치기 (▦)	합치기를 할 셀들을 블록으로 설정한 후 M 키를 누릅니다.	셀 합치기 전	셀 합치기 후
셀 나누기 (▦)	나눌 셀을 블록으로 설정한 후 S 키를 누르고 [셀 나누기] 대화상자가 나타나면 줄이나 칸을 선택합니다.	셀 나누기 전	셀 나누기 후

07 제목을 드래그해서 블록을 설정한 후 서식 도구 상자에서 [글자 크기]를 '20pt'로 설정합니다. Esc 키를 눌러 블록을 해제한 후 서식 도구 상자에서 [저장하기(💾)]를 클릭하여 '신조어.hwpx'로 저장합니다.

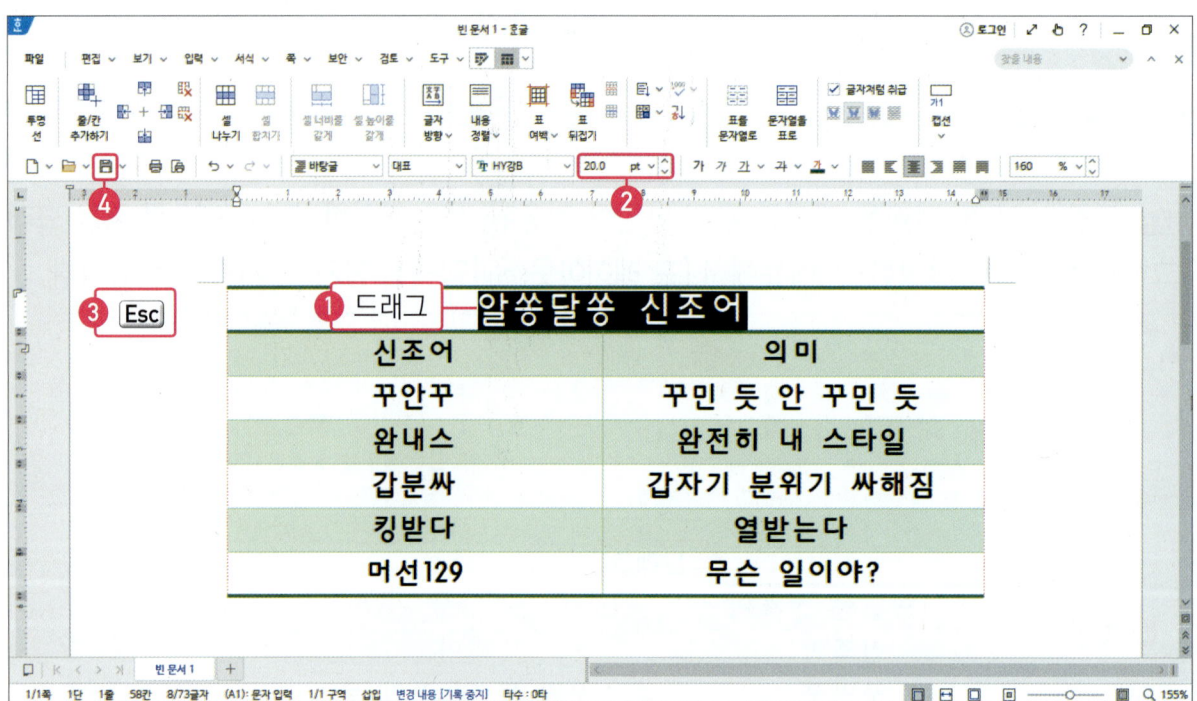

 ## 개성 뿜뿜! 달력 만들기

▶ 표 만들기

01 한글을 실행한 후 표를 삽입하기 위해 메뉴에서 [편집] 탭-[표(▦)]를 클릭합니다.

- [표(▦)]는 표의 줄 수와 칸 수를 드래그하여 설정합니다.
- [표(▦)]를 클릭하면 나타나는 [표 만들기] 대화상자에 줄 수와 칸 수를 입력하여 표를 만듭니다.
- [표 만들기]의 바로 가기 키는 Ctrl + N, T입니다.

02 [표 만들기] 대화상자가 나타나면 [줄 개수]는 '6', [칸 개수]는 '8'로 설정한 후 [글자처럼 취급]을 선택하고 [만들기] 버튼을 클릭합니다.

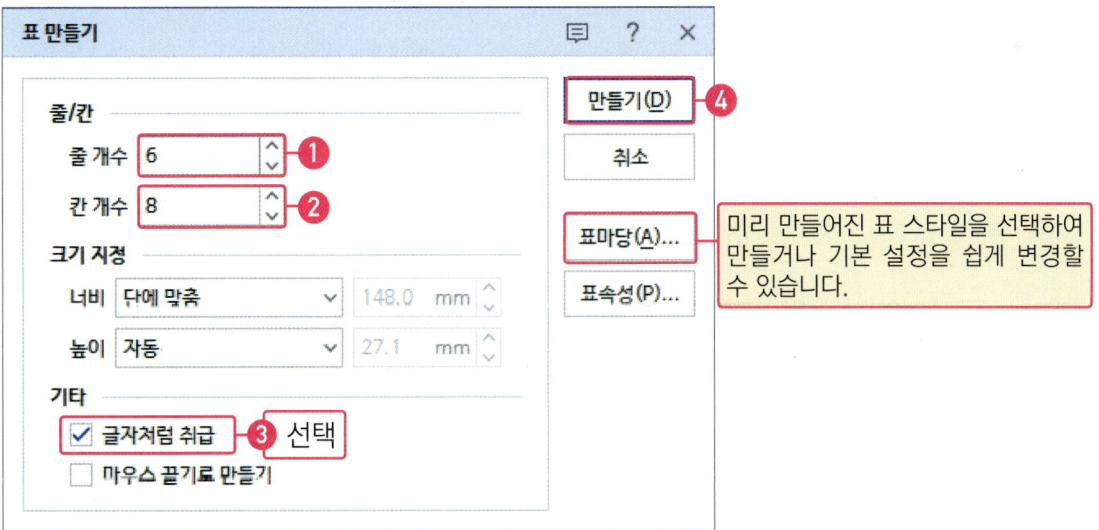

- **글자처럼 취급** : 표를 보통 글자와 같게 취급합니다. 현재 커서 위치에 현재 단의 크기만큼 꽉 차는 표가 만들어 집니다.
- **마우스 끌기로 만들기** : 사용자가 설정한 위치에 마우스를 드래그해서 표를 만듭니다.

03 미리 표 안의 전체 글자 크기와 글꼴, 정렬을 설정하겠습니다. 표 안에 커서가 있는 상태에서 F5 키를 3번 눌러 표 전체를 블록으로 설정한 후 [글꼴]은 '한컴 윤고딕 230', [글자 크기]는 '16pt', [가운데 정렬(≡)]로 설정합니다.

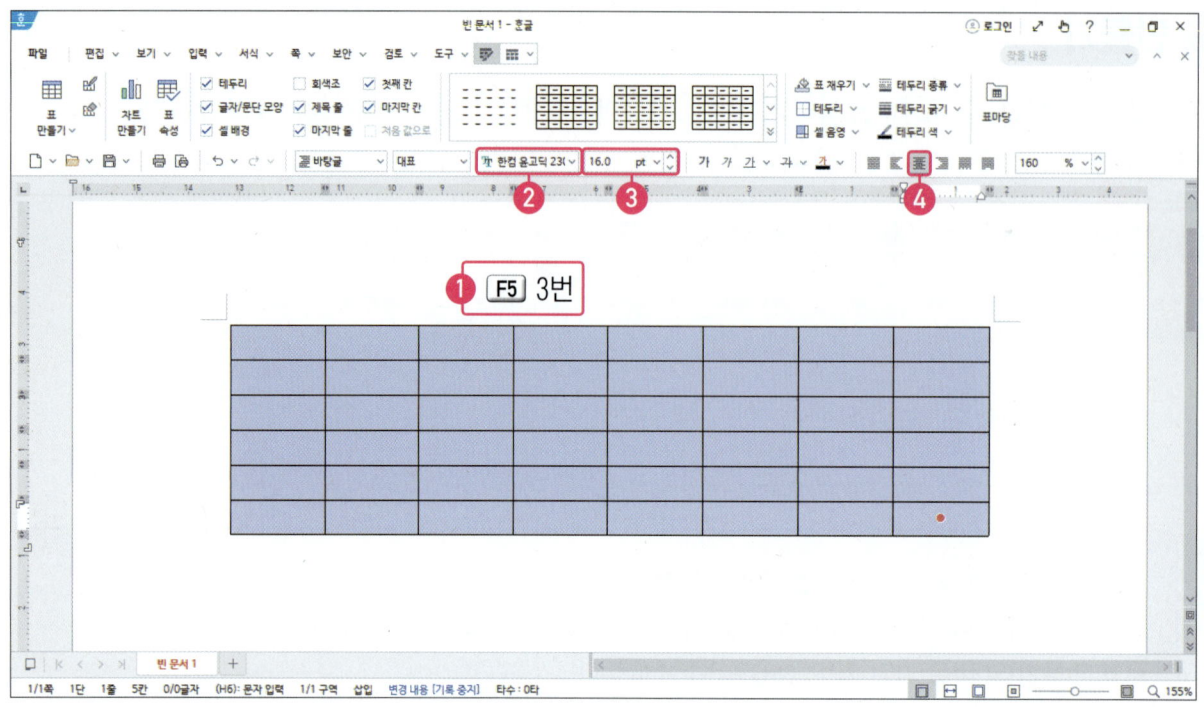

04 Esc 키를 눌러 블록을 해제한 후 아래처럼 **텍스트를 입력합니다**. 다음 옆의 셀로 순차적으로 이동할 때는 Tab 키를 누르고, 아래쪽으로 이동할 때는 ↓ 키를 누릅니다.

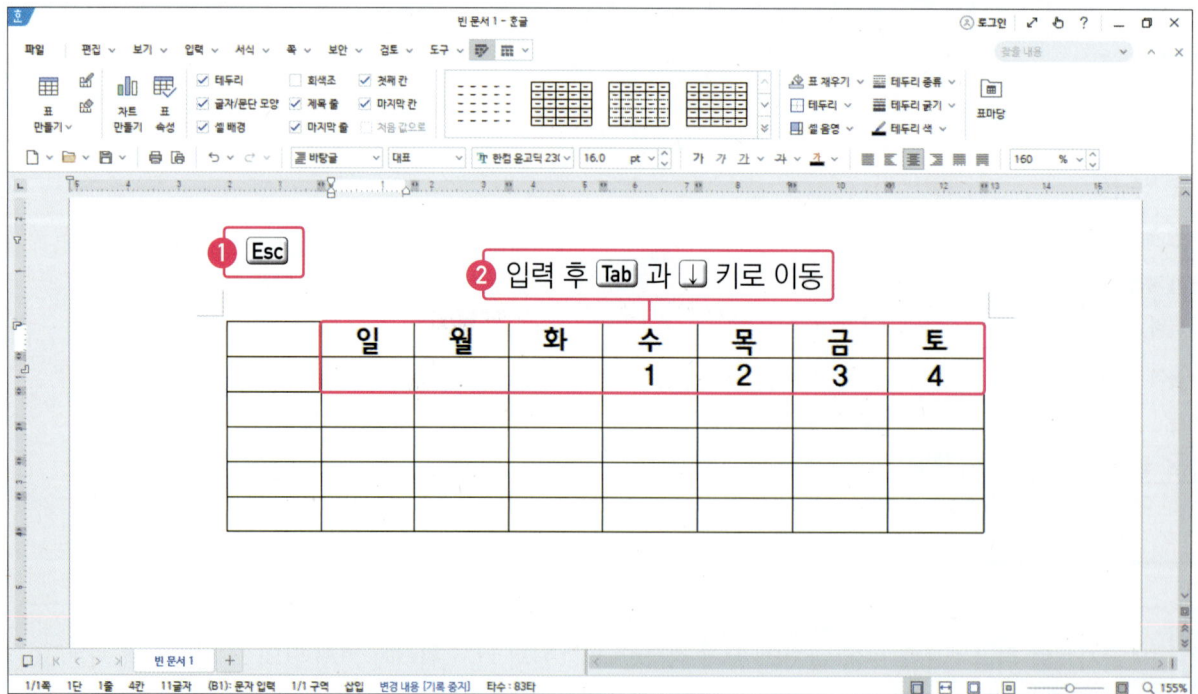

05 해당 셀에 '5'와 '6'을 입력한 후 셀을 드래그하여 블록으로 설정하고 메뉴에서 [표 레이아웃(▦)] 탭-[채우기(▦)]를 클릭합니다.

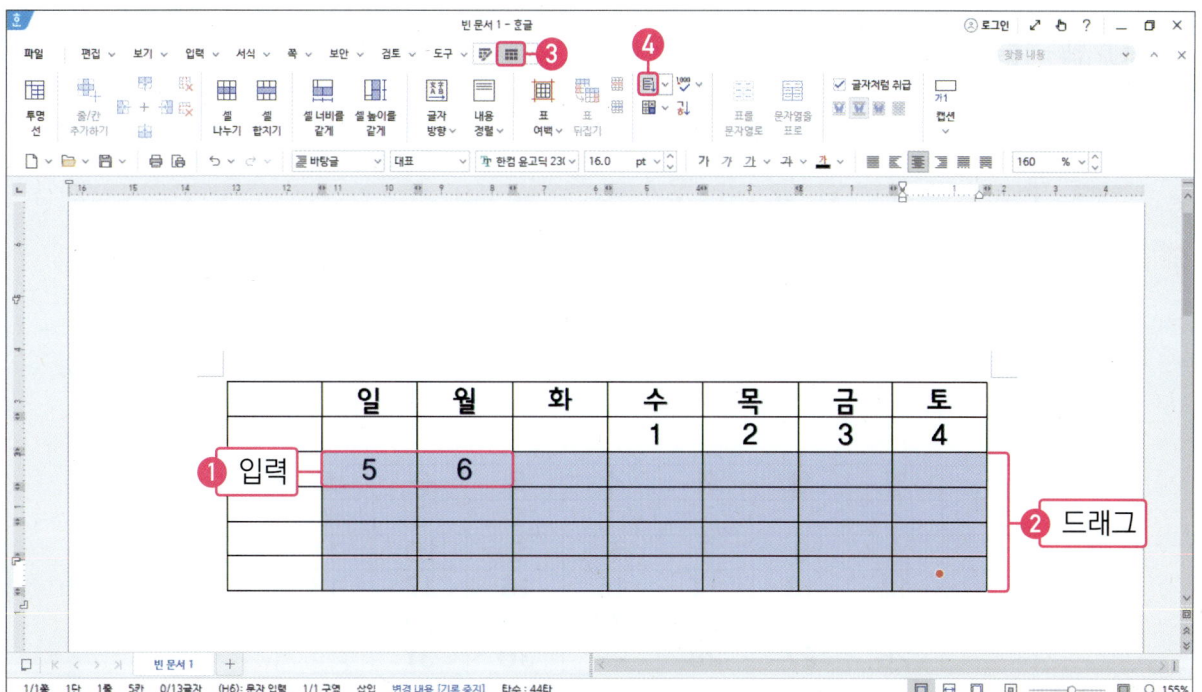

 [표 자동 채우기]의 바로 가기 키는 ⒶAA입니다.

06 자동 채우기가 된 것을 확인합니다. 마지막 셀을 클릭한 후 ←(Backspace) 키를 눌러 숫자를 지워줍니다.

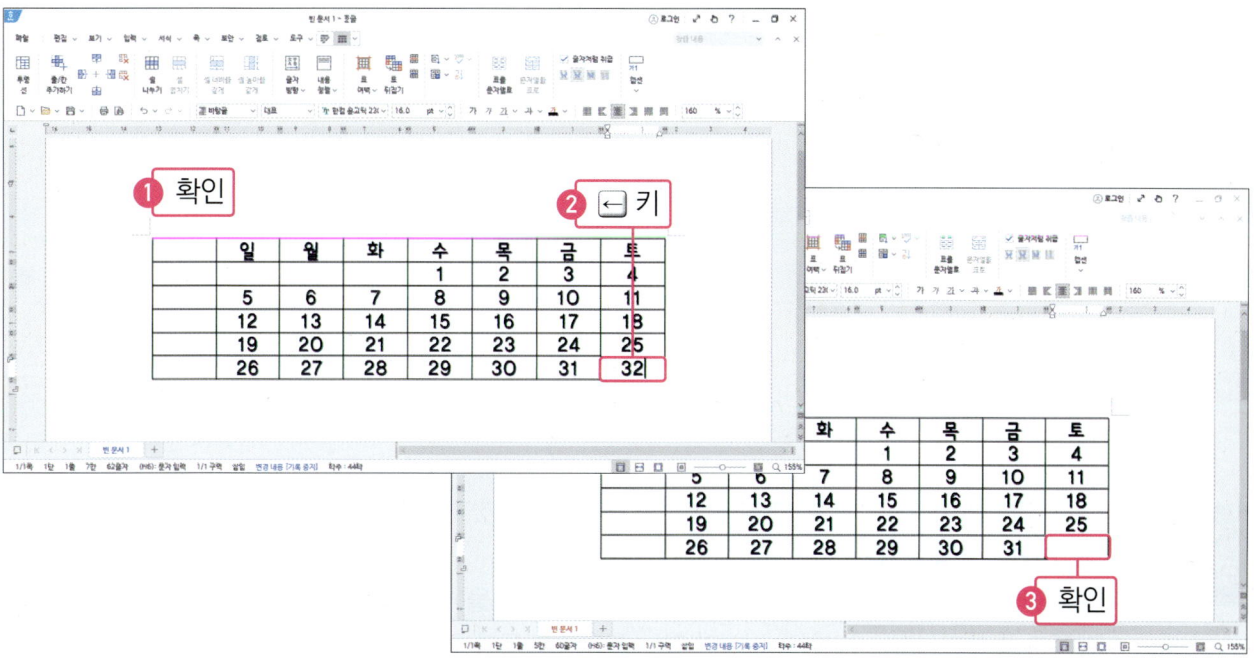

▶ 줄/칸 추가하기

01 표의 맨 위에 줄을 추가하기 위해 첫 줄의 임의의 셀에 커서를 놓고 메뉴에서 [표 레이아웃(   )] 탭-[줄/칸 추가하기(   )]를 클릭합니다.

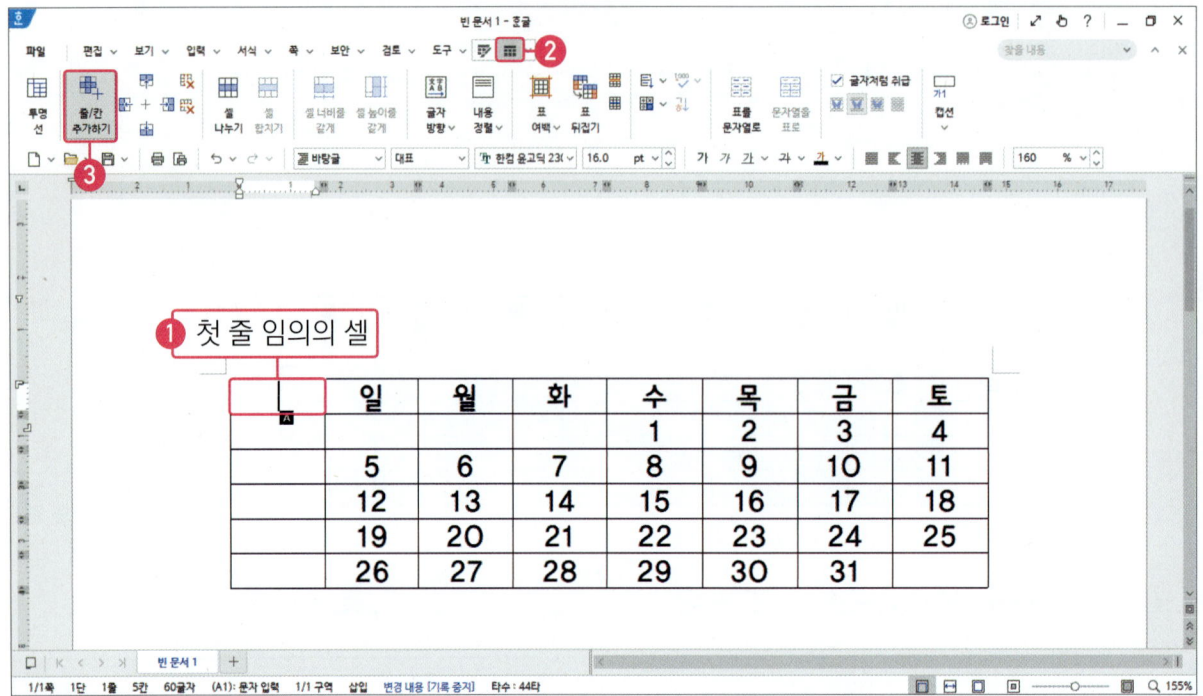

 [줄/칸 추가하기]의 바로 가기 키는 Alt + Insert 입니다.

02 [줄/칸 추가하기] 대화상자가 나타나면 [위쪽에 줄 추가하기(   )]를 선택한 후 [추가] 버튼을 클릭합니다.

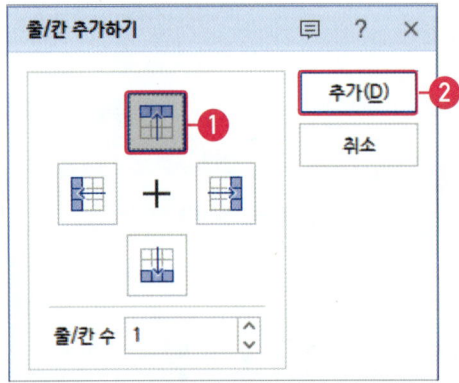

 [줄/칸 추가하기] 대화상자
- 위쪽에 줄 추가하기(   ) : 현재 커서가 있는 셀의 위쪽에 줄을 추가합니다.
- 아래쪽에 줄 추가하기(   ) : 현재 커서가 있는 셀의 아래쪽에 줄을 추가합니다.
- 왼쪽에 칸 추가하기(   ) : 현재 커서가 있는 셀의 왼쪽에 칸을 추가합니다.
- 오른쪽에 칸 추가하기(   ) : 현재 커서가 있는 셀의 오른쪽에 칸을 추가합니다.
- 줄/칸 수 : 삽입할 줄이나 칸의 개수를 입력합니다.

03 위쪽에 줄이 추가된 것을 확인합니다.

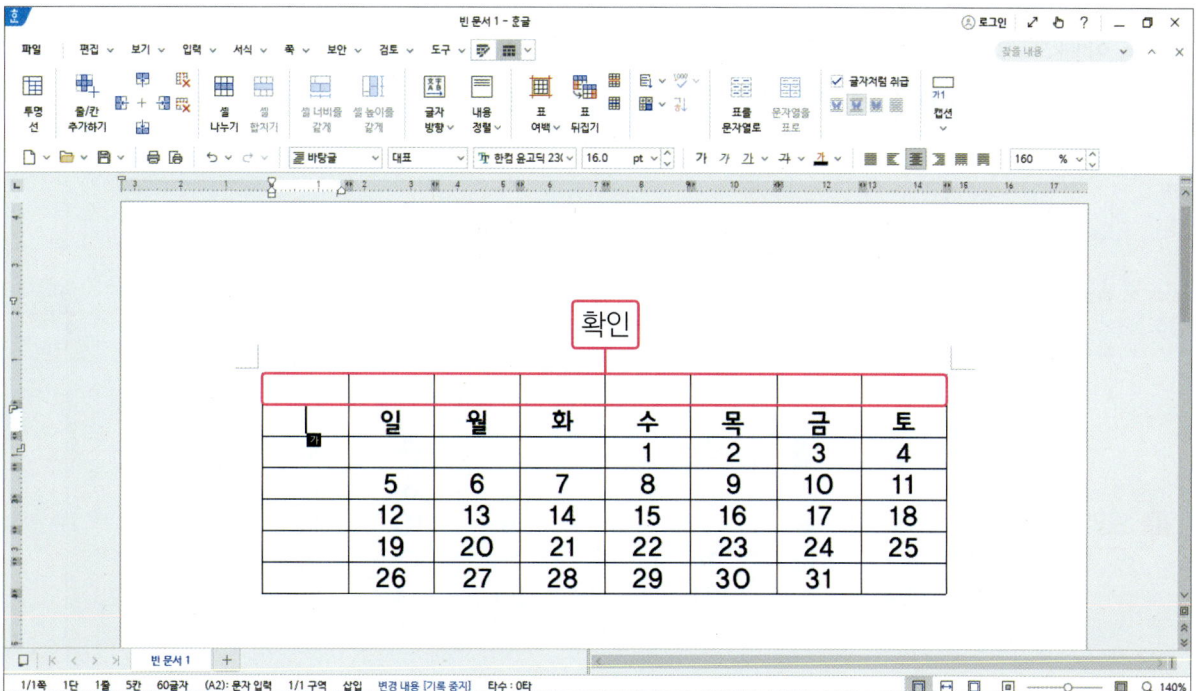

04 용지 방향을 가로로 넓게 변경하기 위해 메뉴에서 [편집] 탭-[가로(▦)]를 클릭합니다.

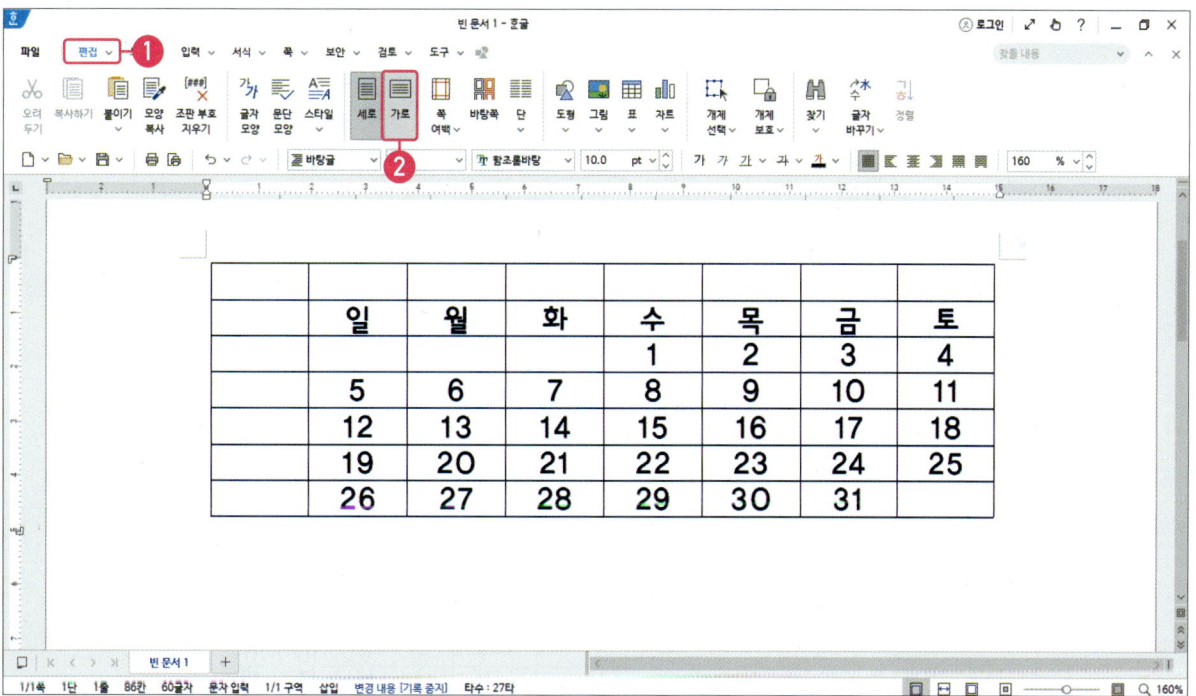

▶ 셀 합치기와 셀 나누기

01 셀을 하나로 합치기 위해 아래처럼 표의 첫 칸 6개의 셀을 드래그하여 블록으로 설정한 후 메뉴에서 [표 레이아웃(🏛)] 탭-[셀 합치기(🏛)]를 클릭합니다.

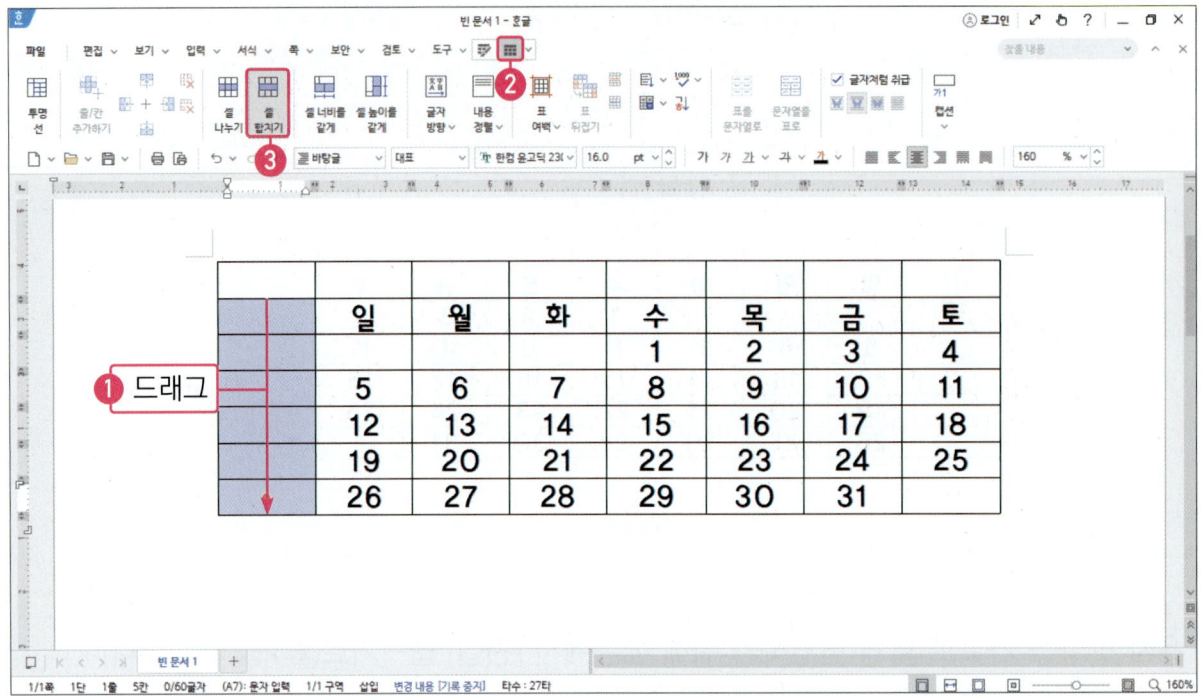

02 아래처럼 첫 줄 4개의 셀을 드래그하여 블록으로 설정한 후 M 키를 눌러 셀 합치기를 합니다. 다시 4개의 셀을 블록으로 설정한 후 M 키를 눌러 셀 합치기를 합니다.

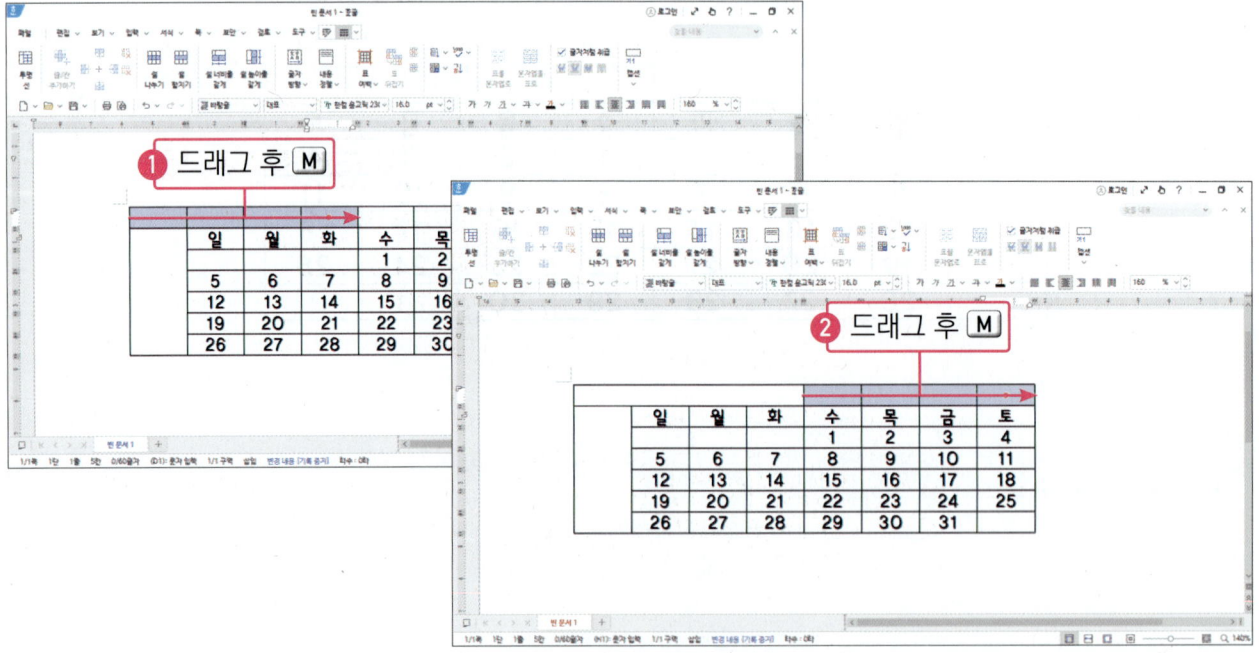

> • 여러 개의 셀을 나눌 때는 해당하는 셀을 모두 블록 설정한 후 셀 나누기를 합니다.
> • [셀 나누기]의 바로 가기 키는 S 입니다.

03 셀을 나누기 위해 커서 위치를 확인하고 메뉴에서 [표 레이아웃(▦)] 탭-[셀 나누기(▦)]를 클릭합니다.

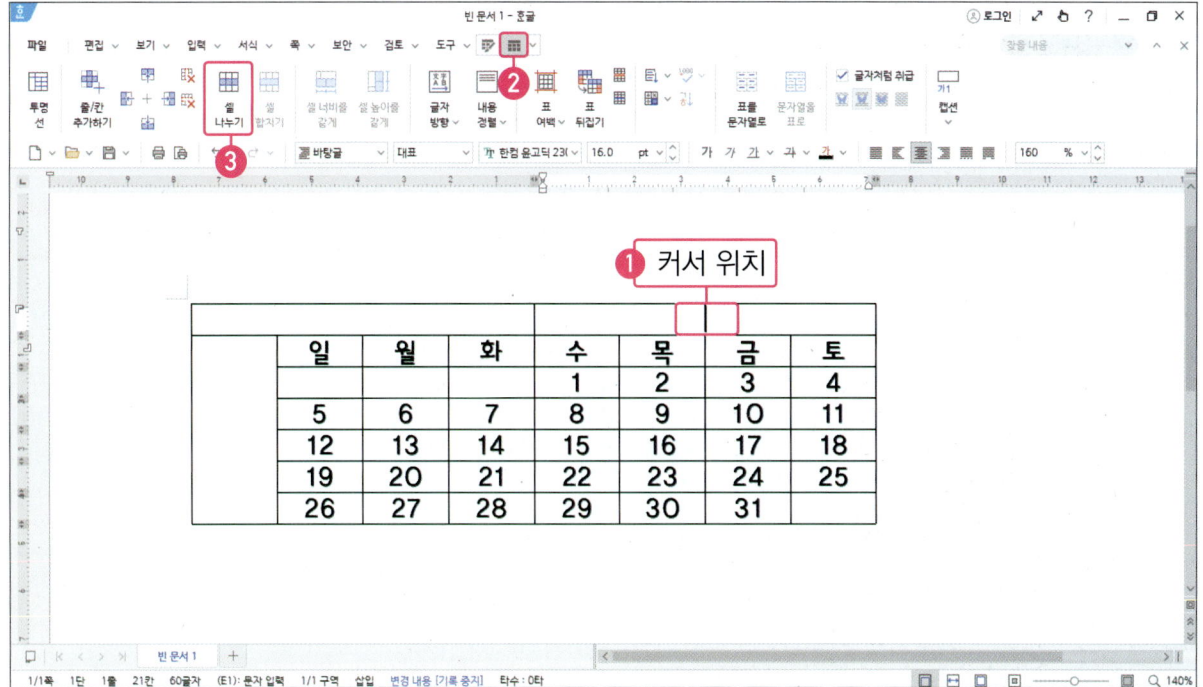

04 [셀 나누기] 대화상자가 나타나면 [줄 개수]는 '2', [줄 높이를 같게 나누기]를 선택한 후 [나누기] 버튼을 클릭합니다.

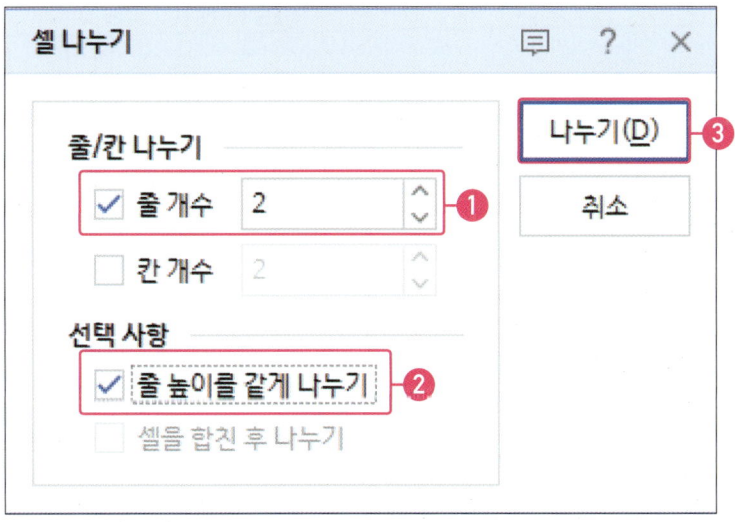

05 첫 번째 줄에 '이달의 결심'을 입력하고 ↓ 키를 눌러 아래 줄로 이동한 후 '계획한 것 미루지 않기'를 입력합니다.

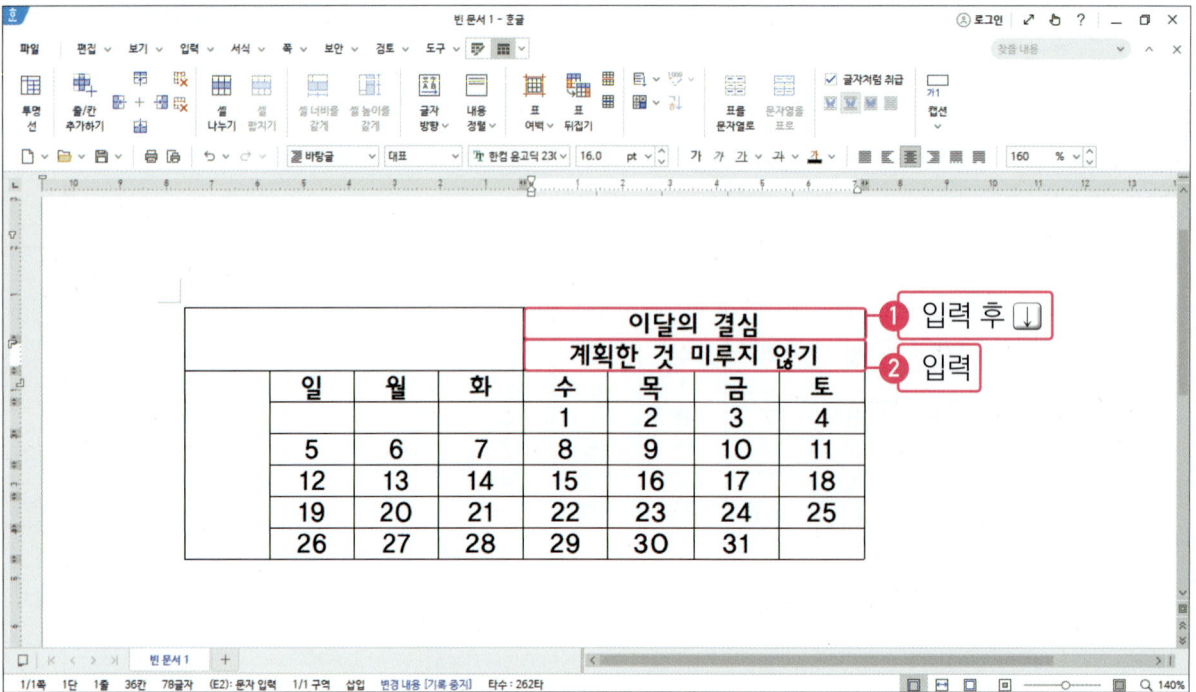

06 첫 번째 셀을 클릭한 후 '1월'을 입력하고 드래그하여 블록으로 설정한 후 [글자 크기]는 '48pt'로 설정합니다.

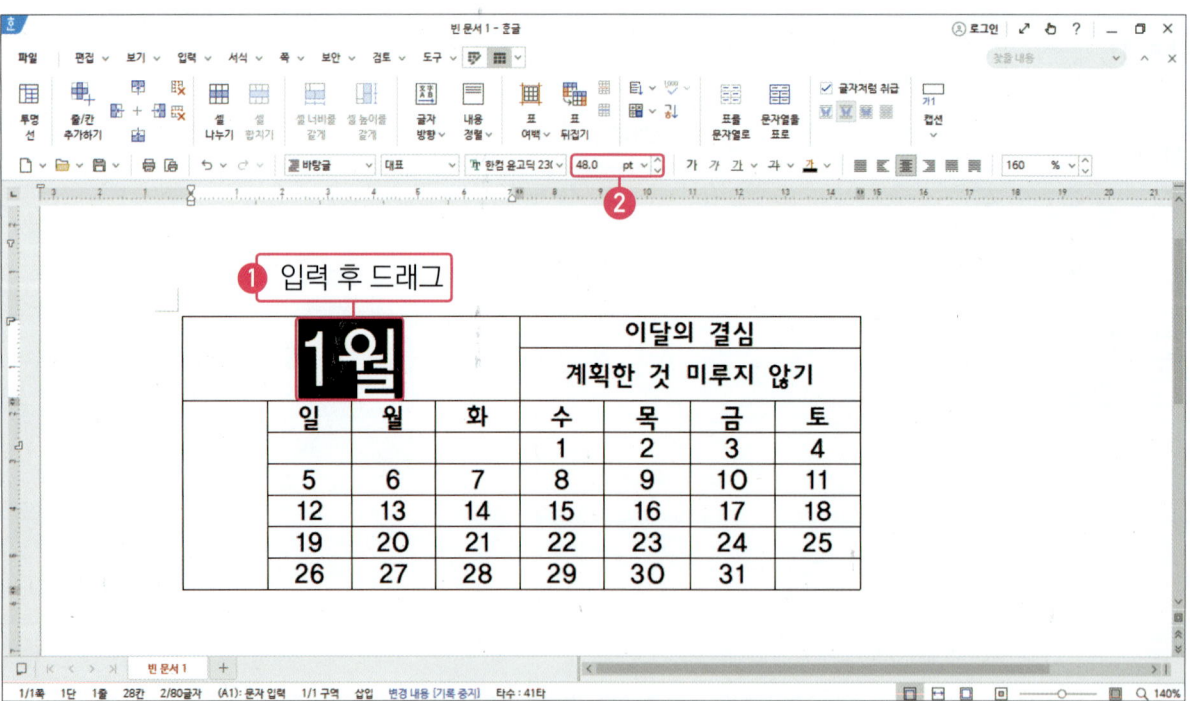

▶ 표/셀 크기 조절하기

01 전체 셀의 높이를 여유롭게 변경하기 위해 F5 키를 3번 누른 후 Ctrl + ↓ 키를 여러 번 눌러 높이를 적당히 조절합니다.

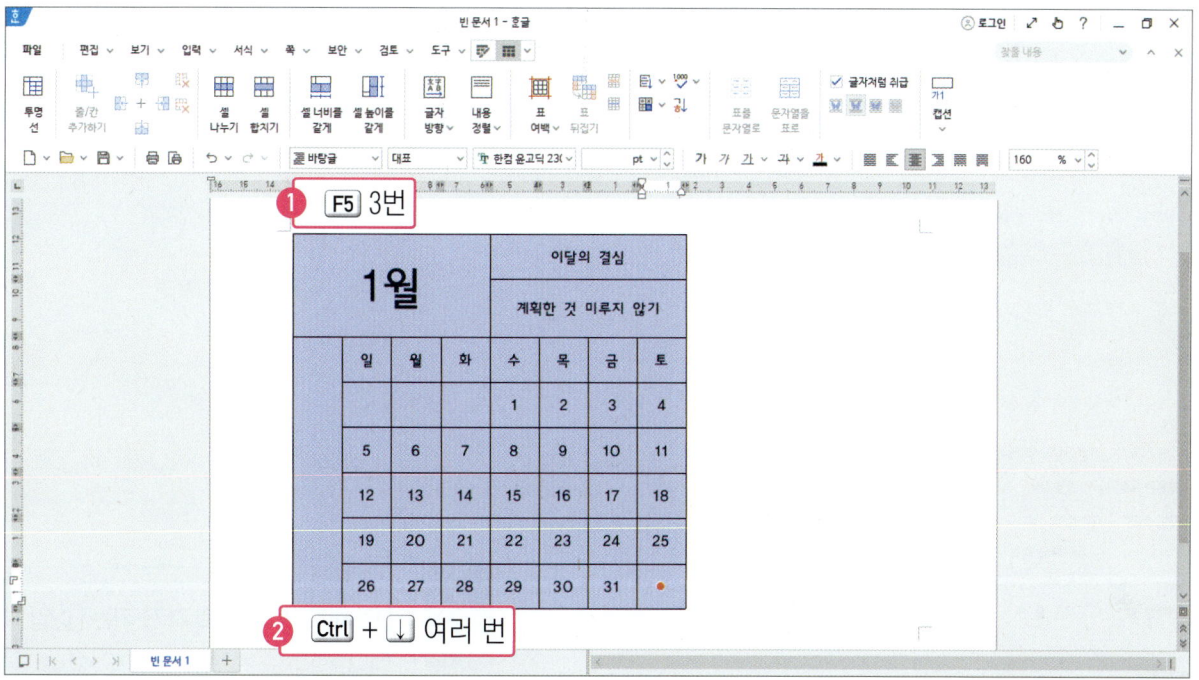

 셀 블록을 설정하는 방법
- 마우스로 셀 블록 설정 : 셀 블록을 설정할 셀 안에 마우스 포인터를 놓고 마우스를 드래그합니다.
- 하나의 셀을 블록으로 설정 : 셀에 커서를 놓고 F5 키를 누릅니다.
- 표 전체를 블록으로 설정 : 셀 안에 커서를 놓고 F5 키를 3번 누릅니다.

02 해당 셀을 클릭하고 Ctrl + → 키를 눌러 화면에 맞게 너비를 조절합니다. 셀에 그림을 채우기 위해 메뉴에서 [표 디자인( )] 탭-[표 채우기( )]의 ∨-[다른 채우기]를 클릭합니다.

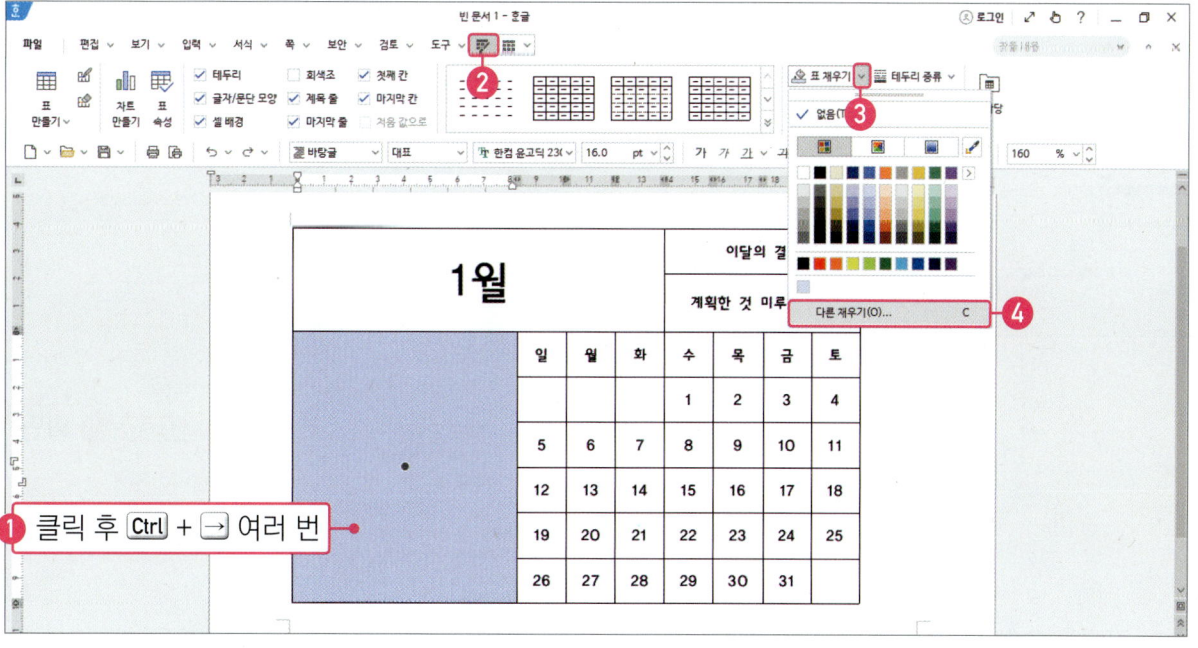

163

03 [셀 테두리/배경] 대화상자가 나타나면 [배경] 탭의 [그림]을 선택한 후 [그림 선택(📁)]을 클릭합니다.

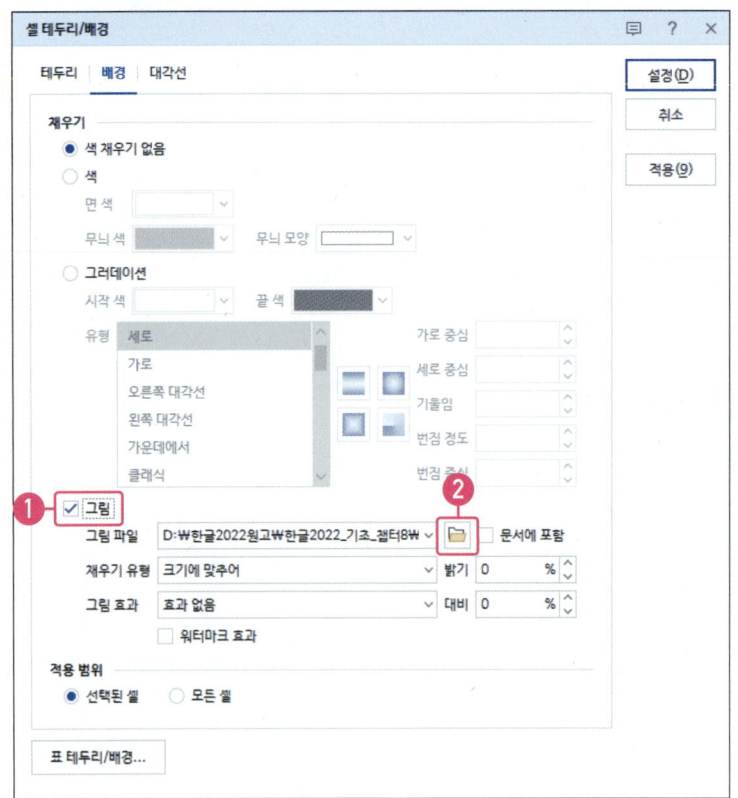

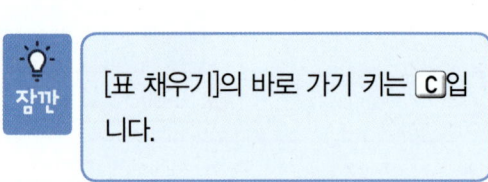

[표 채우기]의 바로 가기 키는 C입니다.

04 [그림 넣기] 대화상자가 나타나면 '준비파일' 폴더에서 '하늘.png'를 선택하고 [열기] 버튼을 클릭합니다. [문서에 포함]이 선택되어 있는지 확인하고 [설정] 버튼을 클릭합니다.

05 셀에 삽입된 배경 그림을 확인합니다. 그림을 삽입하기 위해 메뉴에서 [편집] 탭–[그림(🖼)]을 클릭합니다.

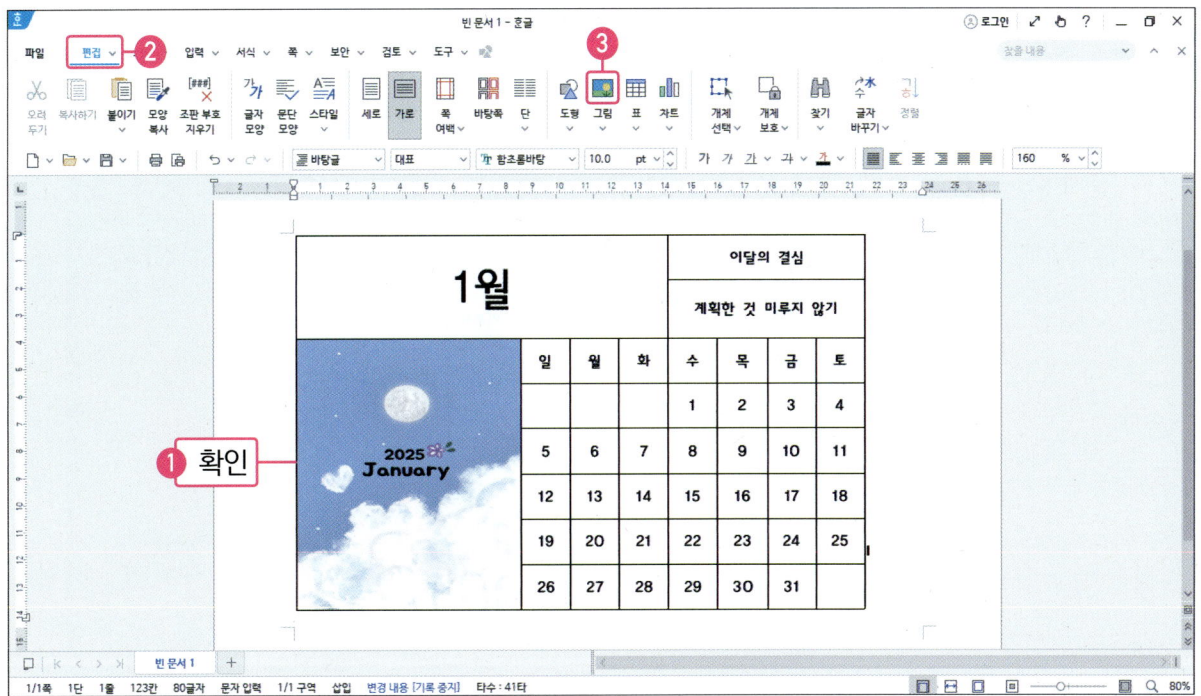

06 [그림 넣기] 대화상자가 나타나면 '준비파일' 폴더에서 '스마일.png'를 선택한 후 [열기] 버튼을 클릭합니다.

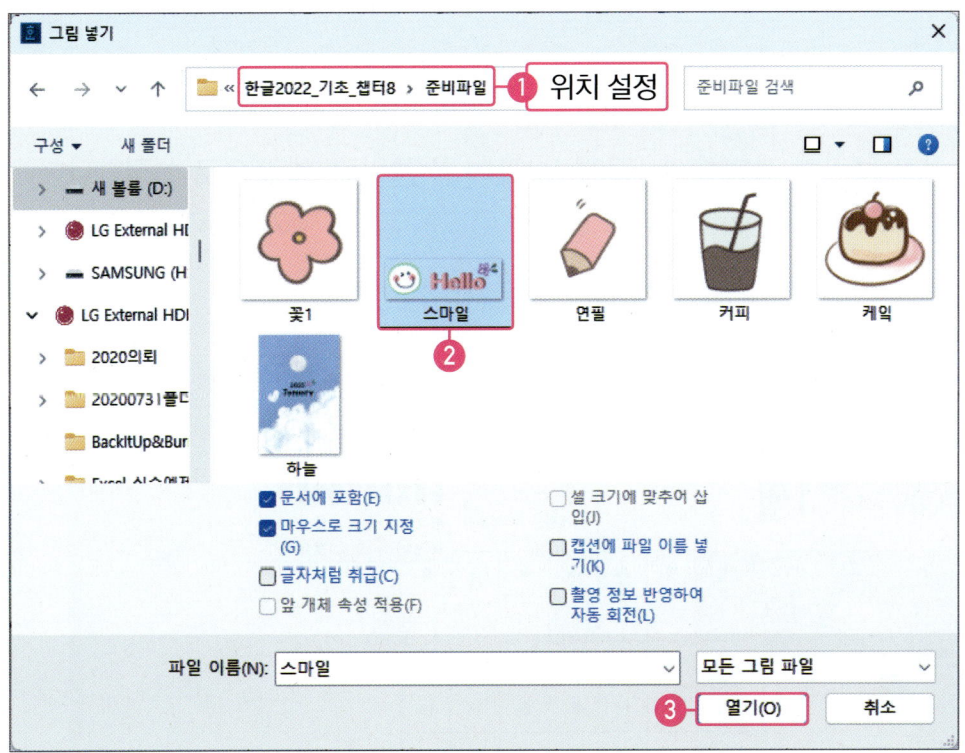

07 다음처럼 드래그해서 그림을 삽입하면 표가 아래로 내려가고 그림만 나타나는데 메뉴에서 [그림(　)] 탭-[글 뒤로(　)]를 클릭하면 그림이 제자리에 표시됩니다.

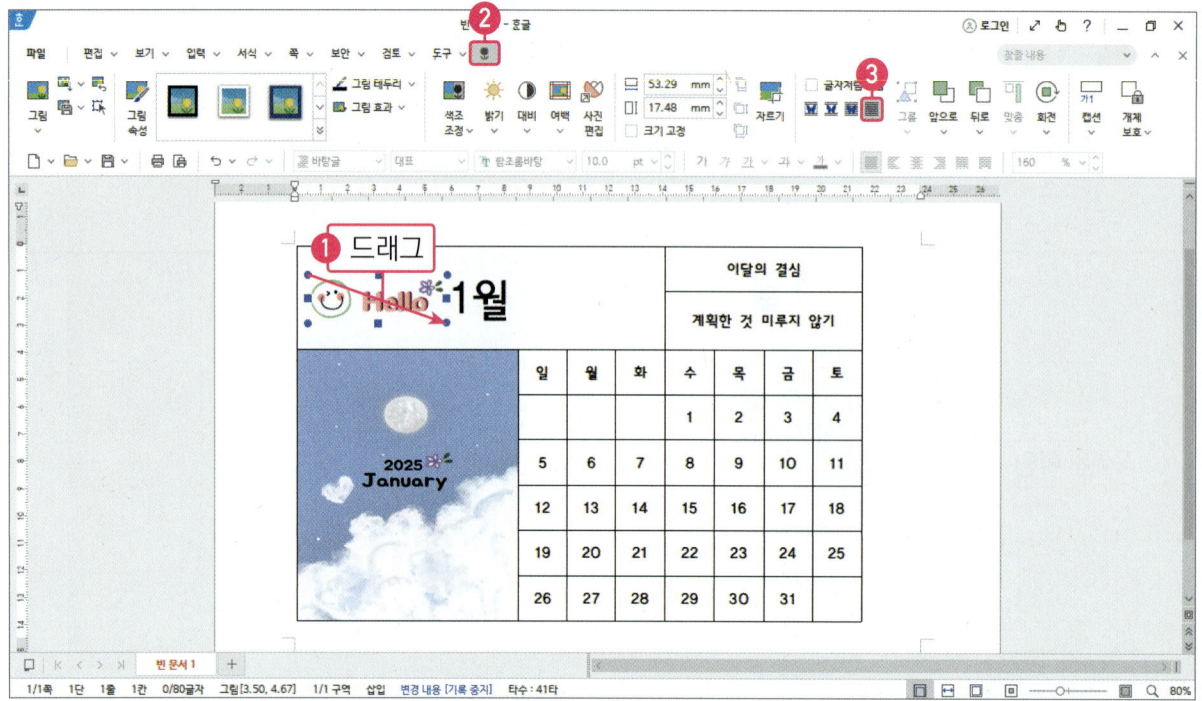

 • [글 뒤로(　)]를 클릭했는데도 표가 제자리로 돌아오지 않는다면 표의 크기를 조금 줄여보세요.
• [글 뒤로(　)]로 삽입된 이미지는 [편집] 탭-[개체 선택(　)]을 이용해 선택할 수 있습니다.

08 다음처럼 첫 번째 칸을 드래그한 후 Ctrl 키를 누른 채 마지막 줄을 드래그해서 선택하고 '1'이 있는 셀을 추가로 클릭해 선택한 후 [글자 색]의 ▼을 클릭해 '빨강'으로 설정합니다.

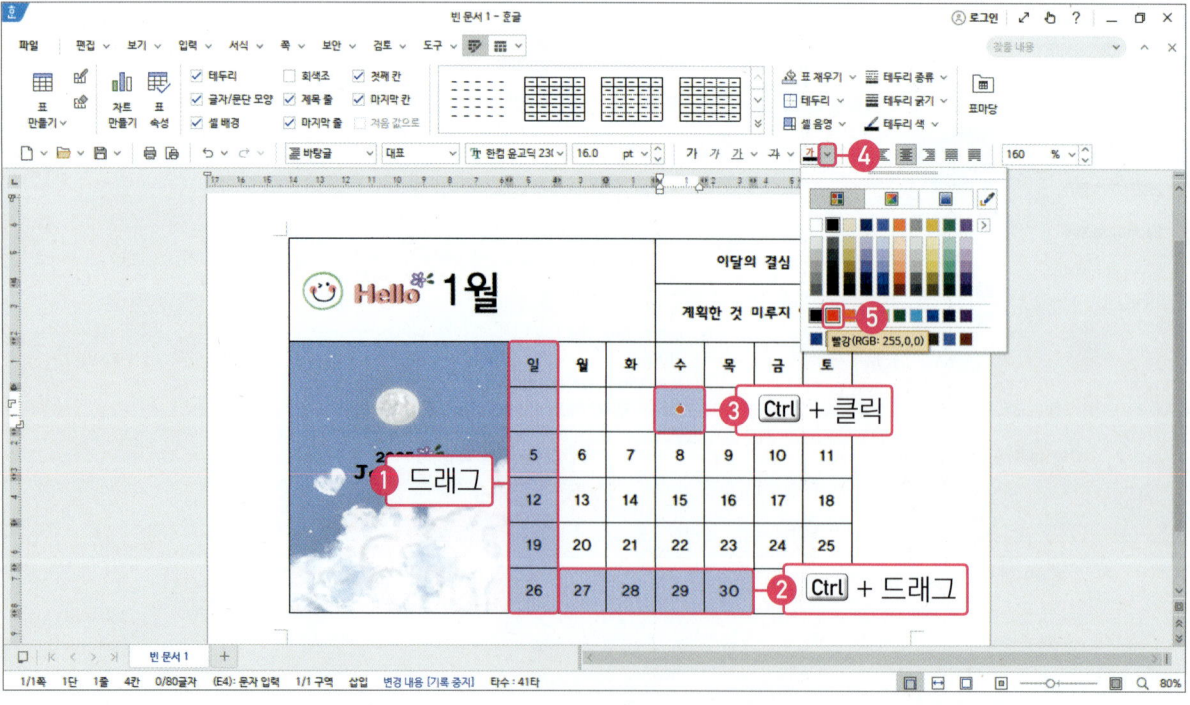

166

09 Esc 키를 눌러 블록을 해제합니다. '29' 뒤를 클릭해 Enter 키를 눌러 줄 바꿈을 한 후 '설날'을 입력합니다.

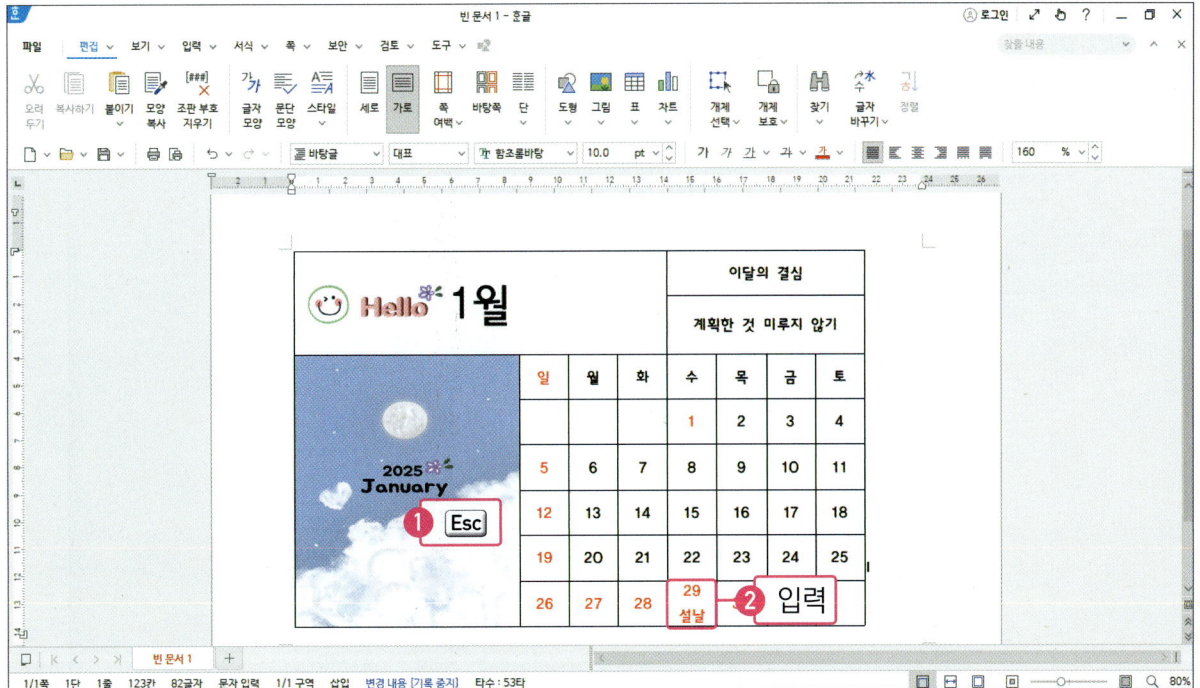

10 다음처럼 드래그해서 블록으로 설정합니다. 메뉴에서 [표 레이아웃(▦)] 탭-[내용 정렬(▤)]-[셀 정렬]-[왼쪽 위]를 클릭합니다.

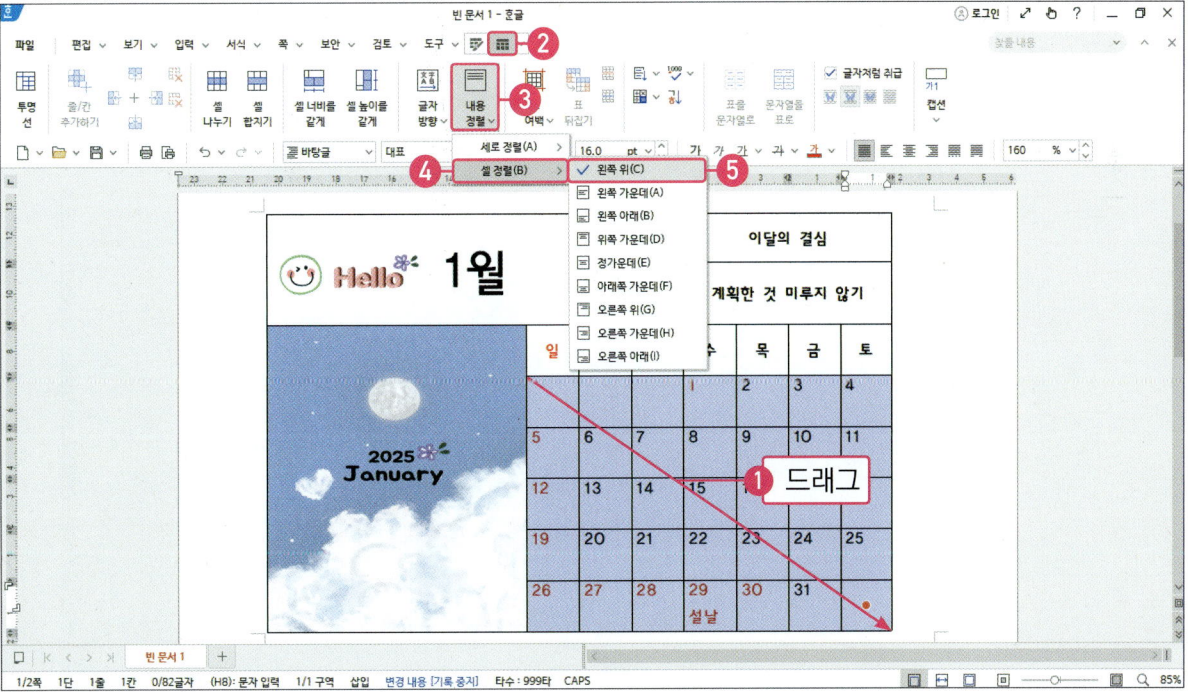

▶ 셀 테두리 설정하기

01 바깥쪽 테두리를 굵게 하기 위해 다음처럼 표 전체를 블록으로 설정하고 [표 디자인(📋)]-[테두리 굵기(▦)]를 클릭한 후 '1mm'를 선택합니다.

02 [테두리(▦)]의 ∨-[바깥쪽 테두리(▣)]를 클릭합니다.

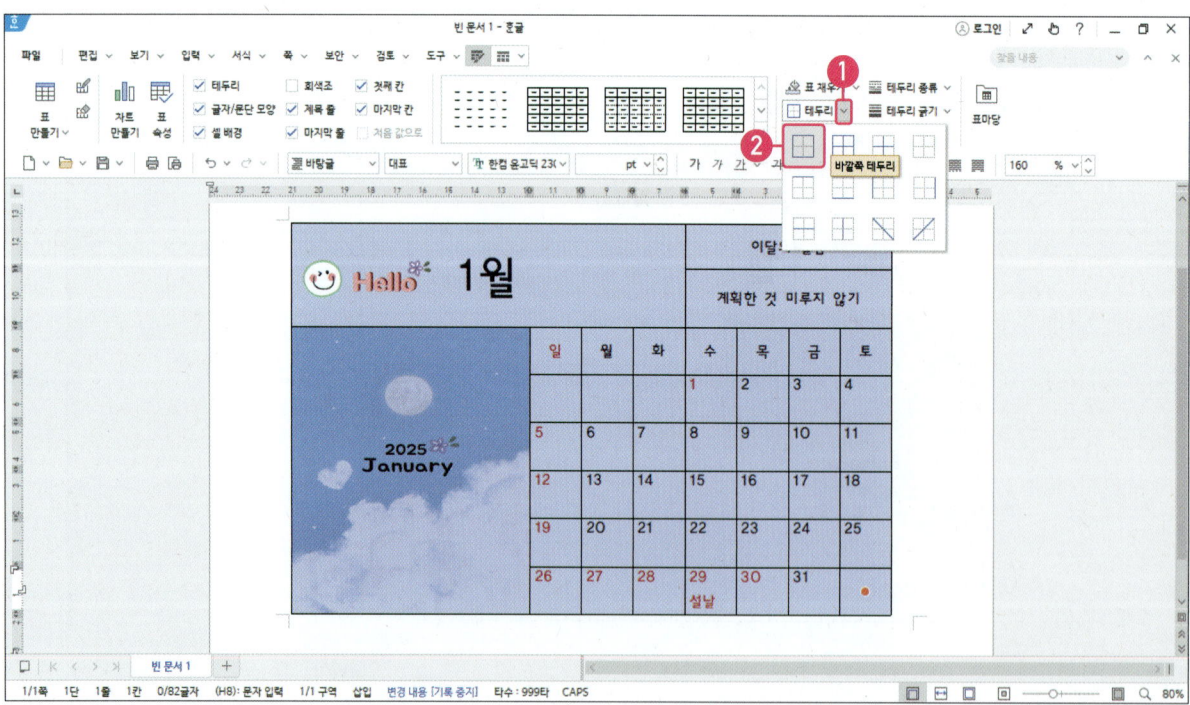

03 요일이 있는 줄을 드래그해 블록을 설정한 후 [표 채우기(🎨)]의 ⌄을 클릭하고 '노랑 80% 밝게'를 클릭합니다.

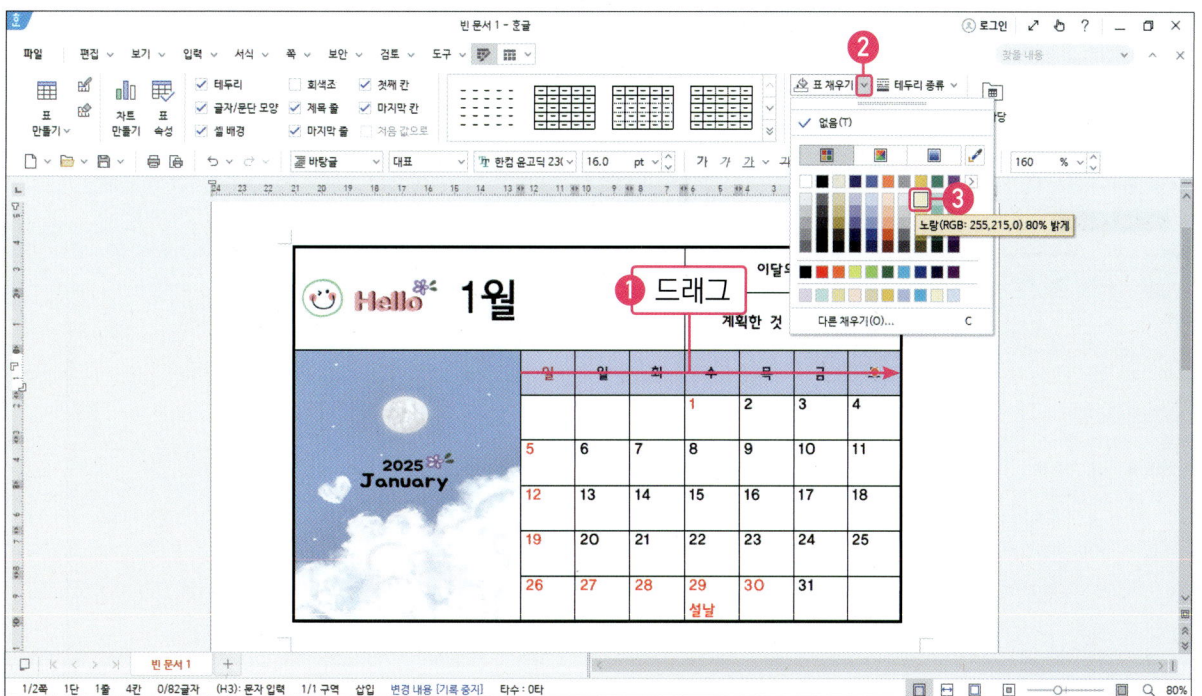

04 마지막 셀에 대각선을 삽입해 보겠습니다. 해당 셀을 클릭해 L 키를 누릅니다.

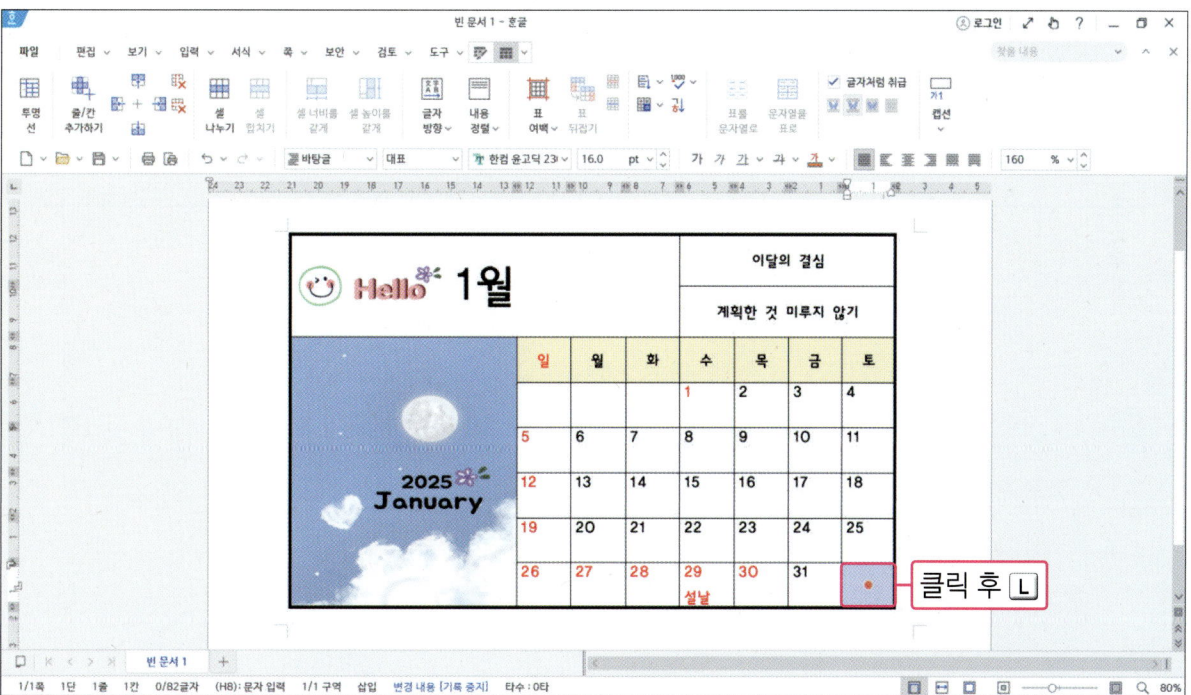

05 [셀 테두리/배경] 대화상자가 나타나면 [대각선] 탭-[대각선(◧)]을 선택한 후 [설정] 버튼을 클릭합니다.

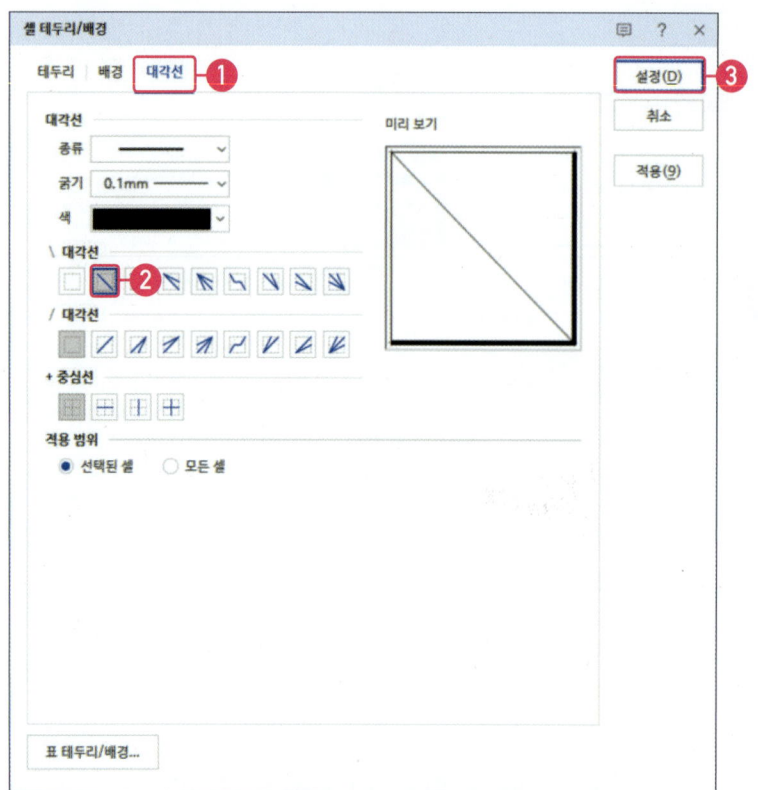

 • 이전 셀에 블록이 설정된 상태에서 다음 셀을 클릭하면 블록이 자동으로 설정됩니다. 만약 블록이 해제되었다면 해당 셀을 클릭한 후 F5 키를 한 번 눌러 블록을 설정해도 됩니다.
• 마우스 오른쪽 버튼을 클릭해 [셀 테두리/배경]-[각 셀마다 적용]을 선택해도 됩니다.

▶ 셀 높이를 같게 설정하기

01 높이를 균등하게 설정하기 위해 다음처럼 드래그해서 블록을 설정합니다. 메뉴에서 [표 레이아웃(▦)] 탭-[셀 높이를 같게(▤)]를 클릭합니다.

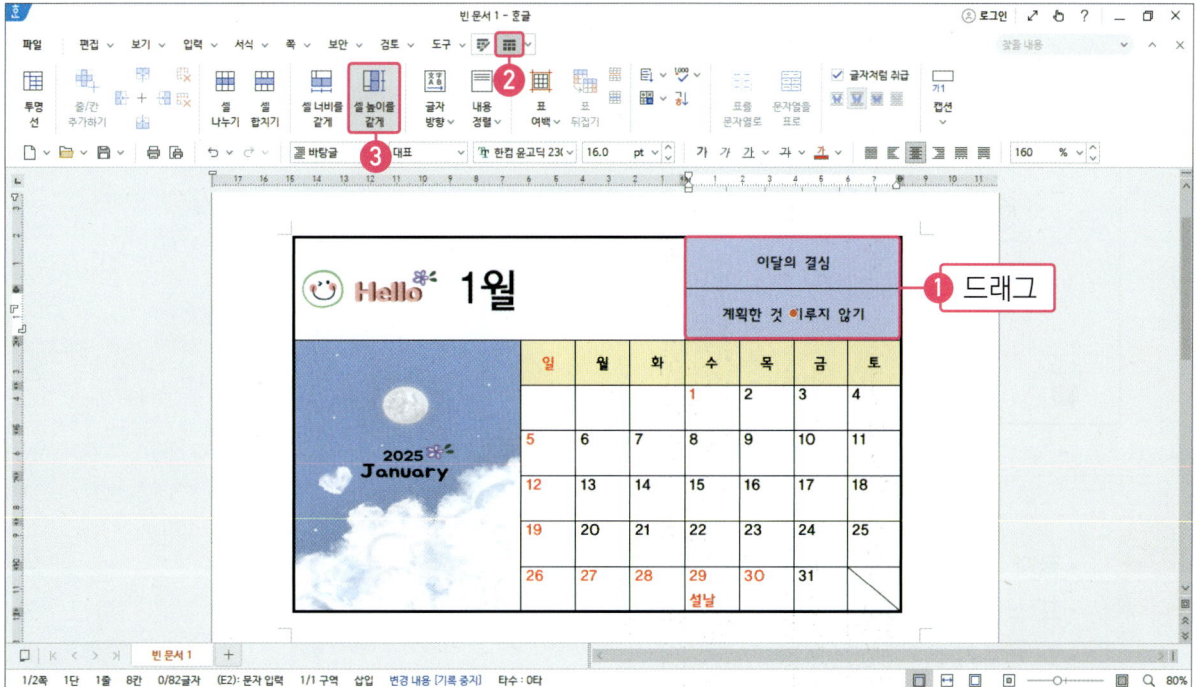

- [셀 너비를 같게]의 바로 가기 키는 Ⓦ입니다.
- [셀 높이를 같게]의 바로 가기 키는 Ⓗ입니다.

02 서식 도구 상자에서 [저장하기]를 클릭해 파일 이름을 '달력.hwpx'로 저장합니다.

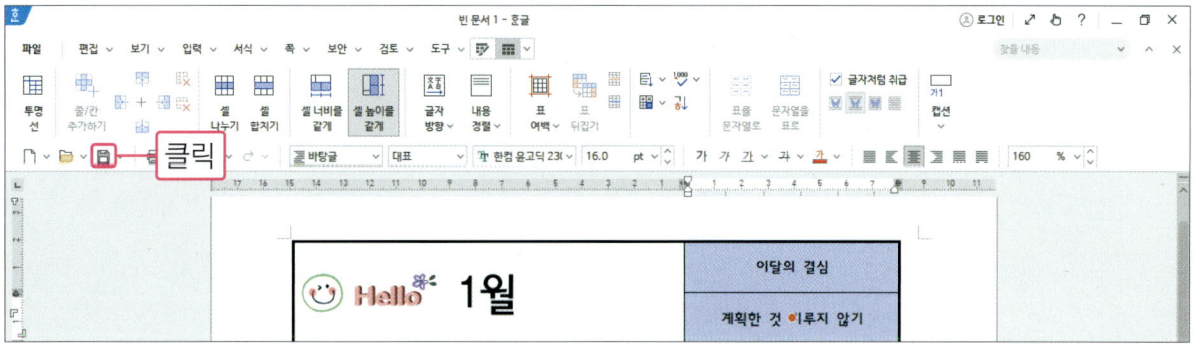

응용력 키우기

01 다음과 같은 표를 만든 후 '주간계획표.hwpx'로 저장해 봅니다.

> 힌트
> - 글자 서식 : 한컴 백제 B, 20pt(제목 32pt), 가운데 정렬
> - 표 삽입 : 3줄×7칸
> - 표 테두리 굵기 : 0.7mm
> - 표 채우기 색 : 초록 80% 밝게
> - 그림 삽입 : 꽃.png, 커피.png, 케잌.png, 연필.png, 스마일.png
> - 그림 배치 : 글뒤로

02 다음과 같은 표를 만든 후 '시간표.hwpx'로 저장해 봅니다.

시간표

시간	월	화	수	목	금
1	국어	국어	수학	한국사	국어
2	수학	음악	사회	미술	수학
3	사회	과학	영어	국어	도덕
4	과학	정보	국어	영어	정보
5	미술	체육		체육	사회

> 힌트
> - 글자 서식 : 함초롬바탕, 14pt(제목 20pt), 가운데 정렬
> - 표 삽입 : 6줄×6칸
> - 표 스타일 : 밝은 스타일 2 - 붉은 색조

09 아기자기 감성 뿜뿜! 네임택 만들기

- 라벨 문서 만들기
- 표에 배경 이미지 채우기
- 표 자동 채우기

미/리/보/기

📁 완성파일 : 정리용 네임택.hwpx

이번 장에서는 다른 대상과의 분류 및 구분을 목적으로 표시해 두는 이름표인 라벨 문서 만들기를 알아보고 한글에서 제공되는 라벨 용지를 이용해 수납 정리용으로 사용할 수 있는 네임텍을 만들어 보겠습니다.

173

01 라벨 문서 살펴보기

한글의 '라벨 문서 만들기' 기능을 실행하면 편집 창에 투명 선으로 된 표 형태의 문서가 나타나며 네임택, 명함, 홍보 자료 등을 간단하게 만들 수 있습니다. 메뉴에서 [쪽] 탭-[라벨(■)]-[라벨 문서 만들기]를 클릭하면 다음과 같은 대화상자가 나타납니다.

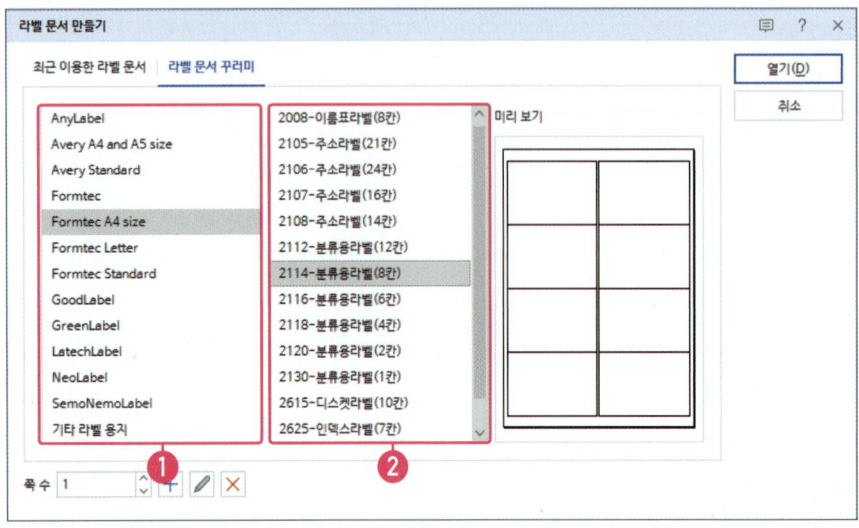

❶ 애니라벨(AnyLabel), 폼텍(Formtec) 등 라벨 제조사를 선택합니다.
❷ 각 제조사에서 제공하는 라벨의 제품 이름과 제품 번호를 선택합니다.

02 정리용 네임택 만들기

▶ **라벨 문서 만들기**

01 한글을 실행한 후 메뉴에서 [쪽] 탭-[라벨(■)]-[라벨 문서 만들기]를 클릭합니다.

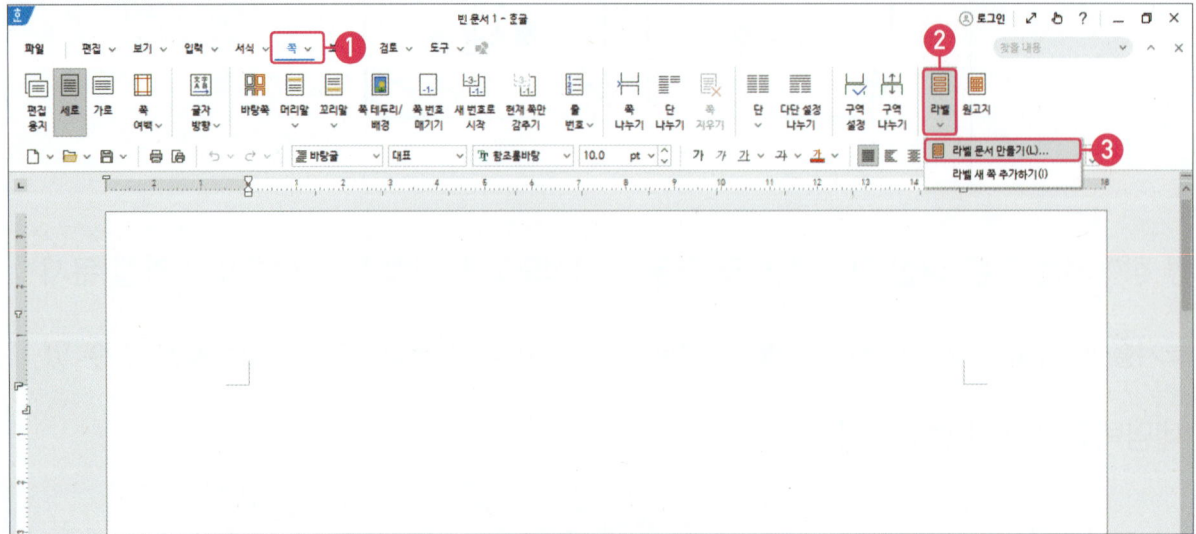

02 [라벨 문서 만들기] 대화상자가 나타나면 [라벨 문서 꾸러미] 탭을 클릭하고 목록에서 [Formtec]-[물건 이름표(8칸)-3114]를 선택한 후 [열기] 버튼을 클릭합니다.

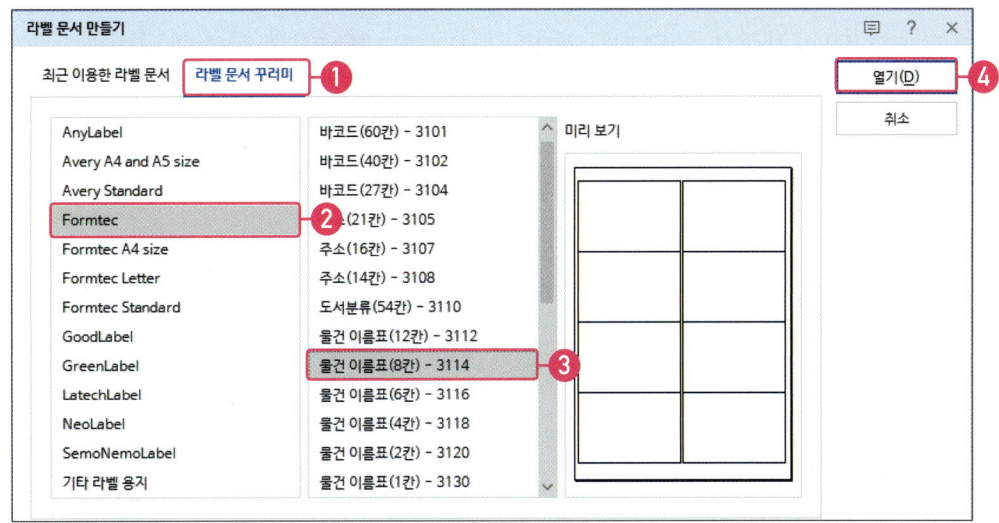

03 새로운 문서 창이 열리고 빨간색 점선의 라벨 이름표가 나타납니다. 첫 번째 셀의 왼쪽 상단에 커서가 깜박입니다.

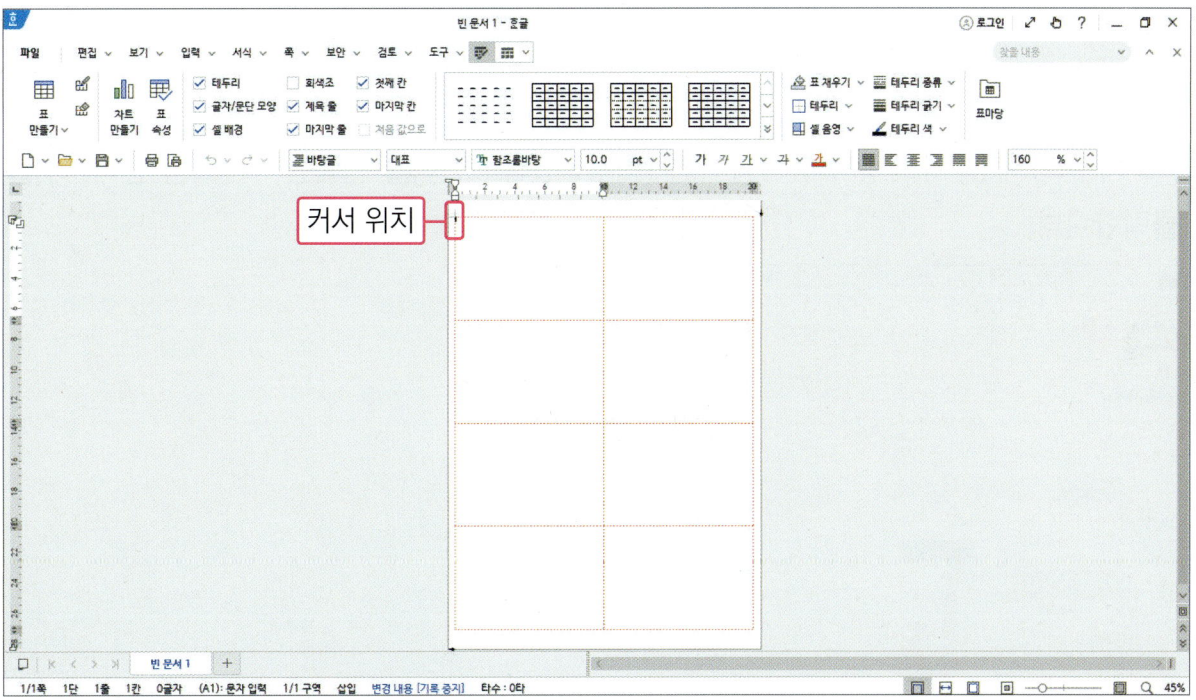

- 라벨 용지의 네모 칸 하나 하나를 '라벨 이름표'라고 합니다. 라벨 이름표는 표로 구성되어 있으며 크기가 고정되어 내용을 넘치게 입력하더라도 표가 자동으로 늘어나지 않습니다. 또한, 마우스 클릭으로 표를 선택할 수 없습니다.
- 라벨 이름표로 사용된 표는 [선 종류]가 '없음'으로 설정되어 있습니다. 각 이름표를 구분하여 쉽게 편집할 수 있도록 [투명 선 보이기] 상태로 설정되어 빨간색 점선으로 표시됩니다. 빨간색 점선은 편집 창에서만 보일 뿐 인쇄하면 나타나지 않습니다.

▶ 배경 이미지 삽입하기

01 배경 이미지를 모든 라벨 이름표에 삽입해 보겠습니다. F5 키를 3번 눌러 표 전체를 선택하고 메뉴에서 [표 디자인(📝)]-[표 채우기(🎨)]의 ⌄-[다른 채우기]를 클릭합니다.

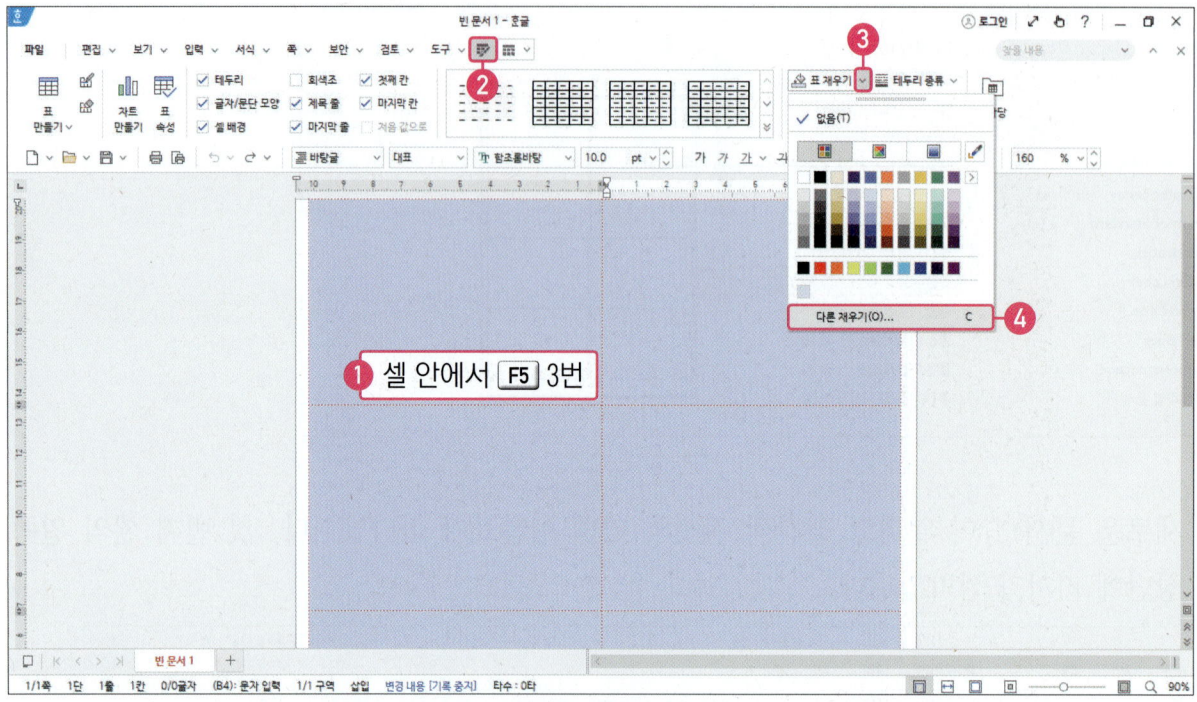

02 [셀 테두리/배경] 대화상자가 나타나면 [배경] 탭의 [그림]을 선택한 후 [그림 선택(📁)]을 클릭합니다.

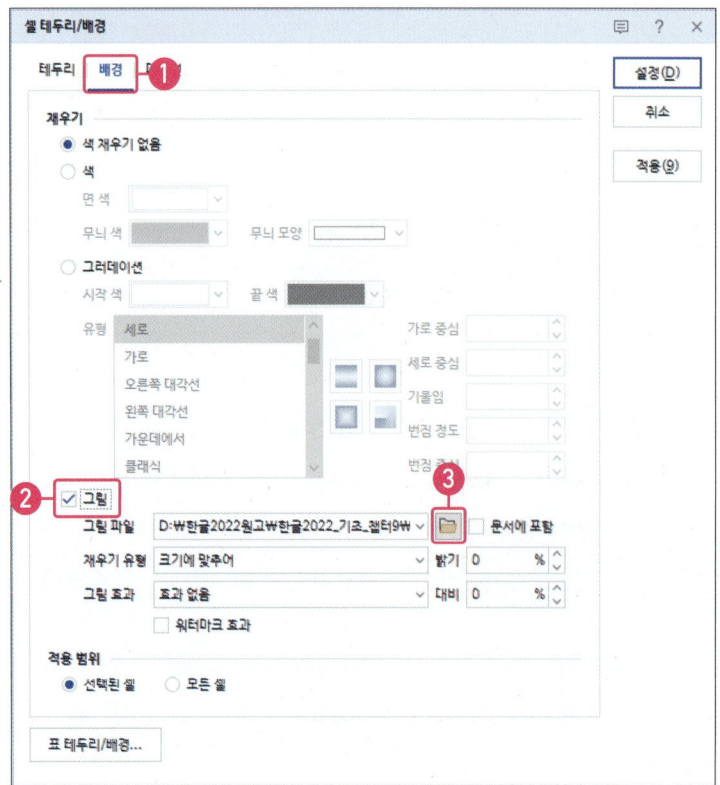

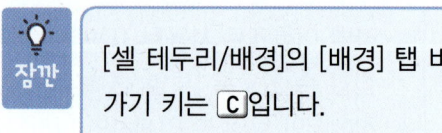

[셀 테두리/배경]의 [배경] 탭 바로 가기 키는 C입니다.

03 [그림 넣기] 대화상자가 나타나면 '준비파일' 폴더에서 '배경1.png'를 선택하고 [열기] 버튼을 클릭합니다. [문서에 포함]이 선택되어 있는지 확인하고 [설정] 버튼을 클릭합니다.

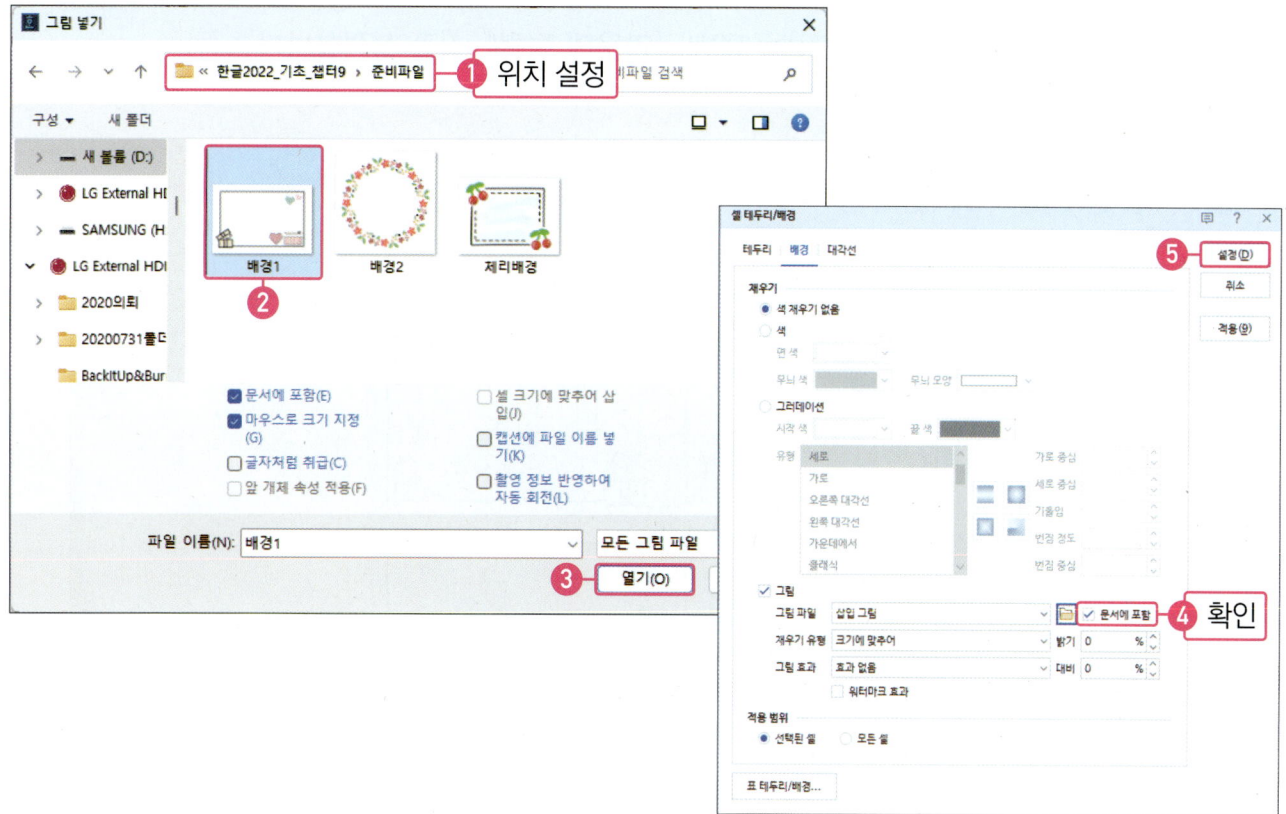

04 표 전체에 배경 그림이 삽입되었습니다.

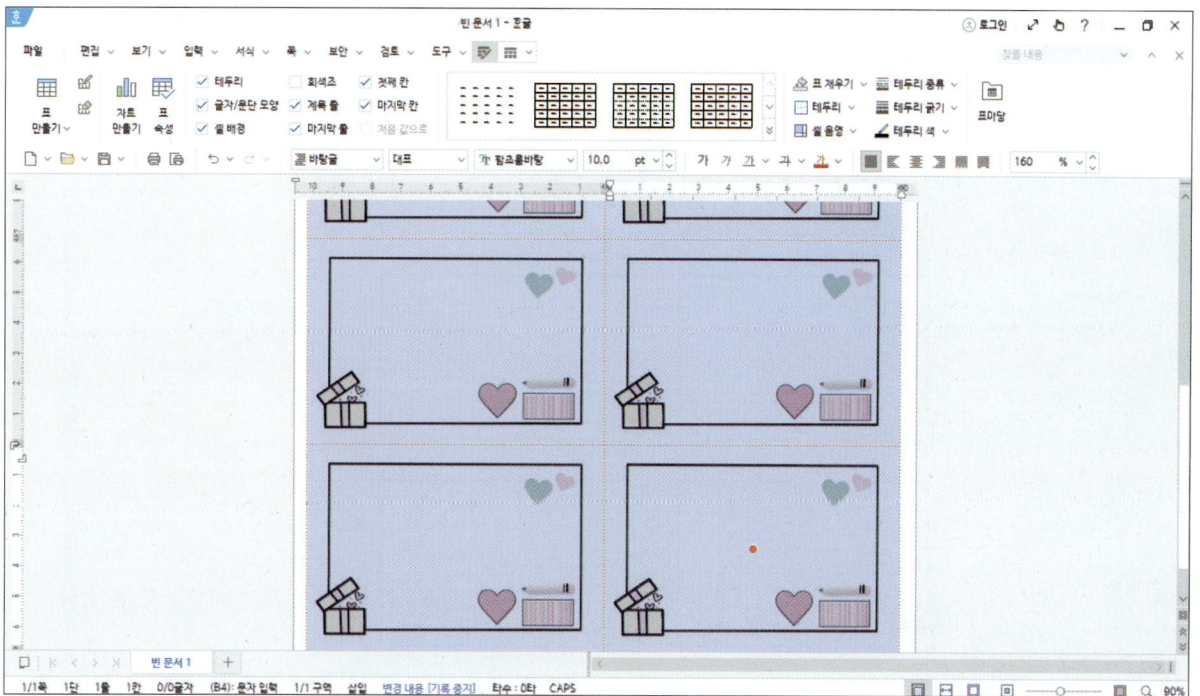

▶ 표 자동 채우기

01 블록이 설정된 상태에서 글자 서식을 먼저 설정하겠습니다. 서식 도구 상자에서 [글꼴]은 '한컴 윤고딕 240', [글자 크기]는 '32pt', [가운데 정렬(≡)]로 설정합니다.

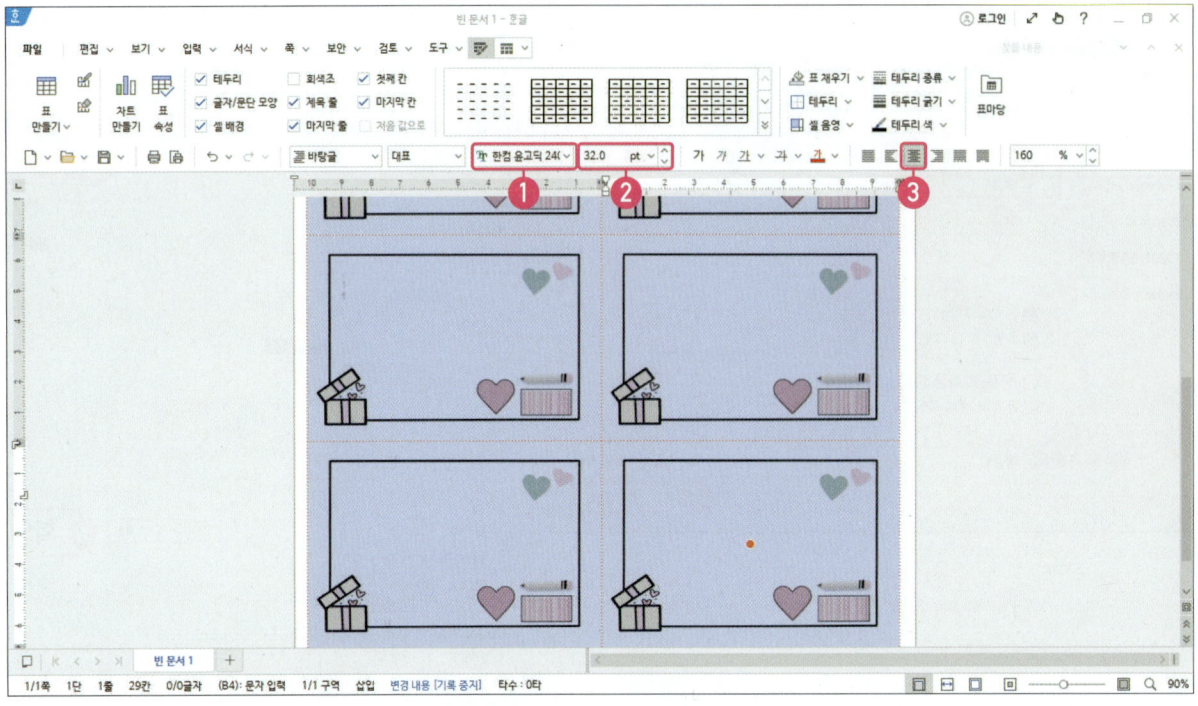

02 글자가 셀 중앙에 입력되도록 메뉴에서 [표 레이아웃(▦)] 탭-[내용 정렬(▤)]-[세로 정렬]-[중간]을 클릭합니다.

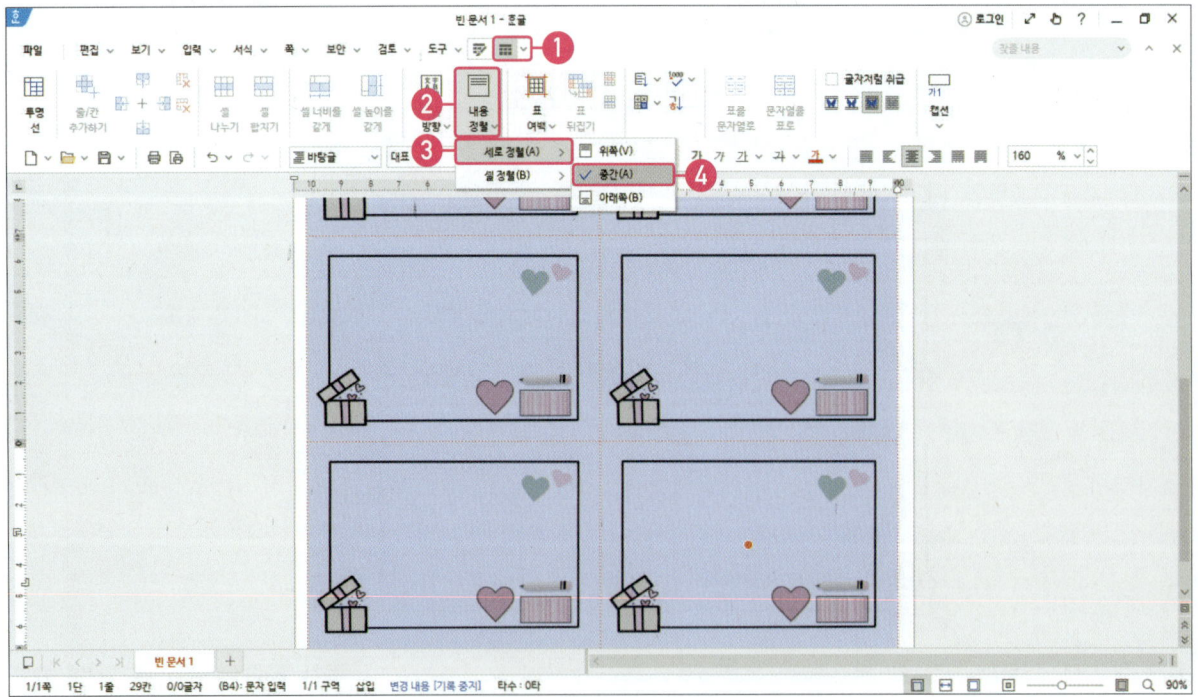

03 Esc 키를 눌러 블록을 해제한 후 첫 번째 셀을 클릭해 '문구용품'을 입력합니다.

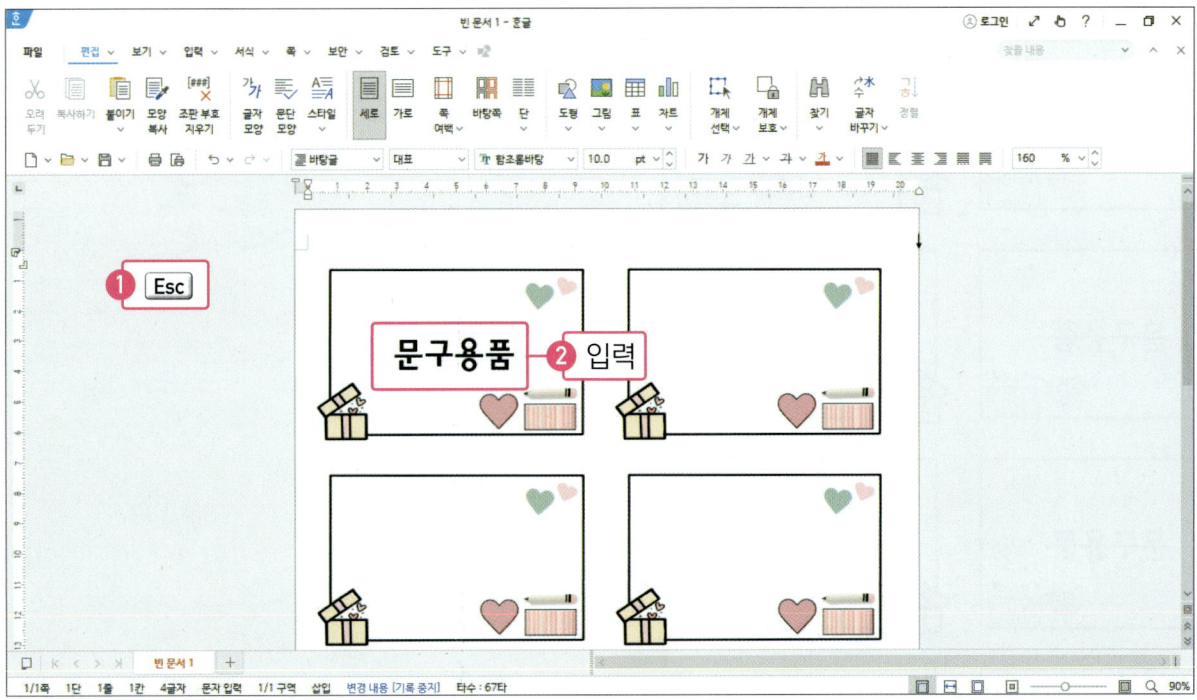

04 같은 내용을 표 전체에 반복적으로 넣기 위해 F5 키를 3번 눌러 표 전체를 블록으로 설정하고 [표 레이아웃(▦)] 탭-[채우기(🗒)]의 ⌄-[표 자동 채우기]를 클릭합니다.

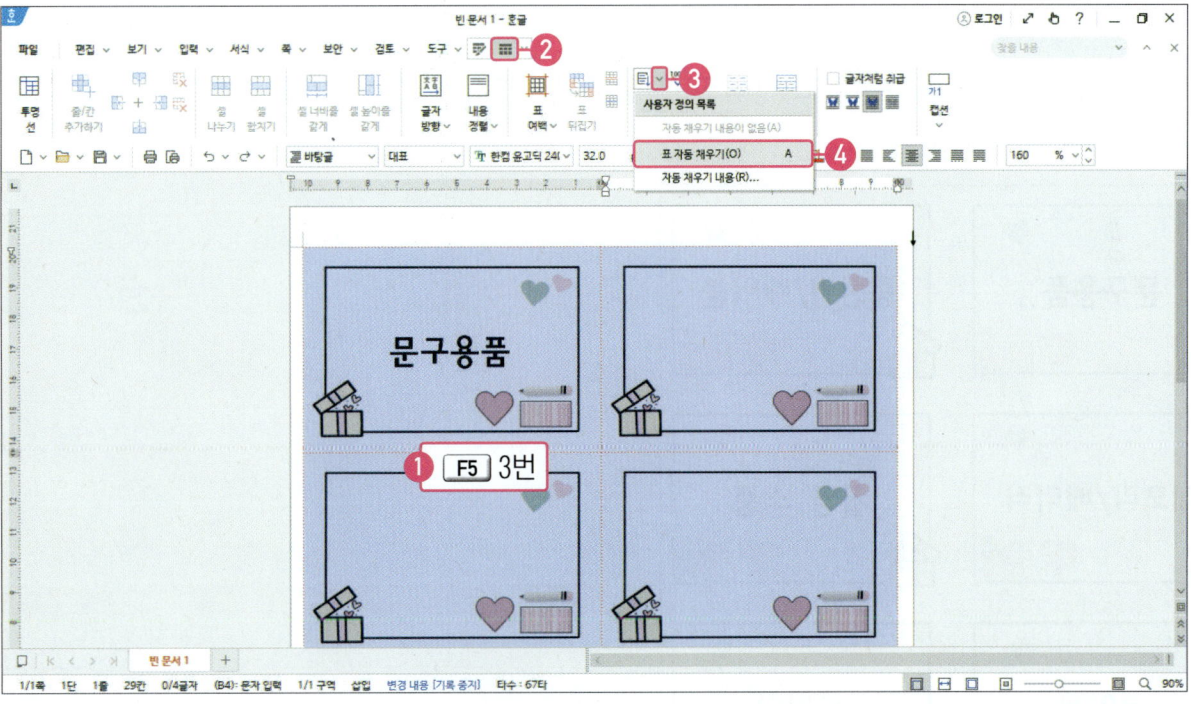

 [표 자동 채우기]의 바로 가기 키는 A입니다.

179

05 라벨 이름표 전체에 같은 내용이 채워진 것을 확인합니다.

06 그림과 같이 내용을 수정하고 서식 도구 상자에서 [**저장하기**(🖫)]를 클릭하여 '정리용 네임택.hwpx'로 저장해 봅니다.

응용력 키우기

01 다음과 같은 라벨 문서를 만든 후 '응원 메시지.hwpx'로 저장해 봅니다.

- 쪽-라벨 문서 만들기 : [Formtec] - [원형 라벨(12칸)-3640]
- 표 채우기 - 그림으로 채우기 : 배경2.png
- 텍스트 : 1줄 - 힘내라, 2줄 - 대한민국
- 글꼴 : 한컴 백제 B
- 글자 크기 : 24pt, 가운데 정렬

- [표 레이아웃(▦)] 탭-[내용 정렬(▤)]-[세로 정렬]-[중간]
- 표 자동 채우기 : A 키

02 다음과 같은 라벨 문서를 만든 후 '이름표라벨.hwpx'로 저장해 봅니다.

- 쪽–라벨 문서 만들기 : [Formtec Standard] – [3510–분류 명함라벨(10칸)]
- 표 채우기 – 그림으로 채우기 : 체리배경.png
- 텍스트 : 1줄–미소천사쌤, 2줄–김미소
- 글꼴 : 한컴 윤고딕 240
- 글자 크기 : 24pt, 이름–32pt, 가운데 정렬

- [표 레이아웃(▦)] 탭–[내용 정렬(▤)]–[세로 정렬]–[중간]
- 표 자동 채우기 : A 키

10 나도 이젠 문서 전문가

- 덧말 넣기
- 각주 설정하기
- 머리말/꼬리말
- 빠른 내어쓰기
- PDF로 저장하기

미/리/보/기   완성파일 : 신라의 달밤 걷기.hwpx

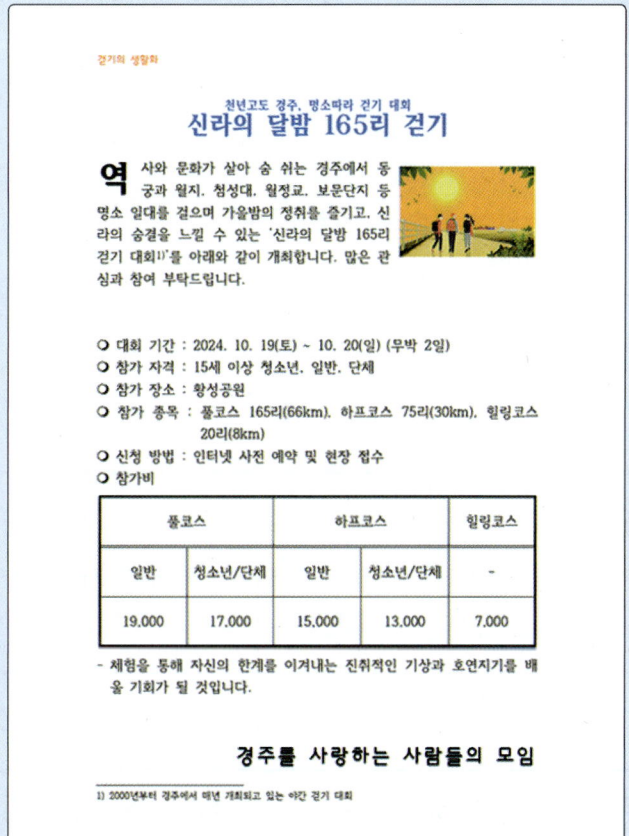

이번 장에서는 본문의 내용을 추가 설명할 때 사용하는 덧말과 각주를 추가하는 방법을 알아보겠습니다. 또한, 보고서 등 여러 쪽으로 구성된 문서를 만들 때 사용하는 머리말과 꼬리말을 추가하는 기능도 살펴보겠습니다. 문서를 전달할 때 많이 쓰이는 PDF 파일로 저장하는 방법도 소개합니다.

01 문서에 덧말과 머리말 추가하기

▶ **서식 설정하여 글 작성하기**

01 한글을 실행하고 서식 도구 상자에서 [글자 크기]를 '13pt'로 설정한 후 다음처럼 입력합니다.

신라의 달밤 165리 걷기

역사와 문화가 살아 숨 쉬는 경주에서 동궁과 월지, 첨성대, 월정교, 보문단지 등 명소 일대를 걸으며 가을밤의 정취를 즐기고, 신라의 숨결을 느낄 수 있는 '신라의 달밤 165리 걷기 대회'를 아래와 같이 개최합니다. 많은 관심과 참여 부탁드립니다.

○ 대회 기간 : 2024. 10. 19(토) ~ 10. 20(일) (무박 2일)
○ 참가 자격 : 15세 이상 청소년, 일반, 단체
○ 참가 장소 : 황성공원
○ 참가 종목 : 풀코스 165리(66km), 하프코스 75리(30km), 힐링코스 20리(8km)
○ 신청 방법 : 인터넷 사전 예약 및 현장 접수
○ 참가비

풀코스		하프코스		힐링코스
일반	청소년/단체	일반	청소년/단체	-
19,000	17,000	15,000	13,000	7,000

- 체험을 통해 자신의 한계를 이겨내는 진취적인 기상과 호연지기를 배울 기회가 될 것입니다.

경주를 사랑하는 사람들의 모임

▶ 덧말 넣기

덧말은 본문에서 인용한 자료의 출처를 밝히거나 본문에서 언급한 내용에 대한 간단한 보충 자료를 제시할 때 본말의 위나 아래에 추가하는 말입니다.

01 제목 '신라의 달밤 165리 걷기'를 드래그해 블록으로 설정한 후 [글꼴]은 '한컴 솔잎 B', [글자 크기]는 '24pt', [글자 색]은 '하늘색', [가운데 정렬(≡)]로 설정합니다.

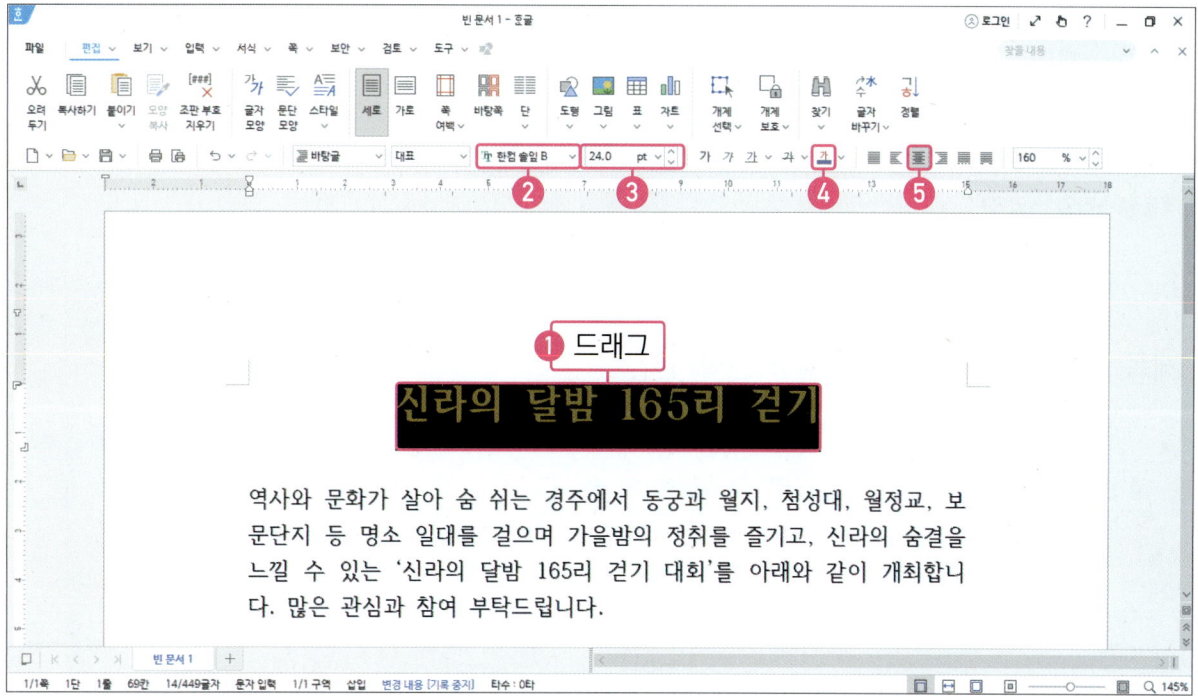

02 덧말을 넣기 위해 메뉴에서 [입력] 탭의 ⌄-[덧말 넣기]를 클릭합니다.

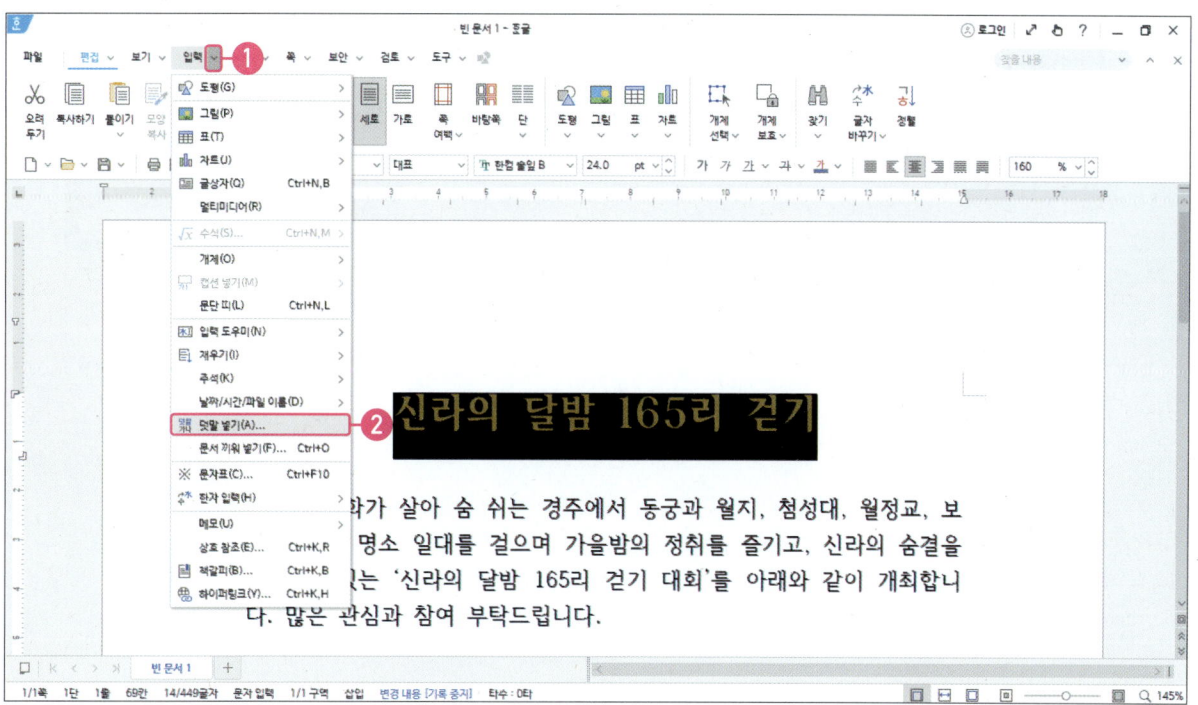

03 [덧말 넣기] 대화상자가 나타나면 [덧말]에 '**천년고도 경주, 명소따라 걷기 대회**'를 입력한 후 덧말 위치에서 '위'가 선택된 것을 확인하고 [넣기] 버튼을 클릭합니다.

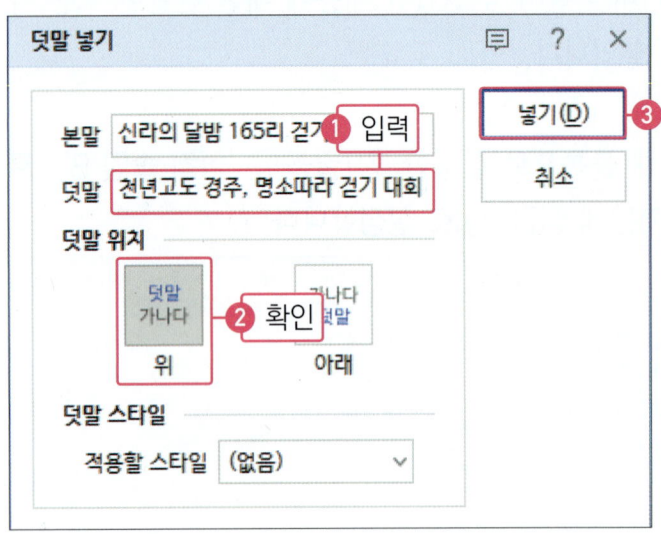

04 제목 위에 덧말이 추가된 것을 확인합니다.

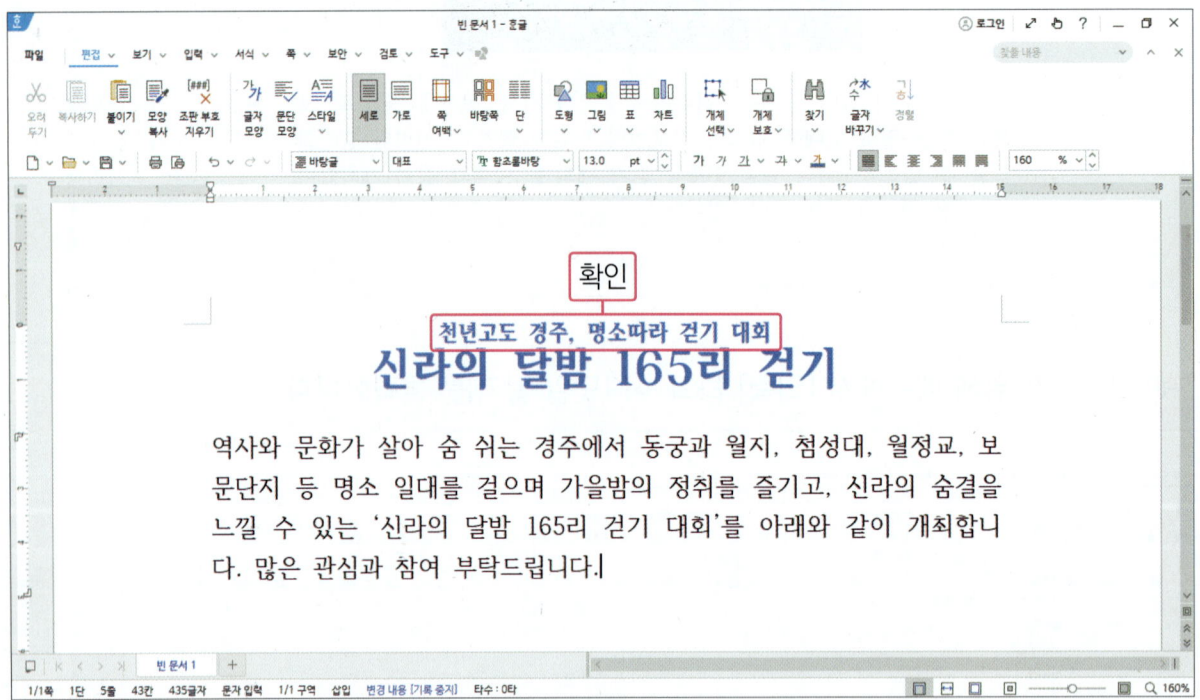

▶ 머리말/꼬리말 넣기

머리말은 문서의 상단에, 꼬리말은 하단에 표시되며 여러 페이지로 구성된 문서에 [머리말/꼬리말]로 삽입한 내용이 쪽마다 고정적으로 반복 표시됩니다.

01 문서에 머리말을 삽입하기 위해 메뉴에서 [쪽] 탭-[머리말(📄)]-[머리말/꼬리말]을 클릭합니다.

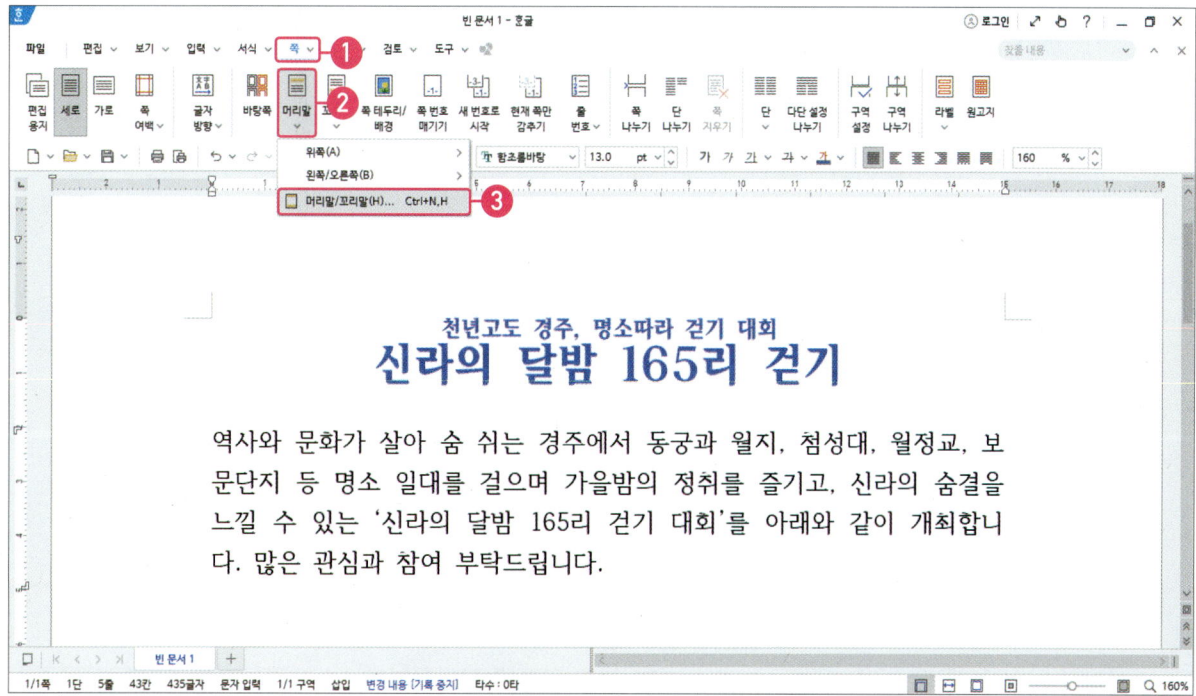

02 [머리말/꼬리말] 대화상자가 나타나면 종류는 [머리말], 위치는 [양쪽]으로 기본 설정되어 있는지 확인하고 [만들기] 버튼을 클릭합니다.

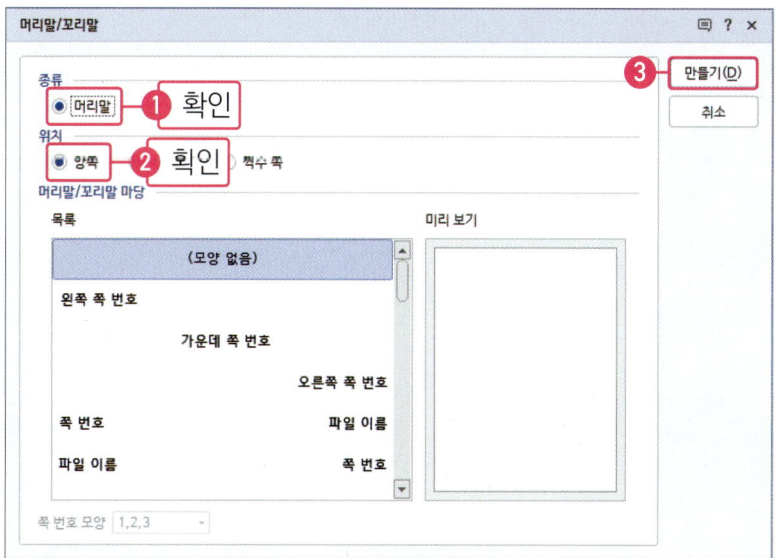

03 머리말 입력 창이 나타나면 [글꼴]은 '한컴 윤고딕 230', [글자 크기]는 '10pt', [글자 색]은 '주황'으로 설정한 후 '걷기의 생활화'를 입력합니다. [닫기(⊗)]를 클릭해 본문 편집 창으로 돌아옵니다.

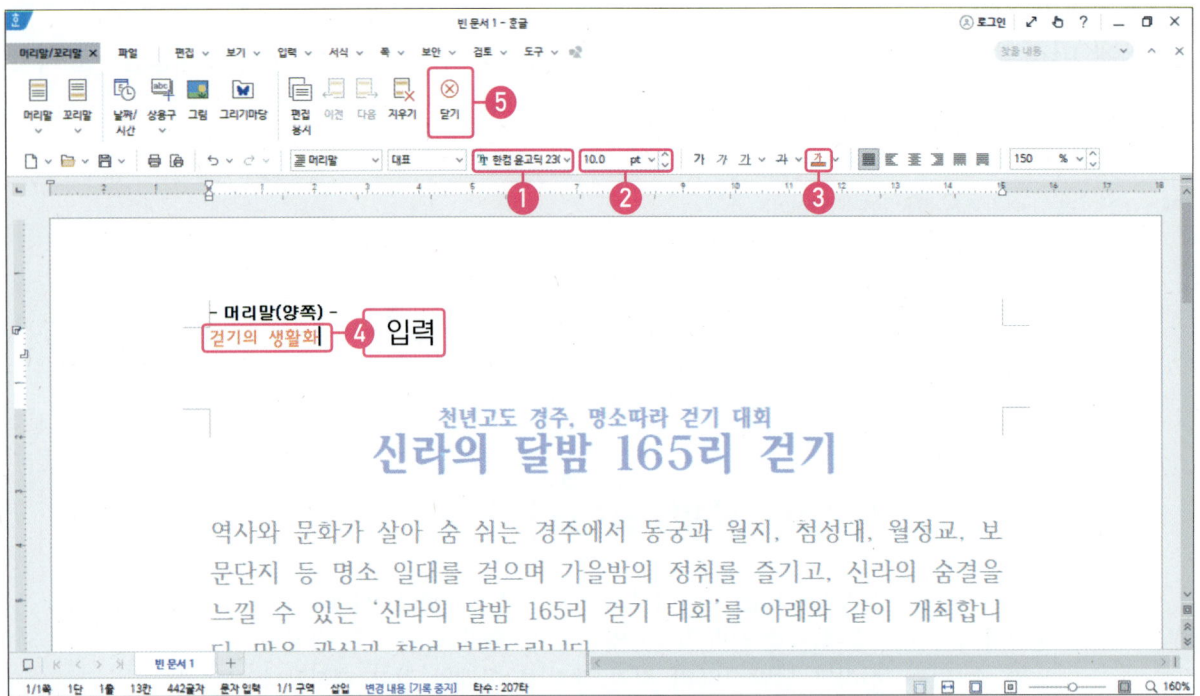

- [머리말/꼬리말]의 바로 가기 키는 Ctrl + N, H 입니다.
- 머리말 입력 창에서 Shift + Esc 키를 누르면 편집 창으로 돌아갑니다.
- 머리말을 수정하려면 머리말 영역을 더블 클릭합니다.

▶ 그림 삽입하고 여백 설정하기

01 그림을 삽입하기 위해 메뉴에서 [편집] 탭-[그림(🖼)]을 클릭합니다. [그림 넣기] 대화상자가 나타나면 '준비파일' 폴더에서 '사진1.jpg' 파일을 선택한 후 [열기] 버튼을 클릭합니다.

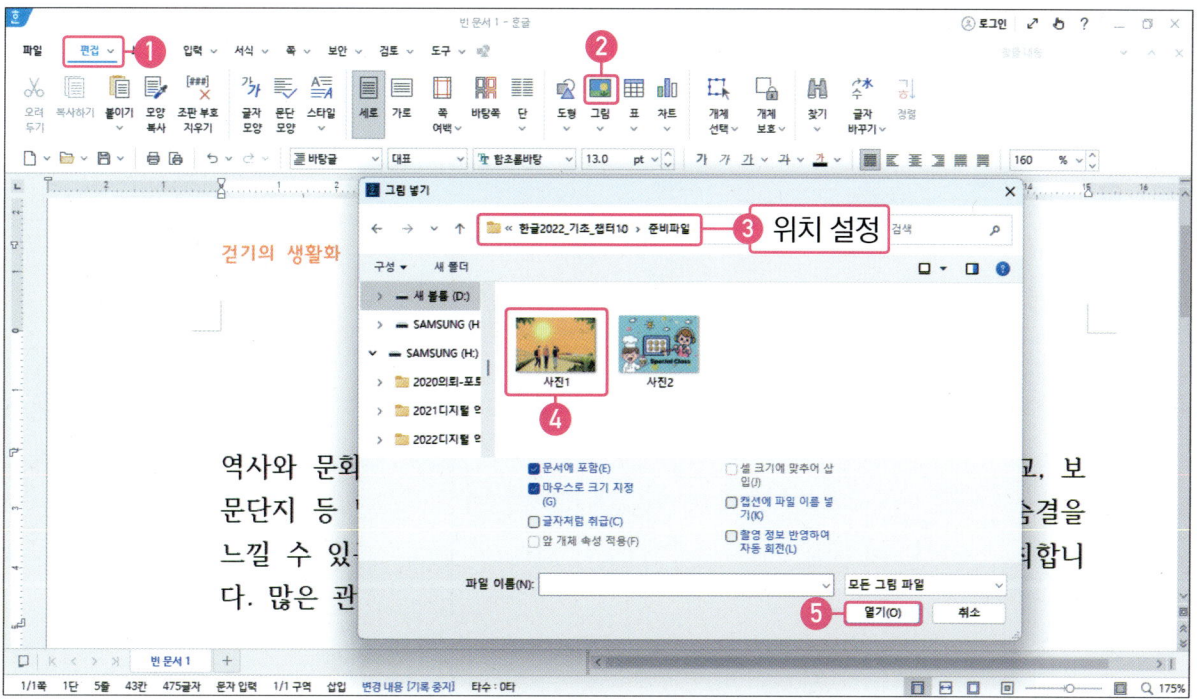

02 드래그해서 그림을 배치한 후 [그림(🖼)] 탭의 기본 도구 상자에서 [너비(□)]는 '46mm', [높이(□)]는 '30mm', [어울림(▥)]으로 설정합니다. 여백을 설정하기 위해 [그림 속성(🖼)]을 클릭합니다.

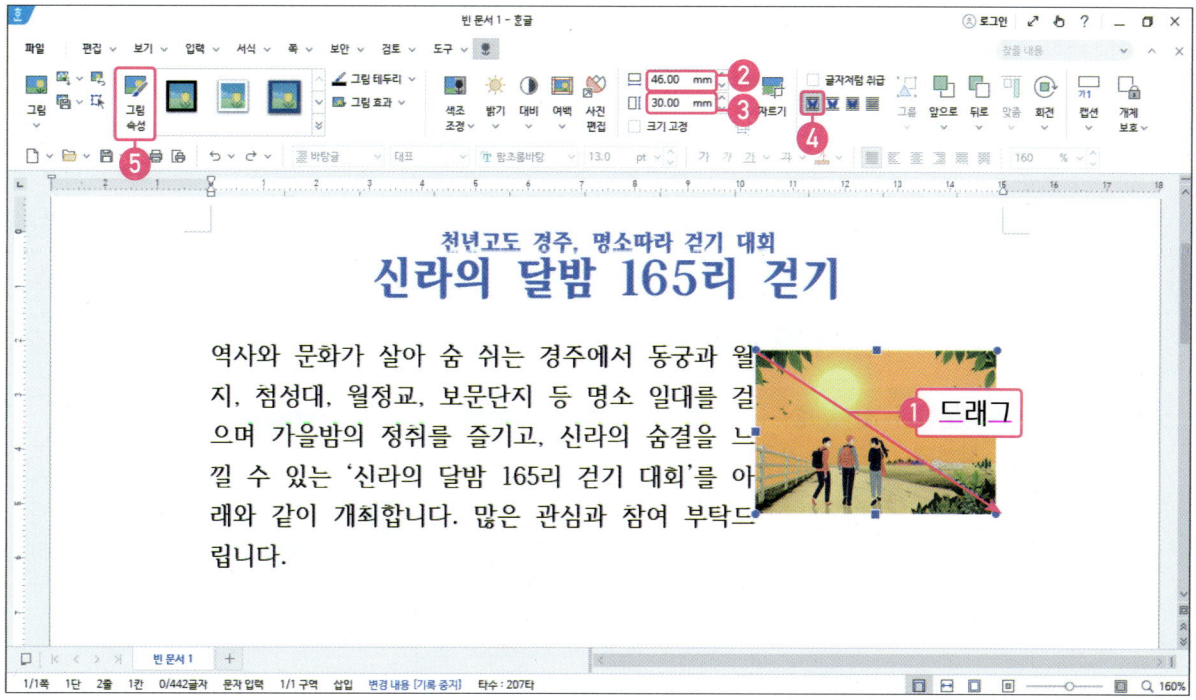

03 [개체 속성] 대화상자가 나타나면 [여백/캡션] 탭을 클릭하고 바깥 여백에서 [왼쪽]을 '3mm'로 설정한 후 [설정] 버튼을 클릭합니다.

04 텍스트와 사진 사이의 여백이 설정된 것을 확인합니다.

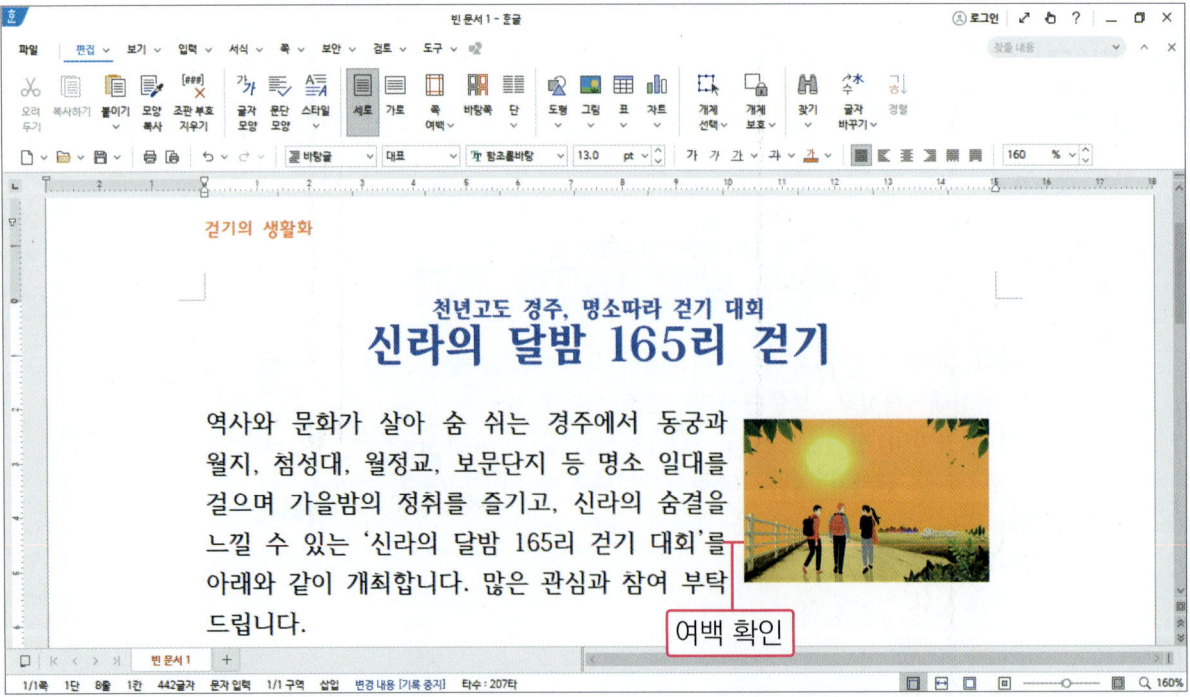

 **문단 장식과 각주 추가하기**

▶ 문단 첫 글자 장식하기

01 문단의 첫 글자를 크게 강조하기 위해 적용할 문단에 커서를 위치시킨 후 메뉴에서 [서식] 탭-[문단 첫 글자 장식(곁)]을 클릭합니다. [문단 첫 글자 장식] 대화상자가 나타나면 모양에서 '2줄', [글꼴]은 '한컴 솔잎 M'으로 설정한 후 [설정] 버튼을 클릭합니다.

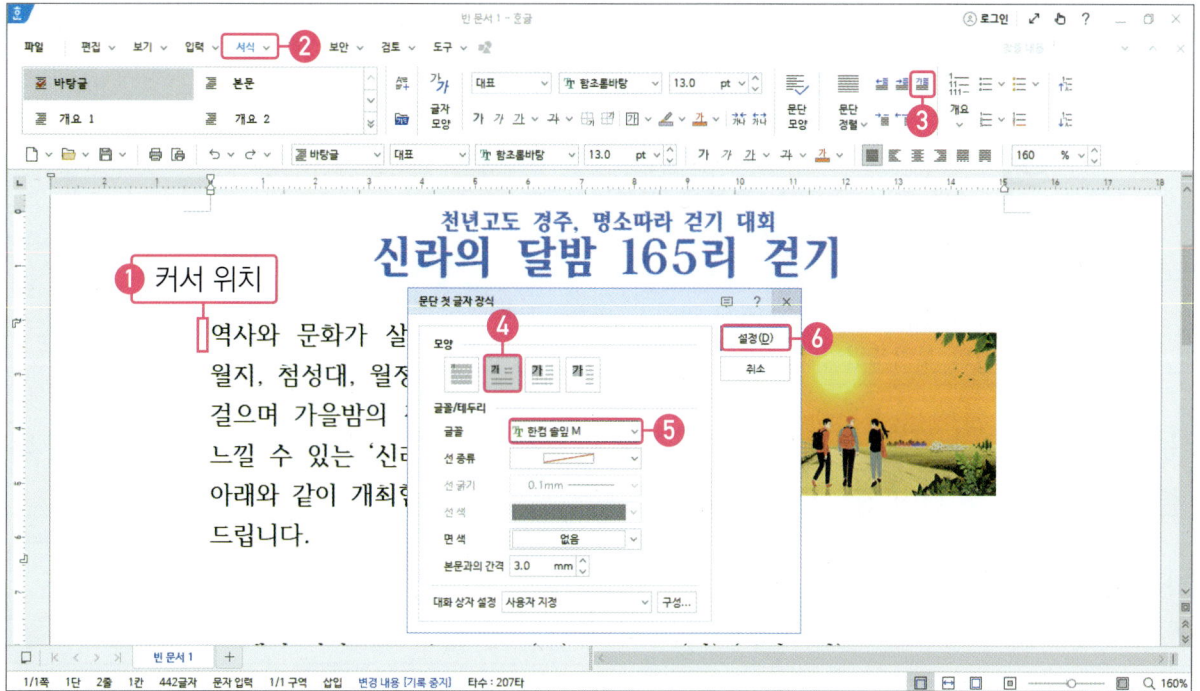

 문단에 블록을 설정한 상태에서는 [문단 첫 글자 장식]을 실행할 수 없습니다.

02 문단 첫 글자 장식이 적용된 것을 확인합니다.

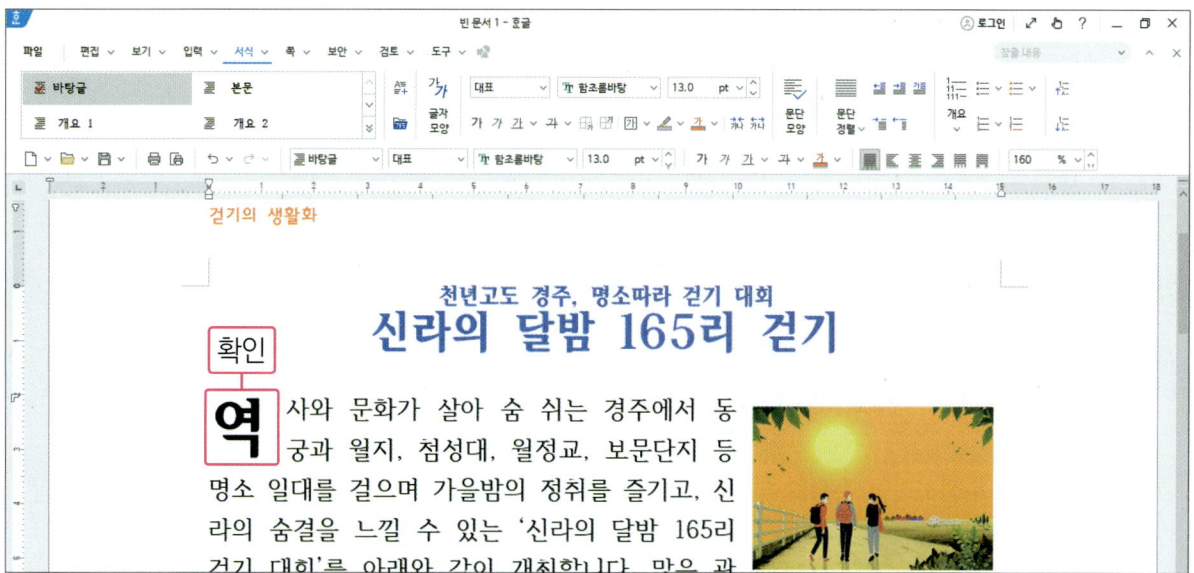

▶ 각주 추가하기

01 본문 내용에 대한 보충 설명을 삽입하기 위해 '대회' 단어 뒤에 커서를 위치시키고, 메뉴에서 [입력] 탭-[각주(📄)]를 클릭합니다.

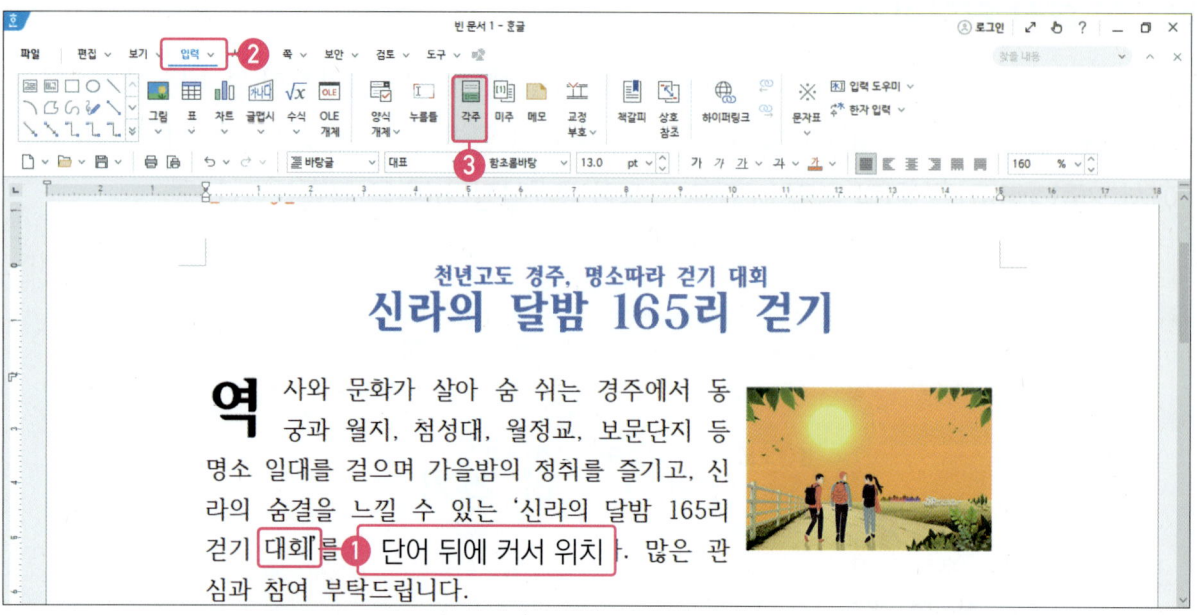

02 문서 하단에 '1)'과 같은 각주 번호가 나타나면 다음 [각주 내용]을 입력한 후 [닫기(⊗)] 버튼을 클릭해 본문 편집 창으로 되돌아옵니다.

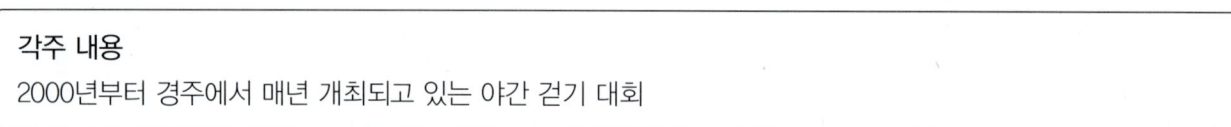

각주 내용
2000년부터 경주에서 매년 개최되고 있는 야간 걷기 대회

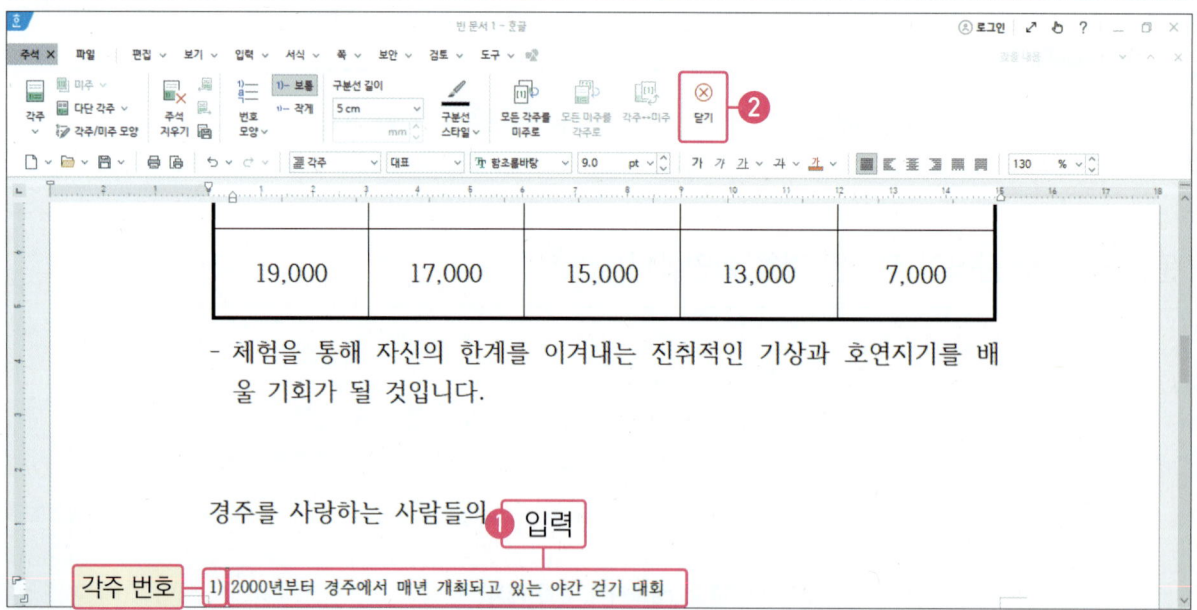

- [각주]를 실행하면 커서가 있던 본문에 각주 번호가 매겨지고, 커서는 각주 내용이 입력될 위치로 이동됩니다.
- 각주 내용을 수정하려면 수정할 부분을 클릭합니다. 본문에서 각주 번호를 지우면 그에 해당하는 각주 내용도 삭제됩니다.

▶ 빠른 내어쓰기

01 내용이 여러 줄로 이어질 때 첫 줄의 위치에 맞추어 빠른 내어쓰기를 할 수 있습니다. 빠른 내어쓰기를 적용하기 위해 '풀코스' 앞에 커서를 두고, Shift + Tab 키를 누르면 이어지는 아래 줄의 글자 위치가 '풀코스'의 위치에 맞춰 정렬됩니다.

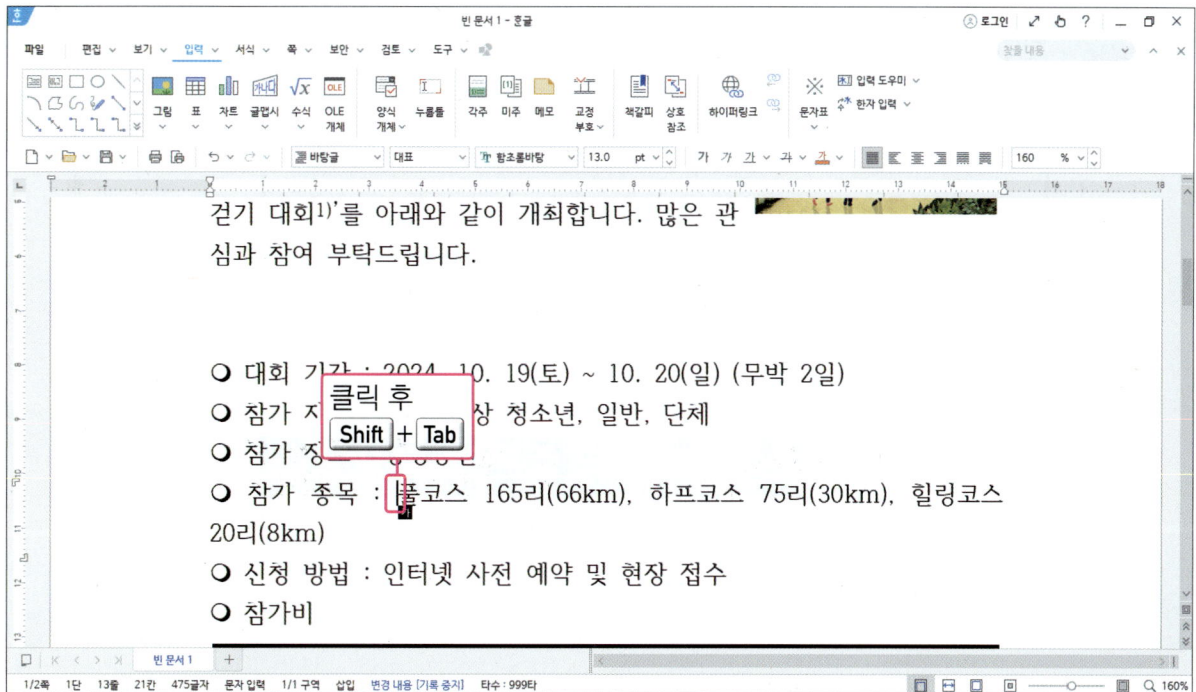

02 빠른 내어쓰기가 적용된 것을 확인합니다.

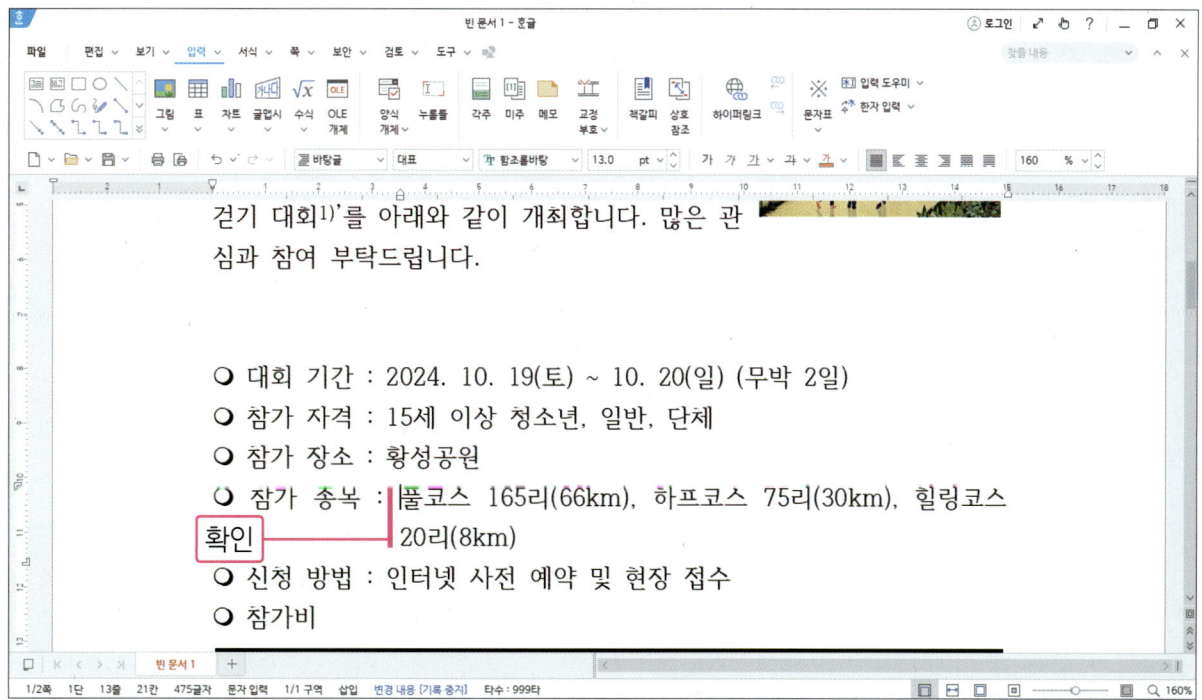

▶ 글자 서식 설정하기

01 글자 서식을 적용하기 위해 '경주를 사랑하는 사람들의 모임'을 드래그하여 블록으로 설정한 후 [글꼴]은 'HY강B', [글자 크기]는 '20pt', [오른쪽 정렬(≡)]로 설정합니다.

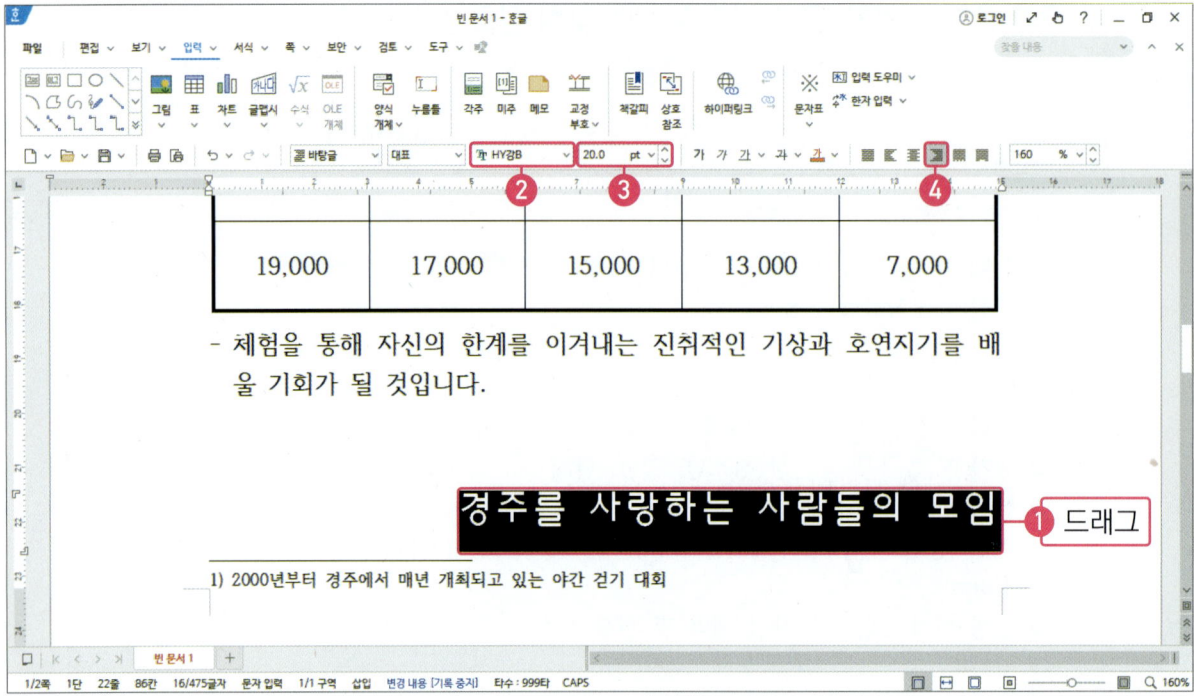

02 완성된 문서를 확인한 후 서식 도구 상자에서 [저장하기(🖫)]를 클릭해 '신라의 달밤 걷기.hwpx'로 저장합니다.

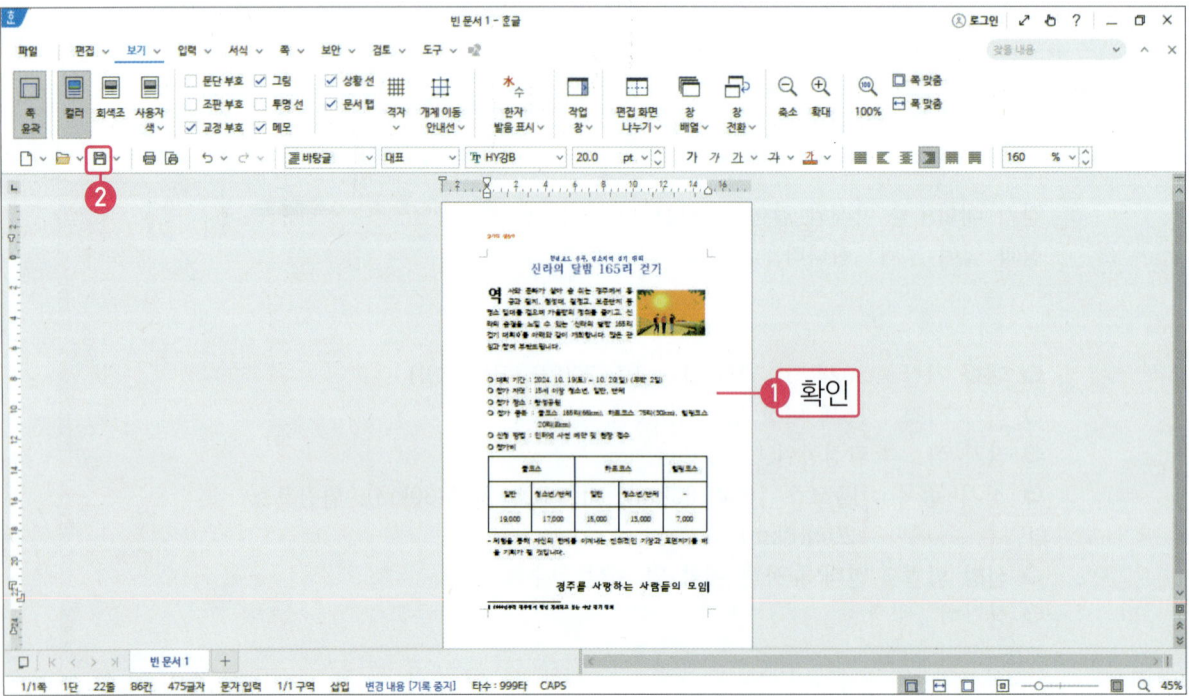

 **PDF 문서로 저장하기**

PDF 문서는 원본 문서의 글꼴, 이미지, 문서의 형태 등이 어떤 환경에서든 변하지 않고 유지되어 다른 사람에게 문서를 전달할 때 많이 이용합니다.

01 한글 문서를 PDF로 저장하기 위해 서식 도구 상자에서 [저장하기(📁)]의 ⌄–[PDF로 저장하기]를 클릭합니다. [PDF로 저장하기] 대화상자가 나타나면 **저장할 위치와 파일 이름을 확인**한 후 [저장] 버튼을 클릭합니다.

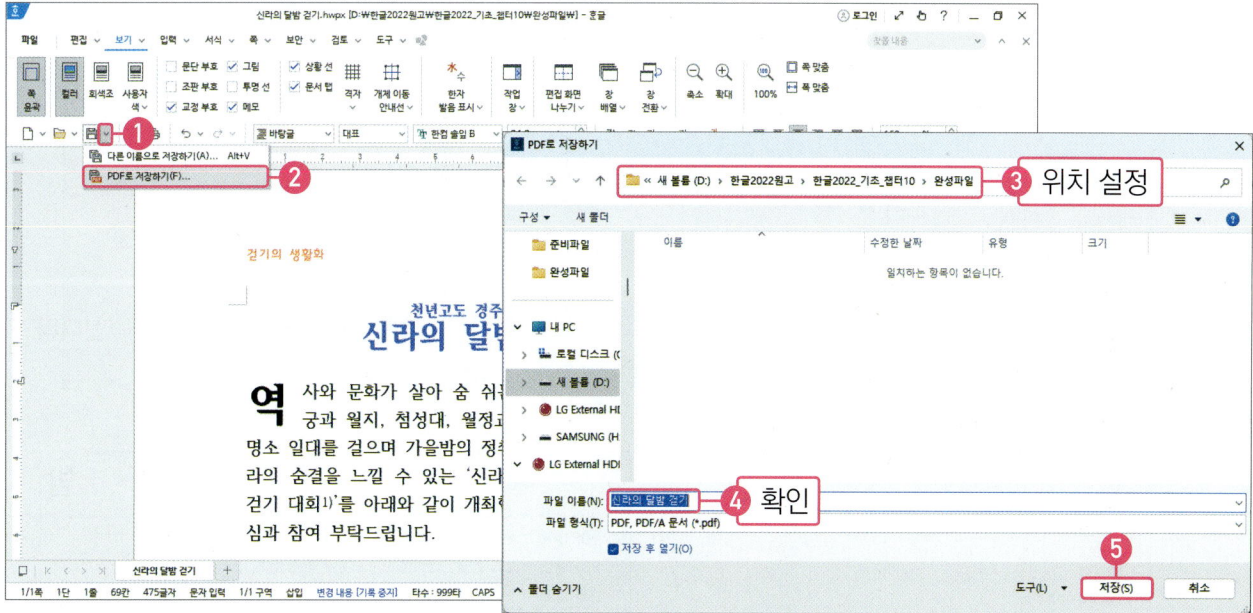

02 저장이 완료되면 문서를 보여 줍니다. '신라의 달밤 걷기.pdf'로 저장된 것을 확인합니다.

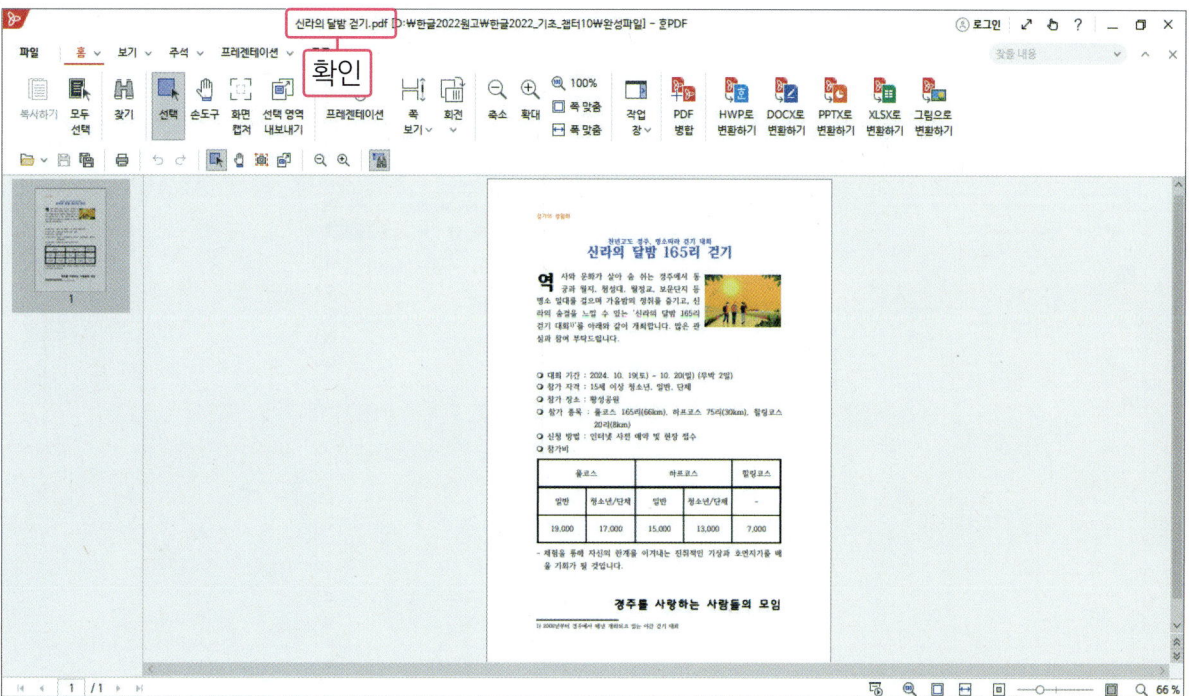

[인쇄] 대화상자에서 PDF 저장하기

❶ 서식 도구 상자에서 [인쇄(🖨)]를 클릭합니다. [인쇄] 대화상자가 나타나면 프린터 선택에서 [PDF 저장]을 클릭하고 [인쇄] 버튼을 클릭합니다.

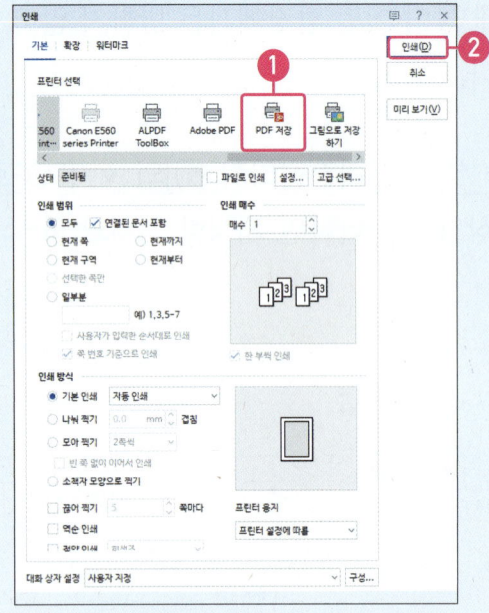

❷ [다른 이름으로 PDF 저장] 대화상자가 나타나면 저장 위치를 설정한 후 [저장] 버튼을 클릭합니다. [한컴 PDF] 대화상자가 나타나고 변환이 완료되면 [열기] 버튼을 클릭합니다.

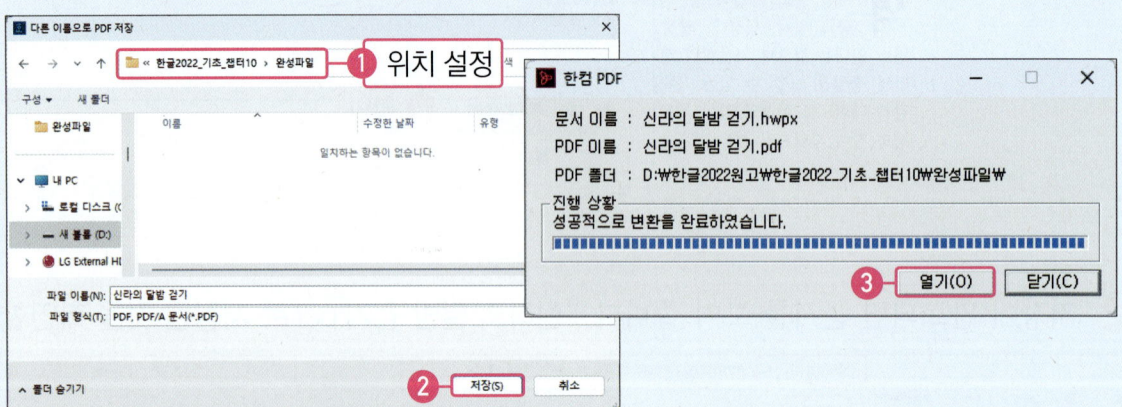

❸ 뷰어 창이 나타나고 PDF 문서를 보여줍니다.
(PDF 뷰어 창은 사용자의 컴퓨터 설정에 따라 달라질 수 있습니다).

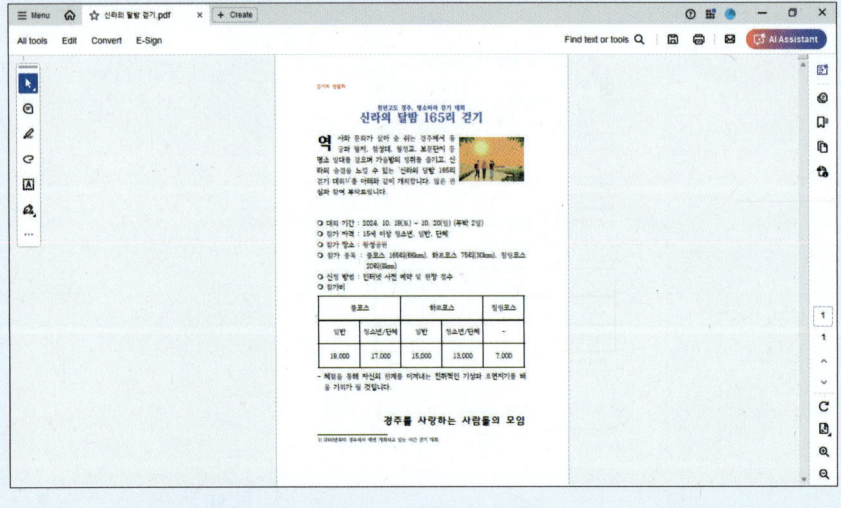

응용력 키우기

01 '준비파일' 폴더에서 '특강 안내문(입력).hwpx' 파일을 불러와 다음처럼 문서를 변경한 후 '특강 안내문.hwpx'로 저장해 봅니다.

- 제목 : 1줄 – MD 개성체, 22pt, 주황
  2줄, 3줄 – 한컴 백제 B, 32pt, 하늘색 25% 어둡게
- 본문 : 함초롬바탕, 14pt
- 그림 : '사진2.png', 50×36mm, 왼쪽 여백 3mm
- 표 스타일 : 보통 스타일 1–노란 색조
- 시대인 아트센터 : 한컴 백제 B, 24pt, 오른쪽 정렬
- 꼬리말 : 함초롬돋움, 진하게
- 쪽 테두리/배경 : 실선, 1mm, 하늘색

02 문제 **01**에서 만든 문서를 '특강 안내문.pdf'로 저장해 봅니다.

197

memo

한글 2022 기초

초 판 발 행	2025년 4월 10일
발 행 인	박영일
책 임 편 집	이해욱
저 자	김현정
편 집 진 행	성지은
표 지 디 자 인	김도연
편 집 디 자 인	김지현
발 행 처	시대인
공 급 처	(주)시대고시기획
출 판 등 록	제 10-1521호
주 소	서울시 마포구 큰우물로 75 [도화동 538 성지 B/D] 6F
전 화	1600-3600
홈 페 이 지	www.sdedu.co.kr

I S B N	979-11-383-9072-9(13000)
정 가	12,000원

※이 책은 저작권법에 의해 보호를 받는 저작물이므로, 동영상 제작 및 무단전재와 복제, 상업적 이용을 금합니다.
※이 책의 전부 또는 일부 내용을 이용하려면 반드시 저작권자와 (주)시대고시기획 · 시대인의 동의를 받아야 합니다.
※잘못된 책은 구입하신 서점에서 바꾸어 드립니다.

시대인은 종합교육그룹 (주)시대고시기획 · 시대교육의 단행본 브랜드입니다.